KB154239

아픈 몸을 이야기하기

갈무리

아픈 몸을 이야기하기 : 육체, 질병, 윤리
The Wounded Storyteller : Body, Illness, and Ethics (2nd Edition)

지은이	아서 W. 프랭크
옮긴이	최은경 · 윤자형
펴낸이	조정환
책임운영	신은주
편집	김정연
디자인	조문영
홍보	김하은
초판 1쇄	2013년 7월 31일
개정증보판 1쇄	2024년 7월 18일
개정증보판 2쇄	2024년 10월 10일
종이	타라유통
인쇄	예원프린팅
라미네이팅	금성산업
제본	바다제책
ISBN	978-89-6195-355-9 03300
도서분류	1. 의료사회학 2. 질병 서사 연구 3. 의료윤리학 4. 심리학 5. 철학
값	25,000원
펴낸곳	도서출판 갈무리
등록일	1994. 3. 3.
등록번호	제17-0161호
주소	서울 마포구 동교로18길 9-13 2층
전화	02-325-1485
팩스	070-4275-0674
웹사이트	www.galmuri.co.kr
이메일	galmuri94@gmail.com

일러두기

1. 이 책은 한국어판 『몸의 증언』(최은경 옮김, 갈무리, 2013)으로 출간되었던 Arthur W. Frank의 *The Wounded Storyteller* (University of Chicago Press, 1995)를 개정증보한 영어2판(2013)의 완역본이다. 최은경, 윤자형 공동번역으로 전면 개역하고 제목을 바꾼 이 판에 새로 추가된 원고는 「2013년 영어판 서문」과 「2013년 영어판 후기」, 그리고 저자가 한국어 개정증보판을 위해 보내준 「2024년 한국어판 지은이 서문」이다.

2. 인명, 책 제목, 논문 제목, 전문 용어 등 고유명사의 원어는 맥락을 이해하는 데 원어가 꼭 필요하다고 생각되는 경우를 제외하고는 본문에서 원어를 병기하지 않았으며 찾아보기에 수록하였다.

3. 단행본, 전집, 정기간행물에는 겹낫표(『 』)를, 논문, 논설, 기고문 등에는 홑낫표(「 」)를, 단체명, 행사명, 영상, 전시, 공연물, 법률, 조약 및 협약에는 가랑이표(< >)를 사용하였다.

4. 영어판에서 이탤릭체로 강조된 것은 고딕체로 표기하였다.

5. 지은이 주석과 옮긴이 주석은 같은 일련번호를 가지며, 옮긴이 주석에는 * 라고 표시하였다.

6. 대괄호([ ]) 속 내용은 옮긴이가 독자의 이해를 돕기 위해 삽입한 것이다.

7. 5쪽 제사의 출처는 다음과 같다. Lawrence Langner, *Holocaust Testimonies: The Ruins of Memory* (New Haven: Yale University Press, 1991), 89에서 재인용.

여전히, 나의 부모님 제인 프랭크와 아서 프랭크에게,
이제 그들의 결혼 72주년에.

내 부모님의 모든 것은 나의 것이었고,
그들은 언제나 나와 함께 있다.

⋯나는 우리의 몸이 자아의 전부이자
운명이 되는 상황이 있다는 것을 절실히 깨달았다.
나는 다른 그 어떤 것도 아닌, 내 몸 안에만 있었다.
⋯ 나의 몸은⋯나의 재앙이었다.
나의 몸은⋯나의 신체적이고
형이상학적인 존엄이었다.

—— 장 아메리

차례   아픈 몸을 이야기하기

나의 책 『아픈 몸을 이야기하기』 제2판을 한국어로 새로이 번역·출간해 준 갈무리 출판사에 감사의 마음을 전한다. 한국 독자들이 이 책을 읽을 수 있도록 애써 준 번역자들(최은경·윤자형)에게도 고마움을 표하고 싶다.

내가 『아픈 몸을 이야기하기』를 쓴 것은 1990년대 초반이었다. 나의 첫 번째 책 『아픈 몸을 살다』[1]는 1991년에 출간되었는데, 그 책은 심장마비를 겪고 그 후 암으로 투병했던 나 자신의 경험을 담은 회고록으로 학술서는 아니었다. 그 회고록을 쓴 일은 내게 적어도 두 가지 효과를 일으켰다. 하나는 다른 사람들이 쓴 질병 회고록을 읽고 싶어진 것이었는데, 특히 그들이 저자로서 자신의 경험을 서술하는 방식을 어떻게 선택했는지 비교하고 싶었다. 다른 하나는 내게 자신의 이야기를 들려주고 싶어 하는 다수의 아픈 사람들과 개인적으로 연결이 되었다는 점이다. 이러한 이야기들을 듣는 것은 공식적인 연구 과제는 아니었지만, 사람들이 질병을 앓으면서 자신에게 일어났던 일들을 회상할 필요를 느낀다는 점을 폭넓게 접하는 기회가 되었다. 『아픈 몸을 이야기하기』는 이러한 이야기들이 말하는 경험의 공유라는 관점에

---

1. * 아서 프랭크, 『아픈 몸을 살다』, 메이 옮김, 봄날의책, 2017.

서 많은 이야기를 읽고 또 들은 것에 기반하고 있다.

『아픈 몸을 이야기하기』에 미친 다른 두 가지 영향 또한 언급할 필요가 있다. 하나는 당시 몸의 사회학이라는 이름으로 막 발전하고 있던 분야에서의 나의 연구 작업이었다. 그 작업은 『아픈 몸을 이야기하기』의 처음 장들에 가장 직접적으로 반영되어 있다. 아픈 것은 체현embodiment의 특정한 상태로, 나는 어떻게 몸으로서 살아갈 것인지에 관한 보다 일반적인 문제들 안에서 질병을 이해하고자 했다. 개인이 어떻게 자신의 체현된 상태로 살아갈 것인지에 대해 결정할 수 있는 것―선택이라고 불릴 수 있는 것―과 사람들이 그 안으로 내던져진 조건으로서의 체현 간에는 긴장이 존재한다. 내가 그전에 썼던 책의 제목인 "아픈 몸을 살다"At the Will of the Body는 후자에 해당하는데, 이것은 아무런 선택도 할 수 없는 형태의 체현으로 내던져진 상태를 시사한다. 이러한 긴장은 질병의 서사들에 널리 스며들어 있는데, 체현은 언제나 [이야기의] 서술narration과 불가분하게 연결되어 있기 때문이다. 자기 자신과 다른 사람들 모두에게, 몸이 되는 것을 경험하는 것은 그 경험을 말하는 것에 달려 있다. 말하기는 경험이 된다. 처음의 장들은 체현과 서술 사이의 이러한 연계를 고찰하고 있다.

『아픈 몸을 이야기하기』에 미친 또 다른 영향은 지금은 생명윤리로 알려져 있겠지만 당시에는 "의료 윤리"라고 불리던 분야에 관한 나의 관심이 커지고 있었다는 점이다. 이 책의 마지막 장들은 말하기와 듣기라는 윤리적 행동들의 상호 행위에 대해 다루고 있다. 다시 말하자면, 그것은 우리가 우리 경험을 어떻게 서술하는지, 그리고 우리가 다른 사람들이 서술하는 이야기를 어떻게 듣는지, 우리의 윤리적인 혹은 도덕적인 존재를 어떻게 표현하는지에 대한 것이다. 나에게 생명윤리는 말하기와 듣기의 행위에서 시작하며, 윤리적인 것은 우리가 무엇에 관심을 두는지, 그리고 이러한 관심의 행위를 우리가 어떻게 서술하는지에서 시작한다.

이 책의 처음 장들은 체현에 대하여, 마지막 장들은 말하기와 듣기라는 윤리적 행위로서의 증언과 증인에 관하여 다루고 있다. 중간에 있는 세 개의 장은 사람들이 질병 경험을 서술하는 방식인 세 가지 서사 유형을 기술하고 있다. 이 장들에서의 긴장은 다음의 두 가지 사이에 있다. 하나는 모든 개인의 경험은 유일무이하다는 점이고, 다른 하나는 사람들이 자신의 경험에 맞는다고 인식할 수 있는 서사 형태들이 일반화된 문화적 자원으로 존재한다는 점이다. 여기에는 어떤 이야기든 특유하게 개인만의 것이면서 동시에 결코 완전히 개인의 것일 수만은 없다는 역설이 있다. 이 양자의 측면 모두를 고수하는 것은 중요한 일인 만큼이나 어려운 일이기도 하다.

『아픈 몸을 이야기하기』를 쓴 후로 나는 다른 저서들과 학술지 논문들을 집필해 왔고, 그러한 과정을 통해 질병, 서술, 윤리에 관한 나의 사고를 확장하고 정제해 왔다. 특히, 나는 하나의 소통 형식으로서의 대화를 더욱 강조해 왔는데, 대화는 타자가 자기 자신일 수 있도록, 그리고 앞으로 누군가가 될 수 있도록 열려 있다는 점에서 윤리적이다. 대화에서는 누군가가 한 마지막 말이나 누군가에 대해 말한 마지막 말이 있을 수 없다. 또한 대화에서 입장이나 관점은 결코 고정될 수 없다. 대신에 각각의 입장이나 관점은 상대에 반응하여 변화하는 것에 언제나 열려 있다.

이 번역판을 읽을 한국 독자들이 가장 주의를 기울여 주었으면 하는 점이 있다. 여기에서 나는 아픈 사람들이 내게 말했던 이야기들을 다시 말하고 있다. 내가 이 이야기들에 대해 말하는 내용은 결국 배경일 뿐이다. 이 책의 진실은 그 이야기들 자체에 있다. 자신들의 경험을 나에게 나누어 준 스토리텔러들에게 나는 항상 감사할 것이다.

앨버타주 캘거리에서
2024년 7월
아서 W. 프랭크

『아픈 몸을 이야기하기』는 그 책이 쓰인 특정한 때, 즉 저자로서의 나의 삶에서 어떤 계기moment였던 동시에 하나의 문화적 계기였던 때를 반영하고 있다. 내가 『아픈 몸을 이야기하기』를 쓴 것은 1994년 여름이었는데, 그 당시는 내가 특히 상처 입었다고wounded 느끼고 있던 때였고, 그와 동시에 개인의 상처를 공적으로 논의하는 것이 가능해지고 있던 때였다.

1991년에 나는 나 자신의 심장마비, 암, 그리고 암으로 인한 장모님의 별세 등을 포함하는, 나의 질병 경험들에 대한 회고록인 『아픈 몸을 살다』를 출간했다.[1] 1994년이 될 때까지 나는 건강했고, 내 아내와 나는 1993년에는 딸의 출생으로 기뻐했었다. 『아픈 몸을 이야기하기』에 썼듯이, 그 후 정기검진에서 비대해진 림프절의 증식이 가슴에서 발견되었고 이 부위는 암의 재발이 의심되는 곳이었다. 일반적인 진찰과 지연이 뒤따른 후, 나는 폐와 횡격막에 있는 결절들을 검사하기 위해 중요한 외과 생검을 받았다. 사르코이드증으로 진단을 받은 후 나와 내 아내는 크게 안도했다. 그 질병은 희귀하고 잠재적으로 위험하지만, 우리가 생

---

1. Arthur W. Frank, *At the Will of the Body : Reflections on Illness* (Boston : Houghton Mifflin, 1991. New edition, 2002). [아서 프랭크, 『아픈 몸을 살다』, 메이 옮김, 봄날의책, 2017.]

각하기에 암보다는 훨씬 나았다. 다행히 그 상태는 해결되었다. 그 경험 전체는 끔찍한 것이었지만 나 자신에게 집중된 것이기도 했다. 내 건강이 언제 다시 나빠질지 모른다는 불확실한 감정 속에서, 나는 일종의 절박감을 가지고 『아픈 몸을 이야기하기』를 집필했다. 그 절박감은 이 책의 곳곳에서 나의 주장을 짓누르고 있지만 동시에 특수한 긴장을 부여하기도 한다.

그 당시의 문화적 계기가 갖는 특수함은 더욱 복잡해서, 『아픈 몸을 이야기하기』의 집필에 영향을 준 쟁점들 중 몇 가지만을 여기에서 제시할 수 있다. 북미에서 암이라는 개인적 경험은 1970년대 초반이 되어서야 공적 담론의 일부가 되었다. 여러 언론인, 유명인, 정치인이 질병의 회고록을 출간했는데, 이 회고록들은 암처럼 치명적인 질병들에 대한 공적인 논의를 가능하게 했을 뿐만 아니라 엄격히 사적인 것으로 여겨졌던 고통에 대한 공적인 논의가 긍정적인 의미에서 중요하다고 주장하였다. 1960년대와 1970년대에 페미니스트들이 내세웠던 "개인적인 것이 정치적인 것이다"라는 슬로건은 광범위한 실천들로 전환되었다. 섹슈얼리티와 성적 선택이라는 측면들에 대하여 말하는 것과 더불어 의료 현실로서가 아니라 개인적 경험으로서의 질병에 대해 말하는 것 역시 공적으로 가능해졌다.

체현된 경험에 대해 말하는 것이 가능해진 것은 "정체성의 정치학"identity politics이라고 불리는, 서로 다른 맥락에서 서로 다른 의미를 갖는 용어의 한 측면이었다. 나에게 가장 중요했던 것은 어떤 경험들은 특정한 지식을 전달하는 잠재력을 가진다는 주장이었다. 다른 말로 하자면, 어떤 지식은 특정한 관점으로부터만 도출 가능하며 그 관점은 개인의 몸의 위치location와 경험에 연관된다는 것이다. 그러한 관점으로부터 비롯된 견해는 소통될 수 있는 것이었다. 즉, 그것은 특정한 경험들을 공유하는, 그 위치에 있는 몸들에만 독점적인 것이 아니다. 그러나 그곳에 있었던 사람들이 그 상황에서 삶이 어떻게 보였는지를 알려주지 않는다면 그곳에 있지 않았던 사람들은 그 관점에서 삶을 상상하기 어렵다. 그러므로 정체성의 정치학은 경험이라는 개념이 전문 지식에는 없는 특정 형태의 지식을 가지고 있다고 주장한다. 장애인권리운동disability rights movement의 "우리 없이는 우리에 대한 것도 없다"라는 슬로건은 그러한 주장에서 더 나아가 이전까지는 전문가들의 독점 영역이었던 의사결정에 이러한 체현된 경험이 포함되어야 한다는 주장을 담고 있다.

질병과 함께 살아가는 것에 관해 말하는 것이 새롭게 가능해짐으로써 다양한 종류의 질병들과 함께하는 삶에 대한 주목할 만한 회고록들의 모음이 생산됐고, 내가 쓴 『아픈 몸을 살다』는 이러한 회고록들 모음 중 하나다. 다른 회고록 작가들 중 누구도 자신의 경험에 대해 쓰는 것으로부터 다른 이들의 이야기에 대해 쓰는 것으로 나아가지 않았다. 내가 『아픈 몸을 이야기하기』에서 설정한 과제는 여전히 새로운 장르인 1인칭 질병의 서사를 공적 표현의 형태로서 더욱 가시화하는 것, 그리고 이 장르 내에서 가장 일반적인 주장들을 부각시키는 것이었다. 그러나 『아픈 몸을 이야기하기』를 위해 내가 선정한 자료들은 이 책이 다루는 문학적 텍스트들을 훨씬 넘어섰다. 나는 질병과 함께 살아가는 사람들의 다양한 모임에 수년간 집중적으로 참여하며 배웠던 것을 제시하기 위한 매개체로써 문학적 텍스트들을 사용하고 있었다.

내가 참여했던 질병 모임 중 일부는 어떤 학회 혹은 행사 기간에 이루어지는 일시적인 모임이었고 다른 모임들은 지속적인 지지 모임이었다. 이 모임들에 대한 나의 참여는 나의 다중적 정체성을 반영했다. 나는 심각한 질병을 앓고 있다는 기준에서 볼 때 핵심 구성원이라고 할 수 있었고, 내 질병에 관한 책을 출간했으며 확실한 연구 설계는 없어도 연구의 포부를 가지고 있었으므로 일종의 공적 인물이었다. 회복모임에 참여할 때 나는 내 삶에 도움이 되는 정보와 지지를 구하는 사람인 동시에 관찰을 하고 그 관찰을 체계화하려는 사회학자이기도 했다. 『아픈 몸을 이야기하기』를 쓸 때 내가 서면 자료 중 인용할 부분을 선택하는 기준은, 그것이 내가 참여했던 질병 관련 모임들에서 사람들에게 들었던 것을 반영하고 있는지였다.

나는 다양한 독자층을 대상으로 하여 『아픈 몸을 이야기하기』를 썼다. 나는 임상의들이 환자들의 이야기를 잘 들을 수 있도록 돕고 싶었다. 그리고 아픈 사람들이 자신에게 문화적으로 주어진 이야기하기 형식들과 그 형식들의 한계를 인식하도록 돕고자 했다. 또한, 연구자들이 아프다는 것의 살아진lived 경험으로 연구 범위를 확장하기를 원했다. 이 책의 독자층 중 아마 가장 적지만 중요한 대상은 공공정책 토론회에서 아픈 사람들의 이해관심을 대변하는 권익옹호단체들advocacy groups일 것이다. 아마도 이 책은 다양한 이해관심을 가지고 있는, 너무 많고도 다양한 독자들에게 말을 걸려고 했던 것 같다. 다행스럽게도 각각의 독자층은 자신들이 원하고 필요로 하는 것을 이 책에서 얻은 것 같다.

『아픈 몸을 이야기하기』는 세 부분으로 구성되어 있다. 첫 번째 부분에서는 현재의 역사적 계기를 기술하고자 했다. 전문 지식은 질병에 대한 사람들의 이해 방식을 형성한다. 그러나 사람들은 이러한 전문 지식을 자신들의 자원으로 사용할 권리를 주장하고 있는데, 이는 자신들이 전문 지식에 의해 수동적으로 기술되지 않도록 하기 위해서다. 돌이켜 생각해 보면, 1970년대 초반 〈보스턴여성건강서공동체〉가 쓰고 이제는 세계적으로 번역된 고전인 『우리 몸 우리 자신』[2]으로부터 내가 얼마나 많은 영향을 받았는지를 깨닫는다. 그 책의 목적은 여성들이 전문 지식에 종속되었다고 느끼면서 전문 지식의 판단과 권고를 단순히 받아들이지 않고 의학 전문 지식을 가용한 자원으로 삼음으로써 힘을 기를 수 있다고 주장하는 것이다. 『우리 몸 우리 자신』은 힘기르기empowerment의 실천으로서 이름 붙이기naming를 강조했다. 그 책은 여성들에게 자기 몸의 각 부분에 이름을 붙여서 그 부분들이 눈에 보이고 친숙해지도록 만들라고 알려준다. 나는 사람들이 자신들이 말하고 있는 이야기들의 유형에 이름을 붙이도

---

2. * 보스턴여성건강서공동체, 『우리 몸 우리 자신』, 또문몸살림터 옮김, 또하나의문화, 2005.

록, 그리고 그들이 말하고 싶어 하고 말할 필요를 느끼는 이야기들을 할 힘을 기르도록 돕고자 했다. 나는 아픈 사람들이 의학적 서사를 자원으로 이용하면서도 그들의 삶이 의학적 이야기로만 표현되는 것으로 국한된다고 느끼지 않기를 바랐다. 내가 원한 것은 사람들이 이용할 수 있는 이야기들이 다양해지는 것이었다.

이러한 문화적 계기를 기술하기 위해 나는 **포스트모던**이라는 용어를 사용했고, 오늘날 이 비유는 구시대적인 것으로 보인다. 나는 내 주장의 맥락에서 포스트모더니티라는 관념은 여전히 유용하다고 믿지만, 지금이라면 다른 언어로 내 주장을 틀 지었을 것이다. 내가 여전히 유용하다고 믿는 것은 이 책의 98쪽 도표에 압축되어 있는 질문이다. 모든 인간의 몸에 존재하는 전형적이고 반복되는 문제들은 무엇이며, 질병을 그러한 문제들에 대한 갖가지의 난국으로 이해할 수 있는 방법은 무엇인가? 사회과학적인 이름 붙이기 작업의 실제는 다음과 같다. 사회과학은 사람들이 이미 알고 있는 문제들에 이름을 붙임으로써 그들을 도울 수 있다. 사람들은 이미 이 문제들을 다루고 있지만, 체계화된 지식이 없으므로 그들의 행동은 종종 목적과 능률을 결여하곤 한다. 사람들이 스스로 어떻게 살고 있는지를 인식하도록 돕기 위하여 나는 몸의 전형적인 문제들에 이름을 붙였다. 어떻게 몸을 통제하는가, 혹은 어떻게 통제되지 않는 몸과 함께 살아가는가? 의료를 포함한 다양한 체제들을 통하여 어느 정도까지 몸을 규율할 수 있는가? 어떤 형태의 욕망이 몸—내 생각에 몸은 계속되는 욕망에 의해 생기를 갖는다 — 에 적절한가? 그리고 [통제, 규율, 욕망과는] 다른 종류의 힘을 가지는 범주에서, 어떻게 다른 사람들의 경험과 요구에 대해 열려 있고 다른 몸들에 연결되는 경험을 하는, 소통하는 몸이 될 수 있는가?

이 책의 두 번째 부분은 이야기들로 이어지는데, 그 이유는 이 책에서 가장 많이 인용된 내용 중 하나에서 찾아볼 수 있다. "아픈 몸이 침묵하지 않는다는 것은 분명하다. 그것은 고통과 증상 속에서 생생하게 말한다. 그러나 그것은 명료하지 않다."(52쪽) 몸은 이야기를 필요로 하고 이야기를 통해 명료해진다는 것이 나의 주장이다. 그러나 — 내가 사회학자라는 점이 여기에서 분명해지는데 — 사람들은 이야기를 할 때 다양한 문화적 자원을 사용한다. 이러한 문화적 자원은 이야기하기의 가능성이자 한계다. 사람들은 자기 자신과 듣는 사람이 다른 이야기들로부터 학습한 기대에 따라 이야기를 한다. 이런 의미에서 볼 때, 어떤 이야기가 아무리 개인적이라고 할지라도 어느 누구도 혼자서 그 이야기를 만들어 내지 않는다. 그러나 사람들은 또한 기존의 서사적 기대에 저항하고 화자들이 자신 특유의 것이라고 여기는 목적에 맞게 서사적 자원을 변형시키고자 한다. 이러한 긴장은 내 작업의 중심에 있으며 나의 가장 최근 저서인 『이야기가 숨 쉬게 하기』[3]의 핵심 주제이기도 하다.

---

3. Arthur W. Frank, *Letting Stories Breathe: A Socio-narratology* (Chicago: University of Chicago Press, 2010).

분명히 『아픈 몸을 이야기하기』에서 가장 많이 인용된 부분은 4장, 5장, 6장에서 제시된 서사의 세 가지 유형 — 각각 복원의 서사, 혼돈의 서사, 탐구의 서사 — 이다. 이 「한국어판 서문」에서 그 서사 형태들을 다시 정의하지는 않을 것이지만, 그에 관하여 네 가지의 보충사항을 제시하고자 한다.[4] 첫째로, 내가 오늘날 다시 이 책을 쓴다면 나는 이 서사 유형들을 장르genre라고, 보다 구체적으로 말하자면 개인적인 질병 서사의 하위 장르sub-genre라고 기술할 것이다. 이 서사 유형들을 장르라고 부르는 것에는 잠재적인 문제가 있는데, 문학적 용법에서 일반적으로 장르는 이야기들 안에서 서로 뒤섞이지 않기 때문이다. [하지만] 이 세 종류의 서사 유형들이 실제 이야기들에서는 지속해서 뒤섞인다는 것이 나의 주장에서는 핵심적이다.

　　두 번째로, 나는 세 가지 유형의 서사가 어떤 실제 질병 이야기에서도 모두 들릴 수 있다는 것을 최대한 분명히 하고자 했지만 어떤 독자들은 이 유형들이 상호배타적으로 다루어져야 한다고 주장해 왔다. 그 유형들을 이러한 방식으로 이해하는 것은 잘못된 것이다. 서사의 서로 다른 유형은 특정한 이야기들 속에서 쉽게 찾아볼 수 있다. 그러나 이 유형들은 각각의 순수한 형태로는 결코 발견되지 않는다는 의미 — 특히 사회학적인 의미 — 에서 이상적인 것으로 남는다. 각각의 유형은 언제나 다른 유형들과 서

---

4. * 원문에서 저자는 "세 가지"에 대해 말할 것이라고 하는데 실제로 이후 내용에서는 네 가지 논점이 언급되므로, 혼돈을 피하기 위해 "네 가지"로 옮겼다.

로 연결되어 있다. 대부분의 질병 이야기에서는 어느 하나의 서사 유형이 지배적이다. 유형학이 갖는 가치 중 하나는 지배적인 유형을 명명하고 그것과 배경에 있는 다른 서사 유형들 간의 긴장을 인식하는 것이다. 지금의 나는 각각의 유형을 서사 의지narrative volition, 즉 표현에 대한 내재적인 욕망이나 욕구라고 상상한다. 사람들은 일반적으로 다중적 의지를 경험하는데, 이것들은 서로 긴장 관계에 있다.

세 번째로, 각각의 서사 유형을 명명하는 것은 제각기 독특한 가치를 가진다. 복원의 서사라는 이름을 붙이는 것은 내가 의료의 식민화라고 부르는 것 ─ 어떻게 전문의학이 자신의 어휘, 선호하는 태도, 시간성, 목적을 아픈 사람들의 경험에 부과하고자 하는지 ─ 을 인식하는 힘을 기른다는 측면에서 중요하다. 제도의학에 의해 제공되는 용어로 자신의 이야기를 하는 것은 뚜렷한 매력과 이점을 가진다. 특히 갑자기 삶을 뒤바꾸는 질병을 진단받은 사람들은 그들의 경험을 조직할 일관된 서사를 갖고 있지 않다. 그들은 내가 서사적 잔해라고 부르는 상황에 처해 있다.[5] 의학은 첫째로 진단, 둘째로 치료 계획을 통해 그 잔해를 조직할 것을 권한다. 진단, 치료 계획, 그에 따라 예상되는 결과는 분명히 서사를 제공한다. 그러나 여기에는 위험이 따르는데, 의학적 서사는 아픈 사람이 경험하는 것을 너무 많이 빠뜨린다. 대부분의 사람들에게 의학적 이야기는 빈약하다. 그것은 삶을 어렵게 만드는

5. * '서사적 잔해'에 대해서는 이 책의 3장에 설명이 있다.

것과 삶에 가치를 부여하는 것을 포함하지 못한다. 그리고 중요한 것은 복원이 많은 사람에게 가능한 것이 아니라는 점이다. 사건들이 진행되면서 치료가 모든 사람을 질병 이전의 삶에 가장 근접한 상태로 복원시키지는 못할 것이며, 질병이 지속되는 상태에서 자아를 재창조하는 것에 대한 이야기를 하기에 의료 서사는 빈곤한 자원이다.[6]

혼돈의 서사라고 이름 붙이는 것에는 독특한 가치가 있다. 이 명칭은 어떤 사람들에게는 삶이 얼마나 절망적으로 끔찍할 수 있는지를 정확히 깨닫게 해 준다. 도움을 주고자 하는 전문가들 ─ 의료계뿐 아니라 심리학과 사회사업 분야의 전문가들 ─ 이 삶의 여러 가지 재앙 앞에서 자신들이 얼마나 무력한지를 깨닫지 못하는 일은 비일비재하다. 혼돈의 서사 안에서 살아가는 사람들은 종종 몇 겹의 문제들을 가지고 있는데, 이런 문제 중 하나는 상황이 개선되도록 자신들이 세운 계획이 작동해야 한다고 고집을 피우는 다양한 전문 조력자를 상대하는 일이다. 혼돈의 서사 안에서 살아가는 사람의 삶이 나아지지 않을 때, 그 당사자는 비난받는다. 그리고 규칙을 준수하지 않는 것, 부정, 저항 등으로 비난의 형식은 확산된다. 지금의 나는 『아픈 몸을 이야기하기』의 초고를 읽고 혼돈의 서사에 대한 장이 그 책의 가장 중요

---

6. 다음에 나오는 재활 실천은 예외적인 경우다. Cheryl Mattingly, *Healing Dramas and Clinical Plots* (Cambridge : Cambridge University Press, 1988). 그렇지만 여기에서도 "임상적 플롯"은 이전 상태에 근접한 가치를 갖는 삶이 재건될 수 있다고 말하는데, 이때 질병의 혼돈은 이야기의 바깥에 있어야 한다.

한 기여라고 말했던 로버트 저스만에게 동의한다.

혼돈을 살아낼 수는 있어도 그것을 말할 수는 없다. 혼돈은 서사가 요구하는 시간적 순서대로 삶을 재현하는 것을 불가능하게 만든다. 고통의 혼돈을 서사로 말할 수 있을 때쯤이면 일관성을 되찾는 작업은 이미 잘 시작된 것이다. 탐구의 서사는 그 작업을 기술하는 것이며, 탐구는 다양한 형태를 띠기 때문에 탐구의 서사는 자체적인 하위 장르들을 갖는다. 탐구의 서사에는 특수한 긴장이 있다. 즉, 혼돈이라는 현실을 명확히 인식하는 것, 그리고 삶을 하나의 전체로서 받아들일 가능성을 질병이 가르쳐 준다는 점을 인식하는 것, 이 둘은 서로 균형을 이룬다. 인간의 고통은 우리가 삶의 어떤 부분으로부터 도망치려고 할 때 시작되며, 그런 도피는 심각한 문제다. 『아픈 몸을 이야기하기』에 인용한 아나톨 브로야드에 의하면 "우리가 그토록 두려워하는 것은 죽음이 아니라 위축된 자아일 수도 있다."[7] 탐구는 전체로서의 삶에 질병이 통합된다는 것을 깨달음으로써 자아의 위축을 피하는 것이다. 탐구의 서사를 기술하면서 나의 주장은 영성spirituality의 형태에 가장 가까워졌는데, 많은 독자가 이를 알아차리고 나의 주장을 발전시켰다.

네 번째로 덧붙이는 점은 이 세 가지가 사람들이 하는 이야기들의 유형의 전부가 아니라는 것이다. 내가 『아픈 몸을 이야기

---

7. Anatole Broyard, *Intoxicated by My Illness* (New York : Clarkson Potter, 1992), 25. 이 책 p. 39[114쪽]에 재인용.

하기』를 쓴 후로 의학이 발달함에 따라 회복사회[8]의 규모는 팽창했다. 질병과 장애를 가지고 전보다 더 오래 사는 사람들이 늘어났으며, 그중 다수가 질병에만 계속 집중하지 않고 살아야 할 필요를 느낀다. 이 책에 대한 최초의 반응 중 하나는 네 번째 유형의 서사가 필요하다는 제안이었는데, 이러한 서사에서 의지는 질병이 삶에 미치는 효과를 최소화한다. 이 서사는 정상성으로서의 질병illness-as-normality이라고 부를 수 있는데, 여기에서 핵심 주장은 질병 및 질병이 부과하는 요구나 제한에도 불구하고 아픈 사람이 "정상적" 삶을 살고 있다는 것이다.[9] 물론 이 서사를 살아가는 사람들은 질병에 초점을 둔 회고록을 쓰지 않을 것이고 지지 모임에 참여하지도 않을 것이다. 적어도 상당히 오랫동안 말이다. 그들의 목적은 질병에 주목하는 것을 최소화하는 것이다. 그러나 그러한 최소화는 그 자체로 하나의 서사 유형이다. 왜냐하면, 질병 혹은 장애는 최소화를 요구하면서 언제나 그 자리에 있기 때문이다.

---

8. * remission society. '회복사회'는 질병에서 나은 것으로 간주되지만 그것으로부터 완전히 벗어나지는 않은 사람들, 즉 '완쾌'와 '투병' 사이에 존재하며 양쪽 모두에 발을 딛고 있는 사람들의 집합을 가리키는 용어다. remission이라는 영어 단어는 원래 질병이 호전된다는 의미이지만, '회복'이라는 단어가 오히려 질병으로부터 낫는 것에 대한 역설적 질문—질병으로부터 완전히 벗어나는 것, '회복하는 것이 가능한가?'—을 더 잘 담아낸다고 보아서 '회복사회'로 옮겼다. 이 개념의 정의와 더욱 상세한 논의는 이 책의 1장에 있는 같은 제목의 절에 나온다. 이 책에서 '회복'은 질병이 낫는다는 단순한 의미로 쓰이기도 하는데 그 경우에는 영어의 recovery를 의미한다.

9. Frank, *Letting Stories Breathe*, 121.

문화적 계기들은 언제나 이동하며, 내가 『아픈 몸을 이야기하기』를 쓴 이후로도 많은 것이 변했다. 이 책에 대해 일부 비평가는 내가 탐구의 서사를 제안하면서 질병을 경험하는 특정한 방식을 이상화했다고 우려했다. 그들은 내가 아픈 사람들에게 질병을 탐구로 전환해야 한다는 또 다른 요구를 부여한다고 지적한다. 그러한 염려는 탐구의 서사가 피할 수 없는 고통과 어떻게 함께 살아갈 것인지에 대한 하나의 선택이라는 요점을 여전히 간과하고 있는 것으로 보인다. 탐구의 서사들은 삶에서 의미를 재건하는 것에 대한 개인적인 증명서들이다. 저자들은 자신의 이야기를 제시할 뿐이지 사회운동을 제안하는 것이 아니다. 저자가 독자를 호명하는 방식은 개인 대 개인이다.

그러나 비평가들은 사람들이 질병을 경험하는 방식을 형성하는 데 있어 무엇이 지배적인 힘이 될 것인지를 정확히 예견했다. 기업들의 재정 후원을 받고 그들의 의제를 지지하는, 암–경험 산업이라고 불릴 수 있는 것의 발달이 그것이다.[10] 오늘날 질병의 경험을 연구하는 사람이라면 『아픈 몸을 이야기하기』가 출판될 당시에는 아직 시작되지 않았던 "핑크 리본" 현상[11]을 고려할 필

---

10. 이런 의제에 대해서는 특히 다음을 보라. Samantha King, *Pink Ribbons, Inc.: Breast Cancer and the Politics of Philanthropy* (Minneapolis, MN: University of Minnesota Press, 2006). 킹의 작업은 어떻게 개인적 서사가 "의료–산업 복합체"로서의 의학을 포함하여 기업의 이해관심에 의해 형성되는지에 대한 중요한 폭로다.

11. "pink ribbon" phenomenon. 1990년대 초부터 핑크 리본은 매년 10월인 '유방암 인식의 달'과 '유방암 인식 증진 캠페인'의 공식 상징물로서, 유방암을 앓

요를 느낄 것이다. 사람들이 핑크 리본 현상의 어떤 부분을 받아들이거나 거부하는지는 이제 사람들이 질병에 대해 말하는 이야기를 형성하는 데 중요한 의미를 가진다.[12] 받아들이기와 거부하기라는 두 가지 방식 모두를 통해, 스토리텔러들은 문화적으로 가용한 자원들을 이용한다.

『아픈 몸을 이야기하기』의 마지막 부분은 윤리에 대해 논의한다. 여기에서 다루는 문제는 고통에 대한 증언을 담고 있는 이야기를 하는 것이 어떻게 윤리적 행위가 될 수 있는지다. 나는 증언하기가 의료를 포함하여 질병에 대한 모든 형태의 반응의 시작이라고 여전히 믿는다. 증언하기는 자기 자신의 고통을 말함으로써 다른 사람들도 그 고통을 인식할 수 있도록 하는 것이다. 그에 따라 청자는 고통을 겪는 이의 이야기를 귀 기울여 듣고 상대가 겪고 있는 것을 인식하게 된다.

고 있는 여성들에 대한 지지와 연대를 표상해 왔다. 많은 기업이 핑크 리본을 새긴 상품의 판매 수익 중 일부를 이 여성들을 위해 후원했다. 그러나 이 캠페인의 명목으로 상품을 판매한 회사 중엔 실제로 후원을 거의 안 하거나 아예 안 한 회사도 있었고 암 유발 성분을 담은 상품을 판매한 회사도 있었다는 것이 밝혀지기도 했다. 핑크 리본 캠페인에 대한 상세한 비판은 바로 앞 각주의 사만다 킹의 저서 및 같은 제목의 다큐멘터리 영화 〈핑크 리본 주식회사〉(Pink Ribbons, Inc., 레아 품, 2011)에 나타나 있다.

12. 이와 함께 논의되어야 할 발전은 어떻게 인터넷이 질병에 대한 이야기하기의 다양한 형태를 위한 매개체가 되었는지다. 인터넷은 의학 정보를―종종 신뢰도를 확신할 수 없는 정보를 너무 많이―제공함으로써, 그리고 아픈 사람들을 지리적 경계와 시간대를 뛰어넘어 함께하도록 함으로써 질병의 경험에 영향을 미친다. 인터넷 사이트들이 서사를 형성하는 방식은 계속 진행 중인 중요한 주제다.

가장 거창하게 보자면, 『아픈 몸을 이야기하기』는 질병에 대한 윤리적 반응을 기술하려 시도할 뿐 아니라 그 책 자체가 하나의 윤리적 반응이 되고자 한다. 문화적으로 가용한 서사들의 유형에 이름을 붙이는 작은 일을 포함하여, 세계를 설명하는 것은 그것을 변화시키는 효과를 가진다. 사람들이 자신의 이야기에 사용할 수 있는 자원에 이름을 붙일 수 있게 되면 이 자원을 다른 방식으로 사용할 것이고, 그리하여 다른 이야기를 하게 될 것이다. 사람들이 다른 이야기를 할 때, 빠르게는 아닐지라도 필연적으로, 세계는 변한다.

질병 이야기는 계속되어야 한다. 점점 더 많은 사람이 질병이나 장애와 함께 더 오래 살아가게 됨에 따라, 의료는 그러한 삶에서의 의료 외적인 요구를 점점 더 수용하지 못하게 된다. 일반적으로, 도움을 줄 수 있는 전문가들은 단지 정해진 만큼의 도움만을 줄 수 있다. 사람들은 그들 삶의 특수함에 형식과 의미를 부여하는 이야기를 할 필요를 느낀다.

이야기하기는 언제나 상처에서부터 시작해 왔고 치유의 한 형태였다. 사람들은 이야기보다 훨씬 더 많은 것을 요구하지만 이야기 없이는 그들의 요구를 체계화할 수 없다.

『아픈 몸을 이야기하기』가 질병에 대한 나 자신의 회고록인 『아픈 몸을 살다』에서 시작한다면, 나의 주장은 의사들과 간호사들의 이야기를 가져온 나의 세 번째 책 『너그러움의 부활』[13]에

---

13. Arthur W. Frank, *The Renewal of Generosity : Illness, Medicine, and How to*

서 계속된다. 나의 관심사는 너그러움의 서사 형태들에 있다. 그것들은 자신의 이야기를 하는 것, 그리고 다른 사람들의 이야기에 자신이 증인이 되도록 하는 것이다. 그러한 너그러움이 돌봄care의 본질이다. 나는 나의 세 권의 책 모두가 인간의 돌봄 능력에 대한 하나의 광범위한 사색이기를 바란다.

2013년 6월
캘거리에서
아서 프랭크

Live (Chicago : University of Chicago Press, 2010).

1994년 이른 봄, 나는 『아픈 몸을 이야기하기』의 초안을 잡았다. 암이 재발하지 않았다는 진단이 나온 조직검사 이후, 꿰맨 부위의 실밥이 아직 몸에 남아 있을 때였다. 폐와 횡격막의 림프절이 부었던 터라 혹시나 암이 다시 생겨난 것은 아닌가 하는 의심이 제기된 것이다. 하지만 이는 생전 처음 들어보는 사르코이드 증이라는 질환에 따른 증세였기에 주변 사람 모두 마음을 푹 놓았다. 사르코이드증은 전혀 걱정되지 않았다. 내게 중요했던 사안은 다시는 암에 걸리지 않는 것뿐이었다.

『아픈 몸을 이야기하기』를 쓰는 일은 학문적 작업인 만큼이나 자기 치유적인 작업이었다. 내가 지난 몇 년 동안 투병하며 겪은 일을 공유하는 이들의 목소리를 모아야 했다. 회고록인 『아픈 몸을 살다』에는 나만의 경험을 썼지만, 내가 미치지 않았다는 것을 증명하기 위해서는 다른 환자들의 통찰력과 발화가 필요했다. 또한 내 생각을 온전히 이해하려면 다른 이들의 생각도 들어야 했다. 어째서 고통에는 이야기가 필요한지가 바로 이 책의 일관된 주제다. 자기 이야기를 하려면 다른 이들의 이야기가 필요하다. 나는 우리가 모두 상처 입은 스토리텔러라는 사실을 깨달았다.

상처 입은 스토리텔러는 고통을 겪고 살아남아 그 고통을 증언하는 사람이다. 이야기를 꺼내놓는다고 고통이 마법처럼 사라지는 것은 아니지만, 이야기를 많이 들을수록 고통이 차지하고 있는 듯한 공간은 작아졌다. 또한 외로움도 줄어들었다. 이 책은 관계를 넓히고, 질병을 증언하는 이들의 목소리를 키우고 서로 연결해서 우리 모두 덜 외로워지고자 하는 시도였다. 상처 입은 스토리텔러는 안내자이자 동반자이며, 진실을 말하는 동시에 사기를 치는 사람이기도 하다. 그는 연약한 인간의 몸을 지니고서 자신이 견딘 고통을 이야기하는 증인이다.

사람들에게는 상처 입은 스토리텔러가 되는 날을 대비할 수 있는 안내서가 필요하다. 대부분의 사람은 그날이 왔을 때, 자신이 별다른 준비를 하지 않고 살아왔다는 사실을 깨닫기 때문이다. 직업으로서 보건 의료를 연구하는 데 대부분의 시간을 보내는 나조차도 그러한 책이 정말 필요했다. 『아픈 몸을 이야기하기』는 그 안내서를 내가 직접 제작해 보려는 시도였다. 이번 판에서 나는 본문을 수정하지 않고, 이 서문과 후기만 새로 썼다. 책을 다시 읽으며 몸과 질병과 윤리에 관한 내 생각이 거의 변하지 않았다는 사실에 놀랐다. 이 책을 쓴 이후에도 질병에 얽힌 새로운 회고록도 읽고 다른 여러 환자도 만나 봤다. 그런데 그분들이 자기 경험을 풍부하게 들려줄수록, 질병이란 무엇인지를 밝혀내고 이해하려는 내 머릿속에서 이 책에 담긴 목소리들이 끊임없이 떠올랐다. 우리 삶의 특정한 순간, 특히 삶이 크게 바뀌거나 위기에 처했을 때 우리에게 말을 건네는 목소리들은 그 후에 오는 목소리들이 결코 대체할 수 없는 힘으로 우리에게 각인된다. 『아픈 몸을 이야기하기』를 다시 읽으면서, 나는 내가 전한 이야기 속에 담긴 목소리를 얼마나 깊이 사랑했는지를 깨달았다. 내가 실제로 만난 이들과, 나와 가깝다고 느낀 필자들의 목소리를 말이다.

이 책은 특별한 두 시기에 쓰였다. 그때 나는 내 삶에서 모든 대화가 질병으로 끝나고 대부분 또 질병으로 시작하는 것만 같았던 어느 십 년의 끝자락을 보내고 있었다. 또한, 사회에서는 환자들이 자기 이야기를 하는 권리를 주장했으나 아직 쟁취하지는 못했던 시기였다. 오늘날에는 질병을 다루는 이야기가 특히 인터넷과 대중매체에서 널리 퍼지고 있지만, 내가 이 책을 쓰려고 자료를 모으던 때에는 질병에 관하여 공개적으로 이야기하는 것이 낯설면서도 꼭 필요한 일로 느껴졌다.

1964년에 어머니가 유방 절제술을 받은 후에 나는 어머니의 친구들에게 그 소식을 알려야 했는데, 어떻게 이야기를 꺼내야 할지 무척 난감했다. 그로부터 거의 25년이 지나 나는 국가의 후원을 받는 어느 암 환자 지원 단체에 가입했는데, 그때는 지역 암센터에 전단지를 게시하고 환자들에게 우리 단체의 모임이 언제 어디서 열리는지를 홍보하는 활동이 허용되지 않았었다. 오드리 로드가 유방암 생존자로서 1980년경에 쓴 책을 읽고 나서, 무언가가 크게 잘못됐다는 막연한 느낌은 확신으로 바뀌었다. "나의 침묵은 나를 지켜 주지 않았고, 당신의 침묵도 당신을 지켜 주지 않을 것이다."[1] 이 문장은 내가 질병에 대해 생각할 때 가장 큰 울

---

1. Arthur W. Frank, *The Wounded Storyteller*, 2nd ed. (Chicago : University

림을 주는 구절 중 하나다. 내 질문은 늘 다음과 같다. 우리를 침묵하게 하는 상황을 지속시키는 존재는 누구인가? 그들은 그 침묵으로 무엇이 보호되고 있다고 생각하는가? 그리고 침묵하게 되어서 고통받는 존재는 누구인가?

로드는 이 침묵에서 벗어나는 방법으로서 공동체를 이루는 힘을 지닌 말하기를 제시한다. "그러나 발화된 모든 진실한 말을 위해, 내가 지금도 계속 찾고 있는 그 진실을 말하려 했던 내 모든 시도를 위해, 나는 그 말들이 우리가 생각하는 세계에 들어맞는지를 살펴보면서, 다른 여성들과 관계를 맺고 우리 사이의 간극을 메워 왔다."[2] 『아픈 몸을 이야기하기』는 질병에 관하여 할 이야기가 있는 사람들 간의 접점을 넓히고자 쓴 책이다. 나는 사람들이 질병에 대한 진실을 전하기 위해 사용했던 말들, 믿을 만한 가치가 있어 보이는 "세계에 부합하기" 위해 사용했던 말들을 검토하고자 했다.

이 책은 내 경험에 깊이 뿌리내리고 있기는 하지만 회고록은 아니다. 나는 사회학자로서, 사람들이 저마다 자신의 독창성을 매우 과대평가한다는 확신을 가지고 이 책을 썼다. 이 책은, 서로 모순되는 것 같지만 실제로는 상호 보완적인, 인간 삶을 바라보는 두 가지 인식 사이의 긴장을 다루고 있다. 하나는 사람들의 경험은 몹시 개인적이며, 그 경험의 고유성을 말하는 주장

---

of Chicago Press, 2013), 133 [이 책 271쪽]에서 재인용.

2. Audre Lorde, *The Cancer Journals* (San Francisco : spinsters/aunt lute, 1980), 20.

은 진실일 뿐만 아니라 존중받을 만하다는 것이다. 또 다른 하나는 사람들이 어떠한 경험을 할 수 있는 능력은, 언어와 의미를 제공하고 시간의 흐름을 사건들로 분절하는 경계를 만들어 주는 공동의 문화 자원에 의존한다는 것이다. 경험은 너무나도 우리 각자의 것이지만, 우리는 이러한 경험을 홀로 만들어 내지는 않는다.

사람들은 질병에 대해 자기만의 이야기를 내놓는다. 하지만 어떤 이야기가 말할 가치가 있는지, 그 이야기를 어떤 구성으로 말해야 할지, 그리고 다른 사람들이 그 이야기를 어떻게 이해할 것인지는 모두 질병을 서술하는 공통된 방식에 달려 있다. 『아픈 몸을 이야기하기』에서 핵심이 되는 장들은 이야기를 하는 사람과 듣는 사람이 이야기를 구조화하고 해석하기 위해 사용하는 세 가지 서술 방식인 복원restitution, 혼돈chaos, 탐구quest에 관해 설명한다. 각각은 질병을 경험하는 방식이기도 하다. 나는 내 기억 속의 대화들, 그리고 회고록에서 가져온 메모들을 꼼꼼하게 검토하여 이 세 가지 서술 방식에 대한 설명을 전개해 나갔다. 돌이켜 보면 각각의 서사는 내가 질병을 겪었던 시기들을 나타내기도 했다.

복원은 환자로서의 내 삶을 보여 준다. 의료 종사자들은 어떤 경험이든지 그 경험이 건강을 회복해 가는 과정의 서사 안에서 이해되기를 바랐다. 내게 일어난 일은 무엇이든 모두 건강이라는 성취할 수 있는 목표를 향해 가는 필수적인 단계로서만 이해될 수 있었다. 나는 낫고 싶었고, 그렇게 될 거라고 안심시켜 주는 말이 고마웠다. 하지만 그러면서도 나는 회복은 장담할 수 없다는 사실뿐만 아니라, 그 특별한 순간에 겪고 있던 내 고통을 정확히 인식해야 했다. 나는 그러한 복원 서사에, 무엇보다도 의사를 주인공으로 세우고 나를 그 영웅적 업적의 대상으로 전락시키는 방식에 점차 저항해 나갔다. 나는 분명 그 이야기에 속해 있었지만, 그것은 결코 나의 이야기가 될 수 없었다.

복원 서사에는 내 질병의 혼돈을 다루는 대목이 없었다. 혼돈에 해당하는 시기는 급속도로 악화하는 고환암이 처음에는 운동에 의한 부상인 근육 긴장으로, 이어서 확실하지는 않지만 암은 아닌 듯한 어떤 알 수 없는 질환으로 오진 받은 수개월의 시간이었다. 이 혼돈은 내 삶을 통제 불가능한 상태로 만들며 점점 심해지던 고통과, 심각한 병이 아니라고 했지만 훗날 오진으로 판명된 의사들의 주장 사이의 괴리에서 기인했다. 또한 혼돈은 내가 그처럼 분명하게 느끼는 것을 보지 못하는 다른 이들의 무능력과 마주할 때 생겨나는 일종의 폐소공포증에서 기인했다. 만성 질환, 그중에서도 다발성 경화증을 앓고 있는 많은 사람이 의료 진단의 불확실성과, 실제로 증세가 얼마나 심각한지 의사가 확인해 주었을 때 느낀 안도감에 대해 썼다. 즉, 심각한 병이라는 진단만큼이나 치명적인 것이 바로 진단의 불확실성인 것이다.

내가 경험한 혼돈도 상당히 괴로운 것이었지만, 불행에 또 다른 불행이 따라오는 것만 같은 상황에서 마치 덫에 걸린 것처럼 느끼는 수많은 다른 사람들의 혼돈만큼은 아니었다. 병 때문에 직장을 잃고, 집에서 나앉을 위기에 처하고, 이어서 다른 가족 구성원까지 병에 걸리는 식의 불행 말이다. 하지만 나도 혼돈이 강요하는 침묵과 절망을 안다고 할 만큼은 겪어봤다. 혼돈 속에서 사는 이들은 미래가 전혀 보이지 않기 때문에 그 누구보다도 자기 이야기를 꺼내기가 어렵다. 삶은 끊임없이 현재 시제의 습격을 받아 궁지에 몰린다. 서사가 시간에 따라 진행되는 것이라면, 혼돈은 반-서사인 것이다.

화학 요법 치료를 받던 기간은 내가 겪고 있는 일에 대한 나의 이해가 변화하는 시기와 겹쳤다. 연달아 겪은 경험들 덕분에 나는 고통과 상처에 짓눌려 있던 상태에서 빠져나와, 내가 어떤 공동의 일에 참여하고 있다는 생각을 했다.[3] 병을 앓으며 보낸 시간은 더는 내 삶에서 빼앗긴 시간이 아니었다. 오히려 내가 질병과 어떻게 함께 살았는지는, 아프든 건강하든 내가 삶을 얼마나 잘 꾸려갈 수 있는지를 가늠하는 기준이 되었다. 이 같은 태도는 누군가의 이야기를 탐구의 서사로 이해하는 바탕이 되어 준다. 질병은 여러 의미에서 악몽 같은 일로 남아 있지만, 내가 다른 이들과 매우 친밀한 관계를 맺을 수 있는 계기가 되었다.

탐구로서의 질병은 아나톨 브로야드의 유작집인 『나의 질병에 중독되다』에 서술되어 있으며, 이후에 내 책 『아픈 몸을 이야

---

3. 이러한 경험에 대해서는 다음을 보라. Arthur W. Frank, *At the Will of the Body : Reflections on Illness* (Boston : Houghton Mifflin, 1991). [아서 프랭크, 『아픈 몸을 살다』, 메이 옮김, 봄날의책, 2017.]

기하기』에도 언급되었다. 몇 편의 소설과 다량의 문학 비평을 남긴 작가 브로야드는 아주 빠르게 진행되는 전립선암과 함께 살아가는 삶을 양식style의 문제로서 보여 준다. "내 생각에 위중한 병을 앓는 사람들은 모두 자신이 지닌 질병에 적합한 양식을 개발해야 한다."[4] 나는 이야기가 그 양식을 발견하게 해 주는 매우 중요한 매개체라고 생각한다. 그렇기에 스토리텔링은 전달하는 작업이라기보다는 발견하는 과정이다.

다시 살펴보면, 브로야드는 그 문장에 이어서 탐구 서사뿐만 아니라 『아픈 몸을 이야기하기』의 핵심 주제를 분명히 나타내는 글을 적었다. "우리가 그토록 두려워하는 것은 죽음이 아니라 위축된 자아일 수도 있다."[5] 이렇게 그는 내게 중요한 문제로 남아 있는 질문을 던진다. 내가 다시 병에 걸리거나 언젠가 아프게 될 때, 질병 또는 언젠가 마주하게 될 죽음 때문에 내 삶이 위축된다는 생각에서 벗어날 방법을 어떻게 찾을 것인가?

브로야드는 삶이 위축되는 문제가 발생하는 데 종종 의사가 한몫을 한다고 확신했다. "의사들은 우리의 이야기를 막는다"고 그는 썼다.[6] 나는 『아픈 몸을 이야기하기』에 의사들에 대한 그러한 날이 선 구절을 포함하지는 않았다. 그런데 요즘 이 책을 다시 읽다가, 내가 보건의료 전문가를 환자의 관점에서만, 그것도

---

4. Frank, *The Wounded Storyteller*, 39 [이 책 114쪽]에서 재인용.

5. 같은 곳 [이 책 114쪽]에서 재인용.

6. Anatole Broyard, *Intoxicated by My Illness* (New York : Clarkson Potter, 1992), 52.

아주 최소한만 다루고자 애썼다는 사실에 깜짝 놀랐다. 나는 대부분의 의료 종사자, 특히 의사가 그저 배경으로만 존재하는 책을 쓰려고 했다. 의사를 비판하는 이야기마저도 그들을 전면에 드러내는 것이기 때문이다. 가끔 이 책으로 수업을 하다 보면, 초반에 학생들은 환자가 하는 모든 이야기를 의료진이 어떻게 답해야 하느냐의 문제로 재구성하지 않고 받아들이는 일을 가장 어려워한다. 이러한 재구성은 이후의 다른 독자들에게는 중요한 문제일 수 있다. 그러나 의료진의 관점으로 질병을 바라보는 것은 『아픈 몸을 이야기하기』가 가장 핵심으로 다루고자 하는 주제를 놓치는 일이다. 이 책의 주제는 질병 그 자체 때문이든 질병에 대한 주변 사람의 반응 때문이든 거기에 삶이 휘둘려 축소되지 않으려면 어떻게 해야 하는지를 환자의 관점에서 주요하게 살펴보는 것이다.

『아픈 몸을 이야기하기』에 대해서 함께 대화를 나누었던 의료 및 여타 분야의 전문가들은 모두 치료providing treatment와 돌봄offering care이 서로 같지 않다는 사실을 잘 알고 있다. 하지만 그 차이는 서로 다른 분야에서 저마다의 관용어로 표현되고 있다. 어떤 독자들은 자기 경험을 이해하려고 애쓰며, 이를 다른 사람과 공유할 수 있는 말과 서사를 찾는 데 또한 고군분투하고 있다. 내가 정말 감동하는 순간은 의료진과 환자라는 서로 다른 두 유형의 독자 사이에 존재하는 경계가 희미해질 때다. 의료진은 자신의 개인적인 고통을 의료 현장으로 가져오고, 환자도 질병을 다루는 소명의 여러 형태를 발견하는 것이다. 침묵을 끝내

고 진실을 말하며 공동체를 창조하는 상처 입은 스토리텔러는
상처 입은 치유자가 된다.

앨버타주 캘거리에서
아서 프랭크

상처 입은 스토리텔러the wounded storyteller라는 유형의 인물은 고대로 거슬러 올라간다. 오이디푸스에게 그가 누구의 아들인지를 이야기해 주는 선지자 테이레시아스는 신들에 의해 앞을 못 보게 된 인물이다. 그의 상처는 그에게 말하는 힘을 준다. 성서 속의 가부장 야곱이 천사와 싸움을 하면서 엉덩이에 입은 상처는 그 사건을 말하는 그의 이야기의 일부이자 그의 이야기에 대한 대가이다. 야곱이 돌아가서 만나는 사람들에게 이야기를 할 때 — 다른 누가 그것을 말할 수 있었겠는가? — 그가 입은 상처는 그의 이야기의 진실성을 담보하는 증거가 된다.

이 책에서 아픈 사람들은 상처 입은 스토리텔러들로 제시된다. 나는 질병에 대한 지배적인 문화적 관념이 수동성 — 아픈 사람이 질환의 "희생양"이자 돌봄의 수혜자라는 것 — 에서 능동성으로 옮겨 가기를 바란다. 아픈 사람은 질병을 이야기로 만듦으로써 운명을 경험으로 전환시킨다. 자신의 몸을 타인들로부터 분리시키는 질환이, 이야기 속에서는 서로 공유하는 취약함을 통해 육체들을 연결시키는 고통의 공통분모가 된다.

최근 학계는 상처 입은 스토리텔러보다는 상처 입은 치유자의 조력자적인 역할에 더 강조점을 두고 있다. 예를 들어, 헨리 나우웬의 『상처 입은 치유자』는 그 영적인 기반을 성직자가 자기 자신의 상처 입음을 받아들이고 나누는 것에 두고 있다.[1] 아서 클라인먼에서부터 래리 도시에 이르는 의사들이나 빌 모이어스 같은 저널리스트는 상처 입은 치유자를 의료인의 이상으로 제시한다.[2] 리타 샤론은 의사들이 "우리 자신의 상처가 환자를 보살필 수 있는 우리의 잠재력을 증가시키도록, 우리의 개인적 경험이 고통받는 타자들과의 공감의 유대를 강화시키도록" 할 필요가 있다고 말한다.[3]

샤론의 이 말은 의사들에게 무엇이 필요한지뿐만 아니라 아픈 사람들이 무엇을 필요로 하는지 역시 잘 묘사한 것으로 볼 수 있다. 사람들은 환자로서 돌봄을 받는다. 그러나 그들은 스토리텔러로서 타인들을 돌본다. 아픈 사람들, 그리고 고통받는 모든 이들 역시 치유자일 수 있다. 그들의 상처는 그들의 이야기가 갖는 힘의 근원이 된다. 이야기를 통하여 아픈 사람들은 자신과 청자 간에 공감의 유대를 만들어 낸다. 이러한 유대는 이야기가

1. Henri Nouwen, *The Wounded Healer* (New York : Image Books, 1990). [헨리 나우웬, 『상처입은 치유자』, 최원준 옮김, 두란노, 2011.]

2. Arthur Kleinman, *The Illness Narratives : Suffering, Healing, and the Human Condition* (New York : Basic Books, 1988) [아서 클라인먼, 『우리의 아픔엔 서사가 있다』, 이애리 옮김, 사이, 2022], 211과 그 이하 ; Larry Dossey, *Beyond Illness : Discovering the Experience of Health* (Boulder : Shambhala, 1984), 193과 그 이하 ; Bill Moyers, *Healing and the Mind* (New York : Doubleday, 1993), 315과 그 이하.

3. Rita Charon, "The Narrative Road to Empathy," in Howard Spiro, Mary G. McCrea Curnen, Enid Peschel, and Deborah St. James, eds., *Empathy and the Practice of Medicine : Beyond Pills and the Scapel* (New Haven : Yale University Press, 1984), 158.

반복됨에 따라 확장된다. 이야기를 들은 사람들은 다른 사람들에게 이야기를 하고 공유된 경험의 원은 넓어진다. 이야기는 치유의 힘이 있으므로, 상처 입은 치유자와 상처 입은 스토리텔러는 분리되는 것이 아니라 같은 인물의 서로 다른 측면이라고 할 수 있다.

그러나 말하기는 쉽게 이루어지는 것이 아니며 듣기 역시 마찬가지다. 심하게 아픈 사람들의 상처는 몸에만 있는 것이 아니라 목소리에도 있다. 그들은 질병과 그것의 치료가 종종 빼앗아가는 목소리를 되찾기 위하여 스토리텔러가 되어야 한다. 목소리는 마음을 말하고 영혼을 표현한다. 그러나 목소리는 육체의 물리적인 기관이기도 하다. 질병 이야기의 불가사의는 그 이야기들 속에서 몸이 표현되는 방식에 있다. 말 사이의 침묵 속에서 몸의 조직tissues은 말한다. 이 책은 아픈 사람들의 발화에서 몸을 듣는 것에 대해 논의한다.

아래에서는 먼저 어떻게 해서 질병이 이야기를 필요로 하게 되는지에 대해, 이러한 이야기들의 토대가 되는 육체에 대해, 그리고 자아-이야기라고 불리는 질병 이야기들에 대해 논의한다. 중간 장들은 질병 이야기의 세 가지 서사 유형에 대해 논의하는데, 이 서사들은 몸을 이용하는 방식들이기도 하다. 이 장들은 질병 이야기가 무엇을 말하는지를 제시한다. 마지막 장들에서는 말하기의 힘으로 논의가 옮겨 간다. 여기에서는 질병 이야기의 윤리적 의무를 증언과 증인의 문제로 위치시킨다.

상처 입은 이야기를 하는 것에서 육체적 행위는 윤리적 행위가 된다. 키에르케고르는 자기 삶의 편집자로서의 윤리적 인간에 대하여 글을 썼다.[4] 한 사람의 삶을 이야기하는 것은 그 삶에 대하여 책임을 전제하는 것이다. 이러한 책임은 확장된다. 이야기 속에서, 화자는 자신의 목소리를 되찾을 뿐만 아니라 다른 사람들에게서 목소리를 빼앗아 가는 조건에 대한 증인이 된다. 누군가가 목소리를 되찾으면 다른 많은 사람들은 그 이야기를 통하여 말을 시작한다.

자신이 누구인지를 알고자 하는 사람들의 이야기는 포스트모던 시대의 풍경에 있어서 특히 중요하다. 다른 사람들의 보고서의 대상이었던 사람들이 이제는 그들 자신의 이야기를 하고, 그럼으로써 그들은 우리 시대의 윤리를 정의한다. 목소리의 윤리는 모든 사람에게 자신의 진실을 자신의 언어로 말할 수 있는 권리를 부여한다.

이 책은 이론적 작업이지만 그와 동등한 의미에서 이야기 모음집이자 일종의 회고록이다. 거의 십 년간 나는 상처 입은 스토리텔러였다. 그리고 나는 상처 입은 타인들의 이야기를 저마다의 방식으로 다루어 왔다. 이 책에서 "이론"은 나의 이야기와 그들의 이야기들을 정교화한다.

찰스 르메르는 그의 사회이론 교재를 소개하면서 이론을 "기본적인 생존기술"이라고 부른다.[5] 이 책은 하나의 생존 장비로,

---

4. Søren Kierkegaard, *Either/Or, Part II*, ed. and trans. Howard V. Hong and Edna H. Hong (Princeton : Princeton University Press, 1987), 260.

5. Charles Lemert, ed. *Social Theory : The Multicultural and Classic Readings*

나 자신의 생존을 의미화할 필요와 타인들이 그들의 생존을 의미화하려는 것을 지켜보는 과정이 합쳐져 쓰인 것이다. 상처 입은 스토리텔러는, 르메르가 말하는 이론가처럼, 생존하고자 노력하고 있으며 즉각적으로 의미화가 되지는 않는 세계에서 살아가는 타인들을 돕고자 한다.

언젠가는 모든 사람이 상처 입은 스토리텔러가 된다. 포스트모던 시대에 정체성은 우리의 약속이자 책임이며 재앙이자 존엄이다. 내가 여기에서 제시하는 "이론"은 그러한 약속을 충족하고 책임을 실행하도록 돕는 하나의 도구함tool kit이다. 이십 년 전 내가 대학원생이었을 때, 이론들은 "차후의 연구"를 필요로 한다는 구절을 달고서 제시되었었다. 지금 나는, 여기에서 말하는 이론은 차후의 삶과 그 삶의 이야기들을 필요로 한다고 말하고 싶다. 나는 살아서 이야기들을 들을 수 있는 혜택을 누렸고, 이 이론은 그 이야기들에 의해 형성되었다. 독자들에게도 같은 방식으로 이론을 재형성할 것을 권하고 싶다.

(Boulder : Westview Press, 1993), 1.

:: 감사의 말

　　어떤 책이든지 많은 관계로부터 쓰인다. 그리고 이 책은 특히 개인적인 도움을 많이 받았다.

　　자신들의 질병 이야기를 나에게 말해 준 사람들 모두에게 먼저 감사드리고 싶다. 이 책을 통해 나는 내가 인용할 수 있었던 이야기들 뿐만 아니라 질병에 대해 내게 가르침을 준 다른 많은 이야기들에도 존경을 표하고 싶다.

　　캘거리에서, 학과장이자 내 친구인 리처드 웨너는 이 기획을 개인적으로 공유하고 전문적으로 지지해 주었다. 린다 코스텔로의 명랑함은 그녀의 기호 논리학적인 도움만큼이나 소중했다.

　　이 책은 내가 여기에서 열거할 수 있는 것보다 더 많은 초청들에 대한 응답으로서 진행했던 강연들에서 발전되었다. 그들이 준 특별한 기회들과 관대함에 대하여, 다음의 이들에게 감사를 표한다. 미시간대학교 노인학 연구소의 앤드루 아헨바움 박사, 행동의학의 임상적용 국립연구소의 루스 벅진스키 박사, 시카고의 러쉬대학교와 러쉬-장로교-성 루크 의학 센터의 래리 버튼 박사와 조안 오라일리 박사, 휴스턴 앤더슨 암 센터, 앤더슨 네트워크의 주디 거너 소장, 토론토-베이뷰 지역 암센터의 로스 그레이 박사, 호스피스 뉴질랜드의 수 마스던 박사, 몬트리올의 불치병 환자들을 위한 국제연맹의 밸푸어 마운트 박사, 코네티컷 헴덴의 알베르트 슈바이처 인문학 연구소의 해럴드 로블즈 소장.

학계의 동료들은 학문적인 견해를 제공해 주었을 뿐 아니라 많은 경우에 내가 제시한 이야기들을 지지하기 위해 자신들의 이야기들을 덧붙여 주었다. 나는 이들의 협조뿐 아니라 동료애에 대해서 감사한다. 나의 이전 글이 재수록된 것은 없지만, 이 책에 제시된 많은 생각들은 편집자들의 친절한 격려에 힘입어 쓰인 학술지 논문들에서 발전되었다. 『상징적 상호작용』과 『계간 사회학』의 편집자 노먼 덴진, 『문학과 의학』의 캐스린 몽고메리 헌터, 『이론과 심리학』의 행크 스탬에게 감사한다. 내가 몸에 대해 글을 쓰기 시작한 것은 『이론, 문화, 사회』의 마이크 페더스톤의 초대에 의해서였고, 브라이언 터너의 이전 저술들이 없었다면 가능하지 않았을 것이다. 터너는 이 책에 미친 영향에 비해 가장 덜 인용된 저자 중 한 사람이다.

『이차 소견: 건강, 신념, 윤리』의 바바라 호프마이어, 샌디 피트먼, 선임 편집자인 마틴 마티는 내 편집자들이자 좋은 친구들이다. 그들은 리뷰 프로젝트와 나와의 "사례 이야기" 시리즈 공동 편집에서 내 에세이들을 편집함으로써 내 사고와 글을 형성했다. 론 하멜과 에드윈 듀보스에게도 감사한다. 마틴 마티에게 막대하게 진 빚에는 내가 『기독교의 세기』에 쓴 글이 포함되어 있다. 마티와 하멜은 내가 살펴보아야 할 훌륭한 책들을 보내 주었다.

브리티시컬럼비아주 빅토리아에 있는 『최후의 권리』의 편집자이자 나의 친구인 존 호프세스 역시 좋은 책들을 정기적으로 보내주었고, 이 책 중 여럿이 본문에 인용되어 있다.

앤 헌세이커 호킨스, 수전 디지아코모, 그리고 나의 아버지인 아서 프랭크 주니어는 이 책의 초고에 대해서 포괄적인 의견을 주었다. 앤은 질병 이야기를 공적으로 듣는 것에 가장 지대하게 공헌을 한 학자다. 수전은 사회과학자로서 그리고 암에 걸렸던 사람으로서 내 원고를 읽어주었다. 그러한 역할들이 상호의존적이라는 점에서 우리가 공유하고 있는 헌신에 대해 그녀에게 감사한다. 나의 아버지는 일반 독자가 나의 "완벽히 명료한" 글에서 무엇을 보게 될지를 알려주었다. 아버지와 수전은 이 책이 누구를 위해 쓰이는지를 내가 기억하도록 해 주었다.

나중의 원고들을 읽어준 이들에는 로버트 저스만과 아서 클라인먼도 포함된다. 로버트가 내 원고를 읽어줌으로써 우리의 우정이 시작되었다. 반면 아서가 원고를 읽어준 것은 지난 5년간 나를 새로운 방향으로 밀어준 관계에서 또 다른 정점이었다. 이 책에서 아서의 저작이 수없이 많이 인용되었지만, 이는 나의 글쓰기에 대한 그의 영향을 보여 주기 시작하는 것에 불과하다. 나는 이 모든 독자들이 내 원고를 읽고 감상을 말해 주었다는 점을 강조하고 싶다. 로버트 저스만의 글귀 중 내가 제일 좋아하는 하나를 빌려 말하자면, [원고의] 최종판에 대한 그들의 책무는 제한되어야 한다.[1]

리처드 앨런은 원고의 편집자로 활약하면서 이 책의 최종 원

---

1. * "제한적 책무"에 대한 저스만의 논의는 이 책의 7장 "고통의 교육학" 절에 나온다.

고를 이끌어주었다. 내 문장이 말하고자 하는 바를 알아차리는 리처드의 감수성, 서사와 윤리에 대한 전문성, 학문적 글쓰기의 접근성에 대해 우리가 공유하는 헌신은 가장 만족스러운 공동 작업을 가능하게 했다.

나의 시카고대학 출판사 편집자인 더글러스 미첼과 나는 지난 이십 년간의 책들에 대해 생각을 나누는 것을 즐겼다. 그의 넓은 지식과 재치 덕분에 더글러스는 편집자가 저자에게 부여할 수 있는 가장 큰 선물 — 계속 글을 써 나갈 수 있는 자신감 — 을 주었다. 대리인이 필요한 경우는 거의 없음에도 도우 쿠버는 계약 수정에 도움을 주었을 뿐 아니라 지속적인 우정을 건네 주었다.

내가 가장 깊이 빚을 졌으면서도 그것을 인식하기 가장 어려운 사람은 나의 아내 캐서린 푸트다. 나는 저자들이 그들의 배우자에게 하는 모든 일반적인 감사의 말을 피하고 싶다. 한 권의 책을 쓰는 일이 파트너에게 얼마나 많은 것을 요구하는지를 회상해 볼 때, 나는 모든 저자들과 부끄러움을 공유한다. 우선 동료 학자로서 캐서린에게 감사를 표한다. 아이를 잃은 부모들에 대한 그녀 자신의 연구에서 가져온 이야기들과 이 이야기들에 대한 그녀의 개인적이고 임상적인 감수성은 내가 아픈 사람들의 이야기를 듣는 것에 대해 가져야 하는 감각을 일러 주었다. 그리고 이 책에 쓰인 모든 것은 그녀로부터 — 우리의 관계로부터 그리고 그녀 자신의 작업으로부터 — 온 것이기 때문에, 나는 미안한 동시에 감사하다. 미안함과 감사함의 이러한 조합은, 연약하지만 포용적인 우리의 결혼을 유지시킨 모순들 중 가장 작은 것이다.

마지막으로, 나의 글쓰기는 언제나 나의 딸들을 위해 흔적을 남기려는 시도이기 때문에, 케이트 리비 프랭크와 스튜어트 해밀턴 프랭크의 존재에 대해, 그들 그대로의 모습에 감사한다.

1장

몸이 목소리를
필요로 할 때

"제가 이전에 길을 찾기 위해 사용했던 목적지와 지도는 이제 쓸모가 없어졌어요." 만성피로증후군에 대해 서술하는 편지에 있던 말이다. 주디스 자루쉬스는 절대로 끝나지 않을 질병을 앓게 된 후 자신이 어떻게 해서 "다른 방식으로 생각하고 세상과의 관계에 대한 새로운 인식을 구축할 필요를 느끼게 되었"는지에 대해 썼다.[1]

심각한 질병은 그 질병에 걸린 사람의 인생을 안내해 오던 "목적지와 지도"를 잃게 만든다. 아픈 사람들은 "다른 방식으로 생각"하기를 배워야만 한다. 그들은 자신이 말하는 이야기를 들음으로써, 다른 사람들의 반응을 받아들임으로써, 그리고 자신의 이야기가 공유되는 것을 경험함으로써 배워 나간다. 주디스의 이야기는 단지 새로운 지도와 목적지의 필요성을 말하는 것만이 아니다. 그녀의 편지 자체가 그녀가 필요로 하는, 다른 방식으로 생각하기를 실험적으로 보여 주고 있다. 그녀가 나에게 말해 주는 이야기를 통해서 그녀의 새로운 지도는 이미 형성되어 가고 있다.

우리가 서로 알지 못하는 사이라고 해도, 나의 암 투병기를 읽고 강연 비디오테이프를 보았던 주디스는 내가 그녀의 이야기와 개인적 변화의 증인이 되도록 내게 편지를 써야 했다. 나에게 자신의 이야기를 하면서 그녀는 "세상과의 관계에 대한 새로운 인식"을 발견했다. 아마도 나의 답변은 나중에서야 편지 형식으

---

1. 개인적인 대화를 통해 이루어진 내용. 모든 인용은 허락을 받고 쓰였다.

로 전해질 것이라는 사실이 도움이 되었을 것이다. 자기 자신이 말하는 것을 스스로 듣는 것과 마찬가지로, 그녀 자신이 편지를 쓰는 것을 스스로 인식하는 것이 중요한 계기였다.

주디스가 스토리텔러로서 가지는 특별함은 그녀의 질병에 있다. 질병은 그녀의 이야기의 주제였을 뿐만 아니라 그녀가 이야기를 하는 조건이기도 했다. 그녀의 이야기는 단지 질병에 관한 것만이 아니다. 그 이야기는 상처 입은 몸을 通해서 말해진다. 아픈 사람들이 말하는 이야기들은 그들의 몸으로부터 나온다. 이전에 존재하던 이야기들이 질환으로 인해 방해받을 때, 몸이 새로운 이야기를 할 필요가 생겨난다. 여전히 질환을 앓고 있든 혹은 그로부터 회복되었든지 간에, 몸은 모든 종류의 새로운 이야기의 원인이자 주제이며 도구이다.[2] 이 체현된 이야기들에는 두 가지 측면이 있는데, 하나는 개인적인 것이고 다른 하나는 사회적인 것이다.

질병에 관한 이야기를 하는 것의 개인적인 차원은 몸에 목소리를 부여한다는 것이다. 이렇게 해서 변화된 몸은 그 이야기들 속에서 다시금 친숙해질 수 있다. 그러나 그 이야기의 언어가 몸

---

2. 이 책에서 나는 생리학적 과정으로서의 "질환"(disease)과 그 질환의 사회적 경험으로서의 "질병"(illness)을 구별하는 기존의 용법을 최대한 따르고자 한다. 그러나 질병의 이야기를 체현된 것으로 보고자 하는 나의 시도는 그러한 구분을 해체하기도 한다. 질병의 경험은 질환을 앓고 있는 몸 내부의 경험이자 그 몸의 경험이다. 이 책은 전문적이고 제도적인 관행뿐만 아니라 일반적으로 받아들여지는 사고에서의 질환과 질병 사이의 너무 엄격한 구분에 내재한 불안정성에 대한 것이다.

을 친숙하게 만들어 감에 따라 몸은 언어를 빠져나간다. 마르틴 부버를 인용하자면, 몸은 "발화speech를 사용하지 않지만 그것을 불러일으킨다begets."[3] 아픈 몸이 침묵하지 않는다는 것은 분명하다. 그것은 고통과 증상 속에서 생생하게 말한다. 그러나 그것은 명료하지 않다. 우리는 몸을 대변해서 말해야 하지만 그러한 발화는 재빨리 좌절하게 된다. 발화는 몸 그 자체가 아니라 몸에 대한 것으로서 제시된다. 몸을 친숙하게 만들기 위해 말해지는 이야기들에서 몸은 종종 소외되고 문자 그대로 "이상해진다."

이러한 좌절에 대한 대안은 몸을 이야기의 단순한 화제로 환원시키고, 그럼으로써 그 이야기의 우선적 조건 ─ 화자가 질환을 앓고 있거나 앓은 적이 있다는 것 ─ 을 부정하는 것이다. 질환을 앓는 환자의 몸이 질병의 이야기를 형성한다는 사실은 자명한 것이 되어야 한다. 데카르트주의자들만이 질병으로부터 분리된 머리를 상상해서 그 아래에 있는 아픈 몸에 대해 이야기할 것이다. 머리는 과학이 이제 겨우 이해하기 시작한 통로들을 통해 몸에 연결되어 있지만, 일반적인 원칙은 분명하다. 마음은 몸 위에 머무르는 것이 아니라 몸을 통해 확산된다는 것이다.[4]

---

3. Martin Buber, *I and Thou*, trans. Ronald Gergor Smith (New York, Scribners, 1958), 6 [마르틴 부버, 『나와 너』, 표재명 옮김, 문예출판사, 2001].

4. 과학적 연구의 대중화를 잘 보여 주는 예는 다음 연구에 나오는 캔디스 퍼트(177~93)와 데이비드 펠튼(213~37)과의 인터뷰에서 찾아볼 수 있다. Bill Moyers, *Healing and the Mind* (『아픈 몸을 이야기하기』 서문의 주석 2 참조). 마음/몸 연구라고 불리는 것의 사회적 함의는 인지과학에서 가장 많은 연

그러나 이야기 속에 있는 몸의 자취를 실제로 듣는다는 것은 쉽지 않은 일이다. 그 이야기가 몸에 대해 말하는 것을 관찰하는 것은 친숙한 종류의 듣기 방식이다. 몸을 통해 말해지는 이야기를 기술하는 것은 다른 차원의 관심을 필요로 한다. 이 책은 이러한 종류의 관심을 불러일으키고자 하는 시도이다. 질병을 앓고 있는 몸을 통해서 말해지는 질병 이야기들을 어떻게 의미화할 수 있는가?

이야기 속에서 아픈 몸을 표현하는 것은 개인적인 일이지만, 아픈 사람들이 말하는 이야기는 사회적인 것이기도 하다. 이야기가 가지는 명백하게 사회적인 측면은 그것이 ─ 청자가 그 자리에 있건 없건 간에 ─ 누군가에게 말해진다는 점이다. 병에 쪽지를 담아 흘려보낼 때조차 잠재적인 독자를 가정한다. 이야기가 갖는 보다 간접적인 사회적 측면은 사람들이 혼자서 이야기를 만들어 내는 것이 아니라는 점이다. 말하기의 형태는 스토리텔러가 내면

구가 이루어졌는데, 특히 다음의 문헌을 참조할 것. George Lakoff and Mark Johnson, *Metaphors We Live By* (Chicago : University of Chicago Press, 1980) [G. 레이코프·M. 존슨, 『삶으로서의 은유』, 노양진·나익주 옮김, 도서출판박이정, 2006] ; Mark Johnson, *The Body in the Mind : The Bodily Basis of Meaning, Imagination, and Reason* (Chicago : University of Chicago Press, 1987) [M. 존슨, 『마음 속의 몸』, 노양진 옮김, 철학과현실사, 2000] ; George Lakoff, *Women, Fire, and Dangerous Things : What Categories Reveal about the Mind* (Chicago : University of Chicago Press, 1987) [G. 레이코프, 『인지 의미론 : 언어에서 본 인간의 마음』, 이기우 옮김, 한국문화사, 1994] ; 그리고 Mark Johnson, *Moral Imagination : Implications of Cognitive Science for Ethics* (Chicago : University of Chicago Press, 1993) [마크 존슨, 『도덕적 상상력 : 체험주의 윤리학의 새로운 도전』, 노양진 옮김, 서광사, 2008].

화해 온 모든 수사적 기대들에 의해 만들어진다. 이러한 내면화
는, 친척이 어떤 질병을 묘사하는 것을 처음 들었을 때부터, 혹은
일반의약품의 텔레비전 광고를 처음 봤을 때부터, 아니면 "의사
에게 어디가 아픈지 말하"라는 얘기를 듣고 무엇이 그 의사가 듣
고 싶어 하는 이야기로 인정될지를 알아내야 했던 때부터 계속
되어 왔다. 가족과 친구들, 그들을 둘러싸고 있는 대중문화, 그리
고 다른 아픈 사람들의 이야기로부터 화자는 서사의 형식적 구
조, 관습적인 은유와 이미지, 그리고 무엇이 말하기에 적절한 것
이고 무엇이 부적절한 것인지 구분하는 기준을 학습해 왔다. 새
로운 이야기가 말해질 때마다, 이러한 수사학적 기대는 어떤 의
미에서는 강화되고 다른 의미에서는 변화되면서 다른 사람들의
이야기에 영향을 미쳐 왔다.[5]

이 책의 첫 번째 주제는 아픈 사람들이 자신들과 세계의 관
계에 대한 새로운 지도와 인식을 형성하기 위하여 자기 자신의
이야기를 해야 할 필요다. 두 번째 주제는 이러한 이야기들의 체
현이다. 이야기의 체현이 의미하는 바는, 몸에 대해서만이 아니라
몸을 통해서 어떻게 그 이야기들이 말해지는가이다. 세 번째 주
제는 이야기들이 말해지는 시대의 문제다. 이것은 어떤 이야기들

---

5. 용어의 사용에 대해 또 다른 지점을 언급하고자 한다. 나는 사람들이 말하는
실제의 일화(tale)를 가리킬 때는 이야기(story)를, 다양한 특정 이야기들을
구성하는 일반적 구조를 논의할 때는 서사(narrative)를 사용하고자 했다. 그
러나 서사는 단지 특정한 이야기들에만 존재하기 때문에, 그리고 모든 이야기
는 서사이기 때문에, 이러한 구분은 유지되기 어렵다.

이 말해지고 그 이야기들이 어떻게 말해지는지에 사회적 맥락이 미치는 영향에 대한 것이다. [사회적] 맥락에서 중심이 되는 것은 모던modern 시대와 포스트모던postmodern 시대에 경험되는 질병들 사이의 구분이다.

포스트모던 시대의 질병

"포스트"post라는 접두어는 사실 적확하지 않다. 나는 모던과 포스트모던 사이에 어떤 엄격한 시대 구분도 제안하지 않는다. 일정한 시간 동안 ─ 아마도 지난 이십 년간 ─ 사람들이 자기 자신과 세계에 대해 생각하는 방식은 명칭을 붙일 수 있을 정도로 변화했고, 가장 적절한 ─ 언론과 대중문화에서 갈수록 확산된 ─ 명칭은 포스트모더니즘postmodernism이다.[6] 이 명칭을 차용하는 지적인 의제들 때문에 나는 "포스트모던 시대"라는 말을 선호한다. 현재의 질병 이야기들이 말해지는 시대이자 내가 이 책을 쓰고 있는 시대이기도 한 포스트모던 시대는 최근 급격히 변화해 왔다.

알버트 보그만의 저서 제목인 『포스트모던 경계 건너기』[7]는

---

6. 시대로서의 "포스트모더니티"와 양식으로서의 "포스트모더니즘"의 구분에 대해서는 다음을 참조할 것. Mike Feathertop, "In Pursuit of the Postmodernism : An Introduction," *Theory, Culture, & Society* 5(1988) : 195~215. 이하에서 나는 "모더니스트"라는 형용사를 단순히 당대라는 의미가 아니라 모던 시대를 가리키기 위해 사용할 것이다. 그러나 이러한 용법은 학문적 논쟁보다는 대중적 용례에 근거한 것이다. "포스트모더니즘"은 내가 일간지에서 읽게 되는 용어다.

특별히 유용한 은유를 제공해 준다. 여행은 경계를 지난다. 반대편에 다다랐을 때, 여행객은 같은 가방을 들고 있는 같은 사람이다. 그러나 어떤 특정한 경계를 지나고 나면 그 여행객은 새로운 정체성을 띠게 된다. 같은 가방은 이제 새로운 목적을 갖게 된다. 삶에 특정한 의미를 부여하던 근본적인 전제들은 바뀌어 있다. 포스트모더니티는 그러한 경계 건너기로, 같은 생각과 행동이 다른 의미들과 겹칠 때 일어난다. 경계를 건넘으로써 생기는 차이가 분명할 때도 있지만 대개는 미묘하고 그저 다르게 느껴질 뿐이다. 지난 이십 년간 질병은 전과 다르게 느껴지게 되었고 오늘날 이러한 차이의 총합은 포스트모더니즘이라고 부를 수 있다. 나는 포스트모더니즘을 정의하려는 어떤 시도도 하지 않을 것이다. 이 용어의 유용함은 그러한 차이들의 느낌을 두텁게 기술할 때만 나타난다.

피에르 부르디외의 인류학적 연구에 인용된 북아프리카 여성은 질병의 전-모던pre-modern 경험이 모더니티로 이행한 것을 보여 주는 좋은 예인데 이러한 이행은, 단순하게 말하자면, 유용하다. 부르디외가 살아 있는 사람에게서 받아 적은 내용을 담고 있는 다음 인용은 전-모던, 모던, 그리고 포스트모던 간의 근접성과 중첩성을 보여 준다. 그 여성은 다음과 같이 말한다. "옛날에 사람들은 질병이 뭔지 몰랐어요. 사람들은 잠자리에 들어서 죽었

---

7. Albert Borgmann, *Crossing the Postmodern Divide* (Chicago : University of Chicago Press, 1992).

죠. 우리가 간, 폐, 위 같은 단어들을 배운 건 겨우 최근의 일이에요. 그리고 나는 그것들이 뭔지 몰라요!"[8]

물론 전-모던 시대의 사람들은 질병과 그 치료법에 대하여 풍부한 서술 어구들을 가지고 있었다. 전통 의술은 예전이나 지금이나 대단히 구체적이다. 그러나 나는 화자가 말을 맺을 때의 느낌표를 그녀가 압도당했다는 것을 보여 주는 것으로 해석한다. 그녀는 말 그대로 그것들이 무엇인지를 모르는 것이다. 그녀가 말하는, 사람들이 겨우 최근에서야 알게 된 전문적인 의료 용어들은 그녀의 경험을 압도하는데, 그 용어들은 다른 어딘가에서부터 왔기 때문이다. 모더니티로의 이행은 의료 문화로의 경계 건너기를 의미하는데 이러한 의료 문화는 그 여성의 질병 경험에 있어 낯선 것이다.

질병의 모던modern 경험은 대중의 경험이 치료의 복잡한 구조를 포함하는 전문적 기술에 의해 대체되었을 때 일어난다. 사람들은 이제 더 이상 잠자리에 들어서 죽거나 치료에 재주가 있는 가족 구성원이나 이웃에 의해 돌봄을 받지 않는다. 사람들은 이제 그들의 고통을 증상으로 해석하며 낯설고 위압적인, 전문용어를 사용하는 전문가들을 찾아가 돈을 낸다. 환자로서 그들은, 대부분의 경우 그들이 읽을 수도 없고 읽도록 허락되지도 않은 의료차트에 항목들로서 축적된다. 차트는 질병의 공식적인 이야

---

8. Pierre Bourdieu, *Outline of a Theory of Practice* (Cambridge : Cam- bridge University Press, 1977), 166.

기가 된다. 다른 이야기들은 흩어져서 퍼진다. 아픈 사람들은 가족과 친구들에게 의사로부터 들은 것을 이야기하고, 이 이야기를 들은 사람들은 비슷한 경험들을 이야기하는 것으로 응답한다. 전문적인 것과 일반적인 것 모두에 있어 질병은 이야기들의 순환이 되지만, 모든 이야기가 동등한 것은 아니다.

모던 시대에 다른 모든 종류의 이야기를 압도하는 것은 의학적 서사다. 의사가 하는 이야기는 그 외의 이야기들이 맞는지 아닌지, 유용한지 아닌지를 판단하는 단 하나의 잣대가 된다. 나는 이 책의 후반부에서 탤컷 파슨스가 말한 "환자 역할"sick role에 대해 논의할 것이다.9 1950년경 이루어진 파슨스의 연구에 의하면, 아픈 사람에게 부여되는 핵심적인 사회적 기대는 그 사람이 의사의 치료에 스스로를 양도해야 한다는 것이다. 이 견해는 지금의 논의에도 유의미하다. 나는 의료에 도움을 구해야 한다는 이러한 의무를 서사적 양도narrative surrender로 이해하며, 이것이 모더니스트 질병 경험에서 핵심적인 순간이라고 생각한다. 아픈 사람은 처방된 신체적 치료 계획을 따르기로 동의한 것일 뿐 아니라 자신의 이야기를 의료 용어로 말하기로 암묵적으로 동의한 것이기도 하다. "좀 어떠세요?"라는 질문은 이제 인간의 감정이 이차적인 의료 보고서 안에서 맥락화될 것을 요구한다. 의사는 질환의 대변인이 되고, 아픈 사람은 자신의 이야기를 할 때 의사가 말한 것에 대한 반복에 강하게 무게를 두어야 한다.

---

9. 이 책 4장의 주석 6을 볼 것.

부르디외의 북아프리카 여성 정보 제공자의 이야기로부터 시간은 돌고 돌아, 이제 우리는 자신의 외과의와 농담을 주고받는 환자가 자신의 증상을 의학적으로 모호하게 과장된 형태로 보고한다는 이야기를 듣기도 한다. 예를 들면 다음과 같은 이야기다. "당신이 내 두개골 조직의 꼭짓점으로부터 드문드문 올라와 있는 털로 덮인 돌기들을 열심히 관찰한다면, 악성일 가능성이 있는 반점이 있는 티눈을 보게 될 겁니다."[10] 의사들이 자신의 환자들의 경험에 전문화된 용어를 부여함으로써 과학자로서의 권위를 주장할 때 모던 의학이 시작되었다면, 포스트모던 경계 건너기는 위의 예에서처럼 환자가 의사와 공유하고 있는 의학을 조롱하면서 이러한 언어를 모방할 때 일어나게 된다. 그러나 의료 용어와 기술을 친숙하게 사용해서 패러디의 경지에까지 이르는 것은 질병의 포스트모던적인 경험의 한 가지 가능성일 뿐이다.

질병의 포스트모던 경험은, 아픈 사람들이 의학적 이야기가 말할 수 있는 것보다 더 많은 것들이 자신들의 경험과 연관되어 있다는 것을 인식할 때 시작된다. 삶의 지도와 목적지의 상실은 의학적 증상이 아니다. 적어도 정신의학의 어떤 문턱에 도달할 때까지는 말이다. 의대의 교육과정에서부터 [의료비] 계산서 항목들에 이르는 관행에 규정된 바로는, 모더니스트 의학의 범위는

---

10. George S. Bascom, "Sketches From a Surgeon' Notebook," in Spiro et al., *Empathy and the Practice of Medicine*, 29. 『아픈 몸을 이야기하기』 「서문」의 주석 3 참조.

환자로 하여금 질병이 발생한 이후의 세상에 대해 다르게 생각하고 이러한 세상과 새로운 관계를 구축하도록 돕는 것을 포함하지 않는다. 그러나 주디스 자루쉬스와 같은 사람들은 다르게 사고해야 한다는 자의식적인 필요를 표현한다.

전-모던에서 모던으로, 그리고 모던에서 포스트모던으로의 경계 건너기는 목소리라는 문제와 연관된다. 부르디외의 보고서에 나오는 여성은 의학이 그녀의 목소리를 빼앗아 갔다는 것을 인식하는 것으로 보인다. 의학은 그녀가 알지 못하는 언어로 그녀를 공격해서 아무것도 알지 못하는 상태로 남게 한다. 그러나 이 여성은 오늘날 그녀 자신의 목소리라고 불리는 것의 필요성을 느끼지 못한다. 그러한 개인적 목소리는 질병이 그녀에게 무엇을 부여했는지를 말하고 세상에서 자신의 새로운 위치를 규정하려는 것이다. 포스트모던 시대에 특징적인 것은 사람들이 자기 자신의 것이라고 여기는 목소리의 필요성을 느낀다는 것이다.

개인적 목소리의 필요를 느끼려면 이러한 목소리를 표현할 수 있는 수단, 즉 수사학적 도구와 문화적 정당성을 사용하는 것이 가능해져야 한다. 포스트모던 시대는 자신의 이야기를 말하는 능력이 복원되는 때다. 모더니스트 의학은 물러가지 않았다. 개인의 목소리에 대한 포스트모던 요구는 멈춰 서서 자기 의심에 빠지고 불분명할 때도 많다. 그러나 그러한 요구는 충분히 널리 퍼져 있어 질병이 새로운 느낌을 띠도록 한다.

목소리는 이야기를 한다. 이야기는 전-모던적이다. 부르디외의 정보 제공자는 모던 의학의 도래가 자신들의 전통적인 이야기 속에서 질병을 경험할 수 있는 능력을 빼앗아 갔다는 점을 보여 준다. 모던 시대에 의학적 이야기는 우선적 위치를 차지한다. 다른 이야기들은, 비-의학적 치료자들이 불리는 것처럼, "대체하는" 것이 되는데 이는 이차적인 것을 의미한다. 사람들의 이야기가 더는 이차적이 아니라 일차적인 중요성을 갖게 될 때 포스트모던 경계를 건널 수 있다.[11] 질병은 전통적인 공동체의 기대에 몸을 적응시키는 것 혹은 전문적인 의학에 몸을 양도하는 것 이상을 이끌어낸다. 물론 공동체의 전통과 전문적 의학은 여전히 둘 다 남아 있다. 포스트모던적인 질병은 몸, 자아, 그리고 삶의 지도가 향하고 있는 목적지에 대한 하나의 경험이자 반영이다.

회복사회

아픈 사람들이 자기 자신의 이야기를 할 수 있는 가능성 — 심지어 필요성 — 은 이러한 이야기를 담아낼 수 없는 바로 그 모던 시대에 등장해서 자리를 잡았다. 나 자신의 암 투병 경험을 썼던 이야기의 말미에서, 나는 나처럼 잘 나았지만 절대 완쾌된 것으로는 볼 수 없는 사람들을 가리키기 위하여 "회복사회"라

---

11. 포스트모던 경계의 이쪽 편을 특징짓는 다른 변화는 행정적 이야기가 점점 더 의학적 이야기를 능가한다는 점이다. 그러나 그러한 포스트모던 경향은 다른 책에서 다뤄야 할 주제다.

는 표현을 썼다.[12] 이 사람들은 어디에나 있지만, 보이지 않을 때가 많다. 공항의 검사대에서 내 뒤에 있던 남자가 자신이 심박조율기를 가지고 있다고 신고했을 때, 갑자기 그의 보이지 않는 "상태"가 문제로 떠올랐다. 일단 금속 탐지기를 지나자 그의 "회복" 상황은 배경으로 사라졌다.

회복사회의 구성원들은 암을 앓았던 사람들, 심장 회복치료를 받으며 사는 사람들, 당뇨병 환자, 알레르기와 환경적 민감함 때문에 식이요법이나 다른 자기관리를 해야 하는 사람들, 인공기관과 기계적 신체조율기와 함께 사는 사람들, 만성질환자, 장애인, 폭력과 중독으로부터 "회복 중인" 사람들, 그리고 이 사람들을 위해 걱정과 또 하루를 잘 지냈다는 기쁨을 공유하는 가족들을 포함한다.

캐시 퍼스는 스무 살 때 출혈성 뇌정맥류 – 뇌졸중 – 를 겪었던 경험을 중년에 글로 썼다.[13] 그녀의 뇌신경은 수술 중에 손상되었다. 그녀는 여전히 사물이 둘로 보이는 증상에 시달리고 있으며, 그녀의 말에 의하면 이는 거의 죽을 뻔했던 경험이 "평생 지속되는 증거"이다. 그녀의 몸은 이제 근육 비대칭이 가져오는 장기적 효과를 느끼기 시작하고 있으며 양쪽 몸 중 "좋은 쪽"을 선호한다. 그러나 그녀의 병력은 그녀가 만나는 대부분의 사람들

---

12. Arthur W. Frank, *At the Will of the Body : Reflections on Illness* (Boston : Houghton Mifflin, 1991), 138과 그 이하. [아서 프랭크, 『아픈 몸을 살다』, 메이 옮김, 봄날의책, 2017.]
13. 개인적인 대화를 통한 것.

에게 비가시적일 테고, 오래전부터 의학은 그녀를 "치료된" 것으로 간주해 왔다. 캐시는 회복사회의 일원이다. 입원과 치료 이후 수년 후에도 그녀는 여전히 어떤 일이 있었는지 상세하게 묘사할 수 있다. 그녀는 어느 간호사가 별 뜻 없이 한 말에 상처 입었던 일을 어제처럼 기억하고 있다. 그녀는 "회복된 뇌졸중 환자"가 된 것을 자신의 "종족성"ethnicity의 일면으로 지칭하는데, 종족성이라는 단어는 변경 불가능한 정체성을 암시한다.

회복사회의 물리적 존재는 모던적이다. 모더니스트 의학의 기술적 진보는 이러한 삶을 가능하게 했다. 그러나 질병과 함께 살아간다는 것이 무엇을 의미하는지를 사람들이 의식하게 된 것은 포스트모던적이다. 모더니스트 관념 속에서 사람들은 건강하거나 아프다. 아픔sickness과 건강함wellness은 매 순간에 전경foreground이 되는 것과 배경background이 되는 것 사이에서 명백히 이동한다. 그러나 회복사회에서 아픔과 건강함의 전경과 배경은 끊임없이 서로에게 그늘을 드리운다. 빛이 어둠으로부터 분리된 면 위의 정적인 그림과는 달리, 그 이미지는 하나의 모양이 끊임없이 다른 모양이 되는 컴퓨터 그래픽과 같다.

파슨스의 모더니스트 "환자 역할"은 아픈 사람들이 나아서 환자이기를 그만두고 이전의 정상적 의무들로 돌아갈 것이라는 기대를 수반한다. 회복사회에서 사람들은 되돌아가지만, 그들에게 주어지는 의무들은 정상이던 때와 같지 않다. 수전 손택은 질병을 여행으로 은유하는데, 이것은 파슨스의 환자 역할보다 더 섬세하다. 손택에 의하면, 우리는 건강한 자의 왕국과 아픈 자의 왕국이라는 두 개의 왕국의 시민들이다. "우리 모두는 좋은 여권만 쓰고 싶어 하지만, 언젠가는 우리 모두, 최소한 이름을 제시하기 위해서라도, 우리 스스로를 반대편의 시민으로 규정해야 한다."[14] 손택의 이중 국적 개념은 이 두 왕국의 분리를 의미한다. 회복사회는 둘 사이에 남겨진 비무장지대이거나 건강한 자들의 영역 내의 비밀사회이다.

손택의 은유를 차용하자면, 회복사회의 구성원들은 두 개의 여권 중 하나를 사용하는 것이 아니다. 대신에 그들은 영원히 비자 상태에 있는데, 그 비자는 주기적으로 갱신이 되어야 한다. 모더니스트 의학의 승리로 인해 이러한 비자가 없었다면 죽었을 수많은 사람들이, 설령 언제든지 추방당할 수 있을지라도, 건강한 사람들의 세계에서 살고 있다. 문제는 모더니스트 의학이 이들의 경험에 대한 적절한 이야기를 갖고 있지 않다는 것이다. 주디스 자루쉬스와 같은 사람들은 삶을 위한 새로운 지도를 필요로 하는 상태로 내버려져 있다.

아픈 사람들에게 자기-의식은 일상적으로 허용되지 않았는데, 회복사회의 포스트모더니티는 이러한 자기-의식보다 더 많은 것을 의미한다. 회복사회의 많은 일원들은 그들의 비자 상태를 적극적인 목소리로 주장할 필요를 느낀다. 자신의 목소리를 표현하는 사람들은 자아의 구성에 있어 포스트모던적일 뿐 아니

---

14. Susan Sontag, *Illness as Metaphor* (New York : Vintage, 1978), 3. [수잔 손택, 『은유로서의 질병』, 이재원 옮김, 이후, 2002.]

라 더 구체적으로는 포스트-식민적이다. 정치적이고 경제적인 식민주의가 지리적 영토를 탈취한 것과 마찬가지로, 모더니스트 의학은, 적어도 치료 기간 동안에는, 환자들을 자신의 영토로 선언하였다. 사지마비 환자로서 의사를 방문하는 일을 많이 경험한 댄 고트리브는 다음과 같이 쓰고 있다. "우리가 병원에 입원할 때나 단지 진료를 받으러 갈 때도 '환자명'을 기재할 것을 요구하는 서류 양식은 우리가 인간이기를 중단하고 환자이기를 시작할 것을 요구한다. … 인간으로서 우리의 정체성과 우리가 알고 있는 세계는 포기된다. 우리는 그들의 병원 안에 사는 환자가 된다."[15] 고트리브의 분노는 의료적 식민화에 대항하여 널리 퍼져 있는 울분을 보여 준다.

다소 빠르게 그리고 영구적으로 질환으로부터 치료된 사람들에게 의료적 식민화는 간헐적으로 경험하는 모욕이다. 이러한 식민화는 정기적인 검진으로서든 기억으로서든 한 사람의 일생에 걸쳐 치료가 계속되는 회복사회에서 중요한 문제이다. 가장 최소한의 치료인 정기검진조차 "단지" 살펴보는 것이 아니다. 유방암 생존자인 엘리자베스 타이슨은 다음과 같이 말한다. "공포가 오가곤 한다. 그러나 일 년에 두 번 있는 정기검진 때 그 공포는 격렬해진다."[16] 검진을 받는 사람에게, 이러한 정기검진은 질병의 배경이 전경으로 드리워지는 것을 의미한다. 신속

---

15. Dan Gottlieb, "Patients must insist that Doctors see the Face behind the Ailment," *The Philadelphia Inquirer*, July 4, 1994.
16. Elizabeth Tyson, "Heal Thyself," *Living Fit*, Winder 1994, 38.

하게 비자 도장을 받은 사람들에게조차 영주권이 없다는 현실은 다시 확증된다.

식민화는 모더니스트 의학의 성취에서 핵심적이다. 클로딘 허즈리히와 자닌 삐에레는 "아픈 사람"이 18세기 초기 모던 시대에 주목할 만한 사회적 유형으로 부상했다고 말한다. 이러한 유형이 등장하는 데 필수적인 조건은 "고통의 다양성이 단일화하는 일반적인 시각으로 환원되는 것이었는데, 이는 임상의학의 시각과 정확히 일치한다."[17] 구체로부터 일반으로의 이러한 환원은 과학적 성취를 위해 제공되었지만, 임상적 환원은 식민주의의 자애로운 형태를 창조하였다.

파슨스의 환자 역할을 수행하는 아픈 사람은 자신의 개인적인 고통이 의학의 일반적인 시각으로 환원되는 것을 받아들인다. 모더니티는 이러한 환원에 문제를 제기하지 않는데, 그 이득이 즉각적인 반면 대가는 아직 분명하지 않기 때문이다. 경험

---

17. Claudine Herzlich and Janine Pierret, *Illness and Self in Society* (Baltimore : Johns Hopkins University Press, 1987), 23. 스탠리 조엘 리이저는 17세기 의사였던 토마스 시더함을 인용한다. "질환의 생산에서 자연은 단일하고 지속적이다. 서로 다른 사람들에게서 나타나는 같은 질환의 증상들은 대부분 같다. 그리고 소크라테스가 아플 때 보이는 것과 같은 현상이 얼간이가 아플 때도 보인다." 여기에서 피할 수 없는 함의는 진단적 목적을 위해서 모든 환자들은 얼간이가 되는 게 낫다는 것이다. 리이저의 결론은 이보다 순화된 것이다. "그러므로 환자들을 개인으로 구별시키는 증상들보다 집단으로 묶을 수 있는 증상들이 의사들에게는 더욱 의미를 갖게 되었다."("Science, Pedagogy, and the Transformation of Empathy in Medicine," in Spiro et al., *Empathy and the Practice of Medicine*, 123~ 24).

의 식민화는 치유, 혹은 치유의 시도를 위해 가치 있는 것으로 판단되었다. 그러나 질병은 급성에서 만성으로 이동하였고, 사람들의 자의식도 변화하였다. 오랜 기간 질병과 함께 살아가는 포스트-식민적인 아픈 사람은 자신의 고통이 개별적 특수성으로 인식되기를 원한다. "되찾기"reclaiming는 유효한 포스트모던 어구다.

포스트모던 시대에는 자신들의 고통이 의학의 일반적이며 단일화하는 시각으로 환원되는 것에 대해 점점 더 많은 사람들이 의혹을 표현 — 그들이 의혹을 얼마나 명료하게 표현하고 그 의혹을 어느 정도로 행동에 옮기는지는 다양하지만 — 한다. 의학을 내부에서부터 알고 있는 회복사회의 구성원들은 의학적 서사 내에서 자신들의 위치에 대해 질문한다. 그들의 질문은 정치적으로 식민화된 사람들에 비유함으로써 뚜렷해진다. 가야트리 차크라바티 스피박에 의하면, 식민화된 사람들은 "주인텍스트mater text가 어떻게 스스로를 구성하는 데 우리를 필요로 하는지, 그리고 그와 동시에 그 필요를 인정하지 않는지를 살펴보는" 노력을 한다.[18] 의학이라는 주인텍스트가 인정하지 않으면서 동시에 필요로 하는 것은 무엇인가?

나는 구강암 때문에 턱과 얼굴에 광범위한 재건 수술을 해

18. Gayatri Chakravorty Spivak, *The Post-Colonial Critic : Interviews, Strategies, and Dialogues*, ed. Sarah Harasym (New York : Routledge, 1990), 73. [가야트리 스피박, 『포스트식민 이성 비판 : 사라져가는 현재의 역사를 위하여』, 태혜숙·박미선 옮김, 갈무리, 2005.]

야 했던 남자를 만나게 되었다. 그의 치료는 대단히 특별한 것이어서 그의 외과의는 그에 관한 의학 학술지 논문을 재건 과정의 단계를 보여 주는 사진들과 함께 출판했다. 그가 그 논문에 관해 내게 말하고 그것을 보여 주려고 했을 때, 나는 그 논문이 실제로 그에 관한 것이라고, 즉 이 절단 — 그것이 그의 삶을 구하기 위한 것이었다면 — 의 시련 전체에 걸친 그의 고통에 대한 것이라고 상상했다. 그 논문을 봤을 때 나는 그의 이름이 언급되지 않았다는 것을 알았다. 아마도 그 의사와 학술지는 그의 이름을 언급하는 것이 비윤리적이라고 생각했을 것이다. 설령 그의 사진들이 실렸다고 하더라도 말이다. 그리하여 "그의" 논문에서 그는 단지 몸일 뿐인 어떤 사람으로, 사실상 어떤 사물로, 체계적으로 무시되었다. 의학적인 목적에서 보자면 그 논문은 전혀 그의 것이 아니었다. 그것은 그의 외과의의 논문이었다. 이것이 바로 스피박이 말하는, 의학 학술논문이라는 주인텍스트가 고통받는 개인을 필요로 하면서 그 고통의 개별성은 인정하지 않는 식민화다.

아픈 사람들은 대부분 모더니스트 규칙에 의해 진행되는 의학적 "환자" 게임에 어떠한 의문도 없이 지속적으로 참여하고자 한다. 아픈 사람들 중 거의 모두가 참여를 요구받을 때면 언제든지 받아들인다. 그러나 회복사회의 포스트-식민적 성원들은 의학이 환자들을 필요로 한다는 것을 인정해야 한다고, 종종 좌절감을 느끼면서, 다양한 방식으로 요구하고 있다. 의학적 텍스트의 구성을 위한 "임상체"로 환원되기를 거부하면서, 그들은 목소리를 주장하고 있다.

질병은 의학에 의해 효과적으로 사사화되기privatized 때문에, 목소리에 대한 이러한 요구가 집합적인 힘을 얻는 일은 매우 드물다. 페미니스트 건강활동가들은 주요한 예외다. 수전 벨의 연구에는 〈캠브리지여성지역건강센터〉의 구성원들이 하버드 의대에 고용된 여성들의 역할을 바꾸고자 시도했던 일이 나온다. 이 여성들은 의대생들의 산부인과 진료 교육을 위해 "골반 모델"을 수행하도록 유급 고용되었다.[19] 벨은 그 여성들이 교육의 대상인 수동적인 육체로서 봉사하는 것이 아니라 온전히 가르치는 역할에 참여할 것을 요구한 일에 대해 말한다. 그 여성들은 자신들의 수업 시간을 의대생들과 협상했고, 어떻게 거울을 사용해서 자신들이 산부인과 진찰을 수행할 수 있는지를 보여 주고자 했으며, 의학 교과과정에 정치적 의제들을 집어넣었다.

〈캠브리지여성지역건강센터〉는 진료를 받는 경험은 원칙적으로 상호적이어야 하므로 교육은 여성으로 한정할 것, 학생들 이외에 병원의 직원들과 다른 소비자들을 수업에 포함할 것, 더 많은 정치적 토론을 통해 의학 수업에 맥락을 부여할 것을 요구했다. 의대는 결국 이 요구를 거부했다. 〈캠브리지여성지역건강센터〉의 특정한 요구들보다 중요한 것은 그들의 기본적인 포스

---

19. Susan Bell, "Political Gynecology : Gynecological Imperialism and the Politics of Self-Help," in Phil Brown, ed., *Perspectives in Medical Sociology* (Prospect Heights, Ill : Waveland Press, 1992), 576~86.

트-식민적 입장이다. 그 여성들은 의학적 지식과 실천의 구성에서 자신들의 필요성이 인지되기를 원했고 능동적인 목소리를 주장했다.[20]

다른 사람에 의해 말해지는 대신 스스로 말하기를 요구하고 다른 사람에 의해 대표되거나 (최악의 경우엔) 완전히 지워지는 대신 스스로 대표하기를 요구하는 것은 포스트-식민주의의 가장 일반화된 형태다. 그러나 의사들의 시간에 대한 비용과 한층 더 증대된 기술의 사용을 포함하는, 의료 행위에 부여되는 압박으로 인해 포스트모던 시대에 환자들이 말할 기회는 줄어든다.[21] 사람들은 대신 다른 곳에서 말한다. 포스트-식민적 충격은 병원에서가 아니라 회복사회의 구성원들이 자신의 질병에 대해 서로에게 말하는 이야기에서 구현된다.[22]

---

20. 정통 의학에 반대하여 집합적 목소리를 획득한 일반인들의 서사의 또 다른 예로는 다음을 보라. Martha Balshem, *Cancer in the Community : Class and Medical Authority* (Washington, Smithsonian Institution Press, 1993).

21. 분명히 자기 자신의 이야기를 가지고 있는 의사들은 그들이 환자를 돌보는 경험을 박탈당하는 것에 대해 저항할 때 포스트-식민주의에 대한 그들의 전망을 표현한다. 미국의 건강관리기구(HMO)[미국의 의료보험조직 중 하나]에 고용된 한 의사는 "나는 고객들을 상대하고 싶은 것이 아니라 환자들을 돌보고 싶다. 나는 관료주의적인 규정과 의료보조자 뒤로 숨고 싶지 않다. 나는 돌보는 일을 하기를 원한다."고 말한다. Kleinman, *The Illness Narratives*, 219 [클라인먼, 『우리의 아픔엔 서사가 있다』] (『아픈 몸을 이야기하기』 「서문」의 주석 2 참조)에서 인용.

22. 질병에 대한 이야기하기의 필요를 보여 주는 하나의 지표는 "풀뿌리" 출판물들이다. 다음은 그 예들이다. *Expressions : Literature and Art by People with Disabilities and Ongoing Health Problems* (Sefra Kobrin Pitzele, editor ; P. O. Box 16294, St. Paul, Minn. 55116-0294) 그리고 *Common Journeys* (Les-

이 이야기들에서 포스트-식민적 입장은 의학에 대해 말하는 내용에 있지 않다. 오히려 이 이야기들의 새로운 느낌은 많은 경우 의학과 의사가 이 이야기들에 속하지 않는다는 것에서 출발한다. 포스트모던적인 질병 이야기를 함으로써 사람들은 자신들을 "단일화하는 일반적인 시각" 바깥에 위치시킬 수 있다. 사람들이 자신들의 이야기를 전문적인 범위 바깥으로 옮기는 것은 개인적 책임과 연관된다. 파슨스의 환자 역할에서 아픈 사람은 환자로서 오직 낫는 것에만 책임이 있었다. 회복사회에서, 포스트-식민주의 관점에서의 아픈 사람은 질병이 그 사람의 삶에서 무엇을 의미하는지에 대해 책임을 진다.

포스트모던 시대의 책임

앤서니 기든스는 현대의 자아를 "개인에게 책임이 주어지는 성찰적 기획"이라고 묘사한다.[23] 성찰적 기획으로서의 자아라는

---

lie Keyes, editor ; 4136 43rd Avenue South, Minneapolis, Minn. 55406). 이야기하기는 내가 방문했거나 정보를 얻었던 질병지원센터들에서의 수많은 글쓰기 워크숍에서도 일어난다. 아픈 사람들 사이에서 진정으로 포스트모던적인 형태의 이야기하기는 인터넷과 같은 미디어에서 교환되는 전자 메시지들이다. 수적으로 점점 더 증가하는 전문화된 "넷"이 질병 이야기들을 위해 존재한다. 인터넷 이야기들에 관해서는 다음을 참조할 것. Faith McLellan, "From Book to Byte : Narratives of Physical Illness," *Medical Humanities Review* 8 (Fall 1994) : 9~21.

23. Anthony Giddens, *Self and Society in the Late Modern Age* (Cambridge : Polity Press, 1991), 75 [엔소니 기든스, 『현대성과 자아정체성 : 후기현대의 자

개념은 검토된examined 삶을 선호했던 소크라테스를 상기시킨다. 그러나 소크라테스는 엘리트들을 대상으로 말했고, 그가 자기-검토의 결과로서 개인의 삶을 **변화시키는** 것을 얼마나 옹호했는지는 논쟁적이다. 기든스가 가리키는 모더니스트 책임은 시인 릴케의 유명한 경구에서 찾아볼 수 있다. "당신은 삶을 변화시켜야 합니다."[24] 모더니티는 사람들이 자신의 삶을 변화시킬 수 있다고 전제한다. 철학적인 자기-검토는 실천적인 난제가 된다. 기든스의 "성찰적 기획"은 사람들이 릴케가 말한 난제를 받아들이는 것을 의미한다.

포스트모던 시대에 자아의 성찰적 기획은 지그문트 바우만이 언급한 두 가지 종류의 정체성으로 이어지는데, 이 둘은 모두어느 정도 책임을 받아들이는 것을 의미한다. 내가 보기에 둘 중에서 책임을 덜 지는 쪽인 자기-계발의 계보는 바우만의 용어로 "'순간'의 정체성, '오늘을 위한' 정체성, 추후 통지가 있을 때까지 until-further-notice의 정체성"이다.[25] 그러한 자아는 우선적으로 자기 자신에 대해 책임을 진다. 그 책임은 스스로 인지하는 자신의 이해관심의 영역으로 제한된다. 이 영역은 타자를 포함할 수도

아와 사회』, 권기돈 옮김, 새물결, 1997].

24. Rainer Maria Rilke, "Archaic Torso of Apollo," *New Poems [1908], The Other Part*, trans. Edward Snow (San Francisco : North Point Press, 1987), 2 [R.M. 릴케, 「고대 아폴로의 토르소」, 『릴케 시선』, 구기성 옮김, 을유문화사, 1995]. "Du mußt dein Leben ändern."

25. Zygmunt Bauman, *Mortality, Immortality, and Other Life Strategies* (Stanford : Standford University Press, 1992), 167.

있지만, 이 타자들은 "추후 통지가 있을 때까지"에 포함된다.

포스트모던적인 자아의 대안적 형태 — 이것이 포스트모던 시대에만 고유한 것은 아니다 — 는 바우만이 에마뉘엘 레비나스의 도덕 철학을 요약한 내용에서 드러난다. 이는 "타자를 위한 자아, 타자에 대한 책임을 지는 자아"이다.[26] 타자에 대한 책임의 견지에서 자아를 규정하는 것은 대부분의 종교에서 핵심적인 윤리적 열망이다. 착한 사마리아인의 우화는 가장 간명한 예시다. 그렇다면 바우만과 레비나스가 이러한 이상을 부활시키는 이유는 무엇인가? 한 가지 대답은 실천이 이상에 미치지 못한다면 이상은 각 시대의 표현양식에서 다시 확증을 받아야 한다는 것이다.

더 설득력 있는 대답은, 레비나스가 의미한 바는 사마리아인의 이상이 관습적으로 해석되는 것과 다르다는 것이다. 레비나스가 말하듯이 타자를 위해 산다는 것은 모범적인 선善의 행위이다. 사람들이 다른 사람들을 위해 사는 것은 인간으로서 그들의 삶이 그러한 방식으로 살기를 요구하기 때문이다. 자아는 타자와의 관계 속에서 인간이 되며, 자아는 타자를 위해 살아감으로써만 인간임을 지속할 수 있다. 바우만은 다른 사람을 위해 죽는 것의 윤리에 대해 논의하면서 책을 마무리 짓는다. 다른 사람을 위해 자신을 희생할 용의가 있는 자아는 "추후 통지가 있을 때까지"의 책임감으로부터 훨씬 더 나아간 것이다.

---

26. 같은 책, 42.

그러나 ─ 이 책의 8장[27]에서 레비나스에 대해 다시 언급할 것이다 ─ 현재의 논의에서 바우만과 레비나스가 중요한 이유는 타자를 위해 살아간다는 세속적 모더니스트 문화의 이상이 상당히 상실되었기 때문에 이를 재정의해야 하기 때문이다. 바우만은 구체적 타자 ─ 집합적 타자와 대조적으로 ─ 에 대한 책임감이 어떻게 모더니티의 인과causality가 되었는지를 보여준다. 그의 저서는 왜 모던 의학이 책임이라는 개념을 지금과 같이 제한했는지, 그리고 어떻게 해서 사회학이 이러한 제한을 정당화했는지를 이해하게 해 준다.

파슨스의 환자 역할은 아픈 사람들이 자신들의 건강에 대한 책임을 의사들에게 위임해야 한다는 모더니스트 요구 조건을 보여 주었다. 질병에 대한 책임은 환자가 의사의 지시를 준수해야 하는 것으로 환원된다. 따라서 파슨스의 사회학이 기술하는 의사는 개별 환자보다 전문적인 규칙에 대해 더 큰 책임이 있다. 모더니스트 보편주의에 따르면, 전문가는 개별 환자의 특정한 요구보다 전문직에 대한 충실함을 우선시할 때 모든 환자에 대하여 최대의 책임을 성취한다.

그러한 전문직업성professionalism ─ 모더니티의 패러다임 ─ 은 개인들보다 진실에 더 큰 책임을 부여한다. 이 진실은 여러 층위에서 이해되는데, 사실에 기반하는 의과학의 진실, 병원이라

---

27. * 영어판에는 9장이라고 되어있으나 실제로 이에 해당하는 장은 8장이므로 이에 맞게 옮겼다.

는 기관 운영의 자비로운 진실, 그리고 궁극적으로는 미셸 푸코가 생명정치biopolitics라고 부르는, 사람들의 복지를 관리하는 정치적 진실이 이에 해당한다.[28] 모더니티는 이러한 진실들을 수용했고 이러한 수용은 환자들의 서사를 의학에 양도할 것을 요구했다.

이러한 모더니스트 진실들은 포스트모던 경계의 이쪽 편에서조차 전문가적 실천의 근간이 되고 있으며, 그러한 실천에 대한 대중적 요구는 증가하고 있다. 경제적 필요에 의해 의료를 명시적으로 제한하여 분배해야 한다는 전망은 많은 사람에게 공포를 불러일으키고 있다. 포스트모던 경계의 이러한 측면은 양가적이다. 의료에 대한 요구가 증가했지만 동시에 그 전제가 갖고 있었던 진실의 가능성에 대한 자신감이 희미해졌다. 한때 의료가 제한적으로 분배될 것을 두려워했던 사람들이 다음 순간에는 안락사에 찬성하는 회의에 참석해서 "기계 위에서 죽는 것"에 대한 공포에 관해 이야기한다. 사람들은 여전히 특정한 전문가들을 필요로 하지만 집단으로서의 전문직은 점점 더 회의적으로 바라본다. 일반인/전문가 관계의 알력은 두 집단 간의 기대만이 아니라 집단 내부에서의 기대 역시 상호충돌한다는 것을 보여준다.[29]

---

28. Michael Foucault, *The History of Sexuality,* vol 1 : An Introduction (New York : Vintage, 1978) [미셸 푸코, 『성의 역사 1 : 지식의 의지』, 이규현 옮김, 나남출판, 2004].

29. 이러한 일반/전문 구분에 대한 고전적인 서술은 다음을 참조할 것. Eliot

아픈 사람들은 여전히 자신들의 몸을 의학에 양도하지만, 점차 자신들의 이야기를 고수하고자 노력한다. 서사의 양도를 거부하는 것은 성찰적 점검reflexive monitoring의 중요한 활동이자 책임의 실현이 된다.

개인적 책임이 가지는 지위는 포스트모더니티에서 중심적인 도덕적 논제이다. 바우만이 논의한, 어떤 특정한 기준도 고수하지 않는 순간적 정체성은 진실의 종말에 대한 회의적인 반응의 표현이다. 20세기 초반에 윌리엄 제임스는 그에 대한 대안을 제시했는데, 그의 선견지명이 있는 모더니즘은 이미 포스트모던 경계를 횡단했다. 제임스의 편지 중 하나에 담긴 멋진 경구에서는 포스트모던 시대의 잠재력에 상응한다고 할 만한, 책임에 대한 특정한 가정이 엿보인다.

나는 진실을 만들려는 욕망이 치명적인 질병이라고 확신한다. 그 욕망은 최근 내게 열렬한 개인적 야망과의 동맹을 만들어 냈다. 이것은 내가 전에 한 번도 가져본 적이 없던 것으로 그러한

Friedson, *Profession of Medicine: A Study of the Sociology of Applied Knowledge* (Chicago: University of Chicago Press, 1970). 프라이드슨이 구별한, 질병의 일반적/전문적 구축 사이의 첨예한 대립은 아마 모두에게 더욱 명료해졌을 것이지만, 이제는 각각의 편 내부에 존재하는 갈등이라는 문제가 더해져야 한다. 일반인들은 의학에 대한 필요와 불신 사이에서 갈등을 경험하고, 전문가들은 환자들의 삶에 참여하고 싶은 욕망과 점점 더 증가하는 의학의 국가조합주의와 과학주의 사이에서 갈등을 경험한다. 그 예로는 이 장의 각주 21에서 인용한 의사의 말을 비롯하여 다음에 나온 의사들의 진술들을 참조할 것. Spiro, *Empathy and the Practice of Medicine.*

관계에서는 불경한 것이 느껴진다. 사실 나는 다음에 나올 책에서 우주의 혼돈을 해결하기 전에 죽을까 봐 두렵다…! 유치한 얼간이 같으니 ─ 마치 우주에 대한 공식들이 우주의 장엄함을 뒤흔들 수 있고 상식의 세계와 그 의무들이 영원히 실제로 실재하는 것이 아닌 것처럼 굴다니.[30]

여느 충실한 포스트모더니스트처럼, 제임스는 진실을 거부한다. 그러나 그는 포스트모더니티의 다른 측면들이 종종 부정하는 도덕적 기반들까지 거부하지는 않는다.

제임스는 진실과 개인적 야망의 "불경한" 동맹에 의한 그 자신의 타락을 염려한다. 보편적 진실 ─ 우주의 혼돈을 해결할 수 있는 어떤 것 ─ 을 서술하려는 시도에 대한 그의 거부는 책임감의 증대를 위한 필수적인 선결 조건처럼 보인다. 제임스는 보편적 진실 대신에 "실제로 실재하는 것"the really real과 "상식의 세계와 그 의무들"을 주장한다. 내가 보기에 마지막 단어인 의무들이 그의 고백에서 가장 핵심적이다.

아픈 사람들의 이야기하기는 상식의 세계에 대한 책임감에 의해 특징지어지며 타자를 위해 살아가는 하나의 방식을 나타낸다. 사람들은 자신들의 변화하는 정체성을 고민하기 위해서뿐만 아니라 다른 사람들을 인도하기 위해서도 이야기를 한다. 그들

---

30. William James, *Writings : 1902-1910* (New York : Library of America, 1987), 1344.

은 다른 사람들을 인도할 수 있는 지도를 제공하고자 하는 것이 아니라 ― 모든 사람은 각자의 지도를 만들어야 한다 ― 자기 자신의 지도를 재건하는 경험을 증언하고자 하는 것이다. 증언하기는 상식적인 것과 타자에 대한 하나의 의무이다.

자신의 이야기를 하는 것이 상식의 세계에 대한 책임이라는 생각은 포스트모던의 핵심적인 도덕을 반영한다. 이야기하기는 자기 자신을 위한 것만큼이나 타자를 위한 것이다. 이야기하기라는 상호성 속에서, 화자는 타자의 자아-형성을 위해 자신이 안내인이 될 것을 제안한다. 타자가 그러한 안내를 받아들이는 것은 화자를 인정하는 것일 뿐 아니라 가치 있게 여기는 것이다. 이야기하기의 특별함은 화자와 청자 각각이 타자를 위한 이야기라는 공간으로 들어가는 데 있다. 포스트모던 시대에, 그리고 아마도 모든 시대에, 이야기를 한다는 것은 다른 사람들의 삶에 영향을 미침으로써 자신의 삶을 변화시키고자 하는 시도일 것이다. 그러므로 모든 이야기는 증언의 요소를 가지고 있으며, 이후의 장에서는 질병 이야기라는 특정한 증언에 대해 논의할 것이다.

◇

질병 이야기를 하는 것은, 몸의 질환이라는 동기에 의해, 의학이 기술할 수 없는 경험에 목소리를 부여하려는 시도다. 이 목소리는 특정한 개인에게 체현되지만, 우리가 살아가고 있는 포스트모던 시대로부터 발화된다는 점에서 사회적인 것이기도 하다. 아픈 사람의 목소리는 모더니스트 의학에 의해 가능해지지만, 모더니스트 전제, 특히 의료 전문직의 지배와 그에 따른 서사의 양도에 그 목소리를 담을 수는 없다. 포스트모던이라는 새로운 영역으로의 경계 건너기가 이루어진 것은 새로운 목소리들이 들림으로써 가능해졌다는 것을 우리는 알고 있다.

포스트-식민적 목소리로서의 스토리텔러는 자신의 고통의 경험을 되찾고자 애쓴다. 즉, 스토리텔러는 고통을 증언으로 전환하여 도덕적 행위에 참여한다. 몸, 목소리, 질병이라는 주제들은 포스트모던 시대에 고유하게 가능해진 윤리에서 정점에 이른다. 포스트모더니티가 윤리적 용어로 기술되는 일은 흔치 않으며 그 경우 보통의 평가는 "포스트모던 윤리"가 모순어법이라는 것이다.

「포스트-모던 빈 공간void」이라는 장에서 앨런 울프는 포스트모더니티의 지적인 경향을 다음과 같이 요약한다. "어떤 것도 영원하지 않고, 모든 가치는 상대적이며, 의미는 자기-지시적이고, 성스러운 것은 권력을 가진 자가 갖지 못한 자에 대해 부여한 이데올로기적 구성물에 불과하다."[31] 울프는 확실히 포스트모더니티의 어떤 측면을 정확히 판단하고 있다. 포스트모던 시대의 지적인 경향에서는 영원함과 귀중함, 그리고 성스러움을 추구하는 것 자체가 어불성설이다.

---

31. Alan Wolfe, *The Human Difference: Animals, Computers, and the Necessity of Social Science* (Berkeley: University of California Press, 1993), 114.

포스트모더니티에는 그것만의 독특한 윤리가 있다. 그러나 이 윤리는 주디스 자루쉬스, 캐시 퍼스, 댄 고트리브처럼 자신의 고통을 도덕적으로 의미화하고자 노력하고 자신의 고통을 넘어 타인들의 고통에 증인이 되는 사람들의 일상적이고 개인적인 투쟁에서 추구되어야 한다. 윌리엄 제임스가 상식의 세계와 그 의무들에 주목하는 것은 포스트모던 시대에 여전히 지식인들의 과업이 중요함을 강조한다. 증인의 범위는 아픈 사람들과 이들을 돌보는 사람들뿐 아니라 그들과 그들의 투쟁을 관찰하는 지식인들을 포함한다. 이러한 관찰을 통해서 포스트모던 지식인들은 무엇이 영원하고 가치 있으며 의미 있고 성스러운 것인지를 단언할 수 있다.

"포스트모던 빈 공간"이라는 울프의 관찰은 우리 시대의 위험에 대한 반가운 암시이다. 자신의 "열렬한 개인적 야망"으로부터 제임스가 개인적으로 위험을 느꼈던 것과 마찬가지로 포스트모던 지식인은 위험에 처해 있다. 제임스는 "우주의 혼돈"을 해결하고자 하는 자신의 야심에 공포를 느꼈다. 우주의 혼돈을 해결하는 것은 우주 안의 존재가 필연적으로 수반하는 취약성과 우연성 바깥에 자신을 위치시키는 것이다. 그러한 야망에 감염된 지식인은 자신을 몸으로 생각하지 않으며, 다양한 몸들이 공유하는 취약성을 거부한다. 개인을 더는 몸으로 생각하지 않는다면 그 사람을 다른 사람들을 위해 존재하는 사람으로 여길 수도 없게 된다. 사회과학 혹은 아픈 사람들을 관찰하고 그들에게 주목하는 다른 어떤 학문적이고 전문적인 분야도, 한 명의 인간으

로서 과학자가 행하는, 증인의 행위로서의 관찰에 대한 책임을 받아들여야 한다.[32]

이 책의 전제는 책임이 몸과 함께 시작하고 끝난다는 것이다. 관찰과 증언 모두는 몸에서 시작되며 그 몸에 전념한다. 나는 예전에 쓴 논문에서 몸의 윤리의 필요성을 주장하며 글을 마쳤다.[33] 그러한 기획은 일생에 걸쳐서도 너무 방대하며 책 한 권으로는 어림도 없다. 그 누구도 몸의 혼돈을 해결할 수 없다. 그러나 나는 이 책이 그러한 필요성에 공헌하는 첫걸음을 내딛었기를 희망한다. 포스트모던 시대는 사람들이 이 시대의 의미를 채우는 일을 중단할 때만 빈 공간이 된다.

이 책에 대하여

사회이론의 지속적인 주제인 우연성은, 어떠한 행동이 여타의 행동들에 의존하지만 그것들을 제어할 수는 없을 때 얼마나 안정적인 행동 방침이 가능한지의 문제라고 볼 수 있다. 나는 몸

---

32. 수전 디지아코모는 보다 일반적인 함의를 담고 있기도 한 인류학의 언어로 "'문화기술적 실천'은 우리가 어떻게 현지조사를 하고 문화기술적 텍스트를 구축하는지의 문제만이 아니라 우리가 어떻게 삶을 살 것인지의 문제도 의미하게 되어야 한다"라고 말한다.("Metaphor as Illness : Postmodern Dilemmas in the Presentation of Body, Mind and Disorder," *Medical Anthropology* 14[1992] : 132).

33. Arthur W. Frank, "For a Sociology of the Body : An Analytical Review," in Mike Featherstone, Mike Hepworth, and Bryan S. Turner, eds., *The Body : Social Process and Cultural Theory* (London : Sage, 1991), 90~96.

의 우연성 – 우리가 우리의 몸에 얼마나 의존하는가 – 을 이하에서 주요한 주제로 다룰 것이다. 그러므로 아마도 이 책의 근간을 이루는 자료들은 우연적인 상황을 통해 수집되었다고 해야 할 것이다.

나는 의료사회학자로서 학계에서의 삶을 시작했다가 포기했다. 왜냐하면 나에게 가장 흥미로웠던, 아픈 사람의 직접적 경험에 접근할 수가 없었기 때문이다. 다른 주제들을 연구한 지 십여 년이 지난 후 나는 질병의 경험으로 되돌아왔다 – 혹은 되돌려졌다. 1985년에 나는 바이러스 감염으로 인한 심장병(심실성 심계항진)을 겪었다. 내가 듣기로는 그것은 대단히 우연적인 심장병으로, 전혀 다른 방식으로 진행될 수도 있었던 바이러스에 의한 것이었다. 약 일 년 후 완전히 회복된 것처럼 느꼈을 때, 나는 어떤 증상들을 알아챘고 이는 고환암(정낭피종 종양)인 것으로 밝혀졌다. 일 년 후에 나는 치료를 마치기로 했고 그즈음 나의 장모 로라 푸트는 암 회복 단계의 마지막에 있었다.

1989년에 나는 분석적 회고록이라고 부를 수 있을 만한 형태로 이 일들을 기록했고, 그것은 『아픈 몸을 살다』라는 제목의 책으로 1991년에 출간되었다. 1992년 이후로 그 책은 내가 간호사들, 목사들, 행정직원들, 의료단체들뿐 아니라 개별적인 아픈 사람들 및 지지 모임들과 연락을 유지할 수 있도록 해 준 지속적인 개인적 만남, 편지, 전화, 학회, 강연의 기반이 되었다.

나는 레지던트들에게 심각하게 아프다는 것이 어떤 것인지를 말해 주고자 노력했으며 나의 강연은 주로 건강에 대한 자신들의 헌신을 표현하는 제약회사가 제공하는 피자, 음료수, 과자 등을 사람들이 점심시간에 먹고 있을 때 이루어졌다. 나는 의대생들이 어떤 의사가 되고 싶어 하는지 그리고 실제 진료 현장에서 어떤 일이 일어날까 봐 두려운지에 귀 기울였다. 다른 병원에 가면 다른 세상에 간 것 같았다. 나는 부모들의 지지 모임이 시작되면 사람들이 각각 죽은 아이의 이름을 부르고, 감정이 허락한다면, 죽음의 원인이 무엇이었는지를 말하는 것을 들었다. 그날 저녁의 강연자로 소개됐을 때, 나는 그 부모들에게 고통에 대해 과연 무엇을 말할 수 있는지 알고 싶었다. 이러한 개인적 경험들이 이 책의 틀을 형성하고 있다.

질병 이야기들이 담긴 출판물과 미출판물 들을 읽는 것은 질병의 세계에서의 나의 직접적인 경험들을 보완해 주었다.[34] 출판된 저작들은 이 책에서 특히 중요한데 그것들은 쉽게 인용 가능하기 때문이다. 독자들은 직접 그 이야기들을 다시 읽을 수 있다. 출판된 이야기들은 또한 특정한 영향력을 갖는다. 그것들은 다른 사람들이 자기 이야기를 하는 방식에 영향을 미쳐서 질병의 사회적 수사학을 형성한다. 그러나 출판된 저작들은 문제도 있다. 이러한 글쓰기에는 어떠한 "샘플"이라는 것도 있을 수가 없다.

---

34. 나는 픽션과 시보다는 논픽션 산문에 더 관심을 가져왔다. 질병의 픽션 이야기들은 『문학과 의학』이라는 학술지의 주제이다. 하워드 브로디(Howard Brody)의 『아픔의 이야기들』(*Stories of Sickness*, New Haven : Yale University Press, 1987)도 참조할 것.

그러한 글쓰기가 별로 없기 때문에, 그리고 질병은 많은 다양한 회고록에서 그 형상을 달리 하기 때문이다. 어떤 것이 질병 이야기인지는 결코 명백하지 않다.[35]

보다 더 실질적인 문제는, 어떤 출판물이라도 저자가 저항하기를 원했을 수 있을, 편집자의 힘에 의해 형성됐을 수도 있다는 가능성을 생각해야 하고, 그렇다면 그것이 어떻게 이루어졌을지에 대해 적절하게 의혹을 가져야 한다는 점이다.[36] 나는 이러한

---

35. 다음의 내 논문에서 이에 대해 상세히 설명하고 있다. "Reclaiming an Orphan Genre : The First-Person Narrative of Illness," *Literature and Medicine* 13, no. 1(Spring 1994) : 18, n. 8. 앤 헌세이커 호킨스는 출판된 일인칭 이야기들 — 그녀는 이를 "병지"(病誌 : pathography)라고 부른다 — 에만 헌신한 연구를 하였다. 방대한 참고문헌을 담고 있는 이에 대한 연구로는 다음을 볼 것. Anne Hunsaker Hwakins, *Reconstructing Illness : Studies in Pathography* (West Lafayette, Ind. : Purdue University Press, 1993). 나는 질병 이야기 대신에 호킨스가 선호하는 "병지"라는 용어를 차용하고 싶지 않은데, 어떤 아픈 사람도 자신의 이야기를 "병지"라고 부르지 않았기 때문이다. 의학 용어는 "파토"(patho)['병의'라는 뜻]라는 그리스어의 접두어를 붙임으로써 스스로를 차별화한다. 사람들의 이야기들을 "병지"라고 부르는 것은 그것들을 의학적 시선의 권위 아래에 위치시킨다. 이런 이야기들에서 의학적 이해관심은 정당화되고 의학적 해석은 특권을 부여받는다. 분명히 의학은 아픈 사람들에게 주목해야 한다 — 그리고 그러한 주목을 만들어 내기 위하여 호킨스보다 더 많은 일을 한 사람은 거의 없다. 그러나 의사들은 아픈 사람들 자신의 언어에 주목해야 한다. "병지"에 대한 반대로는 다음을 볼 것. "Reclaiming an Orphan Genre," 주석 3. 호킨스의 책에 대한 나의 리뷰는 다음에서 찾아볼 수 있다. *Literature and Medicine* 12(Fall 1993) : 248~52.

36. 일차적 자료로 수집된 구술 이야기에서 보완되어야 할 문제는 보통 윤리적인 고려로 인해 중요한 세부적 내용들이 바뀌게 된다는 것이다. 이러한 이유로 드나 데이비스(Dena S. Davis) 같은 사람들은 "수집된" 이야기보다 출판된 이야기들을 사용할 것을 주장한다.("Rich Cases : The Ethics of Thick

일이 일어난다는 것을 알고 있다. 책의 편집자와 이야기할 때조차, 어떤 특정한 설명이 어떻게 형성되었는지를 내가 확신할 수 없다는 것을 알고 있다. 그럼에도 불구하고 나는 출판된 이야기들이 "진실"이라고 믿는다. 경험의 진실성은 가변적이다.

　나 자신의 이야기를 출판했던 경험은 이야기하기와 경험의 복잡한 상호작용을 보여 주는 데 도움이 된다.『아픈 몸을 살다』를 출판할 즈음 나는 내가 너무 많이 타협한 것은 아닌지 그리고 그 이야기가 여전히 "내 것"인지 의문스러웠다. 내가 한 글자한 글자 썼음에도 불구하고 편집자의 충고가 쌓여갈수록 누구의 목소리가 쓰이는 것인지 점점 자신이 없어졌다. 지금의 나는 그러한 타협이 무엇이었는지 거의 기억하지 못한다. 그 책이 내 경험이 된 것일 수도 있고, 내 경험은 언제나 그 책이었던 것일 수도 있다. 그러므로 전에 말했듯이 편집된 이야기조차 진실된 것이다. 이야기의 진실성은 무엇이 경험되었는지의 문제인 만큼이나 이야기하기와 그 수용의 과정에서 무엇이 경험이 되는지의 문제이기도 하다.

　우리가 우리 자신의 삶에 대해 말하는 이야기들이 반드시 살아온 대로의 삶인 것은 아니다. 대신에 이 이야기들은 그러한 삶의 경험이 된다. 출판된 질병의 서사는 질병 그 자체가 아니라 그 질병의 경험이 될 수 있다. 신뢰성이라는 사회과학적 개념 — 매번 같은 질문에 대해 같은 결과가 나오는 것 — 은 여기에 들어맞지 않

Description," *Hastings Center Report* 21[July-August 1991]: 12~17).

는다. 삶은 지속된다. 이야기들은 그러한 흐름과 함께 변화하고 경험도 변화한다. 이야기는 경험의 변화에 진실되며 변화의 방향에 영향을 미친다.

진실된 이야기를 필요로 하는 것이 다른 어떤 종류의 이야기는 거짓이기를 요구하는 것이라면, 나는 "거짓된" 개인의 이야기가 무엇인지 확신할 수 없다. 나는 얼버무리는 듯한 개인적 이야기들을 읽은 적이 있지만, 그 얼버무림은 그들의 진실이었다. 이야기가 더 많이 재구성될수록, 자신이 말하는 것이 자신이 살아온 것을 바르게 정정한 판본이기를 바라는 욕망이라는 진실은 더욱 강력해진다. 이야기 속에 있는 그 욕망을 듣는 것은 이야기에 대한 여러 층위의 관심으로 되돌아가도록 한다.

이 책에 영향을 미친 마지막 요소는 내가 『이차 소견 : 건강, 신념, 윤리』라는 전문 학술지의 "사례 이야기" 시리즈의 편집자로서 삼 년간 재직하는 중에 이 책을 쓰고 있다는 사실이다.[37] 이 시리즈에 내가 공헌한 바는 질병 경험의 일인칭 진술을 출판했다는 것이다. 각각의 "이야기"에는 표면상 "전문적" 목소리로 글을 쓰는 두 명의 해설자가 있다. 그러나 포스트모던 시대의 많은 구분이 그러하듯이, 일인칭과 삼인칭 목소리는 구분하기가 어렵다. 일인칭 이야기를 앞에 두고 해설자들은 그들 자신의 이

---

37. 이 학술지의 편집국의 위치는 다음과 같다. The Park Ridge Center, 211 East Ontario, Suite 800, Chicago, IL 60611-3215. 1995년 9월부로 『이차 소견』은 『건강, 신념, 윤리에서 순회하기』라는 제목으로 바뀌어 새로운 형식으로 출판될 것이다.

야기를 한다. 이 책 전반에서와 마찬가지로, 해설에서 문제가 되는 것은 일차적 증인의 이야기에 대하여 무엇을 말할 수 있는가, 그리고 어느 정도까지 그 이야기가 스스로 말하도록 두어야 하는가의 문제이다.

나에게 가장 도발적이고 때로는 문제적인 편집자의 임무는 사람들의 이야기에 수정을 요구하는 것이다. 나는 저자들에게 그들의 이야기를 수정하도록 요구하는 것이 그들에게 경험을 수정하도록 요구하는 것일 수 있다는 점을 인식하고 있다. 최근에 리처드 모건이라는 저자는 잡지의 원고 검토자 중 한 사람으로부터 그의 이야기에 의학적인 세부 사항을 첨부해 달라는 요청을 받았다. 그에 따라 그는 자신의 의료 기록을 복사하여 읽었다. 그는 수술과 입원 기간에 자신에게 어떤 일들이 있었는지를 처음으로 이해했다고 내게 말했다. 아마도 그가 한 말은 사실일 것이다. 그게 아니라면, 그는 이제 새로운 이야기를 갖게 되었고, 그 이야기는 이전의 것과 똑같이 진실하지만 편집이라는 기술에 의해 부분적으로 매개되었을 것이다. 편집 과정의 모든 단계에서 이야기들을 읽었던 나 자신의 경험은, 특히 내가 편집자로서 관계되어 있지 않았던 출판물들을 어떻게 읽는지에 영향을 미침으로써, 이 책에 담긴 생각들을 형성했다.

이러한 다방면에 걸친 자료들 — 직접 사람들에게 이야기를 듣는 것, 인쇄된 활자를 읽는 것, 출판물로 만들어지는 과정을 보는 것 — 을 가지고 내가 목적하는 바는 백인 청중들에게 원주민들의 구술 전통을 설명하고자 했던 인류학자가 실행한 방식의 실천을 발전시키는 것이다. "여러분은 이야기들과 **함께** 생각하는 것을 배워야 합니다."[38] 일반적인 경구가 되겠지만, 이야기들에 대해 생각하지 말고 이야기들과 함께 생각하라는 것이다. 어떤 이야기에 대해 생각하는 것은 그것을 내용으로 환원하고 그 내용을 분석하는 것이다. 이야기와 함께 생각하는 것은 그 이야기를 이미 완결된 것으로 받아들이는 것이다. 거기에는 더 이상 나아갈 곳이 없다. 이야기와 함께 생각하는 것은 그것이 한 사람의 삶에 영향을 미치는 것을 경험하는 것이고, 그 효과 속에서 개인의 삶의 어떤 진실을 발견하는 것이다. 그러므로 이 책에서 사람들의 질병 이야기는 내가 발전시킨 다양한 주장들을 지지하기 위한 "자료"data가 아니다. 그 이야기들은 이야기들과 함께 이론화하기 — 그리고 살아가기 — 의 모델을 만들기 위한 재료materials다.

임상윤리에서 나의 과제는 윤리학자들과 의료 전문인들을 이야기와 **함께** 사고하는 방향으로 이동시키는 것, 즉 전문가들이 아픈 사람들의 이야기와 그 이야기가 재현하는 모든 것을 인식하도록 돕는 것이다. 사회과학에서 이를 보완하는 과제는 증인의 사회학sociology of witness이라고 부를 수 있을 것이다. 나는 임상윤리와 사회과학 모두를 보다 일반적인 몸의 윤리 내에 위치시키고자 한다. 그러한 윤리는 고통받는 몸을 **통하여** 말해지는 이야기들에 대한 책임의 견지에서 발전한다. 이야기들에 책

---

38. 이것은 줄리아 크뤽생크(Julia Cruickshank)가 다음의 패널에 참석하여 했던 말이다. "Learning from Our Elders' Stories : Indigenous Women and the Narrative Tradition." University of Calgary, March 17, 1994.

임을 갖고 이야기들과 함께 생각하기 위해 중요한 것은 다음과 같다. 어떤 이야기들을 반복해서 계속 말하는 것, 그리고 우리의 삶에서 이야기가 말해지는 다양한 상황과 연령대에 따라 달라지는, 잠재적인 의미들의 다양한 뉘앙스를 듣는 것이다. 그러므로 이 책에서 나는 비교적 소수의 질병 이야기들로 돌아갈 것이다.

이야기와 함께 생각하는 것은 전-모던 구술 문화에 대한 향수가 아니다. 현재 우리가 있는 포스트모던 경계의 편에서, 어떤 식으로든 이야기들과 함께 생각하기 위해서는 모더니티의 가방을 들고 가야 한다. 그러므로 나는 훌륭한 모더니스트처럼 이야기들을 다시 말하고 그것들을 분석적 틀 안에 위치시킨다. 이러한 과정에 대해 변명을 하자면, 이야기들에 대한 전-모덕적 감각을 상실한 시대에 체험적 준거틀은 그 이야기들을 듣는 데 도움이 된다. 준거틀은 서사의 유형들을 구분할 수 있다. 그것은 어떠한 기본적인 삶의 문제들이 제시되고 있으며 어떻게 그 이야기가 세계에 대한 몸의 특정한 관계를 보여 주고 있는지를 인지하는 데 도움이 된다. 분석틀은 이야기의 진실이 아니지만 모더니즘의 유형학이 종종 제시되는 방식이다. 내기 제시하는 분석틀은 그들 자신의 진실인 이야기들로 주의를 기울이게 하기 위한 수단일 뿐이다.

이야기와 함께 생각하기 위해서는 궁극적으로 경험의 대단히 개인적인 퇴적이 필요하다. 즉, 이야기들과 함께 살며 시간이 지남에 따라 그 이야기들이 다양한 경험에 대한 인식을 형성하도록 해야 한다. 나는 나 자신이 아팠던 직후에 다른 사람들의 질병 이야기들을 읽는 것을 시작했다. 내 생각들이 가장 자주 정박하는 이야기들은 가장 처음에 읽었던 이야기들이다. 왜냐하면 나는 그 이야기들과 가장 오래 지냈고 대부분의 다양한 상황에서 그 이야기들이 다시 떠오르기 때문이다. 다른 좀 더 최근의 이야기들이 어떤 문제에 있어 "더 나은" 이야기일 수도 있다. 그러나 이야기들이 내 것이 되기 위해서는 시간이 걸린다. 이 책에서 나의 목표는 독자들의 퇴적을 북돋는 것이다. 그러나 그 과정은 독자들 각각의 경험에서만 일어날 수 있으며 경험이 퇴적되는 데는 시간이 걸린다.

암에 걸린 후에 나는 내가 경험했던 것을 보다 전문적으로 기술한 문헌들을 읽고자 했으나, 그러한 언어가 내가 겪었던 체현된 고통의 즉각성과는 너무 동떨어져 있다는 것을 깨달았다. 스피박의 용어로 하자면, 전문적인 텍스트는 내 몸을 필요로 했지만 그 요구를 인정하지는 못했다.[39] 이제 나는 다른 사람들의 이야기에 대한 이 책이 너무 분석적이고, 체현된 경험으로부터 너무 떨어져 있으며, 경험의 합리화에 있어 너무 모더니스트적이라고 느낀다. 그러나 제임스를 따라서, 나는 20세기 후반 북미에서 인간의 질병이라고 불리는, 우주의 작은 구석에서 일어나는 혼돈을 해결하고자 하지 않는다. 오히려 나는 상식의 세계와 그

---

39. 이에 대한 자세한 내용은 다음을 볼 것. "The Pedagogy of Suffering: Moral Dimensions of Psychological Therapy and Research with the Ill," *Theory and Psychology* 2, no. 4(1992): 467~85.

의무들을 주장하고자 할 뿐이다.

인간 존재로서 우리의 가장 어려운 의무 중 하나는 고통받는 사람들의 목소리에 귀 기울이는 것이다. 아픈 사람들의 목소리는 무시되기 쉽다. 이러한 목소리들은 종종 어조가 흔들리고 메시지가 뒤섞여 있기 때문이다. 이러한 흔들림과 뒤섞임은 건강한 사람들이 읽도록 편집자들이 조정해야 하는 구어 형식에서 특히 두드러진다. 이러한 목소리들은 우리 대부분이 스스로의 취약성을 잊어버리기 쉬운 체현의 조건을 보여 준다. 듣는 일은 어렵지만 근본적으로 도덕적인 행위이기도 하다. 포스트모던 시대에 최고의 잠재력을 실현하기 위해서는 듣기의 윤리가 필요하다. 나는 타자를 귀 기울여 들음으로써 우리 자신을 귀 기울여 들을 수 있다는 것을 보여 주고자 한다. 이야기에서의 증언의 순간은 서로를 필요로 하는 상호성을 확고히 하는데, 이때 우리는 서로를 위해 존재한다.

2장

질병과 관련한
몸의 문제들

—— 몸의 문제들
—— 몸의 네 가지 이념형

몸은 침묵하지 않지만 불분명하다. 몸은 발화를 사용하지 않지만 그것을 불러일으킨다. 몸이 불러일으키는 발화에는 질병 이야기가 포함된다. 질병 이야기들을 들을 때 문제는 그 이야기들 속에서 말하는 몸을 듣는 것이다. 질병 이야기를 하는 사람들은 단지 자신의 몸을 기술하는 데서 그치지 않는다. 그들의 몸은 그들의 이야기에 특정한 모양과 방향성을 부여한다. 질병 이야기에서 사람들은 분명히 자신의 몸에 대해 말을 한다. 그 이야기에서 더욱 듣기 어려운 것은 그 사람을 생성하고 있는 몸이다.

발화된 말 속에서 몸의 이야기를 들어야 한다는 것은 결코 쉬운 일이 아니다. 최근 몸은 사회과학의 빈번한 주제가 되었지만, 몸을 기술의 대상이 되는 사물로 환원하지 않기 위한 만족스러운 해결책은 발견되지 않았다. 아서 클라인먼과 조안 클라인먼은 "몸의 문화적 형태가 무엇을 의미하는지, 그리고 왜 그 표현이 다양한 시대와 사람들에 따라 다른지에 대한" 사회과학의 관심이 제한적이라고 비판한다. 몸은 다양한 문화들에 존재하는 대상이 되는데, 이 대상은 기술되어야 하는 또 하나의 문화적 산물이다. 그러한[즉, 몸을 대상으로 기술하는] 글쓰기는 몸과 문화 사이에 존재하는 복잡한 상호 관계 — 클라인먼 부부의 용어로는 감쌈infolding과 펼침outfolding — 를 무시한다.

그들 자신의 분야에 대한 논의에서, 클라인먼 부부는 몸을 공부하는 학생에게 격언이 되어야 하는 바를 다음과 같이 말한다. "어떻게 문화가 몸을 감싸는지(그리고 이와 상호적으로, 어떻게 몸적 과정bodily process이 사회적 공간으로 펼쳐지는지) 연구할 수 없거나 연구하려 하지 않는 의료인류학은 질병의 사회정치적 기원이나 치유의 문화적 근원에 대한 개념화와 실증적 연구에 있어 발전하기 어려울 것이다."[1]

이러한 문제에 대한 클라인먼 부부의 해결책은 의학적 징후 symptoms의 언어를 적용하는 것이다. 현대 중국에 대한 그들의 실증적 분석은 2차 세계대전 이전의 혁명부터 천안문 광장에 이르기까지 반세기에 이르는 트라우마의 효과를 어떻게 몸이 기록하고 있는지를 보기 위해 징후 개념을 이용한다. 그들은 다음과 같이 말한다. "사회적 고통의 징후들과 그것들이 겪은 변화는 살아온 경험의 문화적 형태이다. 그것들은 살아 있는 기억이다. [징후는] 사회적 제도와 몸-자아body-self를 연결시킨다."(716) 몸적 징후는 문화적 트라우마가 몸을 감싸는 것이다. 이러한 몸이 삶을 지속하고 역사를 창조함에 따라, 그 징후들은 역사의 사회적 공간으로 펼쳐진다. 클라인먼 부부는 몸, 문화, 그리고 삶의 혼재에 대해 가장 정교한 분석 중 하나를 제공한다. 그리고 말하는 몸을 들으려는 그들의 노력이 갖는 한계는, 나 자신의 노력을 포함하여, 그러한 모든 시도가 고심해야 하는 딜레마를 드러낸다.

몸이 말하는 것을 듣기 위하여, 클라인먼 부부는 징후의 언어로 몸을 표현할 것이다. 몸의 기술어descriptor로서 징후의 언어

---

[1]. Arthur Kleinman and Joan Kleinman, "How Bodies Remember : Social Memory and Bodily Experience of Criticism, Resistance, and Delegitimation Following China's Cultural Revolution," *New Literary History* 25(1994) : 710~11.

는 투명하지 않다. 1장에서 언급했던 것처럼 그것은 그 자신의 "일반적이며 단일화하는 시각"을 몸에 부여한다. 그러나 이 언어는 여타의 언어만큼 훌륭하다. 몸이 야기하는 발화는 언제나 스스로를 몸에 부여한다. 문제는 "어떻게 몸적 과정이" 그 자신의 이야기를 통하여 "펼쳐지는지", 그리고 이러한 이야기 속에서 어떻게 "문화가 몸을 감싸는지"를 보여 주기 위하여 아픈 몸에 어떤 언어를 부여할 것인지다.

우선 클라인먼 부부가 "몸-자아"라고 부르는, 체현된 존재로서 어떻게 행동할 것인지에 대해 몇 가지 기본적인 질문을 하고자 한다. 질병을 앓는 동안 그전부터 언제나 몸이었던 사람들은 몸이기를 지속하는 데, 특히 예전과 같은 종류의 몸이기를 지속하는 데 특유의 어려움을 겪는다. 질병을 앓는 동안 몸에 주어지는 문제는 새로운 것이 아니다. 몸이 되는 것은 언제나 어떤 종류의 문제들과 연관된다. 질병은 이러한 일반적인 문제들에 대하여 새롭고 보다 자의식적인 해결책을 요구하는 것이다. 예전에 쓴 글에서 나는 체현의 네 가지 일반적 문제들(통제, 몸-연관성body-relatedness, 타자-연관성other-relatedness, 욕망)을 언급했었다.[2] 이 장의 나머지 부분에서 논의할 이 문제들은 몸의 문제에서 일반적

---

2. Arthur W. Frank, "For a Sociology of the Body : An Analytical Review"(『아픈 몸을 이야기하기』 1장 주석 32 참조). 다음의 논의를 참조할 것. Chris Shilling, *The Body and Social Theory* (London : Sage, 1993), 93~98과 Anthony Synnott, *The Body Social : Symbolism, Self and Society* (New York : Routledge, 1993), 239~41.

이다. 어떤 방식으로든 누구나 일생에 걸쳐 이 문제들을 해결해 resolving 왔다. 결코 그것들을 해소하지는solving 못했다고 하더라도 말이다.

모든 몸의 문제는 행위의 문제다. 행위를 하기 위해서 몸-자아는 각각의 문제에 대한 잠정적 해결책을 획득해야 한다. 몸-자아가 각각의 문제에 대해 반응하는 방식은 연속체 혹은 가능한 반응의 범위로 나타난다. 그러므로 네 가지의 문제들은 네 가지의 연속체를 산출한다. 나는 각각의 가능한 행위의 범위가, 이차원에서는 이분법처럼 보이지만 실제로는 반응의 연속체라는 점을 강조하고자 한다.

이러한 네 가지 연속체의 매트릭스 내에서 나는 네 가지의 몸 이념형ideal typical bodies을 만들어 냈다. 훈육된 몸, 비추는 몸, 지배하는 몸, 그리고 소통하는 몸이 그것이다. 이 유형들 각각은 이하에서 기술할 것이다. 그러므로 내가 몸에 대해 말하기 위해 사용하는 언어는 이 행위의 네 가지 문제들, 이 문제들에 대한 네 가지 반응의 연속체, 그리고 네 가지의 몸 이념형으로 구성될 것이다.

이 언어는 몸에 부여하는 설정이다. 실제의 사람들은 이념형이 아니다. 이념형은 꼭두각시다. 그것은 어떤 실증적 경향을 기술하기 위해 고안된 이론적 구성물이다.[3] 실제 몸-자아들은 이

---

3. 알프레드 슈츠는 이념형을 꼭두각시라고 부른다. *Collected Papers*, vol. 2:*Studies in Social Theory*, ed. Arvid Brodersen(The Hague:Martinus Nijhoff, 1971), 17~18.

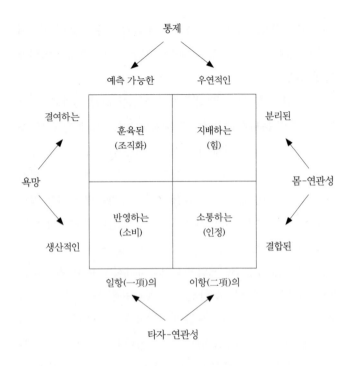

넘형들의 독특한 혼합체에 해당한다. 나중 장들에서 몸의 이념형 네 가지가 이야기들에서 "실제로 실재하는" 것에 부적당하다고 판명되더라도, 이것이 문제가 되지는 않는다. 이론은 그것이 해야 할 일을 잘하고 있는 것뿐이다. 제임스가 이해하는 것처럼, "실제로 실재하는 것"은 이론화되기 위해 존재하는 것이 아니다. 그러나 이론은 여전히 실제로 실재하는 것의 혼란스러운 특성에 접근하는 데 유용하다. 이념형들은 특히 실제의 몸에 대해 논의할 때 성찰적 매개체이자 언어를 제공한다.

몸의 문제들

통제의 문제

누구나 어떤 상황에서도 다음의 질문을 해야 한다. 나는 내 몸이 어떻게 기능할지 확실하게 예측할 수 있는가? 나는 내 몸의 기능을 통제할 수 있는가?

사람들은 자신들의 몸을 통제할 수 있는 정도에 따라 스스로를 규정한다. 이러한 능력이 예측 가능하다면 행위의 문제로서의 통제에는 자의식적인 관찰이 필요 없다. 그러나 질병은 그 자체로 예측 가능성의 상실이며, 이는 또 다른 상실들을 가져온다. ― 요실금, 숨 가쁨 혹은 건망증, 떨림과 발작, 그리고 아픈 몸이 겪는 여타의 모든 "실패들." 아픈 사람들 중 일부는 이러한 우연성에 쉽게 적응한다. 다른 사람들은 통제의 위기를 경험한다. 질병은 통제를 상실한 채로 살아가는 것을 배우는 것이다.

통제의 문제는 몸이 (발레와 체조에서 가장 극대화될) 예측 가능성으로부터 그 반대편 끝에 있는 우연성까지의 연속체 안에서 산다는 것을 보여 준다. 우연성은 통제될 수 없는 힘에 종속되는 몸의 상태이다. 유아의 몸은 우연적이다. 트림하기, 침 흘리기, 배변하기 등은 유아의 내적 요구와 리듬에 따라 일어난다. 사회는 그 이상을 요구하지 않으며, 유아에게는 통제를 획득하는 일정한 시기가 주어진다. 성인의 몸이 통제를 상실할 때, 가능하다면 그것을 다시 획득하기를 시도해야 한다는, 그렇지 않다면 최소한 그 상실을 가능한 한 효과적으로 감춰야 한다는 기대가 사회적으로 부여된다.

어떤 남자는 자신이 전립선암 수술을 받고 나서 방광을 통제할 수 없게 되었을 때 경험했던 사회적 문제들을 나에게 말해 주었다. 그는 방광의 실수를 감추도록 기대되었다. 얼룩과 냄새는 낙인stigma으로 작동한다. 또한 그는 가정용품 상점에서 판매원들이 요실금 용품에 대해 그와 이야기하기를 꺼린다는 것을 알아챘다. 그의 생각에 이는 부분적으로 자신이 남성이면서(인구학적으로 요실금은 여성에게서 더 많이 나타난다) 아마 요실금이 허용하는 사회적 전형stereotype보다 젊기 때문인 것 같았다.

낙인에 대한 어빙 고프먼의 고전적인 연구는 사회가 그 구성원들에게 높은 수준의 몸의 통제를 요구한다는 것을 보여 준다. 이러한 통제의 상실에는 낙인이 찍히며, 통제의 결여를 다루기 위한 특별한 작업이 요구된다.[4] 고프먼은 낙인이 찍힌 사람에게만이 아니라 낙인에 직면하여 반응을 보여야 하는 사람들에게도 낙인은 당황스러운 것이라고 지적한다. 그러므로 낙인이 찍힌 사람이 해야 하는 일은 단지 통제가 기대되는 상황에서 하지 못함으로써 부끄러워지는 것을 피하는 것뿐만이 아니다. 그 사람은 또한 다른 사람들을 부끄럽게 하는 것을 피해야 하는데, 그들은 몸의 통제를 상실한 광경으로부터 보호되어야 하는 사람들이기 때문이다.

---

4. Erving Goffman, *Stigma: Notes on the Management of Spoiled Identity* (Englewood Cliffs, N. J.: Prentice Hall, 1963) [어빙 고프먼, 『스티그마: 장애의 세계와 사회적응』, 윤선길·정기현 옮김, 한신대학교출판부, 2009].

아픈 사람들에게 부여된 낙인은 질병이라는 우연성의 종류에 대한 사회적 양가성을 보여 준다. 파슨스의 환자 역할은 사람들이 아픈 것에 대해 책임이 없다는 지배적인 의학 이데올로기를 진술하지만, 고프먼은 그들이 스스로를 어떻게 나타내는지 그리고 자신들의 질병의 표식을 어떻게 드러내는지에 대해 책임이 있다는 것을 보여 준다. 사회는 양가적인 태도를 보이지만, 낙인에 대한 포스트-식민적 긍정이 등장했다. 〈익명의 알코올중독자 모임〉Alcoholics Anonymous, AA의 구성원들은 AA라는 표어를 그들 차의 범퍼에 달았을 때 익명성을 덜 띠게 되었다. 다양한 몸의 낙인을 드러내는 출판된 질병 이야기들은 낙인이 찍힌 몸-자아를 긍정하는 또 다른 예이다.[5]

고프먼은 패싱[6]이 "손상된 정체성"을 대중의 시야로부터 가린

5. 그러나 이러한 "긍정"은 결코 긍정하는 것이 아닐 수 있다. 최근에 나온 "거의 픽션이 가미되지 않은 자서전적 소설"은 고프먼이 손상된 정체성이라고 부르는 것을 자기-의식적으로 강조하는 측면에서 저자가 받은 인공항문 수술을 기술하고 있다. "내 옆에는 미지근한 대변으로 가득한 비닐봉지가 걸려 있었다. 설령 그 봉지가 내 생명을 구했다고 하더라도, 나는 그것이 증오스러웠다. 나는 그 냄새가 나에 대해 드러낼까 봐 공포스러웠다." 다음에서 인용. Donna McFarlane, *Division of Surgery*에 대한 리처드 페리(Richard Perry)의 서평인 "Dark-horse Fiction Nominee Offers Fierce Testimony," *The Globe and Mail*, Toronto, November 12, 1994. 맥파레인의 글은 "그 봉지"를 선점하고 있는데, 이는 그 봉지가 드러낼 수 있는 것보다 더 많은 것을 드러냄으로써 통제를 재획득하는 것이다.

6. * '패싱'(passing)이란 동성애자, 장애인, 환자 등 사회적 낙인을 지닌 자들이 취하는 행동 전략으로, 자신에게 부여된 낙인을 감춘 채 '정상인/일반인'을 가장하고서 그들 사이를 '통과'하는 행위를 의미한다. 그들이 지닌 사회적 낙인이 모두 동일한 정도로 가시적/비가시적인 것은 아니다. 예를 들어, 일반적으

다고 — 가리지 않더라도 이 정체성은 보이지 않지만 — 규정한다. 내가 참여하고 있는 암 지지 모임의 옷깃 핀을 달고 있을 때 나는 일종의 역패싱reverse passing을 하는 것인데, 이는 내가 쉽게 패싱할 수 있음에도 불구하고 손상된 정체성을 가지고 있다고 선언하는 것이다. 이러한 행동은 특별히 포스트모던적인, 포괄적 유형의 "커밍아웃"에 해당할 것이다. 그러나 단체 회원의 핀이나 범퍼의 스티커는 또한 어떤 사람이 우연성에 관하여 "무엇인가를 하는" 것이기 때문에 완전히 우연적인 것이라고 할 수는 없다. 우연성에 대하여 이처럼 "무엇인가를 하는" 것은 메타-통제다. 질병을 이야기로 전환시키는 것은 일종의 메타-통제이지만, 이는 이야기를 하는 이유 중 하나에 불과하다.

통제의 연속체에서 몸의 위치는, 예측 가능할 수도 있고 우연적일 수도 있는 생리적 가능성뿐만 아니라 개인이 이 생리학을 해석하는 방식에 따라서도 다르다. 몸의 물질성을 부정할 수는 없지만, 몸은 육체성corporeality을 넘어선다. 몸-자아로서 사람들은 자신의 몸을 해석하고 선택을 한다. 그 사람은 어떤 대가를 치르고서라도 완벽한 수준의 예측 가능성을 추구할 수도 있고 혹은 다양한 수준의 우연성을 받아들일 수도 있다. 대부분의 사람들은 양자 모두를 행한다. 그리고 무엇을, 어디에서, 어떻게 통제할 것인지에 대한 전략은 다양하다.

로 장애인에 비해 동성애자는 겉으로 정체성이 드러나지 않는 것으로 생각된다. 여기에서 고프먼이 가리키는 '손상된 정체성'은 사회적 낙인이 찍힌 자들이 굳이 드러내지 않는다면 남들에게 보이지 않는 정체성이다.

예측 가능성의 상실에 대해 개인이 어떻게 반응하는지는 몸의 다른 행위 문제들이 다루어지는 방식이라는 촘촘한 직물에 엮여 있다. 동일한 질병이 이러한 다른 차원들에서도 위기를 초래하기 때문이다.

몸-연관성[7]

내 몸은 인지적이고 초월적인 "나"를 어쩌다 가두고 있는 살덩어리flesh인가, 아니면 "나"는 오직 내 몸으로서만 존재할 수 있는 것인가? 나는 몸을 가지고 있는가 아니면 내가 몸인가?[8]

내 친구 중 하나는 겨드랑이에 림프절의 염증이 있었다. 의사들은 어떤 질환도 발견하지 못했지만(시간이 흐른 후 그들이 옳았다는 것이 증명되었다) 압통이나 다른 증상과 같은 변화가 있는지 매일 부은 곳을 확인하라고 조언해 주었다. 그는 "몸이 되어야 하는 것"이 싫었다고 했다. 나는 이것을 일상적이고 친밀한 차원에서 자기 자신의 몸을 관찰해야 하는 것, 자신이 누구인지라는 함의가 담긴 대상으로 몸을 심각하게 여겨야 한다는 의미로 이해했다. 분명히, 그는 가능한 한 빨리 옷을 입고자 했고, 그러고 나면 "그것"이 옷 아래로 사라진다고 생각하고자 했다. 그는

---

7. 예선에 쓴 글에서 나는 이 문제를 "자아-연관성"이라고 불렀다. "자아-연관성"은 그다음 문제인 "타자-연관성"과 보다 더 깔끔하게 대비된다. 그러나 이 주제에 대해 내가 논의하고 있는 것은 몸으로서의 자아이므로 "자아-연관성"은 "몸-연관성"과 연결된다.

8. 고전적인 초기 기독교인 작가들이 이 질문에 대해 가지는 입장들에 대한 유용한 리뷰로는 Synnott, *The Body Social*을 볼 것.

먹는 것을 좋아하지 않았고, 몸의 필요에 의해서가 아니라 마시는 쾌락을 위해서 음료를 섭취했다. 그는 몸-연관성의 연속체에서 분리된dissociated 한쪽 극을 표상한다.

나 자신은 그와 다른 반대편 극으로 향해 있는데, 나는 나와 강박적으로 결합된associated 몸 안에서 살고자 한다. 나는 내 존재가 내가 먹는 것 그 자체라고 믿는다. 나는 내 몸의 균형과 긴장을 더 잘 알아채기 위해서 태극권을 한다. 최근에 나는 뽑은 피가 흘러내리는 것을 확대해서 본 적이 있다. 나는 그 피에 대해서 생각한다. 적혈구는 때때로 서로 달라붙고, 백혈구는 박테리아를 먹으며, 이상한 암세포조차 완전히 정상적으로 보인다. 나는 내가 이 글쓰기나 다른 활동에서와 마찬가지로 그 핏속에서도 나 자신이라는 것을 알고 있다.

그러나 몸은 단순히 결합되거나 분리되는 것이 아니다. 다른 곳과 마찬가지로 여기에서도 연속체는 선형적이지 않으며, 이 경우에는 결합의 특성이 변한다.

지그문트 바우만은 몸의 결합이 갖는 역설을 지적한다. 몸은 생존의 장애물로, 삶의 끝에 가서는 결국 우리 모두에게 찾아올 것이다.9 몸이 건강하고 필멸mortality이 의식의 지평 너머에 있는 한, 자아와 몸의 결합은 쉽게 일어난다. 필멸을 인정하는 것은 이러한 결합을 복잡하게 만든다. 전설에 따르면, 나중에 부처가 된

---

9. Bauman, *Mortality, Immortality*, 36 (『아픈 몸을 이야기하기』 1장 주석 25 참조).

고타마는 고통, 부패, 죽음의 예가 된 몸들을 보고 난 후 그의 궁전을 떠나서 금욕주의자가 되었다. 그때까지 그는 그러한 광경으로부터 떨어져 있었고 그의 몸과의 결합은 몸이 만족감만을 가져다준다는 환상에 기반하고 있었다. 그가 몸이 겪기 쉬운 문제들에 관해 배웠을 때, 그는 금욕주의를 통해 자기 자신을 몸으로부터 분리시켰다.

이후 부처의 깨달음을 통해 그는 금욕주의를 포기하고 그의 몸으로 되돌아갔는데, 그에게서 결합의 특성은 변화되어 있었다. 그의 몸의 결합은 더 이상 묵시적이거나 쾌락주의적인 것이 아니라 고통에 노출된 몸으로서의 그의 운명을 받아들이는 도덕적 선택이 되었다. 어떤 종류의 몸의 결합은 고통에 취약할 뿐이지만, 다른 차원의 몸의 결합은 그 필멸성을 받아들인다. 실제로 실재적인 것에서, 몸–연관성의 연속체는 직선이 아니라 나선이다.

모더니스트 의학은 몸의 결합을 막기 위해 많은 일을 한다. 로버트 저스만은 집중치료실intensive care units에 관한 연구에서 어느 의사를 인용한다. "기본적으로 나는 당신이 여기에서 환자를 볼 필요가 없다고 생각합니다. 당신은 환자를 진찰할 필요가 없어요…내 생각엔 숫자가 더 믿을 만합니다."[10] 그러한 의사들은 환자들이 어떻게 느끼는지에 관하여 숫자, 진단 이미지, 심장의 투사가 더 믿을 만하다고 알려줄 것이다. 우리 대부분이 언젠가

---

10. Robert Zussman, *Intensive Care : Medical Ethics and the Medical Profession* (Chicago : University of Chicago Press, 1992), 33.

는 의사를 찾아가 우리의 기분을 확인하게 될 것이다. 주관적 감정에 대한 우리의 불신은 분리의 한 형태다.

편의상 "대체치료자"라고 부를, 정통의학 바깥에 있는 치유자들은 환자 자신이 어떻게 느끼는지에 대한 엄밀한 감각을 알려주고 환자에게 그 느낌을 신뢰하라고 가르친다. 대체치유로의 전환 ─ 설문 자료는 전통적인 의사들보다 대체치료자들에게 사람들이 더 많이 간다는 것을 보여 준다 ─ 은 포스트모던 경계 건너기의 또 다른 지표다. 다시 말하건대, 그 경계를 넘을 때 들고 가는 것은 같은 가방이다. 대체치료자에게 가는 사람들의 대부분은 의사에게도 계속 간다.[11] 그러나 대체치료자를 찾아가는 사람들이 정통의학 종사자를 찾아가는 것에 대해 어떻게 느끼는지는 변화하고 있다.

타자-연관성

몸으로서의 내가 역시 몸인 다른 사람들과 맺는 관계는 무엇인가? 우리가 공유하는 물질성은 우리가 누구인지에 대하여 ─

---

11. 대체의료에 대한 설문 자료에 관해서는 다음을 참조할 것. David M. Eisenberg et. al., "Unconventional Medicine in the United States," *The New England Journal of Medicine* 328(January 28, 1993) : 246~52. 문화기술적 통찰에 대해서는 다음을 참조할 것. Fred M. Frohock, *Healing Powers : Alternative Medicine, Spiritual Communities, and the State* (Chicago : University of Chicago Press, 1992). 대체치료를 이용하는 것에 대한 이야기들로는 다음을 볼 것. Gilda Radner, *It's Always Something* (New York : Avon Books, 1989) 그리고 David A. Tate, *Health, Hope and Healing* (New York : M. Evans and Company, 1989).

서로에게, 보다 구체적으로는 서로를 위하여 — 어떻게 영향을 미치는가? 행위의 문제로서 타자-연관성은 몸으로서 존재한다는 공유조건이 살아 있는 존재들 사이에서 어떻게 공감적 관계의 기반이 되는지에 대한 것이다. 알베르트 슈바이처는 그의 글에서 이 문제를 "고통의 표식을 짊어진 사람들의 형제애"라고 표현했다.

아프리카로의 첫 의료 선교 원정 및 1차 세계대전 당시 적국인으로 감금되는 동안 발생한 심각한 질병의 투병기가 지난 후 1921년에 슈바이처는 그의 가장 유명한 구절 중 하나가 된 글을 썼다.

> 우리 중 누구라도, 고통과 불안이 정말로 무엇인지를 개인적인 경험을 통해 배운 사람이라면, 자신이 예전에 받았던 것과 마찬가지의 도움을 육체적으로 어려움에 처한 사람들이 받을 수 있도록 도와야 한다. 그는 이제 자기 자신에게만 속하지 않고 고통받는 모든 이들의 형제가 되었다. 인도적인 의료 봉사를 요구하는 것은 이러한 "고통의 표식을 짊어진 사람들의 형제애"다… [12]

---

12. 원본은 다음을 볼 것. Schweitzer, *On the Edge of the Primeval Forest* [알베르트 슈바이처, 『물과 원시림 사이에서』, 배명자 옮김, 21세기북스, 2009]. 다음에서 인용했다. Schweitzer, *Out of My Life and Thought: An Autobiography*, trans. Antje Bultmann Lemke(1933 ; New York: Henry Holt, 1990) [알베르트 슈바이처, 『나의 생애와 사상』, 천병희 옮김, 문예출판사, 1999], 195.

이 "형제애"에 대한 몸의 감각을 지칭하는 나의 용어는 이항二項의 dyadic 몸이다. 슈바이처와 동시대인이었던 마르틴 부버는 나무를 인식하는 것에 대해 다음과 같이 썼다. "그 나무는 나의 맞은편에 실재하고 있으며is bodied, 내가 그 나무와 연관되어 있듯이 그 것도 나와 연관이 있다."[13] 이항의 관계는 설령 타자가 내 몸 밖에, "나의 맞은편에" 있는 몸이라고 하더라도 내가 그 몸과 연관되어 있듯이 그 몸도 나와 연관되어 있다고 인정하는 것이다.

질병은 이항의 몸이 되도록 하는 특정한 시작점일 수 있다. 왜냐하면, 아픈 사람이 겪고 있는 고통은 완전히 개인적인 — 나의 고통은 나만의 것이다 — 동시에 공유되기 때문이다. 아픈 사람은 자기 주변에, 자신의 이전과 이후에, 자신과 똑같은 질병을 앓으면서 온전히 그들만의 것인 고통을 겪은 사람들을 보게 된다. 그 사람은 다른 사람들이 자신이 겪었던 고통을 겪는 것을 알게 된다. 이야기하기는 하나의 매개체로 작동하는데, 이야기하기를 통해 이항의 몸은 자신이 겪은 고통을 다른 사람들에게 제공하는 동시에 무엇이 그 몸을 괴롭히는지를 다른 사람들이 인지한다고 안심하게 된다. 그러므로 이야기하기는 이항의 몸에서 특권을 갖는 매개체이다.

타자-연관성의 연속체의 반대편 끝에는 일항一項의monadic 몸이 있다. 이 몸은 자기 자신을 실존적으로 분리된 것이자 독자적

---

13. Buber, *I and Thou*, 8[부버, 『나와 너』] (『아픈 몸을 이야기하기』 1장 주석 3 참조).

인 것으로 이해한다. 1991년도 영화 〈닥터〉에서 윌리엄 허트는 이제 막 암을 진단받은 외과의로 등장한다. 그의 아내는 무슨 일이 일어나든 부부로서 해결할 수 있는 그들의 능력에 대하여 "우리"라고 말을 하면서 그 소식에 반응한다. 그는 그녀의 말을 정정하여 그 혼자만이 암에 걸렸다고 말한다. 이 인물처럼 많은 사람들이 질병과 마주했을 때 일항의 몸을 선택한다. 그가 외과의라는 사실은 의학이 몸을 일항에서 이항까지의 연속체 위의 어느 지점에 위치시키는지에 대한 문화적 인식을 보여 준다는 점에서 흥미롭다.

의학은 여러 가지 방식으로 일항의 몸을 권장한다. 병원은 모든 유의미한 사생활을 제거할 만큼 환자에게 가까우면서, 동시에 모든 유의미한 접촉을 제거할 만큼 먼, 그런 거리에서 환자를 치료한다. 어떤 경우에는 대기실에서 혹은 룸메이트 사이에서 친교가 형성되기도 한다. 그러나 암센터를 관찰한 결과, 환자 사이의 접촉은 대부분 미미하고 일시적이다. 환자들은 집합적이 아니라 개별적으로 병원 직원과 관계를 맺는데, 이러한 양식의 관계 맺음은 의료 공간이 어떤 방식으로 설계되어 있고 그 안에서 어떠한 움직임이 일어나는지에 따른 결과이다. 모더니스트 행정 체계는 일항의 몸을 선호할 뿐 아니라 의료 실천의 토대를 이루는 질환 모델은 다른 어떤 종류의 몸의 개념도 인정하지 않는다.[14]

---

14. 질환 모델에 대한 사회학적 관점에 대해서는 다음을 볼 것. Elliot G. Mishler, "Viewpoint : Critical Perspectives on the Biomedical Model," in Elliot G. Mishler et al., eds., *Social Contexts of Health, Illness, and Patient*

의학의 일항의 몸은 교육이나 시장에서 개인의 성취에 중점을 두는 모더니스트 사회와 잘 연계된다. 그러므로 이항의 몸은 타인들과의 다양한 관계 속에 자신을 위치시키는 윤리적 선택을 표상한다. 이 선택은 다른 몸들을 위해 몸이 되는 것이다.[15] 다른 사람들을 위해 사는 것은 개인의 자아와 몸을 "고통의 공동체"(슈바이처의 경구를 현대식으로 표현하자면) 내에 위치시키는 것을 의미한다.

그러므로 내가 말하는 연속체들은─몸 결합의 변화하는 특성에서 드러나듯이─직선이 아닐 뿐만 아니라 윤리적 선택의 이념형들이기도 하다. 이항의 몸으로 살기로 한 선택은 몸의 윤리를 지향한다. 이항의 몸은 서로를 위해 존재한다. 그 몸은 다른 몸을 위해 산다는 것이 무엇을 의미하는지를 찾기 위해 존재한다. 이항의 몸은 단순히 개념적인 윤리적 이상이 아니라 삶을 겪어 온 실재다. 슈바이처는 고통의 공동체의 이상을 실제화하는 것에 자신의 삶과 몸을 헌신했던 사람으로서 글을 썼다. 그러나 타자를 위해 행동하는 것은 이 행동에 대한 깊은 성찰 없이는 나아갈

Care (Cambridge : Cambridge University Press, 1981), 1~23. 의학박사인 래리 도시는 일항의 몸을 넘어서 사고할 수 없는 의학의 무능력에 대해 가장 도발적인 비판을 해 왔다. 다음을 볼 것. _Meaning and Medicine_ (New York : Bantam, 1991) 그리고 _Healing Words : The Power of Prayer and the Practice of Medicine_ (New York : HarperCollins, 1993)[래리 도시, 『치료하는 기도』, 차혜경·장준원 옮김, 바람, 2008]. 이 책의 결론에서 몸들이 얼마나 많이 상호 연관되어 있는지를 제시했다는 이유로, 도시는 많은 사람들에게 "비주류" 인물로 간주되곤 했다.

15. 이 책 1장 71~74쪽 참고.

수 없다. 슈바이처는 계속해서 글을 쓰기 위해 의료 행위로부터 상당히 오랜 시간 동안 떨어져 지냈다.

욕망

나는 무엇을 원하는가, 그리고 이 욕망은 내 몸을 위하여, 내 몸과 함께, 내 몸을 통하여 어떻게 표현되는가?

내가 욕망이라는 용어를 사용하는 방식은 자끄 라깡의 정신 분석학 이론에 개념적 기반을 두고 있다.[16] 라깡은 욕망을 욕구 need와 요구demand와의 삼각형 위에 위치시킨다. 욕구는 온전히 물질적이고 물질적 수준에서 충족될 수 있다. 유아는 우유나 마른 기저귀를 욕구한다. 그 욕구의 표현이 요구이다. 그러나 그 요구는 욕구 자체와는 다르다. 유아가 우는 것은 배가 고픈 것이나 기저귀가 젖은 것과 같지 않다. 요구와 욕구의 차이는 맥락을 확장시킨다. 요구는 욕구가 표현하고자 하는 것보다 더 원한다.

욕망은 이러한 더more를 나타내는 특질이다. 아이가 잠자리에서 무엇이든지 더 원할 때 — 이야기 하나 더, 물 한 잔 더, 포옹 한 번 더 — 각각의 "더"가 다른 것에 의해 치환displacement되는 것은 요구 안의 욕망을 표현한다. 부모가 당황하는 것은 요구가 충족

---

16. Jacques Lacan, *Écrits : A Selection*, trans. Alan Sheridan (New York : Norton, 1977) [자크 라캉, 『에크리』, 홍준기·이종영·조형준·김대진 옮김, 새물결, 2019]과 *The Four Fundamental Concepts of Psychoanalysis*, ed. Jaques-Alan Miller, trans. Alan Sheridan (New York : Norton, 1978) [자크 라캉, 『자크 라캉 세미나 11 : 정신분석의 네 가지 근본개념』, 자크-알렝 밀레 엮음, 맹정현·이수련 옮김, 새물결, 2008].

되어도 아이는 여전히 불만스러워하기 때문이다. 라깡에 따르면, 욕망은 충족될 수 없다. '더'는 언제나 존재한다.

나는 사람들의 이야기에서 이러한 욕망의 표현을 끊임없이 발견한다. 댄 웨이크필드는 그의 유명한 영적 자서전에서 라깡이 말하는 욕망을 이렇게 표현한다. "나는 더 원했다. 더 원하는 것은 더 필요한 것처럼 느껴졌다."[17] 로버트 콜즈는 자기 어머니의 강박적 쇼핑에 대해 말하는 어느 학생의 예를 든다. 그 용어들은 지극히 라깡적이다. "욕구는 문제가 아니에요. 엄마는 모든 것을 가지고 있어요. 문제는 욕망이에요. 욕망은 엄마가 원하는 무언가에 대해 생각하는 거죠…"[18] 욕망은 어떤 대상에 대한 요구로 표현되어야 하지만, 욕망되는 것은 그 대상이 아니다. 이는 아이가 잠자리에서 자기가 요구하는 것을 욕망하는 것과 마찬가지다. 욕망의 핵심은 그것의 치환이 절대로 끝나지 않는다는 것이다. 최종적인 요구란 없다. 욕망은 언제나 더 원하는 것이다.

그러나 어떤 몸은, 특히 아픈 몸은 욕망하기를 중단한다. 욕망에 관한 몸의 문제는 욕망을 결여lack하게 된 몸과 욕망을 생산하는productive 몸 사이의 연속체를 생성한다는 것이다. 질병은 종종 욕망을 결여하는 상태를 야기한다. 백혈병으로 죽어가는 스튜어트 알솝은 자신의 생일이 다가오자 아마도 60세는 "물러나

---

17. Dan Wakefield, *Returning: A Spiritual Journey* (New York: Penguin, 1984), 20.
18. Robert Coles, *The Call of Stories: Teaching and the Moral Imagination* (Boston: Houghton Mifflin, 1989), 142.

기 좋은 때일 것"이라고 적고 있다.[19] 나는 다음 장에서 이 말을 완전히 분석할 것이다. 여기에서 이것을 인용한 것은 그의 말에 담긴, 체념의 일반적인 특성 때문이다. 그것은 욕망의 결여다.

말콤 다이아몬드는 다발골수종에 대한 자신의 반응을 글로 쓰면서, 내가 아는 한도에서 말하자면, 그러한 질환에 직면한 누구라도 할 수 있을 의문들을 표현한다. "왜 신발을 사지? 왜 치과에 가야 해?"[20] 그의 이야기의 플롯은 욕망에 중점을 두고 있다. 서사적 긴장은 상실된 욕망을 다시 가질 수 있을지에 있다. 욕망의 상실은 처음에는 신발을 사거나 치과에 가는 일상적인 행동들에 대한 무관심으로 나타난다. 다이아몬드의 이야기는 그가 신발을 사고 싶을 정도로 안정적인 회복 단계에 있는 것으로 행복하게 끝난다. 그는 암과 함께 살아야 한다는 진단을 받았을 때의 충격으로부터 이행하였다. 이처럼 상실했다가 재획득한 욕망의 플롯은 다양한 지점에 있는 모든 삶에 영향을 미친다. 그러나 질병은 언제 욕망이 결여되고 언제 몸이 욕망을 생산하는지의 순환 과정에 대해 성찰할 것을 요구한다.

질병은 거의 언제나 몸이 욕망을 결여하도록 만든다. 이와 마찬가지로, 질병은 어떻게 욕망을 생산하는 몸이 되는지에 대해 새로운 성찰을 불러올 수 있다. 아나톨 브로야드는 치명적인 질

19. Stewart Alsop, *Stay of Execution : A Sort of Memoir* (Philadelphia : Lippincott, 1973), 288.

20. Malcolm Diamond, "Coping With Cancer : A Funny Thing Happened on My Way to Retirement," *The Princeton Alumni Weekly*, April 6, 1994, 13~16.

병이 "커다란 승인permission과 같다"고 서술한다.[21] 승인되는 것의 일부는 욕망에 대한 탐구다. 브로야드는 전립선암을 진단받고 나서 탭댄스 수업을 받기 시작했다고 쓰고 있다. 이 수업은, 아마도 그가 언제나 하고 싶었던 일이라는 것 외에, 자신의 질병을 마주하기 위하여 "삶의 양식style을 개발하기 위한" 자의식적 시도의 일부였다. "질병이 당신을 약화시키거나 망가뜨리려고 시도할 때, 당신의 삶의 양식을 주장함으로써만 더 이상 자기 자신을 사랑하지 않게 되는 것을 막을 수 있다고 생각한다"(25).

"더 이상 자기 자신을 사랑하지 않게 되는 것"이라는 브로야드의 표현은 "욕망의 결여"라는 나의 일반 용어에 생기를 불어넣어 주며, "당신의 삶의 양식을 주장하는 것"은 "욕망의 생산"이 포착할 수 있는 것보다 더 많은 것을 말해 준다. 그러나 일반 용어는 브로야드의 언어가 함의하는 것을 가리키기 위하여, 그리고 질병에 대한 그의 감각과 다이아몬드와 같은 사람이 갖는 감각 사이의 관계를 제시하기 위하여 필요하다.

브로야드는 "우리가 그토록 두려워하는 것은 죽음이 아니라 위축된 자아일 수도 있다"고 결론 내린다(25). 더 이상 자기 자신을 욕망하지 않을 때 자아는 위축된다. 자기 자신을 더 이상 사랑하지 않는 것은 자신이 스스로에게 가치 있다고 생각하기를 그만두는 것이다. 아픈 사람은 자신이 더 이상 건강한 치아와 새

---

21. Anatole Broyard, *Intoxicated by My Illness: And Other Writings on Life and Death*, comp. and ed. Alexandra Broyard (New York: Clarkson N. Potter, 1992), 23.

로운 신발을 누릴 만한 가치가 없을까 봐 두려워한다.

욕망이 성찰적으로 되어갈수록, 욕망의 대상에 대한 책임이 증대하게 된다. 욕망은 언제나 즉각적 대상 그 이상을 위한 것이지만— 다이아몬드의 신발이나 브로야드의 탭댄싱은 언제나 그것의 징표를 초과하는 욕망의 자의식적인 환유이다— 즉각적 대상은 윤리적 선택으로 남는다. 생산적 욕망은 이항적 몸을 슈바이처가 말한 봉사로 이끈다.[22] 슈바이처가 말하는 고통의 공동체는 다른 몸을 위해 몸이 되고자 하는 윤리적 선택에 기반한 생산적 욕망을 표현하고 있다.

봉사는 여러 가지 형태를 띨 수 있다. 그러나 심각하게 아픈 사람에게 우선적으로 가능한 봉사는 증언의 행위로서의 이야기하기다. 스토리텔러로서, 브로야드나 다이아몬드와 같은 작가들은 사람들에게 어떻게 아픈지를 말하는 것이 아니다. 그들이 증언하는 것은 당신이 아플 수 있다는 것, 그리고 당신이 자신을 사랑하는 것에 머무르지 않고 아픔을 가장 근본적인 공통성common-monality으로 공유하는 인류를 사랑할 수 있다는 것이다.

몸의 네 가지 이념형

이 네 가지 연속체의 이론적 양극에서 춤추고 때로는 매달리

---

22. 의료에서 봉사가 갖는 중요성에 대한 현대의 저술들로는 다음을 참고할 것. Robert Coles, *The Call of Stories*와 David Hilfiker, *Not All of Us Are Saints: A Doctor's Journey with the Poor*(New York : Hill and Wang, 1994).

는 네 개의 꼭두각시는 무엇인가? 질병 이야기 속의 몸들에 대해 말하기 위해 내가 고안해 낸 행위의 유형들은 무엇인가?

내가 제안하는 몸의 유형학은 하나의 메타-서사로, 몸-자아가 추후에 실행하는 다양한 선택지를 설정한다. 선택을 강조하는 것은 몸이 궁극적으로 도덕적 문제라는 것, 아마도 인간이 질문해야 하는 바로 그 도덕적 문제라는 것을 상기시킨다. 그러나 선택은 기만적인 단어이기도 하다. 왜냐하면 몸-자아는 상호적 과정에서 창조되기 때문이다. 자아는 자신의 몸을 선택하는 방식으로 행동하지만, 몸 역시 행동하는 자아를 창조한다. 우리는 후자보다 전자를 더 많이 본다. 몸이 어떻게 자아를 창조하는지는 전혀 이해되지 않고 있다.

"선택"이 일어나는 장소인 사회적 맥락이 바로 그 선택을 제한한다는 점에 주목한다면 문제는 더욱 복잡해진다. 낙인의 관습은 그러한 제한 중 하나다. 그러나 낙인에 대한 포스트-식민적 긍정은 몸에 대한 제한이 몸-자아를 위한 자원이 될 수도 있다는 것을 보여 준다. 브로야드는 자신이 되어 가고 있는 몸이 사회적으로 바람직하지 않다는 사실에 의해 제한받으면서도, 최소한 육체가 허락하는 한, 탭댄싱 수업 듣기를 선택한다. 그는 탭댄싱을 선택의 가능성에 관한 이야기로 전환시킨다.

사람들, 특히 아픈 사람들은 자신의 몸을 선택하지 않을 수도 있다. 그러나 몸-자아로서 그들은 자신의 몸에 대해 책임을 가지며, 이 책임을 어떻게 행사할 것인지를 선택한다. 다른 사람들이 선택을 하는 것을 지켜보는 사람들은 책임이 행사되는 - 육체적인 동시에 사회적인 - 조건에 주목할 책임이 있다.

훈육된 몸

훈육된disciplined 몸-자아는 주로 자기-규율의 행위를 통해 스스로를 규정한다. 여기에서 가장 중요한 행위의 문제는 통제다. 훈육된 몸은 자신의 가장 중대한 위기를 통제의 상실에서 경험한다. 이러한 몸-자아가 보이는 반응은 정통의학을 따르는 것일 수도 있고 대체치료일 수도 있는 치료 요법을 통해 예측 가능성을 다시 분명히 하는 것이다. 이러한 치료 요법에서 몸은 자신이 받아들일 수 없는 우연성을 보상하고자 한다.

그러한 외골수적인 치료 요법의 추구는 몸을 치료되어야 할 "대상"으로 변환시킨다. 자아는 이 "대상"으로부터 분리된다. 몸으로부터 분리된 자아는 다른 사람들과의 결합을 추구하거나 발견하는 일이 거의 없기 때문에, 훈육된 몸은 일항이 된다.

훈육된 몸의 이상적-전형적 형태는 욕망을 결여하는데, 여기에서 실제 몸은 아마도 그 이념형에서 벗어나 있을 것이다. 이념형은 치료를 받는 시기에 가장 적합한데, 이때 치료에 순응하는 것은 그 자체로 목적이 된다. 그러나 아픈 사람이 자기 자신을 위한 욕망 없이 단순히 자기 자신이나 치료자에게 자신이 순응한다는 것을 보여 주기 위하여 치료 요법을 추구하는 경우는 거의 없다. 오히려 치료 요법을 추구하는 것은 무엇인가를 욕망한다는 것, 브로야드가 말한 것처럼, 몸이 자기 자신을 여전히 사랑한다는 것을 나타낸다. 그러나 이것이 종종 일어나는 일일지라도 항상 그러한 것은 아니다. 브로야드는 많은 아픈 몸들이 자기 자신을 사랑하는 것을 그만둔다는 것을 인식했다.

훈육된 몸-자아는 자기 자신에 대해 이야기를 하지 않는다. 오히려 그 이야기는 치료 요법의 추구를 통해 말해진다. 치료 요법이 이야기인 한, 훈육된 몸은 의료에 순응함으로써 "좋은 환자"를 만들어낼 수 있다. 그러한 좋은 환자는 의료에서 로버트 머튼의 의례주의자ritualist라는 이념형에 상응하는 존재다. 의례주의자는 사회적 성공에 대한 모든 희망을 포기했지만 계속해서 정해진 행위 규범을 실행한다.[23] 그들의 요구는 치료 요법을 정확히 따르기 위해서일 뿐이며, 그들의 기대는 놀라울 정도로 낮다. 왜냐하면 치료 요법의 수행 자체가 그 결과보다 훨씬 더 중요하기 때문이다.

치료 요법은 의학적일 필요가 없다. 다이어트, 명상 프로그램, 그리고 운동은 의사의 처방과 상호보완적이거나 그것을 대체할 수 있다. 이러한 치료가 오직 그 자체로 규율의 준수라는 유일한 목적을 위해 군사 훈련처럼 수행된다면, 욕망은 결여되며 순수한 이념형에 근접하게 된다. 치료 요법이 쾌락을 제공한다면 ― 다이어트 음식이 맛있다거나 명상이나 운동이 이완과 격려의 원동력이라면 ― 욕망은 생산적인 것이자 규율화된 의례주의 이상의 것이 된다.

---

23. Robert Merton, "Social Structure and Anomie," *American Sociological Review* 3 (October 1938) : 672~82.

아마도 화학 요법은 훈육된 몸이 갖는 욕망의 역설을 가장 잘 보여 주는 예일 것이다. 데보라 카헤인은 그녀가 인터뷰했던 여성인 "마르샤"Marcia의 이야기를 언급한다. 마르샤는 유방암을 "엄청난 안도"로 경험한다. "나는 마침내 벌을 받았어요." 그녀는 말한다. "나쁜 엄마였던 대가를 치르는 일이 이제 끝난 거죠."[24] 그녀의 이야기의 다른 측면들은 일항의 몸에 들어맞지 않지만, 암을 벌로 본다는 점에서 그녀는 자기-소외적인 일항의 몸이다. 그녀가 "이제 끝난 거죠"라고 말하는 것은 그녀가 스스로 받아 마땅하다고 믿는 벌을 기다린 기간을 가리키는 것처럼 보인다. 여기에 욕망이 존재한다면 그것은 피학적이다.

또한 마르샤가 예측 가능성을 되찾기 위해 노력하는 것은 훈육된 몸의 예를 보여 준다. 그녀는 유방절제술이 끝나자마자 일에 복귀한 것과 인공 삽입물을 이용해서 "정상적인" 외양을 자신의 몸에 부여한 것을 자랑스러워한다. 그 후에 그녀는 재발로 고통을 겪고 화학 요법을 받는다. 화학 요법은 다른 종류의 훈육된 몸이 될 것을 요구한다. 예측 가능성이 주어지고, 몸의 분리가 마르샤의 이야기 속으로 들어온다. "내 모든 인생은 화학 요법 치료를 둘러싸고 계획되었어요. 나는 가발을 쓰고 있었고 내 몸에 대해 기분이 엉망이었어요"(123).

마르샤의 이야기에 생기를 불어넣는 긴장은 그녀가 훈육된

---

24. Deborah H. Kahane, *No Less a Woman* (New York : Simon & Schuster, 1990), 118.

몸으로부터 멀어질 수 있는지다. 그리고 그녀는 그렇게 했다. 결정적인 순간은 그녀가 의사가 조언한 것보다 더 일찍 화학 요법을 끝내기로 결심했을 때다. 처방된 치료 요법을 중단하는 순간에 그녀는 훈육된 몸이기를 그만둔다. 그녀는 노화하는 몸에서 평화를 얻고 "할머니 타입"으로서 그리고 "멘토"로서 새로운 관계를 발견한다(125). 이야기의 마지막에서 그녀는 암을 벌로 받아들이는 것에서 대단히 멀어져 있었고, 이제 그녀는 암을 자신이 "생존해 내는 것을 통하여 한 인간으로" 만들어 준, 그녀 자신의 경험으로 선언하고 있었다(127).

순수한 이념형으로서 훈육된 몸은 살아가기에 즐거운 방식이 아니다. 그러나 대부분의 아픈 사람들은 그것의 어떤 측면들을 경험한다. 일항의 자기-폐쇄, "사물"이 되어가는 몸으로부터의 분리, 어느 정도의 통제를 되찾고자 하는 욕구, 욕망의 상실 등이 그것이다. 마르샤는 훈육된 몸의 이념형을 보여 주지만 결코 그에 들어맞지는 않는다. 다행히도 그녀는 마침내 자기 자신을 사랑하는 방식을 발견한다.

비추는 몸

비추는mirroring 몸은 소비 행위를 통해 자기 자신을 정의한다. 몸은 소비의 도구인 동시에 대상이다. 몸은 소비를 하기 위해 사용되고, 소비는 그 몸을 향상시킨다. 소비는 몸에게 음식을 먹이고 옷을 입히며 단장을 해 주고 의료 서비스를 통해 몸을 치료해 준다. 이러한 몸-자아는 비추는 것이라고 할 수 있는데, 소비는 보다 멋지고 건강한 다른 몸들의 이미지 속에서 몸을 재형성하고자 하기 때문이다. 우선적인 감각은 시각이다. 몸은 이미지를 보고 그것을 이상화하며 그 이미지의 이미지가 되고자 한다. 그러므로 비추는 몸은 소위 "건강의 화신"이 되고자 한다.

훈육된 몸과 마찬가지로 비추는 몸은 예측 가능성을 추구하는데, 비추는 몸 역시 우연성을 두려워하기 때문이다. 그러나 이 두 개의 몸이 두려워하는 우연성의 종류는 다르다. 훈육된 몸이 전형적으로 두려워하는 것은 일과를 방해할 수 있는 우연성이다. 이때 훈육된 몸은 건강 습관으로 대체된다. 비추는 몸은 외모의 손상을 두려워하는데, 어떤 훈육된 몸은 그것을 잘 싸워낸 전투의 상징으로 여길 수도 있다. 그들 각각이 예측 가능성을 추구하는 방식도 역시 다르다. 훈육된 몸은 실행의 예측 가능성을, 비추는 몸은 외양의 예측 가능성을 추구한다. 훈육된 몸이 내면화된 훈련 상사의 명령에 맞춰 행진한다면, 비추는 몸은 내면화된 일련의 이상적 이미지에 조응하기 위하여 자신을 단장한다.

비추는 몸과 훈육하는 몸은 둘 다 일항적이기도 한데, 이때도 그 방식은 서로 다르다. 자기 스스로 방향을 찾는 훈육된 몸은 타인들을 도구적인 동맹자 혹은 장애물로 간주한다. 비추는 몸은 자신의 관객으로서의 타인들이 자신의 공연에 대해 갖는 기대를 지향한다. 두 몸 모두 그들을 판단하는 세상에서 홀로 행동하지만, 그 판단의 기반은 서로 다르다. 훈육된 몸에게 그것은 실행이고 비추는 몸에게는 외양이다. 분명히 많은 몸-자아들이 훈육된 몸이 되는 것과 비추는 몸이 되는 것 사이를 오간다. 마르샤는 투병 중에 일을 계속할 필요에 대해 말하는 것과 자신의 외모에 질병이 미치는 효과에 대해 말하는 것 사이를 오간다.

비추는 몸-자아는 거의 강박적으로 자신의 몸과 결합된다. 그러나 그 몸은 외면을 의미하는데, 다시 말하지만, 시각적인 것이 우선하기 때문이다. 비추는 몸은 욕망을 생산한다. 그러나 그 욕망은 일항적이다. 비추는 몸-자아가 원하는 것은 자기 자신이다.

훈육된 몸이 치료 요법 속에서 자신의 이야기를 한다면, 비추는 몸은 이미지 속에서 자신을 말하는데 이 이미지는 다른 어딘가에서 오는 것이다. 이러한 몸이 비추는 이미지는, 이미지가 실재로서 작동하는 대중문화로부터 가장 자주 온다. 재클린 케네디 오나시스의 죽음 후 나온 이상한 이야기 중 하나는 오나시스가 비호지킨림프종을 치료하기 위해 화학 요법을 받는 것을 마이클 잭슨이 반대했다는 것이다. (오나시스는 잭슨의 책을 편집했었다.) "그녀는 머리카락이 빠지는 일을 겪기에는 너무 전설적인 인물입니다."[25] 잭슨이 이 말을 했건 아니건 간에, 타블로이드 신문기자들은 자기 독자층을 충분히 파악하고 있기에 이 발언이 대중에게 호소력이 있어서 이야기가 될 것임을 알고 있다.

죽음이라는 현실은 대머리의 이미지보다 덜 현실적이다. 이 이야기를 진지하게 받아들일 사람들의 정체성은 바우만이 "오늘을 위한"이라고 묘사한 것이다. 문제가 되는 것은 오늘의 이미지를 유지하는 것이다. 화학 요법을 시작하기 직전의 사람들과 이

25. "Jaco & Jackie O." *Star*, April 5, 1994, 7.

야기한 바에 따르면, 공통적인 반응은 즉각적인 부작용, 특히 탈모에 대한 공포로, 이는 그 치료법이 듣지 않는 것에 대한 공포보다 더 부각되는 문제다. 심리학자들은 이것을 방어 메커니즘이라고 부를 것이다. 더 커다란 공포가 더 작은 공포로 대체되는 것이다. 그러나 아마도 정말로 "오늘을 위한" 정체성을 가진 어떤 사람들에게는 즉각적인 부작용이 더 큰 공포일 것이다.26

마이클 잭슨의 예나 그 출처 모두 단순히 이상한 것만은 아니다. 타블로이드 저널리즘, 광고, 텔레비전용 영화, 연속극은 대부분의 몸이 비추고자 하는 이미지들을 생산한다. 이 이미지들은 이상화된 건강과 측은한 질병 모두를 포함한다. 대중문화는 종종 하나의 이미지를 다른 이미지와 대조하여 보여 준다. 건강을 이상화하는 것을 질병에 대조시키며, 질병을 측은한 것으로 묘사하는 것을 이상화된 건강에 대조시킨다. 이미지의 다른 출처들이 분명히 존재한다. 가족과 의학은 자체적으로 이미지들을 생성하지만, 이 이미지들은 종종 대중문화에 적응하여 표현된다.

---

26. 탈모의 실제적인 트라우마 역시 과소평가되어서는 안 된다. 헨리 나우웬은 렘브란트의 그림 〈탕자의 귀환〉에 나오는 작은아들의 거의 벗겨진 머리에 대해 기술한다. "감옥에서든 군대에서든 혹은 신고식에서든 강제 수용소에서든, 남성의 머리가 깎였을 때 그는 그의 개인성의 표식들 중 하나를 도난당한 것이다"(*The Return of the Prodigal Son : A Story of Homecoming* [New York : Image Books, 1994], 46[헨리 나우웬, 『탕자의 귀향 : 집으로 돌아가는 멀고도 가까운 길』, 최종훈 옮김, 포이에마, 2009]). 나우웬은 머리가 깎이는 장소들의 목록에 병원을 포함시키지 않지만, 그가 말한 장소들은 화학 요법으로 인한 탈모 경험에 맥락을 부여한다. 그리고 그가 남성의 탈모를 [개인성의 상실로] 언급했다면, 여성의 개인성의 상실은 얼마나 더 클 것인가.

전문 문화는 생각하는 것보다 더 "대중적"이다. 의료 전문 잡지의 전문의약품 광고는 대중 잡지의 일반의약품 광고와 구별하기 어려운 도상학으로 제시된다.

비추는 몸은 자기 자신을 사랑한다. 그러나 이 사랑은 아마도 브로야드가 의미했을 법한 패러디이다. 그의 요점은 몸이 질환에 의한 외모 손상과 사랑에 빠질 필요가 있다는 것이다. 아프다는 것을 위한 윤리적 전략으로서 ─ 그리고 각각의 몸 유형은 윤리적 전략이다 ─ 비추는 몸은 훈육된 몸과 마찬가지로 일항적인 제한을 갖는다. 그러나 사회학이 보통 선언하는 대로 소비문화가 널리 퍼져 있기 때문에, 우리는 모두 때때로 비추는 몸이 된다.

라깡의 상상계the Imaginary 개념은 우리가 자아라고 부르는 것이 언제나 다른 어딘가에서 온 이미지들의 퇴적이라는 것을 보여 준다. 이 이미지들은 갑옷처럼 입혀져 있고, 이 갑옷 안에 있는 것은 분명히 우리가 믿는 것처럼 훌륭하지는 않다. 지금까지 어떤 자아도 다른 어딘가에서 온 이미지들의 상상적인 퇴적 안에서 사는 것을 중단한 적이 없다. 그러므로 비추는 몸은 윤리적 가능성을 제한하지만, 그것은 우리 대부분에게 하나의 필연적인 측면으로 남는다. 그러나 우리는 라깡이 상징계the Symbolic라고 부르는 것으로 진입함으로써 우리의 가상적 자아를 보완할 수 있다. 여기에서 몸-자아는 상징적 교환으로 진입한다. 이름을 부르고 이름이 불리는 것은 계열체적paradigmatic 교환이다. 단순히 자신을 위하여 타자의 이미지를 전유하는 것이 아니라 몸-자아는 이 타자들과 소통한다. 타자들과의 교환 중 어떤 것들은 윤리적 관계를 위한 시작이다. 슬프게도, 다른 교환들은 그렇지 않다.

지배하는 몸

지배하는dominating 몸은 그 자신을 힘force을 통해 규정한다. 아픈 사람들, 특히 죽어가는 사람들이 지배하는 몸이 되는 것에 대해 말하는 것은 문화적으로 상당히 꺼려지는 일이다. 대부분의 사람들은 다른 사람들을 지배하는 자기 자신에 대한 이야기를 하지 않으며, 분명히 그들은 이 이야기들을 글로 쓰지 않는다. 그들의 서사는 살아지고, 이 삶의 이야기들은 다른 사람들에 의해 말해진다. 캐롤 앤더슨은 그녀의 남편 딕이 백혈병으로 죽어가던 시기의 이야기를 한다.[27] 앤더슨은 사랑하는 사람의 죽음을 말하는 배우자들의 이야기 속에서는 죽어가는 사람이 언제나 현명하고 용기 있는 것으로 묘사된다는 것을 알고 있다. 그녀는 다음과 같이 쓴다. "그들 모두에게 축복이 있기를. 그들의 동

---

27. Carol E. Anderson, "The Case : Another Side of Cancer," *Second Opinion* 19(April 1994) : 27~31. 앤더슨 이야기의 원래 제목은 "어떤 사람들은 분노한다"였다. 이 제목은 그녀가 초기의 원고에서 사용했던 문구에 기반하여 내가 제안했던 것이다. 편집 단계에서 "어떤 사람들은 분노한다"에서 "암의 또 다른 측면"으로 제목이 바뀐 것은 편집이 사람들이 말하는 이야기에서의 강조점을 바꿀 수 있는 방식을 예증한다. 물론 "어떤 사람들은 분노한다" 자체도 편집 자로서의 나의 제안이었고, 내가 보았던 "원래의" 원고도 앤더슨의 경험을 수 정하는 방식으로 이미 형성되어 있었을 수 있다. 이 일화는 편집되지 않은 경험은 거의 접할 수 없다는 것과 질병 이야기에서 상당한 양의 분노가 분명히 편집되어 잘려 나간다는 것 둘 다를 말해 준다.

화는 이야기의 오직 한쪽 면만을 말하고 있다"(27).

딕은 진단을 받자마자 분노했다. 더 정확히는 적어도 그의 죽음이 임박한 몇 개월 전까지, 그는 자신이 죽어가는 나날의 서사에 대해 화를 냈다. 그 후에 그는 살아남은 배우자들이 자신들의 이야기 속에서 이상화하는 그런 특징을 보였다. 그러나 그 마지막 몇 개월 전까지 그는 캐롤에 대한 소유욕을 보이며 그녀를 정서적으로 학대했다. 이 학대의 절정은 그가 고함을 치면서 지역 신문에 칼럼을 쓰는 부업을 포기하도록 그녀를 복종시키려고 했을 때였다. "그가 하는 말은 총알처럼 날아왔고 거의 대부분이 저를 맞췄어요 … 그는 저를 내려다보면서 비열하고 잔인한 말들을 하고 또 했어요"(29). 그녀를 상담했던 심리학자는 그녀에게 딕을 떠나라고 충고했지만, 그녀는 남았다. 그녀 이야기의 독자들은 이 부부의 마지막 몇 달이 그들의 세월을 가치 있는 것으로 만들었기만을 바라는 수밖에 없다. 앤더슨의 이야기는, 질병을 앓고 있기도 한, 지배하는 몸의 현실에 대한 냉혹한 증언이다.

지배하는 몸은 질환의 우연성을 가정하지만 결코 그것을 받아들이지 않는다. 앤더슨에 따르면, 딕이 백혈병과 함께 살았던 3년 반의 시간 중 27개월 동안 그의 병은 호전되고 있었다. 그러나 호전이 우연적인 것으로 정의된다면, 그를 미치게 한 것은 바로 그 호전의 우연성이었다. 딕은 "자신이 두려워하는 것은 죽음이 아니라 그 기다림이라고 주장했다. 그를 따라다니며 괴롭힌 것은 결코 [미래를] 알 수 없다는 점이었다"(31). 훈육된 몸이 우연성에 대한 공포를 치료 요법의 예측 가능성으로 전환시킨다면, 지배하는 몸은 우연성에 대한 분노를 다른 사람들에게로 치환시킨다. 딕은 그의 질병을 통제할 수 없었지만 캐롤은 통제할 수 있었다.

지배하는 몸은 분리와 욕망의 결여라는 특질을 훈육된 몸과 공유한다. 결정적인 차이점은 지배하는 몸이 이항적이라는 것이다. 몸이 그 자신으로부터 분리되어 있지만 다른 사람들과 연결되어 있다면, 몸의 의지는 자기 자신이 아니라 타자를 향해 방향을 전환한다. 이같이 타자를 향한 공격성은 지배하는 몸이 욕망을 결여하는 것에 담긴 혹독함을 반영하는 것일 수 있다. 앤더슨은 딕이 진단을 받을 무렵에는 삶을 사랑했다고 말한다. 그러나 그의 삶이 우연적인 것이 되었을 때, 그는 욕망을 상실했다. 그의 혹독함은 이것이 상실이라는 것을 아는 데서 온다. 우연성은 그가 질병을 앓는 동안 내내 욕망을 방해한다. 그의 상태가 호전 중일 때조차 딕은 자신이 그토록 즐겼던 삶의 기쁨을 더 이상 받아들일 수 없었다. 최종적으로 그의 죽음이 확실시되고 그가 "다시금 통제할 수 있게 되었을" 때, 딕은 캐롤이 사랑했던 남편이 되었다.

지배하는 몸은 타자-연관성에 있어 이항적이지만, 이 이항적 관계의 윤리적 입장은 다른 사람을 위하는 것이 아니라 다른 사람에 반하는 것이다. 자기 자신으로부터 분리되고 욕망을 결여한 채로 다른 사람들에 대해 이항적으로 되는 것은 위험한 일이다. 훈육되고 비추는 몸은 자기 자신을 공격한다. 지배하는 몸은 다른 사람들을 공격한다. 사회는 폭력적 힘으로부터 야기되는 서사를 듣기 원하지 않는다. 그러나 캐롤 앤더슨이 말하는 것처럼, 이 서사 안에서 죽어가는 사람들과 그들이 사랑하는 사람들 모두가 도움이 필요하다면, "이때는 약간의 정직함이 필요한 순간이다"(28).

소통하는 몸

훈육된 몸, 비추는 몸, 지배하는 몸은 이념형들이다. 어떤 실제의 몸도 그 조건들에 들어맞지 않는다. 적어도 오랫동안 그럴 수는 없다.[28] 그러나 이 조건들은 몸이 다양한 순간들에 어떻게 존재하는지에 관해 어떤 해석상의 이해를 제공한다. 소통하는 communicative 몸은 이념형일 뿐 아니라 이상화된 유형이기도 하다. 그 조건들은 기술적일 뿐만 아니라 몸에게 윤리적 이상을 제공해 준다. 다시 말하건대, 어떤 실제의 몸도 이 이상에 오랫동안 부합할 수는 없다. 많은 몸이 다양한 방식으로 그에 근접하기는 하지만 말이다.[29]

---

28. 친구와 외부인 사이에서는 딕이 그의 매력적인 "옛날" 자아로 되돌아오곤 했다고 앤더슨은 적고 있다.

29. 테레즈 라이소트(M. Therese Lysaught)는 소통하는 몸에 내재하는 이상화에 대해 명시하고 있는데, 그녀는 다음의 논문에서 몸의 유형에 대한 나의 도식을 적용하고 있다. "Sharing Christ's Passion : A Critique of the Role of Suffering in the Discourse of Biomedical Ethics from the Perspective of the Sick", Ph.D. diss., Duke University, 1992. 라이소트는 소통하는 몸의 전형이 예수라고, 특히 십자가에 못 박힌 것에서 그러하다고 주장한다. 나는 내 이론을 이런 방식으로 적용한 것에 완전히 놀랐고, 현재의 내 사고에서 그녀의 작업이 갖는 중요성에 대해 감사를 표한다.

소통하는 몸은 자신의 우연성을 삶의 근본적 우연성의 한 부분으로 받아들인다. 인간의 몸은, 그 회복력에도 불구하고 취약하다. 고장은 몸에 내재되어 있다. 몸의 예측 가능성은 극히 예외적인 것으로 간주되어야 하고, 우연성이 정상으로 받아들여져야 한다. 소통하는 몸-자아는 슈바이처가 말한 "고통의 표식을 짊어진 사람들의 형제애"에 해당한다.

이러한 우연적인 몸은 자기 자신과 완전히 결합된다. 소통하는 몸은 몸-자아가 단일체로서 존재하며 이 두 부분이 상호의 존적일 뿐 아니라 불가분의 관계에 있다는 것을 이해한다. 몸에는 자아가 아닌 측면이 있을 수 있고, 그 반대도 마찬가지이다. 그러나 어디에서 하나가 끝나고 다른 하나가 시작되는지는 결정할 수 없다. 그러므로 육체적인 질환과 질병의 경험 간의 구분은 유지될 수 없다. 몸의 조직 내에서 일어나는 문제는 인생 전체에 스며든다.

결합과 우연성은 이항적이라는, 그리고 욕망을 생산한다는 특질에 의해 맥락화된다. 그리고 이러한 특질들은 몸의 윤리적 차원을 확고히 한다. 스스로의 우연성과 결합된 몸이 이항적 연관성에서 모습을 드러내면, 그 몸은 다른 사람들의 몸에서 자기 자신의 고통이 반영되는 것을 증언한다. 그 몸이 욕망하는 몸이라면, 그 사람은 다른 사람들의 고통을 경감시키기를 원하고 필요로한다. 여기에는 슈바이처가 말한 "고통의 표식을 짊어진 사람들의 형제애"의 근간이 되는, 타자에 대한 의무감이 놓여 있다. 소통하는 몸의 이항적 욕망이 의미하는 것은 그 몸이 결코 자신에게만 속하는 것이 아니라 다른 몸들과의 관계 속에서 인간성을 구축한다는 것이다.

소통하는 몸은 타자를 위해 존재한다는 윤리적 이상을 실현한다. 교감하는communing 몸이라는 용어가 더 적확할 수 있지만, 나는 "소통하는"이라는 용어가 더 일반적이라고 본다. 몸의 교감은 언어적인 것을 초월하는 인정recognition을 소통하는 것에 관련된다. 몸은 접촉, 어조, 표정, 몸짓, 호흡 등으로 교감한다. 소통은 내용의 문제라기보다는 정렬alignment의 문제다. 몸이 다른 사람들과 정렬을 이루어서 자신을 느낄 때, 언어는 그 정렬의 맥락에서 의미를 갖는다. 정렬이 결여되면, 가장 훌륭한 의미론적인 내용도 오독의 위험이 있거나 메시지로서 불만족스러울 수 있다.

몸은 그 자체가 메시지이다. 인간은 몸을 통해 교감한다. 아나톨 브로야드는 자신의 의사를 위해 자기 자신이 "좋은 이야기가 되기를" 원했다고 쓰고 있다.[30] 이 말은 독자의 허를 찌른다. 관습적으로, 아픈 사람은 "나는 그 사람이 내 이야기를 듣기를 바란다"와 같은 말을 할 것이다. 브로야드는 자신의 아픈 몸이 이야기라는 인식을 고무시킨다. 그리고 그는 그 이야기가 좋은 것이기를 바란다. 브로야드에 의하면, 아픈 사람은 자신의 질병이 의학의 묘사에 따라 익명이 되지 않도록 그 질병을 개인화하고 "소유"own할 필요가 있다. 윤리는 자신을 둘러싼 상황들에 대하여 이와 유사한 소유감을 갖는 것에서 시작하는 것처럼 보인다. 윤

---

30. Broyard, *Intoxicated by My Illness*, 45.

리적인 사람에게 주어진 책임은, 자아와 타자가 자기 자신들을 그 안에서 발견하는 상황이자 그들이 소유하게 되어야 하는 상황을 좋은 이야기로 만드는 것을 포함한다.

훈육된 몸, 비추는 몸, 지배하는 몸과 마찬가지로 소통하는 몸은 이야기이다. 그러나 그것은 전혀 다른 이야기이다. 소통하는 몸은 자신의 이야기를 다른 사람들과 교감한다. 이야기는 다른 사람들이 그 이야기 안에서 자기 자신들을 인식하도록 초대한다. 그러므로 소통하는 몸은 이야기 속에서 자기 자신을 뚜렷이 말한다. 마찬가지로, 이야기는 소통하는 유형에 근접하고자 하는 몸의 매개체다.

인간이 세계와 하는 소통, 그리고 이 소통이 의존하고 있는 교감은 몸에서 시작된다. 슈바이처는 "나는 내 안의 살아 있는 존재를 통해서만 나의 외부에 있는 살아 있는 존재의 본질을 이해할 수 있다"고 말했다.[31] 이 말은, 결합하는 몸-연관성과 이항의 타자-연관성과의 융합과 더불어, 소통하는 몸-자아의 중요한 경구다. 슈바이처가 삶의 필연적인 우연성으로서의 고통과 다른 몸들과 결합하려는 생산적인 욕망으로서의 봉사를 동시에 강조한 것은 소통하는 몸의 완전한 윤리적 이상을 표현한다.

◇

이번 장의 방향을 설정한 도표에서, 유형의 평면적 선형성과 사

---

31. Schweitzer, *Out of My Life and Thought*, 104.

분면 공간의 제한은 문제를 너무 깔끔하게 만든다. 이런 깔끔한 외형은 잘못된 것인데, 나는 이에 대해 몇 가지 논점을 반복해서 말하고자 한다. 이는 네 가지 이념형이 몸-자아의 행위 선택을 위한 대략적인 틀을 제시할 뿐이라는 것을 강조하기 위해서이다.

행위의 문제들에 대한 각각의 반응 범위를 위해 짝지어진 용어들 — 예를 들어, 통제의 문제와 관련하여 예측 가능한/우연적인 — 은 연속선상의 양극단을 나타낸다. 그러므로 실제로 실재하는 것에서, 몸은 양극단에서가 아니라 이 연속체들 위의 어느 곳에서라도 행동한다. 게다가, 각 극단의 특성은 변할 수 있다. 따라서 몸의 결합은 고통에 대해 무지할 수도 있고 그것을 수용할 수도 있으며, 우연성을 두려워할 수도 있고 그것을 포용할 수도 있다.

몸이 어떤 연속체 위의 어느 지점에 놓이는지는, 소통하는 몸이 이항적이기를 받아들이는 것처럼, 그 연속체의 조건을 받아들이는 것을 나타낸다. 또한 몸의 위치는 그 연속체의 반대편 끝에 저항하는 것을 나타낼 수 있다. 훈육된 몸은 그것의 근본적인 우연성에 저항함으로써 자기 자신을 예측 가능하게 만든다. 그리고 지배하는 몸이 욕망을 결여하는 것은 그것의 우연성이 몸이 욕망하는 것을 부정하는 것처럼 보이기 때문이다. 그러므로 "연속체"는 이차원적 평면과 관습적인 기하학적 은유 모두에 저항하는 형태를 띤다.

네 가지 몸 유형이 상호배타적이지도 않고 완전하지도 않다는 점은 이제 명백하다. 다른 종류의 치환들도 분명히 기술하는 힘을 가지고 있다. 그리고 몸은 시간에 따라 이동하기 때문에, 실제의 몸의 조건은 유형들의 층위를 나타낸다. 우리 각각이 어느한 가지 유형인 것이 아니라, 유형들이 전경과 배경으로 유동하는 것이다. 유형들의 가치는 이러한 유동의 극적 순간들을 기술하여 이야기 속에서 몸을 들을 수 있는 요소들을 제공하는 것이다.

마지막으로, 나의 목적이 몸의 윤리이기 때문에, 나는 세 가지의 이념형을 한 가지의 이상화된 유형과 혼합하고 있다. 나의 유형학은 기술적인 의미에서가 아니라 처방적인 의미에서 규범적이고자 시도한다. 나는 소통하는 몸이 다른 몸 유형들과 어떻게 구별되는지를 보여 주고 싶다. 윤리적 과제의 수행으로서 소통하는몸을 구체화함으로써, 몸의 윤리가 나아갈 방향을 제시하고 싶다. 성찰적 점검은 몸-자아의 진전을 측정할 수 있는 이상을 필요로 한다.

다음 장에서는 이야기에 초점을 두어 질병에 있어서 이야기의 역할과 포스트모던 시대의 이야기의 맥락에 대해 논의할 것이다. 4장부터 6장에서는 대부분의 실제 이야기들이 예증하고있는 세 가지의 기본적인 질병 서사를 제시할 것이나. 이 서사들은 언어학적 구조로서가 아니라 그 이야기를 하는 몸의 개념화로서 제시될 것이다. 그 서사들은 몸-자아가 자기 자신을 표현하고 성찰적으로 점검하도록 해 주는 매개체로 나타날 것이다.

나의 논지는 다양한 몸들이 다양한 질병의 서사에 대하여 "선택적 친화성"elective affinity을 가진다는 것이다. 이 선택적 친화성은 결정론적인 것이 아니다. 몸은 자신이 말하는 이야기들 안에서 실현되는데, 이는 몸이 단지 재현되는 것이 아니라 창조된다는 의미다. 이 실현은 성찰적일 수 있고 성찰적이어야 한다. 어떤 이야기를 함으로써 윤리적 선택이 이루어진다. 다음으로, 그 선택은 이야기를 생성한다. 상식적으로 사람들은 자신의 이야기와 몸에 대해 어떤 책임을 갖는 것으로 이해된다. 우리의 상식에서 이야기를 통해 몸의 책임을 실행할 가능성은 덜 익숙한 것일 뿐이다.

소통하는 몸을 획득하는 한 가지 길은 이야기하기를 통해서이다. 증언과 윤리에 대한 마지막 장들에서는 질병과 함께 살아가기 위한 윤리적 이상으로서의 소통하는 몸에 대해 논의할 것이다.

3장

이야기에 대한
요청으로서의 질병

"우리는 끝없이 우리 자신에 대해 이야기한다."[1] 정신분석학자 로이 셰퍼의 말이다. 셰퍼의 작업은 어떻게 자아가 이야기 속에서 계속하여 재창조되는지를 이해하는 데 중요하다. 이야기는 단순히 자아를 기술하는 것이 아니라 자아의 존재의 매개체가 된다. 바로 앞 장이 몸-자아의 몸 부분을 강조했다면, 이 장에서 나는 자아를 강조하고자 한다. 특히, 질병의 관점에서 자아와 이야기를 고찰할 것이다. 어떻게 질병이 이야기의 사건이 되는가? 아픈 사람들이 그들의 이야기에서 필요로 하는 것은 무엇인가? 이 장의 마지막 부분에서는 질병 이야기와 포스트모던 시대의 연관성에 대해 질문할 것이다.

서사적 잔해

심각하게 아프다는 것은 적어도 두 가지 의미에서 이야기에 대한 요청이다.[2] 첫 번째는 주디스 자루쉬스가 자신이 지도와 목적지를 상실했다고 쓴 편지가 함의하는 것이다. 이야기는 질병이 아픈 사람에게 가한 훼손을 복구해야 한다. 질병은 자신이 삶의 어디쯤에 와있는지 그리고 어디로 갈 수 있는지에 대한 감각을

---

1. Roy Schafer, "Narration in the Psychoanalytic Dialogue," in W. J. T. Mitchell, ed., *On Narrative* (Chicago : University of Chicago Press, 1981), 31.

2. 이 장의 제목은 콜즈(Coles)의 『이야기의 부름』(*The Call of Stories*, 『아픈 몸을 이야기하기』 2장 주석 17 참조)에서 가져왔다. 콜즈는 나와는 다른 지점을 강조하는데, 그는 어떻게 도덕적 삶이 "이야기의 부름"으로서 살아질 수 있는지를, 특히 개인의 삶 이야기와 엮인 문학적 이야기들을 통해 살펴보고 있다.

훼손하기 때문이다. 이야기는 지도를 다시 그리고 새로운 목적지를 발견하는 방법이다.

이야기에 대한 두 번째 — 첫 번째에 대해 보완적인 — 요청은 말 그대로 즉각적이다. 사람들은 아픈 사람에게 전화를 걸어서 그 사람에게 무슨 일이 일어나고 있는지를 알고자 한다. 아픈 사람은 자신의 질병 이야기를 의료 종사자, 보건 관료, 고용주 그리고 직장 동료, 가족, 친구에게 말해야 한다. 아픈 사람이 이야기하기를 원하든 원하지 않든, 질병은 이야기를 요청한다.

내가 이 책을 쓰고 있던 그해 봄에 찍은 흉부 엑스레이에서 비대해진 림프절이 발견되었다. 흉부는 내가 전에 앓았던 암의 재발이 예상되는 곳이다. 그 염증은 암이 아닌 것으로 판명되었다. 그러나 여러 검사들과 마지막으로 수술까지 받는 동안, 나는 내 이야기를 가족과 직장 동료 들에게 그들 각각의 관심사에 맞추어 반복해서 말해야 했고 여전히 또 다른 종류의 이야기를 요구하는 의료 종사자들에게도 말해야 했다. 어느 날인가 나는 내 질병 이야기를 여덟 번 했다고 기록했다.

이 이야기들은 피로, 불확실함, 때로는 고통, 그리고 언제나 공포의 상태에서 말해진다. 그리고 이는 아픈 사람을 로널드 드워킨이 "서사적 잔해"narrative wreckage라고 묘사하는 상태로 밀어 넣는데, 이 용어는 재치와 공감 모두를 보여 준다.3 지도와 목

---

3. Ronald Dworkin, *Life's Dominion: An Argument About Abortion, Euthanasia, and Individual Freedom* (New York: Knopf, 1993) [로널드 드워킨, 『생명의 지배영역: 낙태, 안락사, 그리고 개인의 자유』, 박경신·김지미 옮김, 이화여자대

적지의 상실이라는 주디스 자루쉬스의 은유는 질병은 난파와도 같다고 암시한다. 내가 읽었던 거의 모든 질병 이야기는 질환이라는 폭풍우에 의해 난파된 느낌을 어느 정도 담고 있다. 많은 이야기가 이 은유를 명백하게 사용한다. 이 은유를 확장하자면 이야기하기는 난파선에 대해 복구 작업을 하는 것이다.

복구는 폭풍우가 지나가고 나서 남아 있는 것을 모으는 것부터 시작된다. 오래된 지도는 전만큼 유용하지는 않겠지만 탄화燒火된 것은 아니다. 질환은 이미 이야기를 가지고 있는 삶 속에서 발생한다. 그리고 이 이야기는 계속되는데, 질병에 의해 변하기도 하지만 어떻게 질병 이야기가 형성되는지에 영향을 미치기도 한다. 나는 어느 젊은 남성이 화학 요법을 시작하기 전날 밤에 그와 이야기를 나눈 적이 있다. 그는 자기 가족 내의 높은 암 발병률, 그의 아버지가 최근에 돌아가신 일, 친척들의 죽음에 관한 기억에 대해 이야기했다. 적어도 그날 밤 그는 자신의 삶을 회상하면서 암을 기다려 온 이야기를 했다. 그의 질환이 발생하기 전에 질병 이야기는 이미 자리 잡고 있었다. 암은 가능한 목적지로서 그의 지도에 오랫동안 존재해 왔었다.

그러나 적어도 두 가지 이유에서 그는 서사적 잔해의 상태였다. 암을 상상 속에서 예측하는 것은 가능하지만, 상상과 현실은 다르다. 흉부 엑스레이에 보이는 림프절에 관하여 들었을 때, 나

학교 생명의료법법연구소, 2008], 211. 드워킨은 특히 자아에 대한 감각과, 치료를 그만둘 것인지와 같은 의사 결정을 할 수 있는 자아의 능력이 장기적으로 정지상태가 되는 것의 효과를 언급한다.

는 내가 서사적 잔해 상태라는 것을 알고 놀랐었다. 다른 사람들의 질병 이야기들뿐 아니라 나 자신의 질병 이야기를 하며 삶을 보낸 내가 말이다. 어떤 의미에서 보자면 우리가 가지고 있는 이야기들은 현실에 결코 부합하지 않는다. 그리고 때로는 이 괴리가 이야기를 전혀 갖고 있지 않은 것보다 더 나쁠 수 있다.

내 친구 한 명도 서사적 잔해 상태에 있었는데, 심각한 질병에 직면한 다른 사람들과 마찬가지로, 그 역시 모든 스토리텔러가 의지하는 핵심 자원을 돌연히 상실했었기 때문이다. 그것은 바로 시간성에 대한 감각이다. 청자와 화자가 공유하는, 모든 서사의 관습적인 기대는 과거가 현재로 이어지고 현재는 예측할 수 있는 미래를 갖는다는 것이다. 질병 이야기가 잔해인 이유는 현재는 과거에 상상했던 모습이 아니고 미래는 거의 생각할 수 없기 때문이다.

말콤 다이아몬드가 치과 치료를 받거나 신발을 살 것인지에 대해 질문했던 것을 생각해 보라. 이 질문들은 욕망에 대한 것일 뿐만 아니라 시간성에 대한 것이기도 하다. 다이아몬드는 현재에 자신이 무엇을 하는지와 미래에 무슨 일이 일어날지의 관계에 대한 안정적인 기대를 상실했었다. 죽음이 당장의 걱정이 아니라고 하더라도 내일 당장 몸에 무슨 일이 일어날지는 알 수 없다. 적어도 나는 암에 걸린 가족이 많았던 그 남성에게 무슨 일이 일어났는지는 말할 수 있다. 화학 요법은 성공적이었고 그는 회복 단계에서 새로운 목적지를 향해 가고 있다.

서사적 잔해를 벗어나는 방법은 이야기를, 특히 셰퍼가 "자아-이야기"라고 부르는 이야기를 하는 것이다. 서술이 이야기의 표면적 내용이 될 수는 있지만, 서술하기 위해 자아-이야기를 하는 것은 아니다. 말해지는 이야기 속에서 자아는 형성되고 있다. 이 장의 서두에 나는 셰퍼를 인용했는데, 그 인용문의 이어지는 내용은 이러하다. "타자에게 이 자아-이야기를 하면서 우리는 서사적 행위를 직접적으로 수행하는 것이라고 할 수 있다. 또한 이것은 우리 자신에게 이야기를 하는 것이기도 하다. 즉 우리는 하나의 이야기를 다른 이야기 안에 넣고 있다. 이야기에서 자아는 무엇인가를 다른 누군가에게 말하는데, 그 누군가는 청중 역할을 하는 그 사람 자신oneself이거나 그 사람의 자아one's self다. … 이런 관점에서 볼 때, 자아는 하나의 말하기a telling다."[4]

자아-이야기는 다른 사람들과 자기 자신 모두에게 말해지고, 하나의 이야기하기는 또 다른 이야기하기 속에 들어 있다. 이 야기하는 행위는 이중의 재확인이다. [이야기를 함으로써] 다른 사람들과의 관계가 재확인되고 자아가 재확인된다. 심각한 질병은 이 두 가지 재확인을 모두 요구하며, 셰퍼의 통찰은 어떻게 이 둘이 상호적으로 진행되는지를 기술하는 데 있다. 아픈 사람은 자신의 이야기가 다른 사람들이 들을 가치가 있는 것이라는 점을 재확인할 필요가 있다. 아픈 사람은 또한 자기 자신을 위한 청중으로서 자신이 여전히 거기에 있다는 것을 재확인해야 한다. 오드리 로드는 유방암 수술 후 글을 쓸 필요를 느꼈던 것을 "내가 나 자

---

4. Schafer, "Narration in Psychoanalytic Dialogue," 31.

신에게 있어주는 available 일을 계속하기 위하여 … "라고 표현한다.[5] 질병은 자기 자신이 여전히 청중으로서 그 자리에 있는지에 대한 불확실한 느낌을 준다는 점에서 자아의 위기다. 자아의 이러한 "있어줌"을 재확인하는 것은 중요하다.

"자아는 하나의 말하기다"라는 셰퍼의 논점을 담고 있는 방대한 문헌들을 모두 검토하는 것은 불가능하다.[6] 그러나 질병 이야기를 듣는 데 가장 적절해 보이는 문헌들로부터 몇 가지 주제를 제시할 수는 있다.

중단과 목적

처음에 오는 것은 중단 interruption이다. 질환은 삶을 중단시키며, 이때 질병은 지속적인 중단과 함께 살아가는 것을 의미한다.[7]

---

5. Audre Lorde, *The Cancer Journals* (San Francisco : spinsters/*aunt lute*, 1980), 65.

6. 아래에 인용된 자료들 외에, 특히 다음을 참조할 것. George C. Rosenwald and Richard L. Ochberg, eds., *Storied Lives : The Cultural Politics of Self-Understanding* (New Haven : Yale University Press, 1992). 자아와 관련된 서사에 대한 최근 연구의 유용한 참고문헌은 다음을 참조하라. Genevieve Lloyd, *Being in Time : Selves and Narrators in Philosophy and Literature* (New York : Routledge, 1993), 176.

7. 아우슈비츠에서 죽은 네덜란드계 유대인 에티 힐레숨(Etty Hellesum)이 쓴 일기의 편집자들은 『중단된 삶』이라는 제목에서 이것을 포착하고 있다. *An Interrupted Life* (New York : Washington Square Books, 1983). 수재너 케이슨(Susanna Kaysen)은 정신질환에 대한 자신의 회고록을 『중단된 소녀』라고 부른다. *Girl Interrupted* (New York : Vintage, 1993). [수재너 케이슨, 『처음 만

낸시 메어스는 재앙은 "그것만의 특별한 능력이 있다"고 말한다.[8] 메어스의 삶은 그녀 자신의 정신적·육체적 질병, 남편의 재발하는 암, 아이들의 요구, 낯선 사람들의 요구와 이것을 충족시켜야 한다는 그녀의 의무감 등에 의해서 중단되어 왔다. 마침내, 그녀의 자아-이야기가 신에 대한 믿음과 다발성경화증을 앓는 치욕을 조화시키고자 했을 때, 그녀는 "내가 매일 마시는 탄산음료의 뚜껑이 막 터져 나왔고 다이어트 콜라 1쿼트 정도가 바닥으로 쏟아졌다"고 쓰고 있다. 메어스는 바닥을 닦을 수 없을 정도의 장애가 있고 "끈적끈적한 갈색 웅덩이에 발을 담그고서 이 글을 쓰는 일을 계속해야 할" 것이다(184).

메어스는 자신의 삶의 지속적인 중단을 보여 주기 위해 이야기를 중단시킨다. 그녀의 이야기는 이러한 중단들을 기술할 뿐 아니라 그것 자체가 중단된 이야기이다. 위의 인용은 또한 은유가 어떻게 질병 이야기에서 작동하는지를 보여 준다. 쏟아진 음료수는 메어스의 중단된 삶에 대한 은유지만, 끈적끈적한 갈색 웅덩이는 실제이다. 은유와 관련하여, 나는 은유가 줄거리를 확립한다는 셰퍼의 관찰이 가장 유용하다고 생각한다. "소위 은유를 풀어낸다는 것은, 어떤 측면에서 보자면, 그 은유에 수반되는 이야기를 펼치는 것에 가깝다." 셰퍼는 줄거리와 은유 중 전자가

나는 자유』, 서영조 옮김, 궁리, 2004. 케이슨의 회고록은 동명의 영화로도 만들어져 1999년 개봉하였다.]

8. Nancey Mairs, *Ordinary Time: Cycles in Marriage, Faith, and Renewal* (Boston: Beacon Press, 1993), 122.

"더 포괄적인 용어"라고 본다.[9]

터져 나온 뚜껑은 다른 줄거리를 확립하기 위해 하나의 줄거리를 중단시킨다. 이 여담은 그녀의 이야기가 중단에 관한 것이라는 것, 또는 셰퍼의 용어로 하자면, 중단은 은유에 수반되는 이야기라는 점을 상기시킨다. 메어스의 몸 또한 은유를 수반한다. 그녀의 이야기는 몸-자아-이야기이다. 터져 나온 뚜껑은 독자들을 낚아채서 메어스의 글의 주제이면서 동시에 그 글을 수행하는 수단인 신체적 조건들을 인식하도록 한다. 그녀의 은유는 그녀의 이야기 자체다. 도와줄 사람이 올 때까지 끈적끈적한 갈색 웅덩이에 앉아 있을 수밖에 없는 장애를 가진 몸으로 살아가는 것이 어떤 것인지에 대한 그녀의 이야기 말이다. 그녀는 무력한 것이 아니다. 그녀의 작업은 계속될 수 있다. 그러나 그 작업이 체현하고 있는 조건은 중단에 대해 영속적으로 취약하다.

탄산음료 뚜껑은 그것만의 독창성을 갖고 있었을 수도 있다. 그러나 다른 중단들은 명백히 아프다는 상황의 일부다. 질환에 의해 중단되어 온 사람인, 환자로서 아픈 사람은 이제 발화, 스케줄, 수면, 경제력, 그리고 다른 모든 것에 있어서도 영원히 중단될 수 있다고 여겨진다. 레지오넬라증으로 인한 혼수상태에서 회복한 경험을 글로 쓴 리처드 셀처는 의사가 왜 퇴원하고 싶은지를 물었을 때 자신이 원하는 것이 단지 사생활 ─ 그는 이미 독방에

---

9. Roy Schafer, *Retelling a Life : Narration and Dialogue in Psychoanalysis* (New York : Basic Books, 1992), 32.

있었다 — 이 아니라 "고독"이라고 답했다. "고독은 내킬 때마다 여기에 와서 필요한 것은 없는지 물어보는 당신 같은 사람들이 없는 상태다."[10] 가장 친절한 중단조차 그것이 원하는 때가 아니라면 침입이 된다. 셀처의 아이러니는 그가 그러한 중단을 친절한 것으로 여긴다는 점이다. 다른 사람들은 이러한 이해 방식을 공유하지 않을 수도 있다.

의학은 의사와 환자의 대화를 의료 업무로, 예컨대 "문진"으로 재정의함으로써 예의에 대한 일반적 관습을 유보하고 중단을 정당한 것으로 만든다. 의사가 환자를 중단시키는 것에 대한 문헌들은 풍부하다.[11] 의사이자 사회학자인 하워드 웨이츠킨은 이러한 중단을 "기본적으로 환자가 이야기하는 것을 축소시키는 시도"라고 해석한다. 웨이츠킨은 이러한 축소의 이유를 몇 가지 제시한다. "이야기는 진단에 이르는 의사의 인지적인 과정에 도움이 되지 않을 수도 있다. 환자가 하는 이야기는 혼란스럽거나 불연속적일 수도 있다. 이야기를 하는 것은 예상보다 더 오랜 시간이 소요될 수 있다. 혹은 이야기의 어떤 부분은 의사나 환자에게, 혹은 양자 모두에게 불편한 감정을 야기할 수 있다."[12] 시대는 변

---

10. Richard Selzer, *Raising the Dead* (New York : Viking, 1992), 95.

11. Candice West, *Routine Complications : Troubles with Talk between Doctors and Patients* (Bloomington : Indiana University Press, 1984)와 H. Beckman and R. Frankel, "The Effects of Physician Behavior on the Collection of Data," *Annals of Internal Medicine* 101(1984) : 692~96.

12. Howard Waitzkin, *The Politics of Medical Encounters : How Patients and Doctors Deal with Social Problems* (New Haven : Yale University Press,

하고 있다. 어느 시니어 외과의[13]는 내게 그가 마침내 병력을 적는 것과 환자의 이야기를 듣는 것 사이의 차이를 배우고 있다는 편지를 썼다. 최근까지 병력은 유일한 이야기로 여겨졌었다.

중단된 삶을 이야기하는 것은 새로운 종류의 서사를 요구한다. 메어스는 중단과 평범한 이야기하기 사이의 불연속에 주목한다. "서사는 결말, 이상적으로는 깔끔한 결말을 향해 나아간다는 결점을 갖고 있다."[14] 중단은 서사를 그러한 결말과 다른 방향으로 전환시킨다. 웨이츠킨이 말한 것처럼, 중단은 환자들과 의사들이 환자의 이야기에서 불편하다고 느끼는 "혼란스럽거나 불연속적인" 특질을 이야기에 부여한다. 이야기는 불편하며, 이 불편한 특질은 더욱더 이야기가 말해져야 하는 이유다. 그렇지 않으면 중단된 목소리는 침묵당한 채로 남는다.

질병 이야기는 이중의 과제에 직면해 있다. 질병 이야기의 서사는 중단이 파편화시킨 질서를 되찾고자 하지만, 그것은 또한 중단이 지속될 것이라는 진실을 말해야만 한다. 이 진실의 일부는 깔끔한 결말이 더는 이야기에 적합하지 않다는 것이다. 다른 종류의 결말 ― 다른 종류의 목적 ― 을 찾아야 한다. [질병 이야기의] 결과가 깔끔한 경우는 거의 없다. 피츠 뮬란은 자신의 암에

1991), 28.

13. * 시니어 의사(senior physician 또는 senior doctor)는 의사들 사이에서 상대적으로 경력이 길고 경험이 많은 의사를 가리키며 주니어 의사를 이끌어주는 역할을 한다. 경우에 따라서는 전문의를 의미하기도 한다.

14. Mairs, *Ordinary Time*, 100.

대한 글에서 다음과 같이 결론짓는다. "암에 대해 쓰면서도, 나는 그 경험 전체에 대해 일종의 영속적인 양가감정을 느낄 수 있다."[15] 많은 질병 이야기가 고통에서 어떤 목적을 발견하는 것은 사실이지만, 여기에서조차 양가성이 없는 경우는 거의 없다.

중단된 서사에는 많은 다양한 목적이 있으며, 이것들은 다음 장들에서 다루어질 것이다. 목적의 가장 일반적인 용어를 제시한 것은 제니비브 로이드로, 그녀는 니체의 영원회귀 개념에 대해 기술한다. "그것[영원회귀]은 오히려 발생하는 모든 것 — 장엄한 것이건 참을 수 없이 하찮은 것이건 — 이 자아의 존재에 통합적이라고 보는 것인데, 자아는, 그것이 어쨌든 회귀한다면, 그 자아의 전체 entirety 속에서만 그럴 수 있다."[16] 낸시 메어스는 탄산음료가 쏟아진 것을 묘사하기 위해 신에 대한 명상을 중단한다. 그녀의 중단이 주는 교훈은 장엄한 것이 하찮은 것으로부터 결코 멀지 않다는 점이다.

기억과 책임

질병이라는 중단은, 그리고 그로 인한 다른 중단들은 기억의 붕괴를 의미한다. 이 붕괴는 회상 remembering에 대한 것이 아니다. 질병에 대한 사람들의 기억은 그 정확성과 지속성의 측면에서 종

15. Fitzhugh Mullan, *Vital Signs: A Young Doctor's Struggle with Cancer* (New York: Laurel, 1984), 195.

16. Lloyd, *Being in Time*, 111.

종 놀랄 만하다. 어느 날 나는 라디오의 전화 연결 프로그램에 출연 중이었는데, 어떤 남성이 전화를 해서 암에 걸렸었던 이야기를 자세하게 했다. 그의 아내 역시 그와 같은 시기에 입원 중이었고 그들의 입원에 대한 상세한 이야기는 꽤 길어져서 프로그램 진행자를 불안하게 했다. 나는 마침내 그 남자에게 그 일이 언제 있었던 것인지를 물었고 그는 삼십 년 전이라고 대답했다. 나는 종종 "현재 시제"의 이야기들이 얼마나 오래전에 일어났던 것인지에 놀란다. 그러한 어긋남은 회상의 문제가 아니라 기억의 문제이다.

기억이 붕괴된다고 할 때, 여기에서 기억이란 삶의 연속적 사건들에 대한 일관성 있는 감각이다. 철학자 데이비드 카는 이를 "미래, 현재, 과거를 구성하는 전체"라고 부른다.[17] 나는 앞에서 어떻게 질병이 이 전체의 관계를 혼란스럽게 만드는지를 제시했다. 현재는 과거가 나아가도록 예정되어 있던 그 모습이 아니다. 그리고 이 현재를 뒤따라서 어떤 미래가 오건 그것은 우연적이다. 카는 다음과 같이 말한다. 건강한 사람에게조차 "사건들과 행위들의 서사적 일관성"은 결코 "단순히 우리에게 '주어진' 것이 아니다. 그것은 지속적인 과업이며 어떤 경우에는 투쟁이다. 그리고 그것이 성공할 때, 이는 하나의 성취다"(96, 강조는 저자).

질병은 그 투쟁을 힘들게 만든다. 과거는 충격적일 정도로 명

---

17. David Carr, *Time, Narrative, and History* (Bloomington : Indiana University Press, 1986)[데이빗 카, 『시간, 서사 그리고 역사』, 유화수 옮김, 한국문화사, 2009], 96.

료하게 회상된다. 이는 과거가 과거로서 경험되지 않기 때문이다. 이야기로 말해지는 질병의 경험은 과거가 되기를 거부하고 현재를 따라다니는, 동화되지 않는 파편들이다. 현재의 질병이 질병으로 이어질 예정이 없었던 과거와 투쟁하는 것과 마찬가지로, 질병으로부터 회복된 현재는 회복이 언제 일어나는지 말할 예정이 없었던 과거와 투쟁한다.

붕괴된 기억은 — 미래, 현재, 과거를 구성하는 전체에서 그 비일관성이 무엇이건 간에 — 도덕적 문제다. 알래스대어 매킨타이어의 주장을 발전시켜서 카는 이 투쟁을 "그 삶을 살고 있는 사람 이외에는 아무도 그 사람의 어깨에서 완전히 내려놓을 수 없는 책임"이라고 말한다. 이 투쟁에는 두 가지 측면이 있다. "하나는 크거나 작은, 특수하거나 일반적인 계획 혹은 서사를 실행하거나 그것에 부응하는 것이고, 다른 하나는 그 서사를 구축하거나 선택하는 것이다. 전자는 후자의 선택에 의해 제한된다"(96). 아픈 사람에게 서사의 선택은 무엇이 실행될 수 있는가, 혹은 카의 중요한 구절로 표현하자면, 무엇이 부응될 수 있는가에 대한 감각에 의해서도 마찬가지로 제한된다.

카에 의하면 서사의 실질적인 문제는 "지속 중인 기획 속에서 현재 그리고 미래와의 관계를 통해 과거가 여전히 조망되는" 이야기를 창조하는 것이다(98). 그러한 서사에서 기억은 일관된 것으로 되찾아진다. 질병의 현재는 과거에 계획되지 않았기 때문에, 과거가 현재와 갖는 관계를 재확립하기 위해서는 정신분석학자 도널드 스펜스가 서사적 진실이라고 부르는 것의 실천이 필요하다. 스펜스와 카는 과거가 재발명될 수 없다는 데 동의한다. 그러나 과거의 사건들 속에서 무엇이 전경이고 무엇이 배경이었는지를 인지함으로써, 스펜스가 더 방대한 "지속과 종결"이라고 부르는 것을 보여 주는 과거를 재창조하도록 나아갈 수 있다.[18] 서사적 진실을 통하여 일관성의 감각을 되찾을 수 있다.

아픈 사람도 서사를 선택하고 서사적 진실을 창조할 수 있다. 이러한 진실을 표현하는 이야기는 말해져야 한다. 심리학자인 로저 섕크는 다른 사람들에게 이야기를 할 필요가 있다는 점을 매우 분명하게 말한다. 반면, 정신분석학이 이야기하기의 현장이라고 가정하는 셰퍼와 스펜스는 실제의 말하기를 간접적으로 암시한다. 섕크는 말하기를 기억과 분명히 연관시킨다. "우리는 우리의 경험을 서술하는 이야기를 누군가에게 할 필요가 있는데, 이야기를 창조하는 과정은 우리의 남은 삶을 위한 이야기의 요지를 담을 기억의 구조를 창조하는 것이기도 하기 때문이다. 말하기talking는 기억하기다."[19] 질병 이야기 속에서 기억은 단지 되찾게 되는 것만이 아니다. 보다 중요하게, 기억은 창조된다. 말해지는 이야기가 카가 말하는 부응해야 하는 무언가라면, 미래 역시 창조

18. Donald P. Spence, *Narrative Truth and Historical Truth : Meaning and Interpretation in Psychoanalysis* (New York : Norton, 1982), 31. 셰퍼 또한 참조할 것. "경험은 만들어지거나 빚어지는 것이다. 그것은 마주치거나 발견되거나 관찰되는 것이 아니다 … 자기반성을 하는 주체는 수많은 잠재적 경험으로부터 원하는 것을 얻어낸다"(*Retelling a Life*, 23).

19. Roger C. Schank, *Tell Me a Story : A New Look at Real and Artificial Memory* (New York : Scribners, 1990), 115. 원문과는 강조된 부분이 변경되었다.

되는 것이며 그 미래는 분명한 책임을 수반한다.

폴 리쾨르는 이 책임을 서사적 정체성이라는 그의 개념의 중심에 둔다. 리쾨르는 삶의 이야기가 말해지는 과정 안에 어떻게 자아가 오게 되는지를 설명한다. "주체는 결코" 서사의 "시작에 주어지지 않는다." 이처럼 애초에 주체 혹은 자아가 주어지지 않는 것은 이야기의 도덕성에 있어 필수적인 조건이다. 주체가 애초에 주어진다면 아무것도 배울 수 없을 것이다. 이미 주어진 주체는, 리쾨르의 말을 따르자면, "자기 자신을 자기-중심적이고 탐욕스러운, 나르시시즘적인 에고로 환원시킬 위험에 처한다." 서사적 정체성은 자신이 누구인지 이미 알고 있다고 믿는 서술자의 나르시시즘으로부터의 해방이다. 이야기들을 통해 "자기 자신에 의해 황홀감에 빠진 에고의 자리에서 자아가 태어난다."[20]

서사적 정체성에 대한 이러한 책임은 질병 이야기에서 직접적으로 표현된다. 천식이 있는 아내에 대해 글을 쓴 팀 브룩스는 "특히 만성질환은 성공적으로 아픈 것이 가능한지 질문할 것을 우리에게 요구한다"는 깨달음에 이른다.[21] 윤리학자 윌리엄 메이는 최근 남편과 사별한 여성이 자기 남편의 갑작스러운 죽음에 직면하여 보인 반응에 관해 고찰한다. 메이의 관찰에 의하면, 아픈

---

20. Paul Ricoeur, "Life : A Story in Search of a Narrator," in M. C. Doeser and J. K. Kraay, eds., *Facts and Values* (Dordrecht : Martinus Nijhoff Publishers, 1986), 132.

21. Tim Brookes, *Catching My Breath : An Asthmatic Explores His Illness* (New York : Times Brooks, 1994), 277.

사람이 직면한 문제는 단순히 "그것에 대해 무엇을 할 것인가?"
가 아니라 주어진 상황 속에서 "어떻게 대처할 것인가?"이다.[22]

간단하게 말하자면, 난국에 대처하는 방법은 아무 이야기나
하는 것이 아니라 좋은 이야기를 하는 것이다. 이러한 좋은 이야
기는 아픈 사람의 성공을 측정하는 잣대이다. "서사적 진실은 어
떠어떠한 것이 좋은 이야기라고 말할 때 우리 마음에 떠오르는
것"이라고 스펜스는 쓰고 있다.[23] 2장에서 나는 아나톨 브로야드
가 자신의 의사를 위해 "좋은 이야기"가 되기를 원한다고 말했던
것을 인용했다.

브로야드가 이 말을 한 것은 의사와 대화하는 동안이었다.
그 맥락에서 그는 질병의 경험과 의학 모두에게 새로운, 책임의
상호성을 제안하고 있다. 브로야드는 순응적인 환자 역할을 훨
씬 넘어선 역할을 주장한다. 그가 말하는 책임은 파슨스가 정의
한 환자의 책임 — 의학적 조언을 따름으로써 잘 낫는 것 — 이 아니
다. 그 대신에 브로야드는 자신의 질병을 좋은 이야기로 만들어
서 그 안의 서사적 진실을 발견하고 그 진실을 말할 책임을 주장
한다. 그는 스스로가 자신의 질병의 증인이라고 선언하며, 그의
청중들 — 의료전문직 종사자들 — 이 자신의 증언에 대한 증인이
되기를 요청한다. 브로야드는, 이야기는 청자를 요구한다고 말한
섕크를 읽지 않고도, 이야기가 말해져야 한다는 것을 알고 있다.

---

22. Willam F. May, *The Patient's Ordeal* (Bloomington : Indiana University
    Press, 1991), 131, p. 3도 참조할 것.

23. Spence, *Narrative Truth and Historical Truth*, 31.

그는 스스로 좋은 이야기가 될 책임을 가정했듯이 자신의 의사들에게 이 이야기를 받아들일 상호보완적 책임을 요청했다.

좋은 이야기의 서사적 진실은 살아온 대로의 삶에 진실되어야 한다. 문제는 이런 것이다. 어느 사건들에 대한 어느 진실인가? 질병 이야기에서 진실은 선택적일 수 있지만 자기-의식적이다. 이러한 진실의 설명가능성accountability은 질병 이야기의 표면에 가깝다. 어느 날 나는 한 친구를 만났는데, 그녀에게는 정신적 장애가 있는 성인 자녀가 있었다. 그녀는 부모들의 지지 모임에서 막 돌아온 참이었다. 그녀는 그 모임에 대해 나에게 말했다. "우리는 우리 자신의 진실을 말하지 않아요." 내 친구 말에 따르면, 이 부모들은 자신들의 실망과 좌절을 말하기를 꺼린다는 것이다. 그러한 말을 하는 것의 생생한 괴로움은 암묵적인 집단 기준에 의해 받아들여질 수 없는 것이 되었다. 그러나 내 친구가 알고 있듯이, 진실을 말하는 것은 당신의 삶이 당신이 원했던 대로 되지 않았다는 것을 인정하는 것과 관련된다. 무엇이 잘못되었는지를 인정하고 검토해야 한다. 이러한 검토에는 애도가 따를 것이다.

대부분의, 혹은 많은 북미인들은 어떤 중요한 견지에서 자신들의 삶이 나빠졌다는 말을 하는 것, 그리고 욕망했으나 결코 일어나지 않을 것의 상실을 애도하는 것을 문화적으로 꺼린다. 우리 시대의 금욕주의의 형태는 부인denial에 아주 가깝다. 좋은 이야기는 부인을 거부하고 사회적 압력에 저항한다. 웨이츠킨은 의사들이 환자들의 이야기가 불편해질 때 그들을 중단시킨다고 지적한다. 이 중단은 진실일 수도 있는 것 혹은 진실이 될 수도 있는 것을 침묵시킨다. 좋은 이야기가 될 수 있었던 것은, 나쁘게 되는 것이 아니라면, 적어도 그 진실로부터 멀어진다.

좋은 질병 이야기를 만드는 것은 증언의 행위인데, 이것은 암묵적으로 혹은 명시적으로 다음과 같이 말하는 것이다. "나는 당신이 듣고 싶은 것이 아니라 내가 진실이라고 알고 있는 것을 당신에게 말할 것이다. 그것이 진실인 이유는 내가 그것을 살아냈기 때문이다. 이 진실은 당신을 불편하게 할 것이다. 그러나 결국 당신은 그 진실 없이는 자유로울 수 없다. 왜냐하면 당신은 그것을 이미 알고 있고, 당신의 몸이 그것을 이미 알고 있기 때문이다." 이러한 이야기를 진실하게 함으로써 아픈 사람은 난국에 대처한다.

증인으로서의 아픈 사람에 대해서는 더 많은 것을 이야기해야 하는데, 이후의 장에서 이 주제로 돌아갈 것이다. 여기에서는 증인이 될 가능성이 기억의 일관성을, 카의 용어로 말하자면, 책임으로 만든다는 것만을 말하고 싶다. 기억은 책임이다. 왜냐하면 기억이 발화되면서 그것은 증인이 되고 개인을 넘어 공동체의 의식에 이르기 때문이다.

자아를 되찾기

포스트모던 시대에 "되찾기"는 상투어cliché라고 할 수 있을 정도로 많이 사용되어 왔다. 그러나 대부분의 상투어가 그렇듯이, 되찾기라는 표현은 그것이 그토록 많이 반복되는 시대에 대해 중요한 핵심적 진실을 전달한다. 되찾기는 질병 이야기가 중단을 통해 발화하는 것 이상을 의미한다. 그것은 아픈 사람이 목소리를 빼앗겼다는 것을 말해 준다.

오드리 로드는 "우리에 대항하여 작동하도록 만들어진 언어를…되찾는" 것에 대해 쓰고 있다.[24] 그녀는 의학 언어의 "일반적이며 단일화하는 시각"이 아픈 사람들의 경험을 동질화한다는, 아픈 사람들 사이에서 지배적인 관점을 드러낸다. 의료 문화를 배경으로 하는 학생들은 "의사 이야기"가 묘사하는 어감이 풍부하다고 생각한다.[25] 그러나 문제는 환자들이 의료의 이런 측면을 경험하는지다. "포괄수가제"diagnostic related groups, DRGs가 그 전형을 보여 주는 것처럼 환자들은 너무 자주 의학적 합리화를 경험한다.

포괄수가제는 입원 시 진단을 기반으로 어떤 제삼자 보험사가 지불할 의료 세부 내역에 대한 상세한 진술을 포함한다. 포괄수가제는 입원 후 이어질 경험의 세부사항을 설정하는 서사다. 나는 "셀 수 없이 무수한 세부사항"이라고 쓰려 했지만, 포괄수가제의 논리는 마지막에 쓴 휴지에 이르기까지 모든 세부사항을 셀 수 있고 셀 것이라는 것이다. 포괄수가제는 일반적이며 단일화하는 시각을 관료제적 절차주의로 환원한다. 포괄수가제를 통해 의료 서사 문화를 특징짓는 것은 분명히 불공정하다. 그러

---

24. Lorde, *The Cancer Journals*, 22.

25. Kathryn Montgomery Hunter, *Doctors' Stories: The Narrative Structure of Medical Knowledge* (Princeton: Princeton University Press, 1991).

나 포괄수가제는 1장에서 댄 고트리브가 묘사한, "환자가 되는 것"의 비인간적인 측면을 전형적으로 보여 준다.

되찾기의 실천을 가장 훌륭하게 서술한 것은 오드리 로드다. "내가 나 자신에게 있어주기 위해서, 그리고 내가 통과하는 세계들의 위협에 에너지를 집중하기 위해서, 나는 내 몸이 나에게 무엇을 의미하는지를 고려해야 한다."[26] 자아를 되찾는 것은 그 자아가 셰퍼가 청중이라고 부르는 존재로서 자기 자신의 자아-이야기에 있어줄 것을 요구한다. 그러나 메어스의 이야기처럼 로드의 이야기는 몸-자아-이야기이다. 그녀의 되찾기는 그녀의 몸에서 시작한다. 즉, 그것은 유방절제술 이후 그녀가 몸과의 결합을 어떻게 되찾는지의 문제다. 그러나 자아-유효성self-availability에 대한 필요는 그녀의 몸-자아를 넘어선다. 한쪽 유방만을 가진 여성으로서 그녀 자신에게 있어주기 위하여, 그녀는 그런 상태를 공유하는 모든 사람과의 연관성을 발견해야 한다. 그녀가 통과하는 의학적 세계가 어떻게 이 연관성을 위협하는지는 이후의 장들에서 논의될 것이다. 로드는 이러한 위협에 대항하여 그녀 자신을 되찾아야 한다.

로드는 실제로 실재하는 것의 "의무들"에 대한 윌리엄 제임스의 요청에 공명한다. 그녀의 몸에서 시작하는 되찾기는 그녀가 통과하는 "세계들의 위협"을 향해 매끄럽게 전진한다. 그녀는 아픈 사람들과 그녀 자신으로 하여금 우리가 통과하는 세계들

---

26. Lorde, *The Cancer Journals*, 65.

이 위협적이라는 것을 깨닫게 한다. 그리고 질병은 이러한 위협을 상대하기 위해 에너지의 집중을 강화할 것을 요구한다. 이러한 집중은 로드가 자아-유효성이라고 부르는 것을 요구하며, 어떤 의미에서 그것이 바로 자아-유효성이다. 로드는 독자들이 읽는 글 안에서 그녀가 자기 자신에게 있어주도록 한다. 그녀의 글쓰기는 일관성을 위한 그녀의 투쟁이다. 그것의 진실은 그녀의 성취다. 아무 이야기나 이 일관성을 가져오는 것은 아니다. 로드의 좋은 이야기는 그녀의 에너지를 집중시키고 그녀를 필요로 하는 세계들로 그녀를 돌려보내는 이야기이다. 이와 동시에, 로드의 독자는 자신의 세계들과 그 세계들의 위협을 떠올린다. 그리하여 독자는 자기 자신에게 있어줄 수 있게 된다.

로드의 이야기하기는 성찰적 점검의 행위이다. 제롬 브루너는 서사적 실천으로서의 성찰성을 기억의 복원이라는 차원에서 기술한다. 그것은 "과거를 중심으로 회전하고 과거의 관점에서 현재를 변화시킬 수 있는, 혹은 현재의 관점에서 과거를 변화시킬 수 있는 우리의 능력"이다.[27] 성찰적 점검은 좋은 이야기를 창조하고 유지하기 위하여 과거와 현재를 끝없이 재조정하는 것이다. 로드의 서사적 실천은 정확히 셰퍼, 카, 스펜스, 섕크 모두가 요청하는 것, 즉 일관적인 자아-이야기를 창조하고 기억을 재창조하며 책임을 가정하는 것이다. 그러나 로드는 이 이론가들 중 누구

---

27. Jerome Bruner, *Acts of Meaning* (Cambridge : Harvard University Press, 1990), 109. 브루너는 이 인용문에서 케네스 거겐(Kenneth Gergen)에 대해 쓰고 있다.

도 말하지 않은 것을 강조한다. 그녀는 자신의 서사적 작업을 되찾기라고 명명함으로써, 그것의 정치적 차원에 주목한다.

로드가 되찾아야 한다고 믿는 것은 웨이츠킨이 의사-환자 간 소통을 분석한 것을 살펴봄으로써 설명될 수 있다. 웨이츠킨은 의학을 하나의 이데올로기적 체계로 특징짓는데, 이 체계는 환자에게 특정한 정체성, 즉 의학이 환자를 위해 유지하는 정체성이 될 것을 "요청"한다. 진단은 이러한 정체성의 가장 일반적인 형태다. 의학의 이데올로기적 작업은 환자가 이 진단적 정체성을 적절하고 도덕적인 것으로 받아들이게 만드는 것이다.[28] 환자는 이 정체성을 받아들임으로써 권력관계에서 종속적인 위치에 놓인다. 파슨스가 종종 전문가-환자 관계의 비대칭성을 강조하는 것은 여전히 설득력이 있는데, 그러한 비대칭성은 권력관계를 정당화하여 어떤 필연성을 부여하기 때문이다. 웨이츠킨에 의하면, 환자에게 "의학의 언어는 행위를 위한 선택의 여지를 거의 남겨놓지 않는다 … . 그에 따라, 사회적 문제들을 들쑤셔 놓음으로써 발생하는 긴장은 담론으로 분출되고 … 의료적 대면이라는 분석틀 안에서는 해결될 수 없는 대항텍스트적 현실countertextual reality을 창조한다"(47). 로드의 되찾기는 그러한 대항텍스트적 현실이다.

오드리 로드의 질병 이야기만큼 자기-의식적으로 정치적인

---

28. Waitzkin, *Politics of Medical Encounters*, 299~300. no. 8. 웨이츠킨은 테론 브릿(Theron Britt)을 인용하고 있다.

질병 이야기는 거의 없지만, 되찾기라는 동기를 어느 정도 갖고 있지 않은 이야기도 거의 없다. 자아–유효성에 대한 로드의 진술은 질병 이야기들의 서사적 실천에 대한 좋은 경구이지만, 여기에 중요하게 덧붙여야 할 점이 있다. 자신이 통과하는 세계가 하나가 아니라는 점을 로드가 명시하듯이, 되찾아지는 자아 역시 하나가 아니라는 것에도 주목해야 한다. 대부분의 아픈 사람에게 문제는 그들에게 여러 개의 자아가 있어주도록 유지하는 것일 것이다. 스튜어트 알솝은 그의 책이 "다양한 나에 의해 쓰였다"고 말한다.[29]

알솝의 자기–관찰은 셰퍼가 정신분석 대상자 사이에서 발견한 것의 일반화된 중요성을 확증한다. "경험적 자아는 다양한 서사의 집합으로 볼 수 있는데, 이 서사들은 다양한 자아들에 의해 그리고 그 자아들에 대해 말해진다. 그러나 꿈과 마찬가지로 전체의 일화tale는 한 명의 서술자가 말한다. 여기에서 모든 사람이 가지고 있고 경험하는 흔한 환상, 즉 단일한 자아–독립체self-entity의 존재를 지지하는 근거는 아무것도 없다. 말하자면, 자아–독립체는 저 멀리 대자연 속에 있다."[30] 물론 저 멀리 대자연 속에 있는 것은 몸이다. 다양한 자아들이 있을 수 있지만 오직 하나의 몸만이 있을 것이다. 이 하나의 몸이 얼마나 많은 자아들을 지지할 수 있는가?

---

29. Stewart Alsop, *Stay of Execution*, x (『아픈 몸을 이야기하기』 2장 주석 19 참조).

30. Schafer, *Retelling a Life*, 26.

두 종류의 대답이 다양한 이야기들을 통해 제시될 수 있다. 수 나단슨은 낙태와 불임수술의 트라우마 이후의 세월에 대해 논의한다. 이것들은 선택의 과정이었고 충분히 이해하고 동의한 것이었으며 어떤 특별한 의학적 공포도 일어나지 않았다. 그러나 나단슨은 아기 및 임신 능력을 잃는다는 것이 자신에게 얼마나 많은 것을 의미하는지 예상하지 못했다. 그녀는 자신의 에너지가 전문적 심리치료사로서의 경력이 아니라 아이의 출산과 양육에 일차적으로 중점이 두어졌다는 것을 독자에게 반복해서 말한다. 그녀 삶에서 그러한 부분을 닫는다는 것은 치유되는 데 오랜 시간이 걸리는 트라우마다.

나단슨이 자기가 한 사람이 아니라 여러 사람이고 자신의 어떤 부분은 다른 부분들의 가치와 충돌하는 방식으로 행동해야 한다는 것을 깨달은 것은 치유의 일부다. 그녀는 낙태를 한 젊은 여성과 상담을 하면서, 그녀가 스스로 발전시킨 자기-인정에 대해 이야기한다. 그녀는 "여성들은 그들 자신의 존재의 일부이기도 한 하나의 삶을 종식시킬 힘과 능력이 있다는 것을 인정해야 한다"고 말한다.[31] 나단슨은 자신의 다양한 자아들이 파괴자와 양육자를 포함한다는 것과 이러한 자아들이 공존할 수 있다는 것을 깨닫는다. 그녀가 자아-이야기를 하는 것은 세피가 "단일하고 변화 없는 자아-독립체라는 과장된 상"이라고 부르는 것을

---

31. Sue Nathanson, *Soul Crisis : One Woman's Journey Through Abortion to Renewal* (Yew York : Signet, 1989), 209.

제거하는 과정이다.[32]

하나의 몸이 여러 자아를 지지하는 문제에 대해, 나단슨의 경우와 다르기는 하지만 그와 마찬가지로 극적인 해결이 척추의 악성종양으로 인한 수술, 방사선 치료, 회복에 대한 레이놀즈 프라이스의 이야기에서 발견된다. 프라이스는 방사선 치료로 인한 마비가 어떻게 그의 삶에 영향을 미치는지를 상세히 기술한다. 그의 결론은 자신이 이제 근본적으로 다른 몸에 살고 있으므로 다른 사람이 되어야 한다는 것이다. 그는 비슷한 운명을 겪는 다른 사람들에게 "다른 누군가, 당신이 다음으로 살아갈 수 있는 누군가 — 불필요한 것을 모두 뺀 전체이며 명민한 사람, 총신을 짧게 자른 엽총처럼 현실적이고 숨 쉴 수 있는 공기에 감사하는 사람"이 되라고 충고한다.[33] 새로운 몸은 새로운 자아를 요청한다. 정말로 그럴 것이다. 다른 사람들, 특히 그 아픈 사람을 가장 사랑하는 사람들은 "당신의 오래된 자아, 그들이 사랑과 존경을 담아 회상하는 자아를 소생시키고자 맹렬히 노력할 것이다"(183). 그들의 자애로운 노력에 저항해야 한다.

"새로운" 프라이스의 자기-선언적인 새로운 자아는 논쟁의 여지가 있지만, 그의 이야기의 서사적 진실은 명백하다. 자신을 새로운 자아로 생각함으로써 그는 자신의 오래된 자아라면 공포에 빠졌을 수도 있었던 체현의 조건에서 삶을 지속시킬 언어를

---

32. Schafer, *Retelling a Life*, 28.
33. Reynolds Price, *A Whole New Life* (New York : Atheneum, 1994), 183.

발견했다. 그리고 그는 그러한 상황으로부터 "행복한" 삶을 창조할 가능성을 다른 사람들에게 증언한다(192).

자아-이야기의 초기 화자인 아우구스티누스에 대해 글을 쓴 로이드는 다음과 같이 요약하면서 로드, 나단슨, 프라이스의 서사적 되찾기들을 하나로 묶어준다. "기억에 대해 성찰하는 것은 자아를 경이 — 전에는 세계에 대한 성찰을 위한 것이었던 놀라움 — 의 대상으로 만든다."[34] 좋은 이야기는 경이로 끝맺으며, 경이의 능력은 제도 의학의 관료적 합리화로부터 되찾아진다. 자기 자신에게 있어주는 것이 궁극적으로 의미하는 바는 모든 새로운 자아에 대해 경이를 느끼는 능력을 가지는 것이다.

서사적 잔해와 포스트모던 시대

질병은 서사적 잔해의 어떤 특정한 사건이다. 그러나 영속적인 서사적 불확실성이라는 조건은 포스트모던 시대에 고유한 것이다. 포스트모던 시대에 만연하는 자아-이야기는 이러한 불확실성에 대한 하나의 반응이다. 자아-이야기의 이러한 만연은 셰퍼가 말하는 분석적 자아-이야기들과 아픈 사람들이 병상에서 말하는 자아-이야기들을 포함한다. 그러나 훨씬 더 광범위한 것은 대중문화에서 알아볼 수 있는 장르로서의 자아-이야기이다.

자아-이야기의 한 가지 형태로서의 질병 서사는 적어도 세

---

34. Lloyd, *Being in Time*, 20.

가지의 다른 형태들과 중첩되고 그것들에 의해 묶여 있다. 그 세 가지는 영적 자서전[35], 남성 혹은 여성이 되는 것과 그 젠더 정체성이 수반하는 것에 대한 이야기[36], 그리고 마지막으로 전쟁·감금·근친상간·폭력 등과 같은 피해를 입은 트라우마의 생존자 이야기다.[37] 질병 이야기에서처럼, 이러한 자아-이야기의 출판된

---

35. 앤 헌세이커 호킨스는 『질병의 재구축』(*Reconstructing Illness*, 『아픈 몸을 이야기하기』 1장 주석 35 참조)에서 영적 자서전의 현대적 형태로서의 질병 이야기 혹은 병지에 대해 기술하고 있는데, 그녀는 후자가 전자를 대체했다고 말한다. 나는 영적 자서전이 잘 살아있으며 결코 대체되지 않았다고 본다. 말콤 보이드, 프레더릭 뷔히너, 애니 딜라드, 리처드 길먼, 나탈리 골드버그, 샘 킨, 매들렌 랭글, 줄리어스 레스터, 캐슬린 노리스, 댄 웨이크필드 등은 현대의 많은 영적 자서전 작가 중 일부다. 질병 이야기와 영적 자서전은 오히려 서로를 보완하는 것처럼 보인다. 질병 이야기가 의료 체계로부터 포스트-식민적 자아의 정체성을 되찾는 자아-이야기인 것처럼, 많은 영적 자서전은 공적 체계 내에서 경직되어온 종교의 영적 자극을 어떻게 되찾을 것인지를 탐구한다. 질병의 자아-이야기와 영적 자아-이야기는 매들렌 랭글의 『두 부분의 발명 : 결혼 이야기』(*Two-Part Invention : The Story of a Marriage*, New York : HarperCollins, 1989)와 낸시 메이스의 『일상의 시간』(*Ordinary Time*) 모두에서 중첩된다.

36. 젠더의 자아-이야기와 질병의 자아-이야기는 종종 에이즈의 서사에서 함께 엮인다. 폴 모네트(Paul Monette)는 자신의 게이 정체성에 대한 이야기 『남자가 되기 : 절반의 인생 이야기』(*Becoming a Man : Half a Life Story*, New York : HarperCollins, 1992)를 『빌린 시간 : 에이즈 회고록』(*Borrowed Time : An AIDS Memoir* [New York : Avon, 1988]) 및 『그 밤의 마지막 주시』(*Last Watch of the Night* [New York : Harcourt Brace, 1994])와 비교한다. 폴 츠바이크(Paul Zweig)의 『출발 : 회고록』(*Departures : Memoirs* [New York : Penguin, 1986])은 질병 ─ 그의 경우에는 림프종 ─ 에 의해 중단된 젠더 이야기다.

37. 근친상간의 생존자 이야기들은 아마도 개인적 글쓰기의 문화적 한계점을 설정하는 데 가장 큰 역할을 했을 것이다. 샤를로트 베일 알랜(Charlotte Vale

예들은 보다 광범위한 구술 담론의 징표에 불과하다. 구술 이야기들이 출판된 저작들의 수사법에 의해 영향을 받는 방식은 확실히 그 이야기들만큼이나 무한하다.

왜 자아-이야기의 이러한 만연이 지금 일어나는가? 출판된 이야기들의 측면에서 보자면, 한 가지 대답은 시장이 존재하고 이 시장은 이러한 이야기하기가 자신들의 삶을 말하고 있다는 것을 발견하는 독자들의 존재를 의미한다는 것이다. 출판된 자아-이야기들이 보다 풀뿌리적인 것인지의 여부는 여전히 논쟁적임에도 불구하고, 그 이야기들은 또 하나의 이데올로기로 작동하여 그 이데올로기가 만들어 내는 정체성으로 사람들을 "호명" 한다. 그러나 이러한 시장의 존재는 왜 지금인가라는 질문의 범위를 확장시킬 뿐이다.

이러한 자아-이야기들은 각각 서사적 잔해의 어떤 형태에 기반하고 있으며, 제각기 되찾기의 행위다. 포스트모던 시대는 잔해를 생산하는 동시에 되찾기를 위한 자원을 제공한다. 이러한 점에서 볼 때, 포스트모더니티의 다른 측면들과 마찬가지로, 포스트모더니티는 서로 반대되는 경향이 동시에 일어난다는 점에서 모순적이다. 포스트모더니티의 한 측면은 모더니티가 격찬한

Allen)의 『아빠의 딸: 지극히 개인적인 회고록』(*Daddy's Girl: A Very Personal Memoir*, New York: Bantam, 1981)을 참조할 것. 그러므로 리처드 셀처가 그의 질병 회고록 『죽은 자를 일으켜 세우기』(*Raising the Dead*)에서 쓰는 글을 "매우 열려 있고 명료하며 대단히 개인적"이라고 묘사할 때, 그는 생존자 이야기들이 설정한 열려있고 명료하며 개인적인 글쓰기의 경계 내부에서 실제로 멀리 나아가 있다.

개인성을 포괄하는 초합리화hyper-rationalization다. 모더니스트 의학의 일반적이며 단일화하는 시각은 치료를 목적으로 하는 과학의 이해관심의 차원에서 수행되었던 이로운 합리화였다. 포괄수가제는 비용 억제와 의학에 대한 행정적 통제의 차원에서 실행된 이로운 합리화와 다르지 않다. 포괄수가제는 스스로에게서 등을 돌린 모더니스트 기획을 표상한다.

포스트모더니티의 다른 측면은 자아 되찾기의 모델을 제공하는 자아–이야기들의 존재다. 이러한 측면을 보기 위해서는 포스트모더니즘의 실천가들이 이론가들보다 더 유용하다. (포스트모더니즘의 또 다른 특징은 이 둘 사이의 선을 흐릿하게 하는 것이지만 말이다.) 소설가 클라크 블레이즈는 그런 실천가 중 하나다. 자신의 자아–이야기의 서문에서 블레이즈는 포스트모던 시대의 서사적 함의를 "의식意識이 자기 자신의 경험에 대해 주권을 획득하기 위하여 싸우는 것"이라고 정의한다.[38] 블레이즈는 일관성은 언제나 투쟁이라는 카의 인식뿐만 아니라 경험은 직접적으로 조우하는 것이 아니라 "만들어지거나 빚어지는 것"이라는 셰퍼의 관찰에 동의하면서 동시에 그것을 강화시킨다. 그는 또한 "현실은 상상력을 많이 필요로 한다"는 존 레논의 발언에 공명한다. 윌리엄 제임스가 말한 실제로 실재하는 것은 포스트모던 시

---

38. Clark Blaise, *I Had a Father : A Post-Modern Autobiography* (Toronto : HarperCollins, 1983), xi. 블레이즈는 자신의 책 제목에 나오는 포스트모던이라는 낱말의 용법에 대해 언급하면서, 자신의 삶의 재구성은 직선적일 수 없다는 점 또한 명시한다.

대에 여전히 존재하지만, 그것이 어디에 있고 무엇이냐는 물음에 대답하는 것은 더 많은 작업을 요구한다. 경험하기 위하여 우리는 상상해야 한다. 상상은 의식이 자기 자신의 경험에 대해 주권을 획득하기 위해 하는 투쟁이다.

모더니스트 자서전 작가 — 여전히 정치인들이나 다른 "유명인들"에 의해 대표되는 — 는 작가가 획득한 지위의 정점이라고 할 수 있는, 자신의 이야기의 결말을 이야기 전체에 어느 정도 내재한 것으로 표현한다. 블레이즈 같은 포스트모던적인 회고록 작가에게는 삶과 이야기의 상호적 우연성이 계속 따라다닌다. 상상은 이야기가 언제나 다른 방식으로 말해질 수 있다는 것을 알고 있기 때문에, 삶은 다른 방식으로 살아져야 했던 것일까?

포스트모던적인 회고록 작가의 이야기는 작가 자신의 것이지만 그 안에서 작가는 여러 개의 자아다. 작가는 자신의 다른 자아들이 작동시키고 있는, 보이지 않는 것이 무엇인지 찾고자 글을 쓴다. 나단슨이 자신의 이야기를 할 때, 그녀는 고통을 경험했던 여성으로서 자신의 다중적 측면들에 대하여 배운 것을, 심리치료사로서 어떻게 내담자들에게 말해 주었는지를 이야기하는 작가이다. 그녀가 다른 사람, 즉 그녀의 내담자에게 말하는 이야기는 또한 그녀가 자기 자신에게 말하는 이야기이다. 그러므로 이것은 새로운 기억을 창조하는데, 이는 아마도 그녀와 내담자 모두를 위한 것이다. 여기에서는 셰퍼가 말한, 다양한 자아들의 특성이 분명히 나타난다.

정돈과는 거리가 먼 포스트모던적인 회고록의 관습 — 선형성의 결여 그리고 경합하는 목소리들 — 은 중단된 경험들에 부합한다. 앞에서 살펴보았듯이, 이러한 이야기들은 단지 중단에 대한 것만이 아니다. 그것들은 그 자체로 중단된 이야기들이다. 또다른 스토리텔러이자 심리치료사이고 집단의 지도자이면서 영적 자서전 작가인 샘 킨은 포스트모던 시대에 사람들은 "영혼"이나 "지도원칙들" 같은 문제에 대한 어떤 공유된 공동의 믿음(들)에 더 이상 참여하지 않는다는 흔한 관찰로부터 시작한다.[39] 킨이 이러한 관찰에 가져오는 스토리텔러의 인식은 이러한 원칙들이 없는 세상에서 서술자가 "여러 시각을 담은 … 이야기들로 흠뻑 젖게" 된다는 것이다. 굉장히 많은 시각들의 "쏟아부음을 겪은" 사람은 자기 자신의 것이라고 인정할 수 있는 단 하나의 시각을 갖기 위해 싸워야 한다. 이야기를 자기 자신의 것으로 만드는 독특한 관점은 경합하는 관점들 속에서 끝없이 부서진다. "우리는 우리 경험의 지속성을 상실한다"고 킨은 말한다. "우리는 바깥으로부터 쓰인 사람들이 된다"(28).

내가 암으로 의심되었던 엑스레이 검사 결과에 대한 이야기를 반복해야 했을 때, 여러 번의 이야기를 한 후에 나는 나의 바깥에 있는 목소리가 말하고 있고 내가 그 목소리를 듣고 있다

---

39. Sam Keen, "Out Mythic Stories," in Charles and Anne Simpkinson, eds., *Sacred Stories : A Celebration of the Power of Stories to Transform and Heal* (New York : HarperCollins, 1993), 28. 이 책의 제목은 포스트모더니티의 특성을 보여준다. 즉, 서사적 잔해의 시대에 이야기의 효능에 대한 증대된 믿음이 나타나는 것이다.

고 느끼기 시작했다. 나는 내가 어떻게 느끼는지를 말하고 있지 않았다. 나는 각각의 관계에 적절한 수사법으로 특정한 청자들의 관심사를 말하고 있었다. 나는 [나 자신이] 바깥으로부터 쓰이고 있는 것처럼 느꼈지만, 사실은 나 자신의 목소리가 글을 쓰고 있었다.

"되찾기"를 보완하는 포스트모던 경구는 "자신의 목소리를 찾는 것"이다. 여기에서도 역시 중요한 진실이 그 상투어를 뒷받침한다. 바깥으로부터 쓰이는 사람들은 그들의 목소리를 잃었다. 자기 자신의 것으로 인정할 수 있는 목소리로 말하는 것은 점점 더 어려워지므로, 그 목소리를 찾기 위해 발화가 만연한다. 자아-이야기가 만연하는 것이다.

다양한 자아들 중에서 어떤 자아가 자기 "자신"의 목소리로 말할 수 있는가? 이 질문은 허튼 것이 아니다. 자기 자신의 것이라고 인정 가능한 목소리로 말할 필요는 현실적인 것이기 때문이다. 내가 찾아낸 최고의 해답을 제공한 것은 낸시 메어스다. 그녀는 학부의 작문 수업에 갈 때마다 언제나 받는 다음 질문에 대해 숙고한다. "선생님은 어떻게 자기 자신의 목소리를 찾으셨나요?"[40] 어떤 목소리도 창작되었다는 특성을 갖는다는 점에 관해 어느 정도 논의를 한 후, 메어스는 다음과 같이 쓴다. "내가 무엇을 썼건 간에 나는 그 고통으로부터 글을 썼고, 내가 무엇을 썼

---

40. Nancy Mairs, *Voice Lessons : On Becoming a (Woman) Writer* (Boston : Beacon Press, 1994), 15.

건 간에 그것은 그 고통을 약간은 달래주었지만 결코 충분하지는 않았다"(19). 포스트모던 시대에도, 그리고 우리들 각자의 다양한 자아들 사이에도, 실제로 실재하는 것의 기반이 남아 있다. 그것의 이름은 종종 고통이다.

다시 묻건대, 왜 자아-이야기가 오늘날 만연하는가? 아마도 모더니티의 축적된 폭력을 더는 부인할 수 없기 때문일 것이며, 이는 포스트모더니티에 대한 또 하나의 정의다. 테리 템페스트 윌리엄스는 그녀 자신이 아니라 그녀의 가족 전체에 걸친 유방암에 관해 이야기한다.[41] [가족 중] 매우 많은 여성들이 대단히 짧은 기간 내에 [유방암에] 걸렸기 때문에 그녀는 어떤 환경적 요인을 찾는다. 어떤 질병 이야기라도 부분적으로는 기원에 대한 것이다. 무엇이 그 질병을 야기했는가? 왜 그 일이 내게 일어났는가?[42] 그러나 윌리엄스의 경우에 질문은 왜 암이 그녀 주변 모두에게 발생하고 있는가이다.

책의 거의 마지막 부분에서 윌리엄스는 밝은 불빛이 나오는 꿈을 반복해서 꾼다고 아버지에게 말한다. 아버지는 그녀에게 이것이 실제로 1950년대 원자폭탄 실험을 보기 위해 가족들이 유타주 길가에 차를 세웠던 기억이라고 말한다. "하늘은 괴상한 분

41. Terry Tempest Willams, *Refuge: An Unnatural History of Family and Place* (New York: Vintage, 1991).
42. 다음을 참조할 것. Gereth Williams, "The Genesis of Chronic Illness: Narrative Reconstruction," *Sociology of Health and Illness* 6, no. 2 (1984): 175~200.

홍색 불빛으로 떨리는 것처럼 보였지." 아버지는 그녀에게 말한
다. "몇 분 후에 밝은 빛의 재가 차 위로 떨어지고 있었단다." 기원
의 문제가 갑자기 선명해지면서 그녀는 아버지를 바라보았다. "내
가 어떤 기만 아래에서 살아 왔는지를 깨달은 것은 이 순간이었
다."(283)

그 "기만"은 원자폭탄 실험보다 훨씬 더 복잡한 것이다. 그것
은 그녀 가족의 권위 있는 모르몬교 전통, 서구의 풍경에 대한 그
들의 관계, 특히 그레이트솔트호 지역 풍경의 "부자연스러운 역
사"와 관련된다.[43] 이 모든 복잡한 사실이 밝혀진 후에, 기원에 대
한 마지막 의문이 남는다. "그 폭발과 다른 폭발들로 인한 낙진으
로부터 고통을 겪은 모든 여성 중에서 왜 윌리엄스만이 살아남
았는가?"

윌리엄스는 기억과 책임의 자아-이야기를 말한다. 그녀의 이
야기는 홍수, 죽음, 그리고 궁극적으로는, 정확히 진실은 아니지

---

43. * 그레이트솔트호 지역은 유타주에서 대단히 광범위한 지역을 이루고 있다.
이 호수의 남동 연안 근처에 있는 솔트레이크시티(Salt Lake City)는 1847년
브리검 영이 모르몬교의 본거지로서 건설하였으며, '뉴예루살렘' 또는 '성인의
도시'라 불렸고 정부와의 분쟁이 오랫동안 계속되었었다. 솔트레이크시는 모
르몬교의 총본산인 템플 스퀘어(Temple Square)가 있는 곳인데, 1869년 대
륙 횡단 철도의 개통으로 약 8만 5천 명의 모르몬교도가 이주해 오면서 오늘
날의 솔트레이크시의 기초가 되었다. 이곳에서부터 모르몬교도들은 점차 미
국의 다른 주들로 퍼져 나갔다. 즉, 현재의 그레이트솔트호 지역은 '서구', 즉
미국에 속하지만 모르몬교도의 이주의 역사가 얽힌 곳이다. 본문은 윌리엄스
가족의 모르몬교 전통이 이 지역과 맺고 있는 이러한 복잡한 역사적 맥락을
참조하고 있다.

만 적어도 부인의 종말인, 그녀 아버지의 폭로에 의해 지속적으로 중단된다. "자기 자신의 목소리를 찾는 것"이 무엇을 의미하건 간에, 부인을 종결하면서 윌리엄스는 확실히 자기 목소리의 목적을 발견한다. 그녀가 아는 망자들을 추모하고 그 원자폭탄처럼 은밀히 퍼지는 힘 때문에 파괴되는 자연 유산을 보존하기 위해 투쟁하는 것이다.

그녀 이야기의 포스트모더니즘은, 다른 세상의 일인 것 같지만 여기 이곳에 실제적인 효과를 미치는 시대착오적인 원자폭탄 실험뿐 아니라 이 모든 특성들에 있다. 윌리엄스는 다음과 같이 말한다. "원자력위원회가 네바다 테스트 지구의 북쪽 시골을 '사실상 아무도 살지 않는 사막 지역'이라고 묘사했을 때, 나의 가족과 그레이트솔트호의 새들은 '사실상 살지 않고 있는 이들'의 일부가 되었다"(287). 여기에서 모더니티의 실천은 포스트모더니즘의 언어를 창조한다.[44]

전체 분량을 놓고 보자면, 윌리엄스의 책의 대부분은 질병이 아니라 자연에 대한 것이다. 그녀는 자발적으로 조류 관찰자가 되었고 질병으로 인한 중단이 반응을 요구할 때만 질병에 주목한다. 그녀는 자신의 삶의 사건들에 대한 그녀 자신의 의식의 주

---

44. 베트남 전쟁 동안 양에서나 강도에서나 새로워진 언어의 왜곡 – 조지 오웰이 정확하게 관찰한 것 – 을 포착하기 위한 수단으로서의 포스트모던적인 사회 과학의 필요성에 대해서는 다음을 참조할 것. Charles Lemert, "The Uses of French Structuralism in Sociology," in George Ritzer, ed., *Frontiers of Social Theory: The New Synthesis* (New York: Columbia University Press, 1990), 230~54.

권을 위해 투쟁하며, 기만이 그녀로부터 빼앗아 갔고 지금도 여전히 빼앗고 있는 것을 되찾기 위해 투쟁한다. 책의 말미에 그녀는 핵실험 장소에서 시위를 했다는 이유로 구속된 일에 대해 이야기한다. 그녀와 동료 시위자들은 사막으로 이송되고 그곳에 남겨진다. 그녀는 다음과 같이 쓰고 있다. "그들이 깨닫지 못한 것은 우리가 집에 있다는 사실이었다." 그녀의 서사적 잔해는 다시 지어지고 그녀의 지도는 다시 그려진다.

4장

복원의 서사 :
상상계에서의 질병

—— 복원의 플롯
—— 복구 가능한 몸
—— 자아-이야기로서의 복원
—— 복원의 힘과 한계

복원의 서사는 내가 제안하는 세 가지 서사유형 중 첫 번째다. 서사유형은 특정 이야기들의 플롯과 갈등의 기초가 되는 것으로 볼 수 있는 가장 일반적인 줄거리다. 사람들은 자신들의 독특한 이야기를 말하지만, 각자의 문화에서 가능한 서사유형들을 차용하고 결합시켜 이야기를 만든다.

서사유형이라는 용어는 민담의 화자가, 예를 들어 '이름을 맞추는 이야기'를 지칭할 때 의미하는 바를 뜻한다. 이름을 맞추는 이야기에서 주인공은 적대자의 진짜 이름을 추측해야 한다. 적대자는 주인공을 위협하기 때문에 그 추측은 중요하다. 적대자의 힘은 그 인물의 진짜 이름을 말함으로써만 제거된다. 만일 주인공이 책략가라면 적대자의 이름을 스스로 추측해 볼 수 있을 것이다. 다른 주인공들은 도와주는 이가 필요하다. 가장 잘 알려진 '이름 맞추기 이야기'인 그림형제의 『룸펠슈틸츠킨』[1]에 나오는 쥐가 주인공에게 도움을 주었던 것처럼 말이다. 주인공은 처음에는 조력자를 거부할 수도 있지만 결국에는 조력자의 가치를 알게 되는데, 이는 빈번하게 사용되는 서브플롯이다. 이름을 맞추는 이야기의 기본적인 플롯을 둘러싸

---

1. * 『룸펠슈틸츠킨』은 독일 민화에서 유래하여 『그림 동화』에 실린 이야기 중 하나다(독일어 제목 『룸펠슈틸츠헨』[Rumpenstuenzchen]으로도 알려져 있다). 아버지의 거짓말 때문에 왕에게 죽임을 당할 뻔한 딸을 난쟁이가 도와주는데, 난쟁이는 그녀의 첫 번째 아이를 대가로 받기로 약속한다. 나중에 아이를 받으러 온 난쟁이에게 사정을 한 딸은 3일 안에 난쟁이의 이름을 맞추면 아이를 데려가지 않겠다는 약속을 받는다. 온갖 노력 끝에 딸은 난쟁이의 이름을 맞추는데, 그 난쟁이의 이름이 바로 '룸펠슈틸츠킨'이다.

고 모든 종류의 변형이 일어나는데, 이름을 맞추는 것이 또 다른 이야기에서 서브플롯으로 나타나는 것도 그 예이다. 그러나 이러한 변형들 내에서 서사유형은 인식할 수 있는 것으로 남아 있다.

내가 이름을 맞추는 이야기를 언급한 것은 단지 서사유형의 무작위적인 예로서가 아니다. 그 이유를 이런 언어로 표현하는 일은 드물테지만, 질병 이야기의 화자는 질환의 진정한 이름을, 그리고 아마 자기 자신의 진정한 이름 역시, 알고자 한다. 니체는 이것을 이해했고 자신의 고통에 "개"라는 이름을 붙였다.[2]

질병 서사의 "유형들"을 제안하고 개별 이야기가 그중 어떤 유형에 어느 정도는 "적합"하다고 제시하는 이유는 무엇인가? 이는 개별 경험의 특수성을 포괄하는, 또 다른 "일반적이며 단일화하는 시각"을 만들 위험을 내포하고 있다. 그러나 이런 접근의 장점은 아픈 사람이 하는 이야기에 더욱 주목하게 하여, 궁극적으로 아픈 사람을 듣는 데 도움을 줄 수 있다는 것이다. 듣기는 어려운 일이다. 질병 이야기는 서로 다른 서사적 가닥들을 섞고 엮기 때문이다. 서사의 어떠한 일반적 유형들을 제안하는 이유는 그 가닥들을 분류하기 위해서다.

---

2. Friedrich Nietzsche, *The Gay Science*, trans. Walter Kaufmann (New York: Vintage, 1974)[프리드리히 니체, 「즐거운 학문」, 『즐거운 학문 메시나에서의 전원시 유고(1881년 봄~1882년 여름)』, 안성찬·홍사현 옮김, 책세상, 2005], 249~50. 이 부분은 이 책의 6장 1절에서 상세하게 논의될 것이다.

내가 세 가지 기본적인 질병 서사들을 제시하는 것이, 개별적인 아픈 사람이 말하는 이야기의 독창성을 폄하하지는 않는다. 어떤 실제 이야기도 그 세 가지 서사 중 어느 하나에 완전히 해당하지는 않기 때문이다. 하나의 서사가 다른 두 가지에 계속 간섭하는 방식으로, 실제 이야기는 세 가지 모두를 연결시킨다. 세 가지의 기본 서사로 제한하는 이유는 이 유형들이 듣기의 수단으로 사용될 때 세 가지 이상은 도움이 되지 않을 것이기 때문이다. 다른 유형이 제안될 수 있고 제안되어야 한다는 점은 분명하다.[3]

나는 각각의 서사유형을 네 부분으로 검토할 것인데, 플롯으로부터 시작할 것이다. 둘째로, 나는 서사유형이 체현의 행위 문제들(통제, 몸-연관성, 타자-연관성, 욕망)에 대해 갖는

---

3. 한 가지 다른 유형은 정치적/환경적 서사라고 부를 수 있다. 여기에서 아픈 사람은 특정한 산업에서 나온 독성물질에 의해 자신이 아프게 되었다고 말한다. 윌리엄스의 글 「만성질환의 기원」(『아픈 몸을 이야기하기』 3장 주석 41 참조)에 나오는 빌의 서사는 이 유형에 해당할 것이다. 『지역공동체에서의 암』(『아픈 몸을 이야기하기』 1장 주석 20 참조)에서 발솀이 보고하는 이야기들 역시 이 유형에 해당한다. 환경오염에 대한 조사 보고서는 종종 이런 서사를 담고 있다. 다음을 참조할 것. Monte Paulsen, "The Politics of Cancer : Why the Medical Establishment Blames Victims instead of Carcinogens," *Utne Reader*, November/December 1993, 81~89. 수전 디지아코모는 이런 형식의 한 종류인 "피해자가 되는 것(victimization)의 서사"를 제안한다. 여기에서 정체성은 어떤 사람, 집단, 혹은 기관의 피해자가 되는 데서 비롯되며, 그 서사적 목적은 가해자를 처벌하는 것과 연관된다(개인적 대화). 또 다른 종류는 앤 헌세이커 호킨스가 "생태적 서사"라고 부른 것으로, 그 안에서 질병의 기원은 광범위하고 복잡한 연결망에서 점진적으로 확장된다(개인적 대화).

선택적 친화성에 대해 논의할 것이다. 세 번째로 어떻게 서사가 자아-이야기로서 작동하는지를 다룰 것이다. 마지막으로 나는 각각의 서사유형의 강점과 한계를 논의할 것이다.

어떤 질병 이야기에서든 세 가지 서사유형 모두가 교체되고 반복된다. 질병의 어떤 순간에는 하나의 유형이 이야기를 이끌 수 있다. 질병이 진행됨에 따라 그 이야기는 다른 서사들을 통해 말해지게 된다. 그러므로 어떤 경험적 순간의 특정성은 그 순간에 지배적인 서사유형에 의해 기술될 수 있다. 세 가지 서사는 만화경의 무늬와 같다. 한순간에 여러 색깔들이 한 가지 특정한 형태로 주어진다. 그 후에 관이 움직이면 또 다른 형태가 나타난다. 질병 이야기를 다시 말하는 것, 특히 구술 이야기를 글로 쓰는 것은, 살아진 이야기하기의 흔적을 따라가는 서사적 흐름에서 그 순간의 이야기를 격리시킨다. 만화경은 인쇄물에서보다 병상에서 훨씬 더 빠르게 돈다.

각각의 서사는 강력한 문화적·개인적 선호도를 반영한다. 이러한 선호도가 강할수록 아픈 사람들을 듣는데 더 큰 장벽이 된다. 제도와 개인 청자 모두는 아픈 사람을 특정한 서사의 방향으로 몰아가고, 다른 서사들은 들리지 않게 된다. 그러나 장벽은 통찰의 가능성을 제공한다. 자신의 서사적 선호와 불편함에 대해 성찰하는 것은 도덕적 문제다. 다른 사람의 이야기를 듣는 것과 우리 자신의 이야기를 하는 것 모두에서, 우리는 우리 자신이 되어가기 때문이다.

복원의 플롯

복원의 서사는 내가 이야기해 본 대부분의 사람들, 특히 최근 아프게 된 사람들에게서 지배적이며, 만성적으로 아픈 사람들에게서 가장 덜 빈번하다. 아픈 사람은 누구나 다시 건강해지기를 원한다. 게다가 현대 문화는 건강을 사람들이 되찾아야 할 정상적 상태로 간주한다. 그러므로 복원에 대한 아픈 사람의 욕망은 복원의 이야기를 듣고 싶어 하는 다른 사람들의 기대에 의해 강화된다.

복원의 플롯은 다음과 같은 기본 줄거리를 갖는다. "어제 나는 건강했다. 오늘 나는 아프다. 그러나 내일 나는 다시 건강해질 것이다." 이 줄거리는 검사들과 그 해석에 대한 설명, 치료들과 가능한 결과들, 의사들의 역량, 대체치료 등에 대한 이야기들로 채워진다. 이러한 사건들은 실제적이지만, 셰퍼에 의하면, 건강을 복원하는 줄거리를 규정하는 은유이기도 하다(이 책의 3장을 보라). "새것처럼 좋은"이라는 은유적 문구는 복원의 서사의 핵심이다. 이 문구는 그 이야기가 건강에 대한 것이라는 것을 반사적으로 상기시켜 준다.

복원의 이야기는 미래지향적으로, 과거회상적으로, 그리고 제도적으로 말해질 수 있다. 나는 곧 암 수술을 할 예정인 남자를 만나서 미래지향적인 복원의 이야기를 들었다. 나는 그가 아파서 유감이라고 말했다. 그는 내가 무슨 말을 하는지 모르겠다는 듯이 나를 보았다. 이윽고 그는 내 말 뜻을 갑자기 알아차린

듯한 표정을 보이더니, 즉시 나에게 그것은 "아무 일도 아니"라고 말했다. 그 후 우리가 그의 수술에 대해 길게 이야기를 나누었을 때, 그는 자신에게 일어난 변화를 없애지 않으면서 수술로 인한 다양한 결과를 자신의 삶에 어떻게 동화시킬 수 있을 것인지에 대해 말했다. 그의 미래지향적인 복원의 이야기는 그에게 수술에 맞설 수 있는 용기를 주었다. 나중에 수술이 길어지고 심각한 진단이 나온 후에 그는, 그가 하나의 이야기로 만들어 낼 기력을 잃었을 때 할 수 있는 다른 종류의 이야기가 필요해졌을지도 모른다.

어느 날 저녁 나는 암 지지 모임에서 과거회상적인 복원의 이야기를 들었다. 그 모임은 다른 많은 모임이 조금씩 다른 방식으로 사용하는 의례로 시작했다. 각각 자신의 이름과 무슨 암을 언제 앓았는지를 말하는 것이다. 가끔 약간의 개인적인 소식이 더해진다. 대부분의 사람들은 높아진 목소리로 "저는 괜찮아요!"라고 말하면서 끝을 맺는다. 대부분의 정규회원은 암 회복 단계에 와 있었다. 그러나 이 날은 치료를 받는 중이던 한 여성이 참석했다. 그녀는 자신의 암을 말하는 동안 울음을 터뜨렸다. 그 모임의 반응은 그녀 옆에 앉은 다음 발표자가 끼어들어서 자기 소개를 하는 것이었다. 그 사람은 이것을 매우 빨리 하면서 "저는 괜찮아요!"라는 말에 특별히 강조를 두었다. 아무도 이 중단에 대해 언급하지 않았고 치료 중에 있던 그 사람이 겪는 괴로움을 인정하는 것으로 돌아가지도 않았다. 그러므로 그 모임은 복원의 이야기를 선호하고 그 외의 다른 서사로 말해지는 질병을 듣는 것을 불편해했다.

복원의 서사는 단지 건강해져서 잘 지내고 싶은 "자연적인" 욕망을 반영하는 것만이 아니다. 사람들은 어떻게 질병이 말해질 것인지의 모델이 되는 제도적 이야기들로부터 이 서사를 배운다. 미국 동북부에 있는 어느 병원은 그 병원의 암센터를 묘사하는 특대형 타블로이드 신문 증보판을 발행했다. 그 책자는 16쪽으로 일반 신문보다 더 좋은 종이에 인쇄되어 있었고 당연히 전문적인 사진을 싣고 있었다. 대부분의 내용은 세 명의 암 환자의 이야기로 구성되어 있었다. 세 경우 모두 복원의 이야기로 말해졌다. "2주 내에 조안은 전일제 직장으로 돌아갔다." "해리는 이제 그로 하여금 완전히 새로운 시작이라고 믿게 해 줄 새 면역 체계를 가지고 있다." "오늘 메리는 자신의 활동적이고 생산적인 삶을 다시 시작했고 새로운 취미까지 더했다."

그 책자는 암의 유형과 다양한 치료법을 알기 쉽게 설명하는 관련 정보 용어집을 제공함으로써 확실히 공공의 교육 기능을 충족시킨다. 그러나 치료 중에 있거나 치료에 의해 영향을 받는 환자의 모습은 볼 수 없었다. 사진에 나오는 환자들은 원예, 운동, 다른 취미 등의 다양한 "여가생활"을 즐기고 있다. 방사선 치료 기계가 하나 나오지만 사용 중은 아니다. 전문 직원들이 그 위에 앉아서 마치 학회 중인 것 같은 자세를 취하고 있다. 환자들은 어떤 치료를 받았는지 이야기하지만, 강조점은 치료 이후의 삶 ─ "저는 괜찮아요!"로 돌아가는 것 ─ 에 있다.

이 책자를 읽는 미래지향적인 환자들은 단지 다양한 암과 그

치료법에 대해 배우는 것만이 아니다. 그 책자는 환자들이 자신들의 질병에 대해 말해야 하는 이야기들의 모델을 제시한다. 제도 의학은 그 자신이 선호하는 서사를 주장하고 있다. 이 주장은 병원 너머의 더 강력한 이해관계 집단들이 질병의 문화를 형성하기 위해 사용하는 전략으로까지 연결된다.

가장 만연하는, 혹은 보는 관점에 따라서는 가장 은밀하게 퍼지는 복원 이야기의 모델은 일반의약품의 텔레비전 광고, 종종 감기약 광고다. 그 플롯은 세 가지 움직임으로 진행된다. 첫째, 아픈 사람은 육체적으로 절망적인 상태로, 그리고 항상은 아니지만 종종 사회적 의무를 이행하지 않는 것으로 나타난다. 그 사람은 배우자나 자녀와 하려던 활동을 취소하거나 직장에 안 간다. 두 번째는 약을 소개하는 것이다. 이름을 맞추는 이야기에서처럼 조력자가 약을 가져다주기도 한다. 그리고, 역시 이름을 맞추는 이야기에서처럼, 아픈 사람이 처음에는 그 약과 도와주는 사람을 거부하는 서브플롯이 나오기도 한다. 결국에는 그 약을 먹고, 세 번째로 육체적인 편안함을 되찾고 사회적 의무를 다시 이행한다. 약의 성공은 조력자의 정당성을 입증하고, 새롭고 설레는 사건을 암시하는 것으로 이야기가 끝날 수도 있다.

현대 문화 속에서 산다는 것은 그러한 광고들을 특별히 의식조차 하지 않고 보는 것을 의미한다. 잡지는 그러한 플롯을 하나의 이미지로 압축하는데, 독자/시청자가 기억으로 그 나머지를 채울 것임을 알고 있기 때문이다. 이런 광고들은 현실의 사람들이 실제 질병에 대해 말하는 이야기의 서사를 설정한다. 앞서 말한 병원의 책자와 마찬가지로, 광고는 아픔이 어떻게 나아질 것인지에 대한 기대를 설정할 뿐 아니라 아픔에 관한 이야기가 어떻게 말해질 것인지에 대한 모델을 제공한다.

여기에서도 대중문화는 다른 곳에서 획득한 사고의 습관을 강화하는 가장 강력한 수단이다. 복원의 플롯은 고대로부터 시작되었다. 욥은 모든 고통을 겪고 나서 부와 가족을 되찾는다. 그리고 그 복원이 나중에 텍스트에 삽입된 것이건 아니건 간에, 그 이야기의 경전화된 판본에서 복원이 갖는 위치는 복원의 줄거리가 갖는 힘을 보여 준다. 텔레비전은 욥의 이야기를 말 그대로 상품화한다. 선한 사람이 갑자기 고통을 겪지만, 이 고통은 중산층에게 해당한다(예를 들어, 참석하지 못한 파티나 스포츠 행사). 그 사람은 치료약을 구매할 수 있으며, 이에 관련하여 유일하게 배울 점은 다음 번에는 어디에서 안도를 구할 수 있는지다.

병원 책자와 광고 뒤에 놓인 것은 모든 고통에는 치료약이 있다는 모더니스트 기대이다. 이러한 주인 서사의 결과는 복합적이다. 복원의 결말이 욥에게 더해질 때, 가브리엘 마르셀로부터 영감을 얻은 윌리엄 메이의 구분을 따르자면, 고통의 본질은 미스터리에서 퍼즐로 변한다.[4] 미스터리는 받아들일 수밖에 없는 것이지만, 퍼즐은 해결책을 허용한다. 욥의 복원의 결말은 독자에게 그가 세 친구와의 대화에서 그리고 회오리바람 속에서 제대로 해냈다는 인상을 남긴다. 복원은 그가 퍼즐을 푼 것에 대한 상이

---

4. May, *The Patient's Ordeal*, 4(『아픈 몸을 이야기하기』 3장 주석 22 참조).

다. 그가 어떻게 그것을 풀었는지는 명확하지 않더라도 말이다. 복원이 없었다면, 그의 고통은 미스터리로 남아서 문제가 되었을 것이다. 미스터리는 풀 수 없는 것으로, 누군가가 미스터리가 제시하는 것에 도달하고자 노력할 수 있지만 "제대로 풀" 수는 없다. 그것을 "제대로" 푸는 방법이 없기 때문이다. 이처럼 해결책이 부재하는 것은 미스터리를 모더니티의 수치로 만든다.

모더니티는 미스터리를 퍼즐로 전환시키고자 하는데, 이는 모더니티의 영웅주의이면서 동시에 그 한계다. 모더니스트 상상력의 한 측면인 사회학은 질병을 그 자신의 복원 이야기로 기술한다. 이것이 탤컷 파슨스의 "환자 역할" 이론인데, 1950년대 초반에 제시되어서 1970년대 후반 그가 사망할 때까지 계속 발전되었다.[5] 역할이라는 말로 파슨스가 의미한 것은 행동에 대한 상호보완적 기대와 관련되는 행위다. 그러므로 "환자 역할"은 아픈 사람들이 다른 사람들에게 기대하는 행동과 그들이 아픈 사람들에게 기대하는 행동을 말한다. 이러한 기대들은 직장에서의 병가나 의료와 같은 문제에서 제도화되고 사회규범에 의해 정당화된다. 그 기대들은 전체로서의 사회에서 기능적이다. 그리고 그것들

---

5. Talcott Parsons, *The Social System* (New York : Free Press, 1951). 환자 역할이 마지막으로 그리고 완전히 다듬어진 것은 다음 문헌에서다. *Action Theory and the Human Condition* (New York : Free Press, 1978), 1~3장. 파슨스 이론이 포스트모더니티로 이행하는 측면에 대해서는 나의 글을 참고할 것. "From Sick Role to Health Role : Deconstructing Parsons," in R. Robertson and B. S. Turner, eds., *Talcott Parsons : Theorist of Modernity* (London : Sage, 1991), 205~16.

은 내면화되는데, 이는 개인들이 아픔에 대한 자신들의 기대를 정상적이고 자연적인 것으로 여긴다는 의미이다.

파슨스는 질병의 사회적 의미에 대해 다음의 세 가지 가정을 제시한다. 첫째, 질병은 아픈 사람의 잘못으로 여겨져서는 안 된다. 전염과 감염을 이해하는 시대에, 아픈 것은 도덕적 실패의 표식이 아니라 단지 어떤 과도한 스트레스의 결과일 뿐이다. 파슨스는 이것이 사회적인 동시에 생리적인 것이라고 보았다. 둘째로, 아픈 사람은 직장과 가정에서의 정상적 책임에서 면제된다. 아픈 사람은 이런 면제를 기대할 수 있고, 다른 사람들도 그러한 면제를 제공할 상호적 의무를 갖는다. 셋째, 정상적 책임으로부터의 면제는 그것이 오용되지 않도록 사회적 통제를 요구하기 때문에, 아픈 사람은 인정된 전문가의 권위에 자신을 맡겨야 한다. "의사의 지시"에 순응하는 것은 환자 역할의 사회 통제적인 측면에서 근본적이다. 면제는 의무에 의해 균형이 잡힌다.

사회의학 학생이 환자 역할을 정의적 기술로 받아들이는 경우는 거의 없지만, 그것의 서사는 충분히 설득력이 있어서 결코 폐기될 수 없다. 나는 여기에서 그 이론의 경험적 적합성 ― 예를 들면 대부분의 사람이 아플 때 정상적 의무로부터 면제되는가? ― 에 관심이 있는 것이 아니다. 그보다 나는 복원 이야기들이 주인서사로서 가지는 힘에 관심이 있다.

환자 역할은 사회 통제의 모더니스트 서사다. 파슨스의 견해에 따르면, 사람들은 그들의 정상적 의무가 너무 강해지거나 서로 충돌을 일으킬 때 아프게 된다. 병듦sickness은 과도한 사회적 압력에 대한 배기판으로 사회를 위해 기능한다. 이러한 기능주의적 관점에서 볼 때, 병듦의 문제는 어떻게 하면 탈락자를 배출하지 않고 사람들에게 회복할 수 있는 충분한 시간을 주는지의 문제이다. 면제는 인정되어야 하지만 또한 규제되어야 한다. 의사는 명백히 사회 통제의 행위자agent다. 파슨스에게 의사의 업무 수행에서 가장 중요한 측면 중 하나는 환자와의 "공모"를 거부하는 것이다. 아픈 사람이 할 일은 회복되어서 직장과 가정의 정상적 의무로 돌아가는 것이라는 최우선적인 메시지는 의료적인 공감을 제한해야 한다. 의사는 영합하기 위해서가 아니라 부드럽지만 단호하게 촉구하기 위해 그 자리에 있는 것이다.

아마도 환자 역할의 가장 핵심적이고 암묵적인 가정 — 나는 그것의 서사적 힘이 여기에서 나온다고 믿는다 — 은 사람들이 낫는다는 것이다. 그리고 낫지 않는 많은 다른 사람들은 나을 거라고 믿는 것을 지속하고자 한다. 내가 회복사회의 성원이라고 부르는 사람들은 파슨스가 기술하는 환자 역할과 거의 관련이 없다. 이 사람들은 어느 정도의 질병을 자기 삶의 영원한 배경이자 간헐적인 전경으로 받아들인다. 파슨스에게, 특히 그의 이론을 공식화했던 중년의 파슨스에게, 질병의 왕국으로의 여행은 제한적인 것으로, 그곳으로부터의 귀환은 기대되고 가능한 것이다.[6] 질병으로 인해 변화하는 육체적 능력이 사회적 의무와 개인적 정체성의

---

6. 파슨스는 말년에 당뇨병에 걸렸다. 그는 이 경험이 자신의 이전 이론을 크게 수정시키지는 않았다고 밝힌다. 다음을 볼 것. *Action Theory*, 19, 20, 25, 27, 29.

끝없는 재협상을 요구한다는 생각은 파슨스의 이론에 부합하지 않는 것이다.

파슨스가 수용 가능하다고 보는 유일한 결과는 질병에서 낫는 것이다. 그러므로 그의 환자 역할 이론은 모더니스트 의학의 가정들을 반영한다. 그와 동시에 그의 이론은 성공적으로 기능하기 위한 사회의 요구사항이라는 보다 더 광범위한 서사 내부에 이 가정들의 정당성을 각인시킨다. 환자 역할이 아프다는 경험을 기술하는지의 여부는 중요하지 않다. 대부분은 그렇지 않다는 데 동의하지만, 환자 역할은 여전히 의학이 아픈 사람에게 기대하는 것과 다른 사회 제도들이 의학에게 기대하는 것에 대한 강력한 서사다. 이러한 기대들의 중심에는 아픈 사람을 이전의 상태로 돌려보낸다는 복원의 가정이 있다.

대중문화와 사회학에서 복원 서사의 배후에는 의학이 있다. 의학이 치료를 유일한 목적으로 추구하는 것에 대해서는 대단히 많은 연구가 있다. 그러므로 나는 어떤 확실한 임상적 출처를 간접적으로 다루어서 일상적인 이야기를 하려고 한다. 의사인 한 친구가 괴로워하면서, 암으로 죽어가는 자기 환자에 대한 이야기를 내게 해준 적이 있다. 그 의사의 괴로움은 환자가 죽어간다는 것이 아니었다. 사람은 누구나 죽는다. 그리고 많은 이들이 너무 젊은 나이에 죽는다. 그가 싫어했던 것은 그의 환자가 의료 전문가들의 세계로 빠져드는 것을 지켜보는 것이었는데, 그 세계의 전문가들은 그 환자가 죽어가고 있다는 것을 받아들이기를 거부하고 어떤 성공 가능한 치료법으로도 이어질 수 없는 수많은 검사를 계속했다. 물론 그러한 치료가 소용없다고 생각하는 것은 그의 판단이고 전문가들은 다르게 볼 수 있을 것이다.[7] 그러나 여기에는 정말 많이 말해졌고 계속해서 다시 말해지고 있는 똑같은 이야기가 있다. 치료에 집착하는 의학의 관점에서 그 여성 환자의 이야기는 다른 어떤 서사도 되지 못한다. 방대한 재원이 들어갈 뿐만 아니라, 의사인 내 친구의 입장에서 더욱 중요한 문제는, 그의 환자가 자신이 생각하는 좋은 죽음으로 가는 길을 찾도록 도움을 받지 못하고 있었다는 점이다. 복원에 대한 의학의 희망은 다른 어떤 이야기도 설 자리가 없도록 만든다.[8]

텔레비전 광고건, 사회학이건, 혹은 의학이건 간에 이들이 말하는 복원의 이야기는 문화적으로 선호되는 서사다. 이 서사의 실행 가능성에서 가장 중요한 것은, 지그문트 바우만이 "필멸

---

7. 비전문가에게는 더욱 이상해 보이는 일이지만, 전문가들도 치료가 소용없다는 데 동의하면서도 여전히 무엇인가를 해야 한다고 믿을 수도 있다. 그런 태도에 대한 사회학적 연구들은 다음을 볼 것. Charles Bosk, *All God's Mistakes: Genetic Counseling in a Pediatric Hospital* (Chicago: University of Chicago Press, 1992) 그리고 Zussman, *Intensive Care* (『아픈 몸을 이야기하기』 2장 주석 9 참조). 치료를 계속하려는 동료 의사들의 강박과 투쟁하는 한 의사의 이야기로는 Harold Klawans, *Life and Death, and In Between* (New York: Paragon House, 1992), 259~70를 보라. 복원의 서사에 사로잡힌 환자 가족이 주장으로 인해 혼수상태인 환자들을 계속 치료해야 하는 압박에 관해 글을 쓴 의료윤리학자로는 다음을 보라. Nancy Dubler and David Nimmons, *Ethics on Call* (New York: Harmony Books, 1992), 32~33, 334~37.

8. 이와 유사한 이야기로는 다음을 볼 것. Sherwin B. Nuland, *How We Die: Reflections on Life's Final Chapter* (New York: Knopf, 1994) [셔윈 B. 눌랜드, 『사람은 어떻게 죽음을 맞이하는가: 삶의 마지막 순간에서의 가르침』, 명희진 옮김, 세종, 2020], 250~54.

을 해체하기"deconstructing mortality라고 부르는 모더니스트 기획이다.[9] 바우만의 주장에 따르면, 모더니티는 위협들(그 안에서 질병은 계열체적으로 존재한다)을 더 작고 작은 단위들로 쪼갬으로써 필멸의 공포를 쫓아버렸다. 메이의 구분을 사용하자면, 거대한 미스터리가 일련의 작은 퍼즐들이 된 것이다. 전문성과 하위전문성의 구분을 수반하는 의학은 이러한 해체를 가져오도록 고안되었다.[10]

나의 장모 로라 푸트가 암으로 죽어갈 때, 우리 모두는 그녀가 죽어가고 있다는 것을 알았다. 우리 가족이 그녀가 죽어가고 있다는 것에 대해 절대로 이야기하지 않았던 이유 중 적어도 한 가지는, 그녀가 죽기 이틀 전까지도 의학이 계속 제공하는, 증가하는 분량의 치료약에 우리가 매달렸기 때문이다. 그녀의 병세가 악화되고 있다는 것이 아무리 분명하더라도, 거기에는 언제나 선택 가능한 또 다른 치료법이 있었다. 작은 퍼즐들이 풀릴 수 있다면, 이것을 고치거나 저것을 해결하거나 한다면, 필멸이라는 큰

---

9. Bauman, *Mortality, Immortality and Other Life Strategies* (『아픈 몸을 이야기하기』 1장 주석 25 참조). 모더니스트 의학에 대한 바우만의 비판은 포스트-파슨스주의 입장에서 거의 독보적인 것이다. 이러한 위치를 획득하기 위해서 바우만은 의학에 대한 그의 비판을 모더니티에 대한 보다 더 일반적인 비판 내에 위치시켜야 했다. 또 다른 포스트모더니스트 관점으로는 다음을 볼 것. Nicholas Fox, *Postmodernism, Sociology, and Health* (Toronto : University of Toronto Press, 1994).

10. 눌랜드는 의학의 퍼즐들을 수수께끼라고 부른다. "수수께끼는 응용과학자로서의 의사에게는 천연 자석이고 인도적 돌봄 제공자로서의 의사에게는 장애물이다"(*How We Die*, 260 [『사람은 어떻게 죽음을 맞이하는가』]).

문제는 피하게 될 것이었다. 전문가들 각각은 주어진 과제에서 어느 정도 성과를 이뤘지만, 환자는 사망했다.

이처럼 위협적인 대상을 작은 과제들로 해체하는 것은 치료에 도움이 될 수 있다. 최근에 조직검사를 하기 위해 병원에 들어가면서, 나는 수술 전의 검사를 하나하나 거치면서 가벼운 안도감을 느꼈다. 하나씩 절차를 마치는 것은 작은 승리였고, 나는 더 큰 공포로부터 주의를 돌릴 수 있음에 감사했다. 그러나 결국에는 필멸의 현실과 책임, 그리고 그것의 미스터리에 직면해야 한다. 그렇게 하는 것은 복원의 서사 바깥의 이야기를 요구한다.

복구 가능한 몸

질병의 고통이 완화되리라는 믿음은 언제나 모든 몸이 선호하는 서사이지만, 어떤 몸들은 다른 몸들보다 복원의 서사에 더 큰 친화성을 보인다. 통제, 몸-연관성, 타자-연관성, 그리고 욕망의 차원을 사용하여 이 몸들을 서술할 수 있다. 몸은 이 영역들에 가만히 정지해 있는 것이 아니기 때문에, 복원의 서사에 대한 친화성은 모든 몸이 통과하는, 질병의 체현 과정에서의 한 단계이다. 복원의 어떤 변이형이 이야기의 전경에 있을 때, 그것은 다른 서사들에 의해 중단될 것이다. 이는 다른 서사들이 전경에 있을 때 복원의 서사가 그것들을 중단시키는 것과 마찬가지이다.

통제의 영역에서, 복원의 이야기의 화자는 몸이 이전에 가졌던 예측 가능성을 되찾기를 원한다. 이 예측 가능성은 단순히 증상으로부터 자유로운 삶을 수반하는 기계적 기능화가 아니다. 늦춰져야 하는 것은 질병 자체에 의해 표상되는 더 깊은 우연성, 즉 필멸의 우연성이다. 모든 아픔은 필멸에 대한 암시이다. 아픔을 복원의 서사로 이야기하는 것은 그 암시를 미연에 방지한다.

그러나 우연성은 그렇게 쉽게 떨쳐지지 않는다. 복원은 몸 바깥에 있는 작인agency, 즉 수술이나 약물을 통해 작동하는 의학에 의해 야기된다. 몸 자신의 우연성은 치료되지만, 그것은 몸에 대해 타자인 작인에 의존해서일 뿐이다. 복원 이야기의 화자가 이 역설 — 이러한 의존이 자기 자신의 우연성을 구성한다는 것 — 에 대해 숙고하는 것은 복원을 망칠 것이다. 약을 구할 수 있다는 것은 텔레비전 광고에서 의문의 여지가 없다.

복원 이야기의 몸은 다른 몸들과의 관계에서 근본적으로 일항적이다. 의학의 질환 모델은 각각의 환자가 질환을 "갖고 있다"는 개념을 강화시키며, 이러한 질환 모델은 자율적 독립체로서의 개인을 강조하는 모더니스트 관념과 잘 연계된다. 질병을 "갖고 있다"고 말하는 것을 가능하게 해 주는 개인이라는 관념은 권리를 "소유하고", 교육을 "획득하며", 혹은 이후의 장들에서 논의할 것이지만, 공감력을 "갖고 있다"고 말할 수 있도록 한다. 질환, 권리, 교육, 공감은 다른 사람들과의 관계에 대한 표현이 아니라 특정한 개인들의 속성으로 여겨진다. 질환을 "갖고 있는" 것으로 말함으로써 일항의 몸은 스스로를 고립시킨다.

스스로를 고립시키는 몸은 이 몸의 복원을 고대하는 자아로부터 분리된다. 일시적으로 무너진 몸은 치료되어야 할 "것"이 된다. 그러므로 자아는 몸으로부터 **분리된다**. 텔레비전 광고의 서사와 환자–역할의 서사 양자 모두는 몸에 의해 영향을 받지만 몸으로부터 분리된, 몸 안에 있는 개인의 존재를 말해 준다. 몸은 그 안에 있는 사람이 운전하는 일종의 자동차다. "그것"은 부서졌고 수리되어야 한다. 복원의 이야기는 이렇게 말하는 것 같다. "나는 괜찮지만 내 몸이 아프고 내 몸은 곧 고쳐질 것이다." 이 이야기는 모더니스트의 필멸의 해체를 지지하고 그것에 의해 지지되는 실천이다. 필멸은 몸의 조건으로 주어져 있는데, 그 몸은 개별적인 부분들로 조각나고 어떤 부분이라도 고쳐질 수 있다. 그러므로 필멸은 미연에 방지된다. 나의 존재 전체가 필멸한다는 것을 암시하는 아픔은 고려되지 않는다.

마지막으로, 복원 이야기 속에서 몸은 "그것"일 수 있지만 치유되기를 원한다. 이때 욕망은 생산적인 것으로 남아 있다. 몸을 치료하는 것은 상품이다. 약의 형태건, 서비스의 형태건, 어떤 방식으로 대가를 지불하건 간에, 그것은 상품이다. 텔레비전 광고는 강력한 주인서사이다. 왜냐하면, 어떤 병에도 치료제가 있다는 생각을 주입시키고 그 약을 구입 가능한 포장된 상품으로서 보여 주기 때문이다. 복원은 가능한 것일 뿐만 아니라 **상품화되는** 것이다.

상품화는 필멸의 해체의 중요한 측면이다. 내가 이것을 사서 저것을 고칠 수 있는 한, 나는 영속성이라는 환상을 유지한다. 살 것이 더 많이 있는 한, 고쳐져야 할 것이 고쳐지는 한, 나는 계속해서 존재할 것이다. 이 미니-플롯 줄거리가 과도하게 단순화된 것처럼 보인다면, 의학 전문기자인 니콜라스 레구쉬가 "놀랄 만한" 이야기들이라고 부르는, 제약회사들이 주기적으로 그에게 보도용으로 보내는 이야기들을 아무 신문에서나 살펴보라.[11] 몸에 어떤 문제가 있건 간에, 이 이야기들은 곧 개발될 고도 기술의 치료법에 대해 서술한다.

레구쉬의 냉소주의에 내가 공감하는 것은 암 치료법이 임박했다고 선언하는, 극도로 열정적이라고밖에 말할 수 없는 의학 강연들에 줄줄이 참석했던 경험 때문이다. 암에 다시 걸린다면, 나는 이 의사들과 기술들을 찾을지도 모른다. 그러나 일부 사람을 치료하는 것 외에 그러한 기술이 가져오는 또 다른 효과는 필멸 자체가 피할 수 있는 우연성이라고 암시하는 것이다. 유전학적 선별 작업과 유전자 조작에서의 진보, 특정한 종양 부위에 투약될 수 있는 약물, 병리적 문제를 훨씬 더 일찍 감지하는 새로운 진단 이미지 기계에 대한 논의 중에서, 이 모든 복원에 관한 논의 중에서 죽음이라는 단 하나의 확실한 사실이 설 자리는 거의 없다. "놀랄 만한" 소식이 나오고 의학이 그것을 자축하는 것은 잘못된 일이 아니다. 그러나 여기에서 서사적 균형은 명백히 결여되어 있다. 다른 이야기들 역시 일어나고 있지만, 복원의 이야기는 그것들을 배제한다.

11. Nicholas Regush, *Safety Last : The Failure of the Consumer Health Protection System in Canada* (Toronto : Key Porter, 1993).

그러므로 복원의 서사를 선택하도록 하는 몸, 이 서사가 선택하는 몸은 훈육된 몸과 비추는 몸 사이 어딘가에 위치한다. 복원의 이야기는 보통 어떤 치료법을 고수할 것을 요구하며, 이 의료적(혹은 대체의료적) 순응은 훈육된 몸을 요구한다. 그러나 이 몸은 소비에 대한 강조라는 점에서 비추는 몸이기도 하다. 복원의 이야기는 질병에 걸리기 전의 과거 혹은 다른 어딘가에서 온 이미지 속에서 몸을 다시 만드는 것에 관한 것이다.

비추는 몸은 원칙적으로 라깡이 상상계의 영역이라고 부르는 곳에서 살아가는데, 여기에서 자아는 다른 어딘가로부터 온 이미지들, 서로 겹겹이 쌓여 자아가 되는 이미지들로 구성된다. 이미지들에 대한 의존은 텔레비전 광고에서 명백하다. 아픈 "나쁜 몸"은 치료 후의 건강한 "좋은 몸"과 병치된다. 동일시를 위해 제시되는 이미지들은 분명하다. 파슨스의 환자 역할에서도 동일시는 의사의 핵심 기능이다. 의사는 자신의 의술로 치료를 할 뿐만 아니라 자신의 존재를 통해 건강의 모델이 되기도 한다. 파슨스에게 이러한 "건강"의 핵심은 의사 자신의 체현이 아니라 그의 역할 수행에 있다. 의사는 아픈 사람이 환자 역할을 맡으면서 포기했던 정상적인 노동의 의무를 수행하고 있다. 환자가 동일시하도록 제공되는 이미지는 기능을 수행하는 노동자의 이미지이다.

바로 앞 단락의 언어는 종종 비난투로 사용되는 용어들로 가득하다. 활동 양식으로서의 소비, 이미지들과의 동일시, 노동 의무의 우월함 등이 그렇다. 이 비난투의 함의에 반하여, 나는 상상계가 존재의 양식으로서 중요하다는 점을 반복해서 말하고자 한다. 이미지들에서의 자아-동일시는 개인이 상상계 내에서 **배타적으로** 살아갈 때만 신경증이 된다. 비추는 몸과 훈육된 몸은 완벽히 적절한 존재의 양식들이다. 다른 모든 존재의 양식과 마찬가지로, 문제는 이 몸들 중 어느 하나에 고착되는 것이다. 복원의 이야기는 아마도 내가 아플 때마다 나 자신에게 말하는 첫 번째 이야기일 것이다. 그러나 나는 다른 이야기들도 말해야 한다고 나 자신에게 상기시키고자 노력한다.

자아-이야기로서의 복원

복원의 이야기에서 질병의 암묵적인 기원은 기계론적인 논리로 상상된 몸에 운이 없게 일어난 고장이다. 고쳐지기 위해서 그 몸은 일종의 기계가 되어야 한다. 어느 날 아침 신문에 노벨상을 수상한 의사의 인터뷰가 실렸다. 그는 자신의 작업을 이해하기 위해서는 몸을 텔레비전 세트로 생각해야 한다고 기자에게 말했고, 정교한 비유가 뒤따랐다.[12] 복원은 수리를 필요로 하고, 수리는 그 같은 기계론적 관점을 필요로 한다. 기계론적 관점은 질병을 정상화한다. 텔레비전이 고장 나면 수리가 필요하듯이 몸도 그러하다. 기원에 대한 질문은 어떻게 텔레비전 세트를 다시 작

---

12. Mark Lowry, "Cancer Warrior," *Calgary Herald*, April 30, 1994. 여기에서 상품에 해당하는 것은 어떤 기술적 생산물이 아니라 개인적 재능으로서의 전문 지식이지만, 이 이야기는 레구쉬의 언어로 "놀랄 만한" 장르의 한 변이형이다.

동시킬 것인지라는 퍼즐로 수렴된다.

기원에 대한 이러한 무관심은 모더니스트 사고의 전형적인 특징이다. 에른스트 블로흐에 따르면 모더니스트들은 "본래의 근본적인 행위에서가 아니라 아직 오지 않은 미래에서 정당화를 추구한다."[13] 텔레비전 광고는 그 사람이 처음에 어떻게 아프게 되었는지는 고려하지 않는다. 근본적인 행위들은 삭제된다. 파슨스는 환자 역할로 빠지게 하는 외부적 압박의 형태를 고려하지만, 그러한 압박을 가져온 조건을 변화시킬 필요에 대해서는 논의하지 않는다. 환자 역할에 있는 사람이 다시 같은 상태로 돌아올 것이라는 사실은 고려의 대상이 아니다. 고쳐질 수 있는 무한한 미래가 있는 한, 기원이 되는 상황을 변화시키는 것은 무관해 보인다.

복원의 이야기에서 기원에 대한 관심의 부재는 다른 이야기들과 대조해 볼 때 가장 명백해진다. 노벨상 수상자인 암 전문가의 기사가 실렸던 같은 신문에는 또한 유방에 주입한 실리콘의 누출로 인한 것으로 의심되는, 다양한 질병에 시달리는 여성들의 이야기가 있었다.[14] 이 여성들에게 처음에 실리콘을 삽입했던 "근본적인 행위"는 중요하다. 그들이 실리콘 주입에 대해 들었던 것, 그들의 의사들이 알고 있던 것, 제조업자가 알고 있던 것, 그리고 그들이 수술을 했던 이유("나의 자존감

---

13. Bauman, *Mortality, Immortality*, 162에서 인용.
14. Sharon Adams, "Sick Over Silicon," *Calgary Herald*, April, 30, 1994.

은 낮았다")는 모두 자세히 서술되어 있었다. 그러나 슬프게도, 이것들은 복원의 이야기가 아니었다. 그 여성들은 그들 인생의 나머지를 아픈 상태로 살 것이며 심지어 그 아픔을 자녀들에게까지 물려줄 것으로 예상되었다.[15] 복원이 불가능하다고 판단될 때 근본적인 행위는 중요해진다. 복원이 가능할 때는 "아직 오지 않은 미래"가 선호된다.

이처럼 미래를 선호하는 것은 질병의 중단을 해석하는 방식에도 영향을 미친다. 텔레비전 광고와 환자 역할 모두는 중단으로서의 아픔에 초점을 두지만, 이 중단은 유한하고 치료 가능한 것이다. 복원이 의미하는 것은 중단이 발생한다면 아픈 사람은 이제 그것을 고칠 수 있는 치료제가 있음을 알고 있다는 것이다. 복원의 서사는 중단에 대한 응답이지만 그 서사는 중단을 넘어선다. 이와 대조적으로, 유방 실리콘 주입에 관한 이야기는 다음과 같이 시작한다. 한 여성이 자기 아이의 피부 발진이 모유 수유 중 아이가 흡수했던 실리콘으로 인한 것이 아닌지 걱정한다. 그녀의 걱정은 인터뷰어의 질문들에 갑자기 끼어들어 중단시키는 것으로 나타난다. 이 중단은 발진이 그녀의 사고를 중단시키는 것, 실리콘으로 인한 질병이 끝없이 계속되는 중단이라는 미래를 나타내는 것과 같다. 그녀의 이야기는 중단에 대한 응답이 아니라 영원히 중단되는 서사다.

---

15. 그 이야기들은 디지아코모가 말하는 피해자가 되는 것의 이야기와 다음 장에서 내가 혼돈의 이야기라고 부를 것을 번갈아서 보여 준다.

복원의 서사가 목적하는 바는 이중적이다. 개별적인 화자에게 결말은 시작 바로 직전으로, 즉 "새것처럼 좋은" 상태 혹은 이전의 상태로 돌아가는 것이다. 복원의 이야기를 선호하는 문화에서 이 서사는 고장 난 것이 고쳐질 수 있다고 단언하는 것이다. 가정의 상비약 통에 안전히 보관되는 치료약은 앞으로의 아픔에 대한 일종의 부적이 된다. 전에 아팠던 사람이 다시 그 상태로 돌아갈 가능성을 파슨스가 고려하지 않는 이유에 대한 한 가지 설명은 다음과 같다. 아픈 상태가 다시 찾아온다면 치료약을 약통에서 꺼낼 수 있고 그 사람은 의사에게 돌아갈 수 있기 때문이다. 복원의 확장된 논리로 보자면, 미래의 아픔은 이미 치료되어 있을 것이다.

복원의 서사는 질병에 의해 방해받지 않을 미래를 투사하는 것과 마찬가지로 기억이 붕괴되지 않도록 보호한다. 복원의 서사에서 기억이 붕괴되지 않는 것은 현재의 질병이 일탈이기 때문이다. 즉, 현재의 질병은 그것에 걸리지 않았다면 정상적인 시간대로 흘러갔을 일시적인 상태다. "정상적" 궤도는 온전한 것으로 남는다. 암에 걸린 후 나는 내가 아팠던 동안 휴직을 했던 동료를 만났다. 그는 내게 일어났던 일에 대해 무척 세심하게 신경을 썼고, 자신이 한때 암을 앓았지만 심각한 상태까지 가지는 않았었다는 이야기를 결국 내게 했다. 이야기를 나누다가 사실 그가 나와 마찬가지로 고환암에 걸렸었다는 것을 알게 되었다. 그러나 초기에 발견하여 즉시 수술을 받은 그와 달리 나는 오진과 광범위한 이차 종양에 시달렸었다.

우리의 진단상의 차이는 서사적 차이이기도 했다. 그의 이야기는 그가 다른 방식으로 이야기를 할 시간도 없이 복원의 이야기가 되었다. 기억이 경험을 패턴으로 위치시키는 것이라면 — 설령 패턴을 바꾸는 것일지라도 — 암에 대한 그의 기억은 기억 바깥에서 회상되는 어떤 것이었다. 그는 암을 기억했지만, 암은 회상을 이루는 패턴의 일부가 아니었다. 복원의 이야기를 하는 화자에게 아픔은 기억할 만한 것이 아니다. 그러나 복원은, 특히 그것이 이례적인 것이라면, 기억할 만한 것일 수 있다. 복원은 그것이 예상되지 않았을 때만 좋은 이야기가 된다.

내 동료의 암 경험은 몇 주 후에 종료됐다. 그 사건이 책임에 관한 중요한 문제들을 분명히 했더라면, 그런 경우가 있기는 하지만, 그것은 드문 일이었을 것이다. 우리 지역 암 협회에서 자원활동을 하는 한 여성은 그녀가 암에 대해 가졌던 두려움을 감정적으로 표현함으로써 자신의 헌신에 대해 설명한다. 그녀는 암이 의심되어 검사를 받았지만 암이 아닌 것으로 판명된 적이 있다. 내가 알기로는 그 후 이것은 그녀의 건강에 문제를 일으키지 않았다. 그러나 그녀는 어느 가족과 친하게 지냈는데 그 가족의 어머니가 암에 걸려서 여러 해 동안 고생하다 사망한 일이 있었다. 그 친밀함의 경험은 그녀의 암에 대한 두려움에 서사적 맥락을, 그리하여 힘을 주었다. 이는 내 동료의 실제 암 경험에서는 볼 수 없는 것이었다. 그녀의 경험은 그녀에게 무거운 책임감을 남겨 주었다. 그녀는 슈바이처가 말한 고통의 표식을 짊어진 사람들의 공동체에 합류했다. 그녀의 경우 의학적 사실은 복원의 모델에 해당하지만, 그녀의 서사는 복원의 서사가 아니다.

책임의 문제는 서사유형들 간의 핵심적인 차이 중 하나를 보여준다. 그것은 서사가 아픈 사람에게 제공하는 작인이 무엇인지의 차이다. 복원의 서사에서 책임은 약을 먹고 낫는 것으로 제한되며, 건강은 질병과 대조되어 정의된다. 다른 서사들은 질병 이전에 살았던 것과 같은 삶으로 돌아가는 것이 도덕적 선택으로서 불가능하다는 방식으로 질병의 경험을 이해한다. 슈바이처는 이것을 다음과 같이 표현했다. 우리 중 누구라도, "고통과 불안이 정말로 무엇인지를 개인적인 경험을 통해 배운 사람이라면, 자신이 예전에 받았던 것과 마찬가지의 도움을 육체적으로 어려움에 처한 사람들이 받을 수 있도록 도와야 한다."16

슈바이처는 건강으로의 복구를 상정하지만, 이는 복원의 서사 내에서가 아니다. 슈바이처가 묘사한 사람의 질병이 치료되었다고 하더라도 그 사람의 삶은 근본적으로 변했다. 책임은 아픈 사람과의 지속적인 연대감에 기반한다. 이 연대는 개인의 몸이 현재 건강한지 질병이 있는지의 문제를 초월한다.

복원의 서사가 자아-이야기를 생성할 수 있는가? 생성할 수 없다. 복원 이야기가 담고 있는 증언이 자아의 투쟁에 대해서가 아니라 사람들의 전문기술, 즉 치료에 영향을 미치는 역량과 돌

---

16. Schweitzer, *Out of My Life and Thought*, 195[슈바이처, 『나의 생애와 사상』] (『아픈 몸을 이야기하기』 2장 주석 12 참조).

봄에 대해서이기 때문이다. 복원의 이야기는 자아에 대해 말하는 것이 아니라 자아에 의해 말해져야 하는 것이다. 비추는 몸의 자아는 다른 사람들의 이미지와 동일시함으로써 실현된다. 복원 이야기를 하는 사람은 그러한 이미지들의 타당성에 대해서만 증인이 될 수 있다.

그러나 이 "생성할 수 없다"는 대답에는 어떤 단서를 달아야 한다. 즉 모든 질병 이야기가 자아-이야기가 되어야 하는 것은 아니라는 점을 인정해야 한다. 심각하게 아픈 사람 중에서도, 일관성의 감각이 붕괴되는 것을 경험하지 않는 사람은 많다. 빼앗긴 것으로 인정되는 것이 없다면 되찾아야 하는 것은 무엇인가? 의식은 경험에 대해 자기 자신의 주권을 유지해 왔다. 복원의 서사는 그것의 적절한 영역을 가지고 있다. 건강의 이미지는 많은 사람이 차용하고 적응할 수 있는 행동을 모델로 할 수 있다. 문제는 아픈 사람이 복원을 발견하지 않을 때, 혹은 복원의 이야기만을 말할 수 있는 사람이 건강이 복구되지 않을 다른 누군가를 만날 때 발생한다.

복원의 힘과 한계

복원의 이야기들이 강력한 이유는 그 이야기들이 흔히 사실이기 때문이다. 많은 사람이 언젠가는 질병의 왕국에서 벗어나 다시 태어난 것처럼 좋아진다. 이 이야기들의 문화적 힘은 그들의 이야기가 모더니티의 가장 큰 충동 중 하나 ― 응용과학의 자기 극복으로서의 영웅주의 — 를 반영한다는 점이다. 로버트 저스만은 집중치료실에서의 의료 업무에 대한 연구를 요약하면서 "영웅주의의 평범함"이라는 어구를 만들어 낸다. 그에 의하면, "(의료 직원들이) 영웅적이라면, 그들은 미래를 준비하고 매일을 보내는, 자신들의 업무를 행하는 일상적 절차의 측면에서 영웅적이다."[17]

복원의 이야기를 하는 아픈 사람들은 그들 자신의 영웅주의의 평범함을 실천한다. 그들은 환자로서 자신이 할 일을 하는 문제로 질병을 수행하면서, 질병에서 나은 후의 미래를 준비하고 일상을 견뎌낸다. 복원 이야기가 육체적 무너짐에 맞서 영웅주의를 보여 주는 것은 정확하게 그것이 아픔을 평범한 것으로 다루기 때문이다. 그러나 아픈 사람의 이러한 영웅주의는 치료자의 보다 능동적인 영웅주의에 언제나 의존한다.

의사와 환자 각각의 영웅주의는 상호보완적이지만 비대칭적이다. 각각의 영웅주의는 상대편에 의해 획득되지만, 의사들은 능동적 영웅주의를 실천하고 환자들은 수동적 영웅주의를 받아들인다. 이 비대칭은 문제가 아니지만, — 그것은 유일하게 합리적인 배치일지도 모른다 — 이 서사를 자신의 자아 이야기로 차용하는 아픈 사람은 개인으로서의 자신을 종속시키는 도덕적 질서에서의 위치를 받아들인다.

이러한 종속은 의사들이 환자에게 갖는 책임감이 다른 의사

---

17. Zussman, *Intensive Care*, 61.

들에게 갖는 책임감만큼 크지 않다는 저스만의 관찰에 함축되어 있다. 그는 어느 병원 전공의가 의학을 "집약된 지적 난관"이라고 평가한 것을 언급한다. 저스만은 모든 환자가 동료 간의 책임이나 집약이라는 의사의 가치들을 이해하지는 않는다는 것을 잘 알고 있다. 그럼에도 불구하고 이런 가치들은 "의료 전문직에게 우선적으로 중요"하다.[18]

모더니스트 "영웅"과 포스트모던 "도덕적 인간"이라는 바우만의 구분은, 의학적 영웅주의에 대한 저스만의 통찰력 있는 서술을 더 넓은 관점 안에 위치시킨다.[19] 영웅은 "자기 자신의 자아-보존보다 더 숭고하고 더 고결하고 더 가치 있는" 대의명분을 믿는다. 저스만이 기술한 "의료 전문직"은 그러한 대의명분의 위상을 가정한다. 그는 환자와 의사 모두의 편안함과 안전함은 위험을 무릅쓸 가치가 있는 것이라고 주장한다. "의료 전문직" 개념은 "국가, 인종, 계급, 혹은 '삶의 방식', 신, 때로는 '인간 그 자체'와 같은 관념의 지속이나 옹호 혹은 승리"라는, 바우만의 모더니스트 대의명분의 목록에 쉽게 포함된다(209).

포스트모던 경계에서 영웅의 반대편에서는, 바우만의 "도덕적 인간"이 "다른 인간의 삶이나 행복 혹은 존엄성"을 자신의 대의명분으로 선택한다(209). 도덕적 인간은 자기 자신이나 그 사

---

18. 같은 책, 60. 파슨스는 환자에게 "우선적으로 중요"한 가치에 대해 분명히 했다. 그가 가리키는 것은 "전체로서의 체계라는 공통의 목적을 향해 가는 데 있어서 환자에게 부여된 명확한 책임"이다(*Action Theory*, 25).

19. Bauman, *Mortality, Immortality*, 209.

람이 돌보려는 다른 어떤 누구도 "의료 전문직" 같은 관념을 위해 위험을 무릅쓰게 하지 않을 것이다. 어떤 관념이 눈앞에 있는 사람의 가치와 존엄성을 존중하지 않는다면, 그것이 그 사람의 희생을 요구한다면, 그것은 존중할 가치가 없는 관념이다. 그러나 이것은 포스트모던적인 태도다.[20]

복원의 이야기는 질병의 경험과 의학적 치료 모두에 모더니스트 서사를 각인시킨다. 복원의 이야기의 첫 번째 한계는 필멸의 해체라는, 명백하지만 종종 무시되는 한계다. 복원 이야기가 더는 통하지 않을 때 의지할 다른 이야기는 없다. 사람이 죽어가거나 장애가 영원히 남을 때 복원의 이야기는 통하지 않는다. 복원이 일어나지 않는다면, 다른 이야기들이 준비되어야 한다. 그렇지 않으면 서사적 잔해는 실제적인 것이 될 것이다.

많은 죽음을 보아온 시니어 의사로서 글을 쓴 셔윈 눌랜드는 "죽음이라는 고뇌에 찬 사실로부터 지속적인 편안함과 어떤 숭고함조차" 얻을 수 있는 "최후의 나눔"을 환기시킨다.[21] 눌랜드는

---

20. 이러한 "포스트모던적인" 태도는 소포클레스의 『안티고네』의 도덕적 딜레마만큼이나 오래된 것이다. 전문의학에서 들리는 "도덕적 인간"의 목소리 중 하나의 예는 이스라엘의 의사이자 의학 교육자인 시몬 글릭(Shimon Glick)이다. 그는 바우만의 견해에 공명하여 다음과 같이 말한다. "기본적으로 우리가 사는 현대 세계는 엄격한 윤리적 잣대에 의해 행동을 꼼꼼하게 검토할 것을 요구하지 않는 우선성의 질서를 스스로 세웠다."("The Empathic Physician," in Spiro, *Empathy and the Practice of Medicine*, 100 [『아픈 몸을 이야기하기』 서문, 주석 3 참조]).

21. Nuland, *How We Die*, 244 [눌랜드, 『사람은 어떻게 죽음을 맞이하는가』]. 이 단락에서 눌랜드는 자신의 환자들의 죽음에 대해서가 아니라 그와 그의 가

치료라는 이상에 집착한 그의 동료들이 죽어가는 사람들과 그들의 가족으로부터 이러한 나눔을 박탈한 것을 책망한다. 그가 "수수께끼의 유혹"(249)이라고 칭하는 것을 나는 복원 서사의 배타성에 사로잡히는 것이라고 부른다. 눌랜드가 묘사한 바에 의하면, 이 서사는 죽어가는 사람을 "우리 모두가 무덤으로 가져갈 짐", "해결되지 않고 파손된, 치유되지 않은 관계들, 실현되지 않은 잠재성, 지켜지지 않은 약속, 다시는 살아갈 수 없는 시간들"(261)로부터 해방시킬 이야기를 위한 공간을 남겨두지 않는다. 눌랜드가 관찰한 바로는, 나이가 매우 많은 사람들조차 이 미결된 일을 항상 피할 수는 없다.

눌랜드는 다른 어떤 의학 평론가보다도 더 강한 형태의 책임을 주장한다. 그에 의하면, "죽어가는 사람들은 자신과 삶이 얽혀 있는 이들에게 수고를 끼치지 않으려는 잘못된 시도의 덫에 걸리지 않아야 할 책임이 있다"(243). 복원의 서사는 바로 그러한 덫이 될 수 있다.

또 다른 한계는, 앞에서 말한 것과 정반대가 될 텐데, 복원이 점차 일부 사람만 살 수 있는 상품이 된다는 점이다. 텔레비전 광고를 보고 있는, 같은 질병에 걸린 사람이 그 치료약을 살 돈이 없다고 상상해 보라. 고도로 기술이 발전한 의학은 점점 더 적은 수의 사람만이 감당할 수 있는 복원을 점점 더 많이 제공하고 있

족이 사랑했던 할머니의 죽음을 어떻게 견뎠는지에 대해 숙고하고 있다. 장모님의 죽음에 대한 나 자신의 이야기는 다음을 볼 것. "Interrupted Stories, Interrupted Lives," *Second Opinion* 20(July 1994) : 11~18.

다.[22] 그러므로 질병의 일반화된 서사로서의 복원의 이야기는 그 유효성이 점점 더 제한되어 갈 것이라고 예측할 수 있다.

그러나 의학적 진보가 그것의 혜택을 받는 사람에게로 제한 된다고 하더라도, 이 진보는 실제적이고 복원 서사의 궁극적 힘 으로 남는다. 복원의 궁극적 한계는 필멸이다. 필멸에 직면하는 것은 복원 이야기의 일부가 될 수 없다. 내 의사 친구가 자신의 환자를 전문의들로부터 떨어트려서 그 환자의 임박한 죽음을 환 자 본인과 논의할 수 없는 것처럼, 말해질 수 없는 그것이 때로는 극적인 것일 때도 있다. 다른 경우에는, 죽음에 대해 말하는 것을 금지하는 것은 아무것도 없지만 강력한 무엇인가가 말하기를 억 제한다.

노르베르트 엘리아스가 제기한 주장에 응답하면서, 지그문 트 바우만은 왜 복원의 서사가 필멸이 경험에 유효하도록 할 수 없는지 설명한다. "아마도 (우리가 죽어가는 사람과 마주할 때) 말이 나오지 않는 것은 단지 그 문제의 섬세함 때문만은 아닐 것 이다." 바우만은 계속해서 말한다. "그것은 또한 우리가 더는 **생존** 의 언어를 사용하지 않을 사람, 그 언어가 연상하고 유지하는 바 쁜 겉치레의 세상을 막 떠나려고 하는 사람에게 할 말이 아무것

---

22. 이러한 모순을 다루고 있는 주장으로는 다음을 볼 것. William Gaylin, "Faulty Diagnosis : Why Clinton's Health Care Plan Won't Cure What Ails Us," *Harper's*, October 1993, 57~64. "전통 의학"의 개인주의적 이상이 사회 빈곤층의 건강 문제를 해결할 능력이 없다는 것에 대해서는 다음을 볼 것. Hilfiker, *Not All of Us Are Saints*, 151, 176, 211(『아픈 몸을 이야기하기』 2장 주석 22 참조).

도 없다는 단순한 사실 때문이기도 하다."[23]

파슨스, 저스만, 그리고 다른 실천적 연구자들이 하는 사회
학적 설명과 눌랜드 같은 의사들이 현직종사자로서 하는 설명에
근거하여, 전문의학은 생존의 언어를 넘어 할 수 있는 말이 전혀
없다는 것을 제도화한다. 생존의 언어에 대하여 자기-제한을 학
습한 것은 영웅주의의 평범함에서 핵심이 된다. 포스트모던 시대
에는 이 핵심에서 보이는 틈새가 넓어진다. 많은 의사가 관심을
보이는 것은, 바우만의 모더니스트 의미에서의 영웅이 되는 것보
다는 도덕적 인간이 되는 것으로 보인다. 눌랜드의 자아-성찰과
그것이 대중적으로 광범위하게 수용되는 것은 이러한 변화를 보
여 주는 하나의 척도다. 데이비드 힐피커의 글과 삶은 변화의 또
다른 척도다.[24]

---

23. Bauman, *Mortality, Immortality*, 129~30, 강조는 아서 W. 프랭크가 더한 것.
24. 의학의 도덕적 지향에서의 변화를 요청하는 다른 영향력 있는 의사들로는
    다음을 참조할 것. Howard Brody, *The Healer's Power* (New Haven : Yale
    University Press, 1992)[하워드 브로디, 『의료윤리와 힘』, 김성수 옮김, 보문
    각, 2006] ; Eric Cassell, *The Nature of Suffering and the Goals of Medicine*
    (New York : Oxford University Press, 1991)[에릭 J. 카셀, 『고통받는 환자와
    인간에게서 멀어진 의사를 위하여 : 고통의 본질과 의학의 목적』, 강신익 옮김,
    들녘, 2002] ; Ron Charach, ed., *The Naked Physician : Poems About the Lives
    of Patients and Doctors* (Kingston, Ontario and Clayton, New York : Quarry
    Press, 1990) ; Coles, *The Call of Stories* (『아픈 몸을 이야기하기』 2장 주석
    18 참조) ; Kleinman, *The Illness Narratives* [클라인먼, 『우리의 아픔엔 서사
    가 있다』] (『아픈 몸을 이야기하기』 서문, 주석 2 참조) ; Spiro, *Empathy and
    the Practice of Medicine* ; 그리고 Waitzkin, *The Politics of Medical Encoun-
    ters* (『아픈 몸을 이야기하기』 3장 주석 12 참조).

그러나 나의 관심은 의학적 변화를 예측하는 것보다는 아픈 사람에게 무슨 일이 일어나고 있는지이다. 복원의 실행 가능성이 더는 유효하지 않게 된다면, 언제나 자신들의 경험을 생존의 언어로 말해 온 사람들이 그 언어가 자기 자신들에 대해 말해 줄 수 있는 것이 더는 아무것도 없다는 것을 깨달을 때 무슨 일이 일어나는가? 생존의 끝이 임박했을 때, 어떤 몸-자아가 남는가? 비극은 죽음이 아니다. 비극은 삶을 마치기 전에 자아-이야기가 끝난다는 것이다. 말할 것이 더 이상 아무것도 없다는 것이 이 사람들이 자기 자신을 더 이상 필요로 하지 않는다는 것을 의미한다면, 오드리 로드의 글에서처럼 그들이 자기 자신에게 있어줄 수 있는 언어를 잃어버렸다면, 그것은 비극이다. 살아간다는 것은 분명히 "바쁜 겉치레의 삶" 이상의 것이 될 수 있으며, 이야기들은 이 다른 가능성을 떠올리게 하는 데 유용하다. 그러나 복원을 넘어서는 삶을 단언하는 이야기들에 대해 말하기 전에, 복원의 어떤 가능성도 부정하는 이야기들을 들어야 한다.

5장

혼돈의 서사 :
무언의 질병

비非-플롯으로서의 혼돈

혼돈은 복원의 반대다. 혼돈의 플롯은 삶이 절대 나아지지 않을 것이라고 상상하는 것이다. 서사적 질서가 부재하기 때문에 이야기들은 혼돈 상태다. 연속성도 없고 식별가능한 인과성도 없이, 사건들은 스토리텔러가 삶을 경험함에 따라 말해진다. 일관적인 연속성의 부재는 혼돈의 이야기를 듣기 어려운 최초의 이유이다. 화자는 "적절한" 이야기를 하는 것으로 이해되지 않는다. 이보다 중요한 것은 혼돈의 이야기의 화자가 "적절한" 삶을 살고 있는 것으로 들리지 않는다는 것이다. 이야기 속에 있는 것은 삶 속에 있는 것과 같기 때문에, 하나의 사건은 다른 사건으로 이어지도록 기대된다. 혼돈은 그러한 기대를 부정한다.

복원의 이야기가 선호되는 것만큼이나 혼돈의 이야기는 불안을 야기한다. 혼돈의 이야기를 하는 것은 모더니티가 능가하고자 하는 모든 것의 승리를 의미한다. 이 이야기들 속에서 치료약, 진보, 전문직업성과 같은 모더니스트 방어벽은 취약함, 무익함, 무력함을 드러내면서 부서진다. 복원의 서사가 고통에 앞서거나 고통을 능가할 가능성을 약속한다면, 혼돈의 이야기는 우리 중 누구라도 얼마나 쉽게 땅으로 빨려 들어갈 수 있는지를 말한다. 복원의 서사는 ─ 새로운 가족과 성城을 얻어 신의 자애로움 속에서 볕을 쪼이는 욥처럼 ─ 아무리 나쁜 일처럼 보이는 것도 행복한 결말이 가능하다고 청자를 안심시킨다. 혼돈의 서사는 욥이 그의 아내의 조언을 받아들여 신을 저주하고 죽는 것이다.

혼돈의 이야기는 또한 너무 위협적이기 때문에 듣기가 어렵다. 이 이야기들이 불러일으키는 불안은 듣기를 제약한다. 많은 이들처럼 나는 수년간 질병의 경험에 존재하는 혼돈의 측면을 보았고 나중에서야 그 사실을 알아챘다. 말해지고 있는 것을 듣기 위해서, 나는 나 자신의 경험 밖에 있을 뿐 아니라 질병이라는 주제 밖에 있는 사건들을 말하는 다른 이야기들로 거리를 두어야 했다. 홀로코스트 이야기들과 그에 대한 논평에서 나는 처음으로 혼돈의 서사를 듣기 시작했다.[1] 홀로코스트 증인들이 말하는 이야기들에서 회피할 수 없는 것은 채워지지 않는, 혹은 라깡의 비유를 사용하자면 봉합될sutured 수 없는 서사의 구멍이다. 그 이야기는 주위를 맴돌면서 말해질 수밖에 없는 상처의 가장자리를 추적한다. 언어는 상처의 쓰라림을 시사하지만, 그 상처는 몸의 너무나 큰 부분이어서, 그로 인한 모욕, 고충, 상실을 언어로 표현하려는 시도는 필연적으로 실패한다.

혼돈의 이야기의 화자는 분명히 상처 입은 스토리텔러다. 그러나 진정으로 혼돈을 살아가는 사람들은 언어로 말을 할 수 없다. 혼돈을 구술 이야기로 전환하는 것은 그 이야기를 어느 정도 성찰적으로 부여잡는 것이다. 이야기로 말해질 수 있는 혼돈은 이미 거리를 두고 일어나는 것이고 회고적으로 성찰되고 있는 것이다. 자기 자신의 삶을 그처럼 성찰적으로 부여잡으려는 사람에

---

1. 나는 특히 로렌스 L. 랭거의 『홀로코스트 증언 : 기억의 붕괴』(『아픈 몸을 이야기하기』 일러두기 7번에 표기된 제사의 출처 참조)에 빚을 지고 있다.

게 거리두기는 선결 조건이다. 누군가의 삶의 사건들을 말할 때, 말하기는 사건들을 중재한다. 그러나 혼돈 속에서 살고 있을 때는 어떤 중재도 없고 즉각성immediacy만이 있다. 몸은 그 순간의 좌절당한 욕구에 갇혀 있다. 혼돈의 이야기를 살아가는 사람은 자신의 삶으로부터 거리를 두고 그것을 성찰적으로 부여잡을 수 없다. 현재의 삶으로서의 혼돈은 성찰을, 그리고 결과적으로 이야기하기를 불가능하게 만든다.

서사가 시간을 통해 서로 연결되는 일련의 사건들을 의미한다면, 혼돈의 이야기는 서사가 아니다. 내가 이하에서 혼돈의 서사라고 부르는 것은 반-서사를 의미하는데, 그것은 순서가 없는 시간, 중재 없이 말하기, 자기 자신에 대해 온전히 성찰할 수 없는 상태로 자신에 대해 이야기하기다. 나는 혼돈의 이야기들이 말해지는 그대로 쓰는 일을 계속할 것이지만, 이 이야기들은 말 그대로 말해질 수 없고 오직 살아질 수만 있다.

혼돈의 이야기는 말해질 수 없지만, 혼돈의 목소리는 식별될 수 있고 이야기는 재구성될 수 있다. 이 목소리가 어떻게 들리는지는 캐시 샤마즈에 의해 보고된 인터뷰 단편에서 포착된다. 화자인 낸시는 여러 가족 문제뿐 아니라 만성적인 질병을 가지고 있는 여성이다. 그녀는 알츠하이머병이 있는 어머니와 함께 사는 것에 대해 묘사하며, 어머니가 자신을 "그냥 혼자 있게 두지를 않는다"고 말한다.

그리고, 제가 저녁을 준비하려고 하면, 이때 저는 이미 몸이 안 좋아요. 그러면 엄마가 냉장고 앞에 서 있어요. 그러고 나면 엄마는 손을 스토브 위에 올리고 저는 불을 켜요. 그러고 나면 엄마는 전자레인지 앞에 있어요. 그러고는 또 은식기 서랍 앞에 있어요. 그리고 — 그리고 내가 엄마를 밖으로 내보내면 저한테 화를 내요. 그러고 나면 끔찍해요. 그럴 때면 저는 정말로, 정말로 힘들어요.[2]

낸시의 말 속에서 이야기를 듣기란 쉽지 않다. 첫째로, 그 이야기는 서사적 순서가 전혀 없고, 기억할 만한 과거도 없고 예측할 만한 미래도 없다. 단지 끊임없는 현재만 있을 뿐이다. 둘째로, 이 반-서사가 담고 있는 유일한 삶의 가능성에 대해서는 누구라도 공포를 느낀다. 누구라도 낸시와 같은 상황 속에서 삶을 마감할 수도 있기 때문이다.

낸시의 이야기는 또한 적어도 두 가지의 다른 측면에서 혼돈의 서사를 보여 준다. 첫째는 그녀가 처한 상황의 중첩성overdetermination이다. 낸시는 어머니와 실랑이해야 할 때, 그녀 자신의 질병으로 인해 "이미 몸이 안 좋"다. 그녀가 안고 있는 문제들의 중첩성은 아이들, 개들, 보험회사의 관료주의 등의 골칫거리들까지로 확장되고, 청자는 그 밖의 다른 것들을 궁금해하게 된다. 혼돈의 서사에서 문제들은 바닥을 알 수 없는 정도까지 아래로 떨어

---

2. Kathy Charmaz, *Good Days, Bad Days : The Self in Chronic Illness and Time* (Berkeley : University of California Press, 1991), 173.

진다. 말이 되어 나오는 것은 모든 것이 잘못되었음을 암시하기 시작할 뿐이다.

낸시의 이야기에서 혼돈의 서사의 두 번째 측면은 "그러고 나면 그러고 나면 그러고 나면"이라는 구문적syntactic 구조다. 이러한 단어들의 스타카토식 나열은 독자들을 쪼아대는데, 이것은 낸시의 삶이 그녀를 쪼아대는 것과 같다. 혼돈의 이야기에서 말할 수 없는 침묵은 계속되는 "그러고 나면"의 반복과 번갈아 나온다. 그런 이야기들에 대한 개인적이고 문화적인 반감 ― 단순히 그 이야기를 들을 수 없다는 형태를 띠는 반감 ― 은 자명하게 된다.

길다 래드너가 난소암으로 치료를 받은 이야기는 혼돈의 서사가 아니다. 분명히 그 이야기는 서사이기 때문이다. 그러나 래드너는 독자들에게 혼돈에 대한 어떤 상상을 허용한다. 래드너는 낸시가 아니다. 그녀에게는 성찰을 위한 공간이 있고, 거기에서 그녀는 글을 쓰고 있다. 그녀 삶의 혼돈은 화학 요법을 받는 동안에 일어나는데, 래드너는 수면제를 복용하고 무슨 일이 있었는지 완전히 잊어버린다. "내가 화학 요법 때문에 아프게 된다고 하더라도 나는 기억하지 못할 것이다."[3] 그녀는 이 시절의 상실, 그녀의 삶에서 말 그대로의 구멍을 증오한다. 하나의 창의적인 반응은 그녀의 화학 요법을 비디오 촬영하는 것이다(169~79). 그녀는 자기 주변의 세상이 어떻게 돌아가는지를 놓칠 수는 있

---

3. Radner, *It's Always Something*, 112 (『아픈 몸을 이야기하기』 2장 주석 10 참조).

지만, 적어도 그녀 자신에게 무슨 일이 일어났는지는 볼 수 있다. 비디오테이프는 그녀 삶의 구멍을 부분적으로 채운다. 혼돈은 회고적으로 다시 매개된다. 비디오로 촬영된 이야기는 혼돈이 아니다. 그 이야기는 구멍 가장자리를 돌면서 말해진다.

래드너에게 더 깊은 문제는 그녀의 삶에서 통제를 상실한 것이다. 화학 요법 동안에 상실된 시간은, 그 자체로 충분히 실제적이지만, 이러한 더 큰 상실을 의미하기도 한다. 그녀는 다음과 같이 말한다. "통제의 문제는 나를 괴롭혔다. 내가 벌이던 전쟁과 나의 인내에도 불구하고, 나는 그 결과를 통제할 수 없었다."(181) 통제와 혼돈은 연속선의 양쪽 극단에 있다. 복원의 이야기는 복원을 가져오는 데 필수적인 통제를 전제한다. 아픈 사람 본인은 통제를 가질 수 없지만 그 사람을 돌보는 사람들은 가질 수 있고, 이는 복원의 이야기에 충분히 가깝다. 혼돈의 이야기는 통제의 결여를 전제한다. 그리고 아픈 사람이 통제를 상실하는 것에 덧붙여지는 사실은 의학이 그 질환을 통제할 수 없다는 것이다.

혼돈은 아무도 그것을 통제할 수 없다는 의미에서 살아간다. 이러한 이야기를 살아가는 사람들은, 의학이 치료할 수 없는 것의 고통을 부인하는 대가로 거짓된 통제 – 의학의 복원 서사 – 를 유지하려 하는 것을 종종 비난한다. 자궁내막증은 질환으로 인정되기는 하지만 그것이 진단될 수 없을 때 종종 경험된다. 샐리 골비는 자신의 자궁내막증을 의학적으로 인정받기 위해 투쟁했던 일에 대해 서술한다. "의사들이 그 질환에 대해 무지하다는 사실은 변명이 될 수 있다. 그러나 그들이 나를 감정적으로 학대했다는 사실은 그렇지 않다."[4] 당면한 문제는 자궁내막증 같은 질환을 진단하는 것의 어려움이나 만성피로증후군(이 질병으로 고통받는 사람들은 근육통성 뇌척수염이라고 부르는 것을 선호하는데, 이는 부분적으로는 진단적 확실성을 더 드러내기 위해서다)과 같은 상태에 관해 이견들이 경합하는 현실이 아니다. 문제는 샐리 골비가 학대받았던 것이 갖는 의미이다. 감정적인 학대는 혼돈에 핵심적이다.

혼돈의 일부가 어떻게든 말해질 때는, 누구도 그것을 듣고 싶어 하지 않는다. 홀로코스트 구술사의 녹취를 연구한 로렌스 랭거는 생존한 증인이 말하는 이야기들을 인터뷰어들이 어떻게 약화시키는지를 관찰했다. 매우 미묘하게, 인터뷰어들은 "인간 정신의 회복력"을 보여 주는 또 다른 서사를 증인에게 제시한다.[5] 인간 정신은 분명히 회복력이 있다. 그러나 랭거는 그의 독자들로 하여금 그것은 증인들이 말하고 있는 것이 아니라는 것을 인식하도록 한다. 낸시가 어머니와의 문제들을 이야기할 때, 우리는 인간 정신의 회복력도 들을 수는 있지만, 낸시 자신이 하고 있는 것은 그녀 삶의 전적인 혼돈을 인정받으려는 노력이다.

---

4. Barb Livingston, "Legacy of Anger Lingers On," *Herald Sunday Magazine*, May 26, 1991, 10. 자궁내막증과 만성피로증후군 지지 모임들과의 만남은 그런 질환들을 앓고 있는 사람들이 의학에 대해 갖고 있는 일반적인 불신을 내게 강조했다. 그러나 동일한 사람들이 치료의 "돌파구"와 같은 뉴스에 매달리기도 한다.

5. Langer, *Holocaust Testimonies*, 35, 2. 인터뷰어에 의한 그러한 조종의 예를 보려면 58~60을 볼 것.

혼돈의 서사와 대면하는 것의 어려움은 어떻게 하면 스토리텔러에게서 감정의 조종키를 빼앗지 않을지에 있다. 랭거는 홀로코스트 증인의 인터뷰어가 하는 행동을 통해 이 점을 보여 준다. 여기에서 어려움은 듣는 것이다. 듣는 것이 어려운 이유는 단지 듣는 사람들이, 말해지고 있는 것을 그들 자신의 삶에서의 가능성 혹은 현실로서 마주하는 데 어려움을 겪기 때문만은 아니다. 듣는 것이 어려운 다른 이유는 혼돈의 서사가 아마도 가장 체현된 형태의 이야기이기 때문이다. 혼돈의 이야기들이 상처의 가장자리에서 말해진다면, 그것들은 또한 발화의 가장자리에서 말해지는 것이기도 하다. 궁극적으로, 혼돈은 발화가 관통하거나 밝혀낼 수 없는 침묵 속에서 말해진다.

혼돈의 서사는 언제나 발화를 넘어선다. 그러므로 그것은 언제나 발화 속에서 결여되는 것이다. 혼돈은 절대로 말해질 수 없는 것이다. 그것은 이야기하기의 구멍이다. 그러므로 가장 다급한 "그러고 나면" 이야기에서, 혼돈은 발화를 점점 더 빠르게 만들어 말에서 고통을 붙잡고자 하는, 궁극적인 무언muteness이다.

체현된 혼돈

혼돈의 몸은 통제, 몸-연관성, 타자-연관성, 욕망이라는 차원들의 견지에서 기술될 수 있다. 그러나 그 결과로 나오는 조합은 이 책의 2장에서 제시된 네 개의 이념형 중 어느 것에도 해당하지 않는다. 그러므로 이는 그 유형들이 몸-자아의 특정한 한도

를 나타내기는 하지만 분명히 현실을 제한하지는 않는다는 점을
보여준다.

통제의 차원에서 보면, 혼돈의 이야기를 말하는 몸은 삶의
근본적인 우연성에 통제 없이 휩쓸린 존재로 스스로를 규정한
다. 예측 가능성을 재단언하려는 노력은 반복적으로 실패해 왔
고, 각각의 실패에는 그 대가가 있었다. 우연성은, 정확히 말하자
면, 받아들여지는 것이 아니라 필연적인 것으로 여겨지는 것이
다. 혼돈의 서사에 대한 부정은 종종 청자가 그 상황에서 어떻게
출구를 발견할 수 있는지 주장하는 것에서 시작한다. 프리모 레
비가 자신의 강제수용소 경험을 학교에서 아이들에게 이야기했
을 때, 한 소년은 그가 어떻게 탈출할 수 있었을 것인지를 상세한
계획과 함께 이야기했다.[6] 내가 겪었던 유사한 경험은 이상한 대
화 — 이상하면서 동시에 다행히도 흔하지 않은 대화 — 중에 일어났
는데, 암에 걸려본 적이 없는 어떤 사람이 내게 다음과 같이 말
할 때였다. 그 사람은 사람들이 암으로부터 스스로를 보호할 심
리적 변화를 삶에서 만들어 냈다고 말했다. 어떤 혼돈의 바깥에
있는 우리 모두는, 그 안에 빠졌을 때 우리가 나올 수 있을 것이
라고 안심하고 싶어 한다. 그러나 혼돈의 서사는 그러한 협상 너
머에 있다. 나올 방법은 없다.

[혼돈의 몸이 맺는] 관계들 역시 실패해 왔으며, 타자-연관성

---

6. Primo Levi, *The Drowned and the Saved*, trans. Raymond Rosenthal (New York : Vintage, 1988) [프리모 레비, 『가라앉은 자와 구조된 자』, 이소영 옮김, 돌베개, 2014], 157.

의 견지에서도 그 몸은 일항적이다. 이러한 일항적 지향성은 몸의 통증과 고통에 대한 인정이나 지지를 발견할 수 없도록 한다. 하나의 순환고리가 다음과 같이 형성된다. 혼돈의 이야기는 화자의 주변에 벽을 만들어서 그 사람이 지원이나 위안을 받지 못하도록 한다. 그리고 지원과 위안을 덜 경험할수록 그 사람은 더더욱 "그러고 나면"을 반복하는 독백으로 그 벽에 틈을 내고 싶어 한다.[7]

위안을 받아들일 수 없다는 것은 욕망에 대한 몸의 **결핍**을 반영하는 동시에 그것을 강화한다. 무엇을 욕망하건 간에 몸은 너무 자주 좌절을 겪어 왔다. 나쁜 결과를 가져오는 우연성이 퍼져 있는 세계에서 욕망은 의미가 없을 뿐만 아니라 위험하다. 이는 다른 사람들과의 관계가 위험해진 것과 마찬가지이다.

자기 자신의 몸과의 결합 역시 위험하다. 몸은 질환과 사회적 학대의 중첩성에 의해 매우 쇠퇴해 있다. 그리하여 몸의 고통은 그 사람이 어떤 삶으로 나아갈 것인지를 결정함에도 불구하고, 생존은 몸으로부터의 자아의 **분리**에 의존하고 있다. 그러나 문제는 "자아"가 그 자신을 몸으로부터 분리하는 것보다 훨씬 더 복잡하다. 최근에 통증을 경험하기 시작한 사람은 "나"를 아프게

7. 데이비드 힐피커는 환자들이 해야 한다고 의학이 전제하는 것―스스로를 돕는 것―을 할 능력이 그의 극빈한 환자들에게는 없다는 것에 대해 자신이 느끼는 절망을 분석한다. 힐피커는 정확히 그의 환자들의 빈곤 상태가 스스로를 돕는 것을 불가능하게 만든다는 것을 깨닫는다. 다음을 볼 것. *Not All of Us Are Saints*, 특히 7장, "Victims of Victims"(『아픈 몸을 이야기하기』 2장 주석 22 참조)을 볼 것.

하는 "그것"에 대해 말하면서 "그것"으로부터 분리될 수 있다. 혼
돈의 서사는 "그것"이 "나"를 두들겨서 자기-인정을 못 하게 될 때
살아진다. 혼돈의 서사는 일레인 스캐리가 "세계의 파괴"unmaking
the world라고 부르는 과정의 끝에서 말해진다.[8]

낸시의 세계는 파괴되어 있다. 그녀의 혼돈의 이야기가 부엌
에 있는 그녀의 어머니를 묘사할 때, 낸시 자신은 그녀의 어머니
가 그 주변을 돌고 있는 의미 없는 지점이 된다. 부엌의 물리적
인 공간은 낸시를 둘러싸고 있지만, 그녀의 묘사에서 기묘한 것
은 낸시는 이 공간을 통해 움직이지 않는다는 것이다. 대신에 그
녀는 그곳에서 움직임을 가로막고 있을 뿐이다. 방해물로 환원된
채로, 낸시의 몸은 행위성agency을 상실했다. 그녀는 자신이 명목
상 말하는 이야기의 탈-체현된disembodied 주체이지만, 그 이야기
는 그녀의 주체성을 전혀 담고 있지 않다. 그러므로 낸시의 이야
기는 흥분을 담고 있지만 평면적이다. 그녀는 자기 삶의 현재 모
습에 대해 더 이상 슬픔을 표현하지 않는다.

캐시 샤머즈 같은 인터뷰어는 솜씨 있게 낸시의 혼돈을 소환
한다. 독자는 아주 드물게 들릴 수 있는 것, 즉 한 개인의 세계가
파괴되는 것을 듣는다. 오직 그 스스로의 중단들만을 말하는 목
소리로 희미해져 가는 낸시를 듣는 것은 계속 독자를 따라다닌

---

8. Elaine Scarry, *The Body in Pain : The Making and Unmaking of the World*
   (New York : Oxford University Press, 1985) [일레인 스캐리, 『고통받는 몸 : 세
   계를 창조하기와 파괴하기』, 메이 옮김, 오월의봄, 2018]. 이 책의 8장에서 스캐
   리에 대해 다시 논의할 것이다.

다. 그 모든 "그러고 나면"의 우연성은 그녀의 이야기와 삶을 분절시킨다.

우연적이고 일항적이며 욕망이 결여되고 분리되어 있다는 것은 혼돈의 몸의 전형적인 특질을 배열한 것이다. 혼돈의 몸은 종종 그 자신을 지배하는 몸에 대해 희생양으로, 지배하는 몸의 대상으로 만든다. 혼돈의 몸은 비추는 몸이 그 자신을 구축하기 위해 사용하는 이미지들이 얼마나 쉽게 벗겨질 수 있는지를 보여 주기 때문에 비추는 몸에게는 수치다. 훈육된 몸에게 혼돈의 몸은 약함과 저항할 수 없음을 나타낸다. 지배하고, 비추고, 훈육된 몸은 각각 혼돈 상태가 될 수 있는 가능성을 억누른다. 이러한 몸들에게 혼돈의 몸은 타자인데, 그 몸들은 혼돈의 몸에 반하여 스스로를 정의하기 때문이다. 그러나 그 몸들은 혼돈의 몸에 대해 공감하지 않는다고 주장한다. 혼돈의 몸은 그 몸들이 스스로 두려워하는 것만을 재현한다.

소통하는 몸에게 혼돈의 몸은 착한 사마리아인이 발견하는, 길거리에서 강도를 당하고 구타당한 여행자이다. 소통하는 몸은 또한 자기 자신을 혼돈의 몸을 통해 규정하지만, 혼돈의 몸은 소통하는 몸에 대하여 타자가 아니다. 오히려 소통하는 몸은 혼돈의 몸에서 자기 자신을 보고, 자기 자신을 혼돈의 몸에게 내놓는 몸짓을 피할 수 없다는 것을 깨닫는다.[9] 대부분의 보통 사람들에

---

9. 플로베르의 이야기 「성 줄리앙의 전설」에서 줄리앙이 마침내 혐오를 극복하고 한센병 환자를 껴안아서 예수의 환영을 얻은 것은 아마도 그러한 몸짓에 대한 가장 훌륭한 문학적 환기일 것이다. Gustave Flaubert, *Three Tales*,

게 이러한 몸짓은 한계를 요구한다는 점에 주목해야 한다. 사마리아인조차 여관 주인에게 돈을 주고 다친 사람을 돌보도록 하고서는 자기 볼일을 보러 간다. 그러나 이 장에서는 혼돈의 몸의 비극, 즉 사마리아인의 선물을 받아들일 수 없을 정도로 파괴된 세계에서 사는 사람의 비극에 더 관심을 기울인다.

혼돈의 자아-이야기

혼돈의 서사에서, 의식은 자기 자신의 경험에 대하여 주권을 가지려는 투쟁을 포기했다. 그러한 투쟁이 말해질 수 있는 것은 그 혼돈으로부터 일정한 거리가 있을 때, 화자의 어떤 부분이 등장했을 때이다. 그러므로 혼돈의 서사는 반-서사일 뿐 아니라, 비非-자아-이야기이기도 하다. 삶에 서사적 질서가 주어질 수 있을 때, 혼돈은 이미 궁지에 몰려 있다. 가장 깊은 혼돈으로부터 말해지는 이야기들에는 고통에 질서를 부여하는 시간 순서의 감각도 없고 고통에서 목적을 발견하는 자아도 없다.

낸시는 그녀의 이야기를 글로 쓰기에는 너무 자주 중단을 받을 뿐 아니라, 그녀의 이야기 역시 글로 쓰이기에는 너무 자주 중단된다. 길다 래드너의 질환은 불치병임에도 불구하고, 그녀는 자

---

trans. Robert Baldick(New York : Penguin, 1961), 57~87 [귀스타브 플로베르, 『세 가지 이야기』, 고봉만 옮김, 문학동네, 2016]. 이러한 이상에 따라 살아가고자 하는 현대적인 예로는 다음을 볼 것. David Hilfiker, *Not All of Us Are Saints*. 이 책의 제목은 소통적인 몸이 되는 것의 갈등과 딜레마를 암시한다.

신의 이야기를 쓸 수 있도록 물리적으로 그리고 심리적으로 방해받지 않을 공간을 가지고 있다. 암과 그것의 재발에 의한 중단보다 그녀가 말하는 이야기가 우선한다. 암은 그녀의 삶을 중단시킬 수 있지만 그녀가 그 중단들을 일관적인 이야기로 전환시킴에 따라 그녀는 그것들에 내재하는 혼돈을 상쇄시킨다. 래드너가 글쓰기에 필요한 모든 자원을 모아서 자신의 이야기를 써 나갈 수 있다는 것은 그녀를 낸시의 혼돈으로부터 분리시킨다.

낸시와 길다 래드너의 차이는 진정한 혼돈의 이야기는 말해질 수 없다는 역설을 보여 준다. 가장 깊은 혼돈을 표현할 수 있는 목소리는 중단들에 포함되어서, 말을 하려고 하면 할수록 자기 자신을 중단시킨다. 이러한 자기-중단은 각각의 절을 그다음 절로 잘라내는, "그러고 나면" 발화 형식의 핵심이다.

중단은 목적을 추구하는 것을 방해하며, 다시 한번 말하지만, 어떤 목적의식이 있다면, 그렇다면 그 이야기는 혼돈이 아닐 것이다. 어떻게 인터뷰어들이 홀로코스트 이야기들을 이끌어내는지에 대한 분석에서, 랭거는 다음과 같이 말한다. 인터뷰어들이 자신들에게 그 대화가 어느 정도 괜찮은 것이 되게 하기 위해 사용하는 장치 중 하나는 인터뷰어가 수용소 경험의 끝이라고 생각하는 석방에 대해 말하도록, 증인이 하는 이야기의 방향을 조종하는 것이다. 석방은 공포를 상쇄할 수 있는, 목적에 가장 근접한 것이 된다. 그러나 인터뷰어들과 달리, 증인들은 석방이 자신들의 경험에 질서를 부여하는 어떤 커다란 구분선이라고 생각하지 않는다. 가장 충격적인 것은 랭거가 인용하는 한 증인의 말이다. 그가 석방에 대해 어떻게 느꼈는지를 질문받았을 때, 그는 이렇게 말한다. "그때 저는 제 문제들이 진짜로 시작되리라는 것을 알았어요." 랭거는 이 진술이 "전통적인 역사적 서사"에 근거를 둔 기대들을 도치시킨다고 지적한다.[10]

이 증인의 진술은 올리버 색스가 심하게 다친 다리를 고치고 난 후 런던의 어느 병원에서 보낸 마지막 밤에 대한 이야기를 생각나게 한다. 색스의 문제는 그가 하이킹 사고로 다쳤을 때 시작된다.[11] 그의 다리 수술은 의학적 관점에서는 성공적이었지만, 색스는 다리에 감각을 느끼지 못했다. 문제는 단지 신경이 느끼고 반응하지 못한다는 것이 아니었다. 보다 심각한 문제는 색스가 자신의 다리를 자기 것이 아닌 것으로 본다는 점이었다. 그는 자신의 다리가 "의미 없고 비현실적인 … 완전히 터무니없는 인공 다리"라고 느꼈다.[12] 간호사와 정형외과 의사 들은 색스가 경험하는 것의 어떤 측면도 알려고 하지 않았고, 그들의 부정은 그의 "끔찍한 공포와 환상"을 증가시킨다(127). 색스가 겪는 혼돈은, 자기 몸의 일부라는 것을 알지만 자기 자신에게 속하는 것으로 경험할 수 없는 대상[그의 다리]으로부터 그가 극단적으로 분리되는 것에 있다.

---

10. Langer, *Holocaust Testimonies*, 67.
11. 색스에게 일어난 사고에 대한 논의는 이 책의 6장을 볼 것.
12. Oliver Sacks, *A Leg to Stand On* (New York : Summit Books, 1984)[올리버 색스, 『나는 침대에서 내 다리를 주웠다』, 김승욱 옮김, 알마, 2012], 126, 143~44.

색스는 멘델스존을 들음으로써 다리의 감각을 되찾는다. 그 음악의 리듬을 내면화하면서 그는 다시 걷기 시작한다. 마침내 그는 병원을 떠나 재활을 위한 일종의 중간 단계 요양소로 가는 것을 허락받는다. 그의 가장 깊은 혼돈의 순간은 그를 떠난 것처럼 보인다. 그의 이야기의 서사는 회복의 서사가 되었다. 그러나 그는 "떠나는 것이 죽도록 두렵다"고 말한다. 그의 공포에서 나는 "내 문제들이 **진짜로** 시작되리라는 것"이라는 말의 메아리 — 그것이 아무리 희미할지라도 — 를 듣는다.

병원의 시간과 공간은 색스의 세계를 둘러싸게 되었다. 그 세계에서의 마지막 밤에 그는 런던의 밤 풍경을 보기 위해 여전히 깁스를 한 다리를 목발로 짚고서 병원 지붕으로 기어 올라가기로 결심한다. 다행스럽게도 불가피한 사고가 일어나기 전에 어느 간호사가 그를 중지시킨다. 나중에 그는 수많은 환자가 눈앞에 닥친 퇴원에 저항하기 위하여 비슷한 시도를 한다는 것을 알게 된다(166). 이 무모한 장난에 대한 색스의 이야기의 광적인 익살스러움은 두려움의 가장자리에 자리 잡고 있다. 그러나 무엇에 대한 두려움이란 말인가?

"재입원에 대한 공포"라고 너무 빨리 설명해 버리는 것은 색스가 직면했던 것을 사소하게 만든다. 그는 혼돈에 대해 알았었고 자신의 소멸과 직면했었다. 그의 공포는 그 소멸을 상상할 수도 없고 상상하고 싶어 하지도 않는 세계로의 재진입에 대한 것이다. 이러한 재진입은 언어로 쉽게 표현할 수 없는 심각한 문제다.

암을 앓고 있는 많은 사람이 자신이 증오해 왔던 치료가 마침내 끝날 때 느끼는 일종의 두려움에 대해 말한다. 보통은 이것을 재발에 대한 공포로 설명한다.[13] 이 설명은 치료에 강조를 두고서 그들의 이야기를 복원의 서사로 전환시킨다. 그러나 색스는 어둠 — 그의 원래의 부상의 어둠이 아니라면, 적어도 사고와 그에 뒤따르는 입원의 지속의 가능성을 가지고 있는 지붕의 어둠 — 속으로 다시 기어 올라가고자 욕망한다는 점에서 복원을 거부하는 것처럼 보인다.

암 치료를 받는 동안 몇 번이나 나는 병원을 증오하는 동시에 병원이 내가 있을 수 있는 유일한 장소로 느낀다는 것을 깨달았다. 화학 요법은 내 혼돈의 근원이면서 동시에 그것이 만들어 낸 문제에 대한 일종의 해결책이었다. 그 해결책은 치료의 마지막에 도달하는 것이 아니었다. 그것은 이해할 수 없고 이해하려고 하지 않는 세계로부터 동떨어져 있는 것이었다. 병원으로부터의 해방이 다가오면, 그것을 반기는 만큼이나, 진짜 문제가 시작된다. 그것은 세계가 요구하는 대로 목적의식을 다시 만드는 문제다.

파슨스는 아픈 사람들이 필요 이상으로 "환자 역할"에 남아 있을 때 그들이 "이차적 이익"을 추구한다고 말했다. 이익은 관심, 돌봄, 다른 책임들로부터의 면제 같은 혜택들을 포함한다. 보건

---

13. Kahane, *No Less a Woman* (『아픈 몸을 이야기하기』 2장 주석 24 참조). 사라(28)와 발레리(41)는 이러한 감정들에 대해 말한다.

전문가들이 아픈 사람들에게 적용하는 설명은, 작동이 정지되었지만 여전히 하루에 두 번 시간이 맞는 시계와도 같다. 어떤 것은 설명이 되지만, "설명"이라는 전체 개념은 행위에 대하여 목적을 부여하는 것을 요구한다. 질병 행위의 상당수는 미래의 해석자가 목적이 없는 세계로 상상력을 발휘해 들어갈 수 있을 때만 이해될 수 있다. 랭거가 기술한 인터뷰어들은 석방을, 목표가 아니라면 적어도 그들이 듣는 이야기들과 이 이야기들이 말하는 공포의 명백한 끝으로 설정하고자 한다. 이러한 서사적 설정에 저항하는 홀로코스트 증인은 인터뷰어에게 석방에서 어떤 결말을 발견하는 것이 불가능하다는 것을 보여줌으로써 서사적 질서를 도치시킨다.

색스가 자신의 혼돈의 순간들을 글로 표현할 때, 그는 홀로코스트 증인이 결코 뒤로하고 떠날 수 없는 혼돈의 바깥으로부터 글을 쓴다. 색스의 이야기는 혼돈의 순간들을 언급하지만 혼돈의 서사라고 할 수 없다. 색스는 제일 먼저 그의 사고, 뒤이은 수술 이후의 다리 감각의 상실, 그 후 지붕에서의 작은 사고 등 일련의 중단을 말하지만, 이 중단들은 안정적인 패턴의 기억으로 동화된다. 색스의 이야기에서는 하나의 일이 다른 일로 이어진다. 분명한 기원과 함께 시작하여, 그러한 서사적 질서 부여가 발견되고 말해지는 한, 그 이야기는 몸을 혼돈의 바깥에 놓는 것으로 보인다.[14] 기원에 대한 감각은 그 후의 서사적 질서가 자리잡도록

---

14. 윌리엄스의 「만성질환의 기원」에서 묘사되는 인터뷰 대상자의 이야기들은

한다. 먼저 일어난 일은 나중에 일어나는 일을 야기시킨다.

홀로코스트 이야기는 강제수용소로 이송되는 순간이라는 명백한 역사적 기원을 가질 수 있다. 그러나 나중에 일어나는 모든 일의 깊이 속에서 이 순간은 설명으로서의 서사적 힘을 상실한다. 낸시의 이야기와 같은 혼돈의 이야기에서 그녀의 문제들의 기원은 문제들의 중첩성 속에서 상실된다. 질병, 경제적 문제, 가족 문제 중에서 무엇이 먼저 시작되었는지를 구분해 내는 것은 불가능하다. 혼돈의 이야기에서 기원의 결핍은 어떤 의미에서든 미래의 결핍에 대응한다. 그러므로 혼돈의 서사는 데이비드 카가 관찰한 것의 진실을 보여 준다. 일관성 있는 전체는 미래, 현재, 과거 모두를 요구하고 각각은 서로에게 의존한다는 것이다(이 책의 3장을 보라). 낸시의 것과 같은 이야기에서는 어떤 결핍이 먼저 오는지 — 과거인지 미래인지 — 를 말할 수 없다.

혼돈의 이야기가 혼돈 내에서 말해질 수 없는 것과 마찬가지로, 혼돈의 경험에 함축되어 있는 책임은 혼돈 내부로부터 행사될 수 없다. 혼돈을 살았던 사람은 그 경험에 대해 회고적으로

혼돈의 요소들을 가지고 있지만, 기원에 대한 그들의 감각은 경험에 질서를 부여하므로 혼돈이 지배하는 것을 막는 것의 일부다. 기원의 불확정성에 대해서는 다음을 볼 것. Byron J. Good, "A Body in Chronic Pain-The Making of a World of Chronic Pain," in Mary-Jo DelVecchio Good et al., eds., *Pain as Human Experience: An Anthropological Perspective* (Berkeley: University of California Press, 1992), 29~48. 굿(Good) 부자가 아들의 질병에 기원을 부여하는 이야기를 이어 맞추어 기술하는 한, 그 이야기하기는 그들 부자를 만성 통증이 가져올 수 있는 혼돈으로부터 보호한다.

책임을 질 수 있을 뿐이다. 이때 거리는 성찰을 가능하게 하고 시간성에 어떤 서사적 질서를 부여할 수 있게 한다. 혼돈에 빠져 있는 몸-자아는 즉각성 속에서만 살아간다. 사건들이 분류되는 것처럼 보일 때마다 혼돈은 또 다른 생존의 위기를 만들어 낸다.

책임을 행사하는 것은 **목소리**를 필요로 한다. 그리고 혼돈의 몸은 목소리가 없다. 내가 보기에 낸시는 자신의 목소리를 온전히 그녀 자신의 것으로 듣지 못한다. 무언은 몸에서 시작된다. 색스가 자기 몸의 일부를 그 자신의 일부로 경험하지 못할 때, 그는 말할 수 없다. 적어도 말한다는 것이 다른 사람들의 인정을 얻을 수 있는 방식으로 자신의 감정을 표현한다는 의미에서는 그러하다. 그의 이야기는 어떻게 발화가 그것을 통하여 말해지는 몸을 필요로 하는지를 제시한다. 색스는 자신의 몸이 단지 우연적으로 그에게 부착되어 있는 것처럼 보일 때 몸을 통해 말할 수 없다. 그는 자신의 글에서 이러한 무언에 대한 폐소공포증적인 공포를 포착해 낸다.

색스는 멘델스존에 의해 이 악몽으로부터 깨어난다. 음악은 발화가 더는 제공할 수 없는, 그의 몸과의 직접적인 연결을 허락해 준다. 색스는 음악 리듬을 움직임으로 전환하여 듣는 법을 배우면서 ─ 이야기는 여기에서 끝나지 않는다 ─ 몸의 유용함을 다시 발견하고 그리하여 그 자신을 다시 통합하게 된다. 마침내 그는 자신의 경험을 증언하는 목소리를, 궁극적으로는 그의 책에서, 발견한다. 그러나 이 목소리는 혼돈에 대해서, 혼돈의 **바깥**으로부터만 말할 수 있다. 혼돈 자체에 갇힌 채로 무언의 증인이 되는 것은 공포의 조건이다.

혼돈의 이야기를 존중하기

혼돈의 이야기를 존중할honor 필요는 도덕적인 동시에 임상
적인 것이다. 혼돈의 서사가 존중될 수 있기 전까지 세계는 그
것의 모든 가능성의 측면에서 부정된다. 혼돈의 이야기를 부정
하는 것은 이 이야기를 하는 사람을 부정하는 것이고, 부정당
하는 사람들은 돌봄을 받을 수 없다. 자기 현실이 부정당하는
사람들은 치료와 서비스의 수혜자로 남을 뿐 돌봄의 공감적 관
계에 참여자가 될 수 없다. 혼돈의 몸은 돌봄의 관계로 진입할
수 없게 된다. 앞서 말했듯이, 혼돈의 몸은 자신의 욕구를 형성
하고 도움을 요청할 수 있을 만큼 충분히 자신의 이야기를 하지
못한다. 혼돈의 몸은 도움이 제공될 때도 그것을 받을 수 없는
때가 많다.

혼돈의 이야기를 살아가는 사람들은 분명히 도움이 필요하
다. 그러나 도움을 주려는 사람 대부분의 즉각적인 충동은 먼
저 화자를 이 이야기로부터 끌어내는 것으로, 이것은 일종의 "치
료"therapy라고 불린다. 혼돈에서 벗어나는 것은 바람직한 일이다.
그러나 돌보는 사람들이 먼저 그 이야기에 대한 증인이 되고자
할 때만, 사람들은 도움을 받을 수 있다. 혼돈은 절대로 초월되
지 않는다. 새로운 삶이 지어지고 새로운 이야기가 말해질 때까
지 혼돈은 받아들여져야 한다. 혼돈에서 벗어난 삶을 돌보고자

하는 사람들은 혼돈이 언제나 이야기의 배경으로 남으며 지속적으로 전경으로 나타날 것이라는 사실을 받아들여야 한다.

비현실적인 다리를 가졌던 남자인 올리버 색스의 모범적인 용기는, 그 자신이 의사였음에도 불구하고 자신에게 의사 역할을 하기를 거부한 것에 있다. 무언가가 잘못됐다는 의학적 부정에 대항하여, 색스는 자신의 인식이 공포스러웠던 만큼 그것을 고수했다. 그는 자신의 몸이 혼돈에서 벗어나 새로운 길을 찾을 때까지 그의 몸에 머물렀고, 그에게 그 길은 음악으로 시작되었다.

의료 종사자가 혼돈의 이야기 속에 있는 사람에게 할 수 있는 최악의 일은 그 사람이 앞으로 나아가도록 떠미는 것이다. 나아가는 것은 바람직한 일이다. 혼돈은 서사적 잔해의 구덩이다. 그러나 그 사람을 이 잔해로부터 밀어내려는 것은 그 사람이 경험하는 것을 부정하는 것이고 혼돈을 악화시킬 뿐이다. 혼돈의 이야기가 다른 사람들에게 불러일으키는 불안은 혼돈의 이야기를 "우울증"으로 기록하는, 표준적인 임상적 일축으로 이어진다. 혼돈이 치료 가능한 상태로 다시 정의될 때 복원의 서사가 되살아난다. 의료인들은 다시 편안하게 통제권을 갖는다. 혼돈은 환자의 개인적인 기능의 이상으로 일축될 수 있다. 그 현실은 치료에 순응적이거나 저항적인 것으로 분류된다. 둘 중 어느 경우에나 그것은 더 이상 존재론적인 위협을 의미하지 않는다.[15]

---

15. 나의 논문 「고통의 교육학」(『아픈 몸을 이야기하기』 1장 주석 39 참조)은 정

특히 의료 업무에서, 보다 일반적으로는 모든 대인관계에서 필요한 것은 혼돈을 삶 이야기의 일부로 바라보도록 관용을 증대시키는 것이다. 로버트 블라이는 젊은 남자들을 때로는 이삼 년간 커다란 공동주택에 있는 불구덩이의 재에 누워 있도록 하는 중세의 관습에 대해 연구한 노르웨이의 학자들을 인용한다. 블라이는 재를 씹어 먹는 사람들Cinder-Biters이라는 그들의 이름에 대해 설명하면서 "분명히 그들 중 일부는 재를 씹어 먹기도 했다"고 말한다.[16] 혼돈의 이야기를 살아가는 몸들은 현대판 재를 씹어 먹는 사람들이다.[17]

신종양학이 어떻게 환자들의 혼돈 이야기들을 임상적으로 재구성하는지를 살펴보고 있다.

16. Robert Bly, *Iron John: A Book About Men* (Reading, Mass.: Addison Wesley, 1990), 80. [로버트 블라이, 『무쇠 한스 이야기』, 이희재 옮김, 씨앗을뿌리는사람, 2005.]

17. * 로버트 블라이가 인용한 노르웨이 학자들 중 한 사람인 카이저(R. Keiser)는 고대 스칸디나비아인에 대한 연구에서 바이킹 시대에 노르웨이인들이 긴 공동주택에서 생활한 모습을 기술하고 있다. 30~40명의 사람들이 벽을 따라 놓인 침대들에서 잠을 잤고 복도의 끝에는 일종의 벽난로가 있었는데, 벽난로에서 나오는 연기 때문에 재의 더미가 벽난로와 침대들 사이에 쌓였다. 가끔 젊은 남성들이 벽난로와 잿더미 사이의 공간에서 잠을 자곤 했는데, 이것이 2~3년씩 계속되기도 했다. 카이저는 그들이 아무 일도 하지 않고 잿더미에서 뒹굴고 재를 씹어 먹기도 하면서 빈둥거렸다고 본다. 블라이는 그 젊은 남성들의 행동이 일종의 동면이나 의식적인 기면(ritual lethargy)이었고 나이가 더 많은 남성들과 여성들이 그것을 허용했다고 말한다.

그러나 오늘날 젊은이들에게 학업이나 노동을 하지 않고 온전히 쉴 수 있는 심리적/물리적 공간은 사회문화적으로 허용되지 않는다. 저자가 "재를 씹어 먹는 사람들"을 언급하는 것은 바로 이런 맥락에서다. 즉, 현대 사회에서는 '정상'이라고 간주되는 상태에서 벗어난 사람들 – 여기에서는 "혼돈의 상태를 이 장에서, 비교될 수 없는 고통의 형태들 간에 이미 너무 많은 비유를 한 점이 우려된다. 재를 씹어 먹는 사람들과는 달리, 낸시는 자신의 만성적 질병, 어머니의 알츠하이머병, 그리고 다른 문제들에 대처하려는 시도를 하면서 어떤 발전 단계를 지나고 있는 것이 아니다. 그러나 재를 씹어 먹는 사람들이 받아들여질 수 있는 자리를 제공하는 사회는 낸시의 상황에 더 공감을 보이고 그녀가 필요로 하는 것을 더 많이 제공해 줄 수 있을 것이다. 낸시는 우리 사회에서는 있을 곳이 없지만, 그러한 사회에서는 인정된 자리를 가질 수 있을 것이다. 의료 종사자든 일반인이든 우리 동시대인들은 그녀의 혼돈을 상상할 수 없기 때문에, 즉 그녀의 혼돈을 자신들의 정상성에 근접한 어떤 것으로 상상할 수 없기 때문에, 낸시에게 더 많은 병명을 붙여서 그녀를 더 깊은 혼돈으로 몰고 갈 뿐이다.

여타의 영역에서와 마찬가지로 여기에서도 의료적 문제는 더 큰 사회적 문제를 반영한다. 임상의들은 혼돈을 상상할 수 없는데, 이는 혼돈이 임상 업무의 모더니스트 가정들에 대한 암묵적인 비판이기 때문이다. 석방에 대해 묘사하는 홀로코스트 증인들의 선문답과 같은 도발적인 사고방식을 다시 생각해 보라. "그때 저는 제 문제들이 진짜로 시작되리라는 것을 알았어요." 여기에서 뒤집힌 것은 단지 역사적 서사에 대한 기대뿐 아니라 사회적 역사와 개인적 역사 모두가 진보할 것이라고 보는 모더니스

살아가는 몸들" – 이 받아들여지지 않는다는 것이다.

트 이해 방식이다. 인터뷰어들이 증인들을 석방 쪽으로 이끌 때, 그들은 진보라는 모더니스트 복원의 서사를 다시 세운다. 나의 유년 시절에 가장 모더니스트적인 전형은 일본과 독일의 재건의 "경제적 기적"과, 그것과의 일종의 상호보완적인 현상으로서 이스라엘 국가의 창조였다. 아우슈비츠와 히로시마 이후 이 현상들은 모더니스트 기획에 대한 신념을 복구했다.

테오도르 아도르노, 모리스 블랑쇼, 에드몽 자베스, 장-프랑수아 료따르 등 많은 지식인은 아우슈비츠 이후에 글쓰기가 어떻게 가능한지 질문해 왔다. 아마도 제기해야 할 또 다른 질문은 어떻게 아우슈비츠 이전에 글쓰기가 가능했었는지일 것이다. 어떤 순진함이 모더니티에 ― 그 시작에서부터 ― 영향을 미쳤는가? 이와 동일한 순진함이 혼돈의 이야기를 계속해서 억압한다는 것은 이 질문과 직접적으로 관련이 있다. 의료적 돌봄 제공자들은 환자들을 의료적 형식의 해방 ― 치료 계획, 재활, 기능적 정상성, 생활방식 상담, 회복 ― 으로 나아가도록 만든다. 여기에 나열한, 그리고 다른 많은 단계들은 복원의 서사를 재구성한다. 나의 목적은 혼돈을 낭만화하려는 것이 아니다. 혼돈은 끔찍한 것이다. 그러나 모더니티는 삶이, 설령 임시적으로라도, 때로는 끔찍하다는 것을 받아들이지 못한다. 모더니티가 수반하는, 혼돈에 대한 부정은 그 공포를 악화시킬 뿐이다.

이 공포는 단지 직면할 수 있을 뿐 결코 해소할 수는 없는 미스터리다. 치료 요법을 실행하고 회복을 추구하는 것은 의료인의 관점에서 볼 때 훌륭하고 영웅적인 일이다. 여기에서 심각한 질문은 다음과 같다. 저스만의 연구에서 집중치료실의 의사들이 보여 주는 예와 같은 모더니티의 영웅적 작업이 재를 씹어 먹는 사람들에게 보통의 장소를 제공하는 일종의 비극적 자각$^{\text{con-}}$ ^{sciousness}과 조응하여 진행될 수 있는가. 이러한 자각은 그 사람들을 고칠 필요가 있는 대상으로 보지 않고 그들의 현재 모습 그대로를 존중한다.

아우슈비츠 이후에 어떻게 글쓰기를 할 것인가, 라는 질문에 사로잡힌 포스트모더니티의 상당 부분은 모더니스트의 목적인 ^{telos}을 폐기하면서 동시에 모더니티의 어떤 측면을 보존할 것인지의 문제를 해결하려는 투쟁이다. 모더니스트 목적에서 복원의 서사는 헤게모니를 요구한다. 그것은 혼돈을 부정하고 혼돈의 몸이 "우울증적"이고 수리가능한 것이기를 요구한다. "버거운 고난과 고통의 삶을 살아가는 것"에 대한 모더니스트 임상 범주는 없다. 그럼에도 불구하고 오직 이 표현만이 부엌에서 고투하는 낸시, 홀로코스트 증인, 계속해서 암의 재발을 겪는 길다 래드너, 자신의 다리를 보면서 그것이 자기 몸의 일부라고 느끼지 못하는 올리버 색스와 같은 사람들을 설명할 수 있다.

색스의 혼돈은 사회가 혼돈에 빠진 사람들을 사회체^{social} ^{body}의 일부로 보지 못하는 것과 대우주적인^{macrocosmatic} 유사점을 갖는다. 둘 간의 차이는 색스가 그의 다리를 되찾는 것을 자신의 문제로 받아들이는 반면 사회는 종종 문제를 이 "타자들" 스스로의 탓으로 돌린다는 것이다. 북미에서 이러한 타자의 가장 일반적인 예는 노숙인이다. 아픈 사람처럼, 노숙인은 양가성을 표상한다. 힐피커는 워싱턴 D.C.에서 가장 가난한 지역에 대해 기술하면서 "건강의 주요한 문제는 질환이 아니다"라고 말한다.[18] 의학적 범위 바깥에 있는 아픔의 삶들에 대하여, 힐피커는 파슨스의 환자 역할을 전치시킨다. 그의 관찰에 의하면, "엄격히 의학적인 요소들이 치유에 가장 중요한 경우는 거의 없다"(211). 그가 내린 진단은 내가 "버거운 고난과 고통의 삶을 살아가는 것"이라고 부르는 것이다. 사회는 사회적 진단보다는 의학적 진단을 선호한다. 의학적 진단은 치료를 승인하는 반면, 사회적 진단은 그 사회체가 무엇을 자신의 일부로 포함시키는지에 대한 전제들이 크게 변화해야 한다고 요구한다.[19]

의료 전문직은 고칠 수 있는 것을 선호하기 때문에 극빈층과 중환자들은 전체 치료 대상 중 주변적 위치에만 놓인다. 힐피커는 이러한 선호가 의대에서 어떻게 강화되는지를 기술한다. 그의 강연 후에 "흰색의 긴 가운을 입은, 소아과 수술 분야의 저명한 교수"가 빈민층을 위한 그의 의료 실천이 그가 받은 의학 교육의 "낭비"가 아닌지 질문했다. 힐피커는 그가 하는 의료 실천의 조건에서 자신의 과학적 기술을 발휘할 기회가 거의 없다는 것을 알

---

18. Hilfiker, *Not All of Us Are Saints*, 210.
19. 의료 면담이 어떻게 환자들을 특정한 이야기 쪽으로 이끌고 다른 이야기들로부터 배제시키는지에 대해 연구한 웨이츠킨도 같은 점을 지적한다. 웨이츠킨은 그의 저서의 결론에서 개인의 건강이 사회적 조건에 연결된 것으로 간주하는, 북미 이외의 의료 체계를 살펴본다. 다음을 볼 것. *Politics of Medical Encounters*, 3부, "Medical Micropolitics and Social Change," 257~77 (『아픈 몸을 이야기하기』 3장 주석 12 참조).

고 있다. 그는 또한 그 교수가 "자신의 학생과 레지던트 들이 내가 하는 일과 같은 '쓸모없는' 일을 선택함으로써 그들이 받은 교육을 '낭비'하지 않도록 설득하기 위해" 그 질문을 이용하고 있다는 것을 인식하고 있다.[20] 나는 그 교수가 단지 이 특정한 의대생들에게만 경고하는 것이 아니라는 점을 덧붙이고 싶다. 첫째로, 그 교수는 고칠 수 있는 것에 주목하고 그 나머지는 누군가 다른 사람에게 맡기는 모더니스트 의료 기획을 옹호한다. 둘째로, 그 교수는 사회체의 분명한 경계들을 단언한다. 사회에는 의료 전문 기술을 받을 가치가 있는 사람들과 그렇지 않은 사람들이 있다. 마지막으로, 그 교수는 프리모 레비에게 그가 어떻게 탈출할 수 있었는지를 말했던 아이를 반향하고 있다. 힐피커가 기술하는 혼돈으로부터 빠져나갈 수 있는 길이 존재하지 않는다는 것을 그 교수는 받아들이지 못한다.

혼돈의 몸의 진실은 다른 이야기들이 갖는 자만심을 드러내는 것이다. 혼돈의 이야기는 다른 이야기들이 의존하고 있는 버팀목이 얼마나 빨리 쓰러져 버릴 수 있는지를 보여 준다. 혼돈의 한계는 그것이 삶을 살아갈 수 있는 방식이 아니라는 것이다. 프레더릭 프랭크는 그 특유의 지혜를 담아서 다음과 같이 쓰고 있다. "가난은 실존에 대한 종교적 태도에 상당하는 것일 수 있다. 빈곤, 기아, 전적인 굴욕은 실존을 부정한다."[21] 최근의 의료 저술

---

20. Hilfiker, *Not All of Us Are Saints*, 212.
21. Frederick Franck, *A Little Compendium On That Which Matters* (New York : St. Martin's Press, 1993), 14.

가 중 가난의 비인간화의 효과를 가장 오래 꾸준히 바라보는 사람이 데이비드 힐피커다. 극도의 빈곤 속에서 살아가는 사람들의 삶 속에서 질병은 혼돈이 아닌 다른 것이 될 수 없다.

모더니티의 분명한 성취는 문제를 바로잡는 것에 대한 강조였다. 즉 모더니티는 신념이, 이 지상에서 성취되고 있는 것을, 사람들의 일상생활의 조건들 속에서 설명할 수 있어야 한다고 요구한다. 모더니티의 대가는 낸시처럼 안고 있는 문제가 너무 복잡해서 의학적으로나 사회적으로 바로잡는 것이 불가능한 사람들을 위한 자리가 없다는 것이다. 자신의 다리가 자기 몸의 일부로 느껴지지 않는다는 색스의 호소를, 그의 정형외과의는, 단순히 말해서 듣지 못한다.

힐피커와 프랭크의 종교적 태도를 공유하는 사람들에게 혼돈의 서사의 신비는 그것이 신념에 대해 열려 있다는 것이다. "마음이 가난한 사람은 행복하다. 하늘나라가 그들의 것이다"(『마태복음』 5:3). 가장 위대한 혼돈의 이야기는 많은 찬송가의 절망 어린 첫 구절들이다. 찬송가의 메시지는 신념의 구원이 오직 혼돈 속에서만 시작된다는 것 같다. 비극적이게도, 가장 궁핍한 사람들은 종종 그러한 위안으로부터 먼 곳에 있다. 왜냐하면 영혼이 가난한 사람들이 자신의 축복받음을 인식하기 위해서는 어떤 성찰적 공간이 필요한데, 끊임없는 고통과 마찬가지로, 그러한 성찰은 가난이 부인하는 것이기 때문이다.

6장

탐구의 서사 :
질병, 그리고 소통하는 몸

복원의 이야기들은 질병을 일시적인 것으로 만듦으로써 필멸을 능가하고자 시도한다. 혼돈의 이야기들은 질병과 그것에 따르는 재앙의 저류 속으로 빨려 들어간다. 탐구quest의 이야기들은 고통과 정면으로 마주한다. 그 이야기들은 질병을 받아들이고 그것을 이용하고자 한다. 질병은 여행이라는 사건이며, 이 여행은 나중에 가면 탐구가 된다. 무엇이 탐구의 대상이 되는지는 결코 완전히 명백해지지 않을 수도 있다. 그러나 탐구는 그 경험을 통해 무엇인가를 얻을 것이라는 아픈 사람의 믿음에 의해 규정된다.

탐구의 서사는 아픈 사람에게 자신의 이야기의 화자가 되는 목소리를 제공한다. 오직 탐구의 이야기에서만 화자가 말할 이야기가 있기 때문이다. 복원의 서사에서 능동적인 행위자는 ─ 약들이 만화의 등장인물로 나와 몸 안에서 공격하며 돌아다니는 오래된 약 광고에서처럼 ─ 치료약 자체이거나 의사다. 복원의 이야기는 의학의 승리에 관한 것이다. 그것은 단지 부전승으로 얻게 되는 자아-이야기다. 혼돈의 이야기는 고통을 받는 사람 자신의 이야기로 남지만 그 고통은 자아에게 너무 극심한 것이기에 말해질 수 없다. 화자의 목소리는 혼돈의 결과로서 상실되었고, 이 상실은 그 혼돈을 영속시킨다. 탐구가 전경에 등장할 때 복원과 혼돈 모두는 배경에 남아 있지만, 탐구의 서사는 아픈 사람의 관점에서 말하고 혼돈을 궁지에 몰아넣는다.

탐구의 서사는 아픈 사람들에게 그들의 가장 독특한 목소리를 제공하며, 출판된 질병 이야기들의 대부분은 탐구의 이야기들이다. 출판은 구술 이야기가 요구하는 것보다 더 오래 개인의 목소리가 지속될 것을 요구한다. 어떤 구술 이야기는 하나의 발언 정도로 짧다. 이제껏 단지 몇 개의 탐구 이야기들만이 출판되어 있다. 이 장은 출판된 탐구의 이야기들에 초점을 두고 있지만, 이 이야기들은 사람들의 삶에서 상연된enacted 이야기들이라고 불릴 수 있는 것의 작은 일부를 나타낸다. 환자들에 대한 지지에 참여하는 것은 탐구의 이야기의 한 가지 상연이다. 질병 이후의 개인의 삶에서 중요한 직업적이고 개인적인 변화를 만드는 것은 또 다른 상연이다. 출판된 이야기들에 나오는 탐구를 듣는 법을 배움으로써, 상연된 이야기들을 더욱 깊이 이해할 수 있다.

여행으로서의 질병

탐구의 서사는 확실히 존 던에게로 거슬러 올라간다. 그는 아마도 티푸스였을 그의 치명적인 질병을 영적인 여행으로 재구성한다.[1] 그러나 내가 현대의 탐구 이야기의 부모로 꼽고 싶은 사람은 프리드리히 니체다. 니체는 심신을 쇠약하게 하는 두통을 포함하여 진단 미확정의 만성 증상으로 고통받았다. 그는 "나는 내 통증에 이름을 주었다. 나는 그것을 '개'라고 부른다"고 말했다. 니체는 그의 통증이 개와 같은 특질들 — 충직하고, 눈에 띄고,

---

1. John Donne, *Devotions upon Emergent Occasions* (1624 ; Ann Arbor : University of Michigan Press, 1959) [존 던, 『인간은 섬이 아니다 : 병의 단계마다 드리는 기도』, 김명복 옮김, 나남, 2009].

부끄러움을 모르고, 즐거움을 주고, 영리하다 — 을 가지고 있다고 묘사한다. "나는 그것을 꾸짖을 수 있고 나의 나쁜 기분을 그것에게 발산할 수 있다. 이는 다른 사람들이 자신의 개나 하인, 아내에게 하는 것과 마찬가지다."[2]

나는 니체가 말기에 보인 광기에서 문턱과도 같았던 사건 — 맞고 있는 말을 주인에게서 구하려고 했던 일 — 을 기억하면서 이 단락을 읽었다. 그의 질병에 대한 묘사의 반어적인 진실 — 나쁜 기분이 발산될 수 있다면 가장 좋은 대상은 자기 자신의 고통이다 — 은 윤리적 헌신을 함축한다. 니체는 데이비드 모리스가 "대안적 사고방식을 촉진함으로써 우리가 고통의 노예라는(때로는 심지어 주인이라는) 느낌을 약화시키는 포스트모던적인 상상"이라고 부른 것을 예견하고 있다.[3] 니체는 그의 고통을 "개"라고 부름으로써 독자가 질병과 새로운 관계를 맺게 한다. 한 세기가 지나 아나톨 브로야드는 니체로부터 하나의 작은 발걸음을 내딛은 것으로 보인다. 브로야드는 "누구도 익명의 질병을 원하지 않는다"고 썼으며 환자들이 자신의 질병을 "얻었다"고 느끼도록 권유했다.[4]

---

2. Nietzshe, *The Gay Science*, 249~50 [니체, 「즐거운 학문」] (『아픈 몸을 이야기하기』 4장 주석 2 참조)

3. David B. Morris, *The Culture of Pain* (Berkeley : University of California Press, 1991), 284. 나아가 모리스는 고통에 대한 새로운 포스트모던적인 태도를 특징 지을 수 있게 된 가장 중요한 입장 중 하나인 "저항"에 대해 말한다.

4. Broyard, *Intoxicated by My Illness*, 47~48, 29 (『아픈 몸을 이야기하기』 2장 주석 21 참조).

탐구의 이야기는 아프다는 것의 대안적 방식에 대한 탐색 searching을 말한다. 아픈 사람이 점차 목적의식을 깨달음에 따라 질병이 여행이었다는 생각이 나타난다. 여행의 의미는 순환적으로 나타난다. 자신이 해 온 여행이 어떤 종류의 것인지를 발견하기 위하여 여행을 떠나는 것이다.

이러한 여행의 서사 구조는 조셉 캠벨의 고전적인 저서 『천의 얼굴을 가진 영웅』에 가장 잘 묘사되어 있다.[5] 내가 캠벨을 인용하는 것은 자조自助와 자성自省의 대중문화에 그가 미친 현저한 영향 때문이다.[6] 캠벨은 대중적인 도덕철학자로, 그 자신의 영향력, 학문적 성취, 개인적 인격과는 상관없이, 질병 이야기를 형성하는 서사적 전제들에 지대하게 영향을 미쳤다. 내가 "지대하게"라고 말하는 것은 그가 미친 영향의 범위와 질 모두에서이다. 만약 "여행"이라는 개념이 거의 모든 경험에 무차별하게 뿌려지는 뉴에이지의 향신료가 되었다면, 대중 심리학은 더 나쁜 영향을 끼쳤을 수도 있다. 여행은 유행일 수도 있다. 그럼에도 불구하고 그것은 성찰적 점검의 한 형태를 표상한다.

---

5. Joseph Campbell, *The Hero With a Thousand Faces* (1949 ; Princeton : Princeton University Press, 1972)[조셉 캠벨, 『천의 얼굴을 가진 영웅』, 이윤기 옮김, 민음사, 2004].
6. 호킨스는 그녀의 책 『질병의 재구축』의 한 장인 「전투와 여행의 신화들」(Myths of Battle and Journey), 61~90 (『아픈 몸을 이야기하기』 1장 주석 35 참조)에서 논의하는 이야기들에 캠벨이 중대한 영향을 미쳤다고 말한다. 그녀는 입문과 통과의례에 관심을 두는 학자들의 인류학적 전통에 캠벨을 위치시킨다(85). 내가 『천의 얼굴을 가진 영웅』에 부여하는 영향력은 캠벨이 신화들을 보고하는지 혹은 창조하는지의 여부와는 관련이 거의 없다.

영웅의 여행에 대한 캠벨의 묘사는 세 단계로 나눌 수 있다. 첫 번째는 출발departure이다. 이것은 부름call으로 시작된다. 질병 이야기에서 부름은 증상이다. 증상은 혹, 어지러움, 감기, 혹은 평소 상태와 다른 몸의 신호들이다. 그 부름은 종종 거부된다. 왜냐하면, — 아직은 한 명의 영웅이 되지 못한[7] — 그 영웅은 그 부름에 얼마나 큰 고통이 따를지를 알고 있기 때문이다. 질병 이야기에서 이러한 거부는 아픈 사람이 증상을 부정하는 것일 수 있다. 림프종이 있던 한 여성이 말해 준 이야기에 따르면, 그녀는 잠에서 깨어나서 목에 커다란 혹을 보고 꿈이라고 판단하고 다시 잠자리로 돌아갔다.

결국에 가서 부름은 더 이상 거부되지 못하고 — 증상들은 틀림없는 것이고 진단이 내려진다 — 캠벨의 용어로 하자면 "첫 번째 문턱"을 건너게 된다. 아픈 사람에게 이 첫 번째 문턱은 질병의 범위를 결정하게 되는 입원과 수술일 수 있다. 문턱을 건넘으로써 다음 단계인 입문initiation이 시작된다. 탐구 이야기의 화자는 입문이라는 은유를 암묵적으로 그리고 명시적으로 사용한다. 명시적으로 이 은유를 사용하는 예로는 수 나단슨이 낙태와 불임 수술로부터 회복되는 이야기가 있다. 이 이야기는 그녀의 친구들이 그녀를 위해서 페미니스트 여신의 제의祭儀를 시작하는 것으로 끝맺음한다. 이 책은 그 여성들 중 한 명이 "이제 의식이 시작

7. 캠벨은 영웅의 정체성을 다음과 같이 깔끔하게 설명한다. "영웅이 발견하게 된 것은 영웅 자기 자신이라는 것이 밝혀진다(혹은 기억되어진다)"(*Hero With a Thousand Faces*, 163 [『천의 얼굴을 가진 영웅』]).

된다"고 말하는 것으로 끝난다.[8]

　나단슨의 이야기는 여행의 성찰적 특성을 보여 준다. 즉 그 녀는 자신이 이미 진입하여 겪어 온 경험에 공식적으로 입문하고 있다. T. S. 엘리엇의 「네 개의 사중주」에 나오는 유명한 행에서처럼, 그녀는 자신의 시작으로 되돌아왔고 이제 그 장소를 알 준비가 되어 있다. 질병의 입문에서는, 부족의 입문식과는 달리, 입문의 마지막에서야 화자는 지금까지 있었던 일을 입문으로 의미화하고, 그럼으로써 경험을 일관되고 의미 있는 것으로 조직하게 된다.

　캠벨은 입문을 "시험들trials의 길"이라고 부른다. 입문은 모든 질병 이야기에서 쉽게 확인되는, 질병과 연관된 다양한 고통들이다. 이 고통들은 육체적인 것일 뿐만 아니라 정서적이고 사회적인 것이기도 하다. 이 길은 유혹과 속죄 같은 다른 단계들을 거쳐서 결말이나 "절정"apotheosis으로 나아간다. 탐구의 서사는 변화되고 있다는 것을 자의식적으로 말한다. 그리고 변화를 거치는 것은 스토리텔러의 책임에서 중요한 영역이다. 여행의 끝은 캠벨이 "은혜"boon라고 부르는 것을 가져다준다. 질병의 탐구 이야기는 화자가 경험에 의해 무언가 ― 보통은 다른 사람들에게 전해져야 하

---

8. Nathanson, *Soul Crisis*, 282 (『아픈 몸을 이야기하기』 3장 주석 31 참조). 입문의 은유는 다음 문헌에서도 명시적으로 사용된다. Kat Duff, *The Alchemy of Illness* (New York : Pantheon, 1993). 더프는 그녀가 우선적으로 인용하고 있는 캠벨을 따라서, 입문의 단계들을 "분리, 침수, 변태(metamorphosis), 재출현"으로 기술한다(93).

는 어떤 통찰 ― 를 얻었음을 함축한다.

　마지막 단계는 귀환return이다. 화자는 더 이상 아프지 않지만, 슈바이처가 "고통의 형제애의 표식을 짊어진" 사람들에 대해 썼던 것처럼, 질병에 의한 표식이 남아 있다. 이처럼 표식을 지닌 사람은 자신이 여행했던 세계 안에서 살아간다. 캠벨은 "두 세계의 주인"이라는 말로 이 상태를 잘 표현하고 있다. 만성통증으로 고통받는 여성인 게일은 이 주인됨을 다음과 같이 표현한다. "우리는 다른 경험들, 다른 지식들에 접근할 수 있다."9

　영웅의 여행을 출발, 입문, 귀환으로 나타내는 캠벨의 도식은 탐구의 이야기들의 서사 구조를 잘 묘사해 준다.10 여기에서 난제는 영웅이라는 관념이다. 아픈 사람이 되는 것은 어떤 종류의 "영웅"인가? 질병 이야기들은 일련의 "나는 정복했다⋯"류의 이야기들을 포함하고 있다.11 이 "정복" 영웅주의는 포스트모던 경

---

9. Linda Garro, "Chronic Illness and the Construction of Narratives," in Good et al., eds., *Pain as Human Experience*, 129 (『아픈 몸을 이야기하기』 5장 주석 14 참조).

10. 다시 말하건대, 캠벨의 작업이 유용한 이유는 중첩적이다. 화자들은 캠벨의 작업에 영향을 미친 신화들을 읽었을 수도 있고, 캠벨을 읽었을 수도 있다. 혹은 캠벨이 현대의 서사적 공통 자본의 일부여서 그의 영향력이 바로 손 닿는 곳에 있거나, 그게 아니라면, 경험에 대한 전형적인 구조가 있을 수도 있다.

11. 호킨스의 책 『질병의 재구축』의 참고문헌을 볼 것. 166~67 (『아픈 몸을 이야기하기』 1장 주석 35 참조). "정복"과 관련된 제목들은 다음을 포함한다. 『나는 어떻게 자연적으로 암을 정복했는가』, 『나는 암을 이겼다』, 『암의 정복자 : 건강으로의 놀라운 여행』. 이 제목과 부제목의 일부는 편집자와 출판사의 판매 전략을 반영한다. 다른 제목들은 아픈 사람으로서, 혹은 분명히 예전에 아팠던 사람으로서, 스토리텔러가 가지는 자아-인정을 반영한다. 그리고

계의 모더니스트 측면이다. 캠벨의 포스트모던적인 호소력은 모리스가 니체에 대해 한 말을 따르고 있다. 니체의 영웅은 고통을 경험하는 대안적인 방식들을 발견한다.

회복사회의 구성원으로서, 나는 캠벨이 충분히 영향력을 가질 만하다고 생각한다. 그는 신화적 영웅주의가 무력에 의해서가 아니라 인내에 의해서 증명된다는 도덕적 통찰을 보여 주기 때문이다. 전형적인 영웅은 적대자들과 싸우면서 힘겹게 나아가는 헤라클레스가 아니라 자신의 깨우침을 다른 사람들과 나누기 위해 속세로 돌아가기로 맹세하는 자비로운 보살의 존재다.[12] 신화는 괴로움에 관한 것이다.[13] 영웅의 도덕적 지위는 고통을 통

또 다른 제목들은 보다 미묘하다. 맥스 러너가 자신의 책에 "질병에 대한 승리의 회고록"이라는 부제를 붙였을 때, 이 승리는 물리적인 것이기보다 영적인 것이다. 그의 『천사와의 싸움』(*Wrestling With the Angel*, New York : Norton, 1990)을 볼 것. 이 모든 제목의 중요함은 — 아무리 의도된 것일지라도 — 그것들이 질병의 문화를 창조했다는 것에 있다. 이 문화는 자아와 타자의 기대 속에서 상연되는 것이기 때문에, 다른 아픈 사람들은 그것과 협상해야 한다.

12. 캠벨은 다음과 같이 말한다. "우리는 모두 보살의 이미지의 반영이다. 우리 안에 고통받는 자는 그 고귀한 존재이다. 우리와 우리를 지키는 아버지는 하나다. 이것은 우리의 결점을 보충하는 통찰이다. 우리를 지키는 아버지는 우리가 만나는 모든 사람이다"(*Hero With a Thousand Faces*, 161 [『천의 얼굴을 가진 영웅』]). 이 인용문의 남성적 언어와 관련하여, 보살은 명백히 양성적이라는 점을 주목하라(152). 또한 다음을 볼 것. James D. Thomas, "The Bodhisattva as Metaphor to Jung's Concept of Self" in David J. Meckel and Robert L. Moore, eds. *Self and Liberation : The Jung-Buddhist Dialogue* (New York : Paulist Press, 1992), 206~31.

13. Campbell, *Hero With a Thousand Faces*, 147, 162, 260 [캠벨, 『천의 얼굴을 가진 영웅』].

해서 속죄로 입문하는 것으로부터 나온다. 자기 자신과 세상이 하나라는, 그리고 세상과 그것의 창조의 원칙이 하나라는 깨달음이 그것이다. 고통은 이 원칙으로 통합되고, 고통의 통합을 배우는 것은 은혜에 핵심적이다.

귀환에 있어 문제는 이 속죄가 은혜라고 다른 사람들을 설득하는 일이다. 캠벨은 유감스러워하면서 이렇게 지적한다. "인간의 괴로움이라는 중요한 형태는 상실되어 보이지 않는다."[14] 그러므로 귀환은 아픈 사람에게 증인이 되는 일을 책임이면서 동시에 문제로 설정한다.

탐구의 세 가지 측면

탐구의 이야기의 범위는 넓기 때문에 더 세분화하는 것이 유용하다. 탐구의 이야기는 적어도 세 가지 측면 — 회고록 memoir, 선언문 manifesto, 자기신화 automythology — 을 가지고 있다.

회고록은 질병 이야기를 하는 것을 저자의 삶에서의 다른 사건들을 말하는 것과 연결시킨다. 질병의 회고록은 중단된 자서전이라고 부를 수도 있다. 대부분의 저자들은 그들의 공적인 지위가 공식적인 자서전 쓰기에 걸맞은 사람들이지만, 그들의 질병은 나중에 쓰였을 법한 글을 더 일찍 쓸 것을 요구했다. 스튜어트 알

---

14. 같은 책, 308. 이 행은 "여행"의 서사가 뉴에이지적으로 많이 전유되는 것에 대한 강력한 비판의 시작이 될 수 있다.

숍과 길다 래드너의 회고록은 목전에 다가온 죽음에 의해 동기를 부여받았다. 윌리엄 스타이런은 자신에게 일어났던 일에 대한 다른 소문들을 누르기 위해서 자신의 우울증에 대해 글을 썼다는 소문이 있다.[15] 또 다른 질병의 회고록들은 자서전의 파편들인데, 어떤 종류의 포스트모던적인 이유에서건, 저자가 그러한 파편들로 쓰기를 선호하기 때문이다. 어떻게 건선이 자신의 삶에 영향을 미쳤는지에 대한 존 업다이크의 이야기가 그 예이다.[16]

이러한 회고록들은 사건들을 연대기적으로 말하지 않으며, 삶 역시 자세하게 설명하지 않는다. 그보다 현재의 상황들이 특정한 과거의 사건들을 회상하는 계기들이 된다. 질병은 과거의 삶을 말하는 것을 끊임없이 중단시키지만, 과거의 삶의 기억들 역시 현재의 질병을 중단시킨다.

회고록은 탐구 이야기의 가장 부드러운 형태다. 시험들은 축소되지 않으면서도 넘쳐남이 없이 차분하게 말해진다. 어떤 특별한 통찰도 결말에서 제시되지 않는다. 오히려 통찰은 질병을 글쓴이의 삶으로 통합 — 이 경우 좋은 말장난인데 — 시키는 것이다. "유명한" 사람들이 쓴 많은 질병 회고록들은, 언어와 이미지를 통해 공적으로 알려져 있던 삶을 종양과 떨림을 겪는 몸으로 되돌

---

15. William Styron, *Darkness Visible: A Memoir of Madness* (New York: Random House, 1990[윌리엄 스타이런, 『보이는 어둠: 우울증에 대한 회고』, 임옥희 옮김, 문학동네, 2002]). "커밍아웃"의 의미를 가지는 스타이런의 책의 부제는 도발을 암시하는 것 이상의 의미를 지닌다.

16. John Updike, "At War with My Skin," in *Self-Consciousness: Memoirs* (New York: Fawcett Crest, 1989), 42~80.

려놓는다. 공인이 미디어의 이미지와 경험되는 현실 사이에서 분열하는 것은 언제나 이러한 이야기들의 숨은 텍스트이며 때로는 명백한 주제이다. 길다 래드너는 "재미있는 길다 래드너가 되는 것과 암을 경험한 사람이 되는 것" 사이에서 균형을 찾아야 할 필요에 대해 말한다.[17]

가장 덜 부드러운 탐구의 이야기는 선언문이다. 이 이야기들에서, 깨닫게 된 진실은 선지자적인 것이며 종종 사회적 행동에 대한 요구를 수반한다. 선언문의 저자들은 질병에서 일시적으로 귀환할 때조차 수반되는 책임을 강조한다. 사회는 고통에 대한 진실을 억압하고 있고, 그 진실은 반드시 말해져야 한다. 이 작가들은 이전의 건강한 상태로 돌아가기를 원치 않는데, 그런 상태는 종종 순진한 환영으로 여겨지기 때문이다. 그들은 다른 사람들이 그들과 함께 앞으로 나아가도록 고통을 이용하기를 원한다.

가장 명백한 선지자적 목소리를 보이는 것은 오드리 로드의 이야기다. 사회의 비밀과 위선에 대한 로드의 분노는 유방절제술 후 그녀가 인공유방을 착용하기 시작해야 한다는 요구에서 그 핵심을 발견한다. 그녀가 수술이 끝나고 열흘 후 외과의를 방문했을 때, 간호사는 그녀가 인공유방을 착용하고 있지 않다는 점을 지적한다. 관찰은 명령으로 바뀐다. "보통은 나를 지지해 주고 이해해 주던 간호사가 지금은 다급하고 못마땅한 눈길로 나를

---

17. Radner, *It's Always Something*, 145 (『아픈 몸을 이야기하기』 2장 주석 11 참조).

쳐다보았다." 참다못한 간호사는 다음과 같이 말한다. "적어도 들어오실 때만이라도 뭔가를 착용해 주셔야겠어요. 그렇지 않으면 병원 분위기에 안 좋아요." 로드는 이 사건을 다음과 같이 기술하고 있다. "나 자신의 몸을 규정하고 주장할 수 있는 나의 권리에 대해 그렇게 폭력이 가해지는 것은 처음 있는 일이었다."[18]

쟁점은 그녀 자신의 몸을 주장하는 것으로부터 그녀와 같은 고통의 표식을 지닌 다른 여성들을 시각적으로 인정할 것을 주장하는 것으로 확장된다. 그녀는 자신의 차이를 감추기를 원하는 것이 아니라 그 차이를 긍정하고자 한다. "내가 그것을 살아냈고, 그것으로부터 생존했으며, 그 힘을 다른 여성들과 나누고자 소망하기 때문"이다(61). 여성들의 적은 침묵이다. 침묵이 행동으로 전환되려면, "첫 번째 단계는 유방절제술을 한 여성들이 서로에게 가시화되어야 한다는 것이다." 다른 선택은 한쪽 유방만을 가진 여성으로서의, 그리고 필멸에 직면하고 있는 인간 존재로서의 고립이다. 인간이 이 필멸을 공통적인 것으로 받아들이고 그것을 두려워하지 않게 되는 유일한 방법은 우리의 공통적인 필멸을 드러내는 것이다. 로드는 다음과 같이 말한다. "그럼에도 불구하고 내가 죽음을 삶의 과정으로 직면한다면, 무엇이 나를 두렵게 할 수 있겠는가? 나에게 다시금 권력을 행사할 수 있는 사람이 누가 있겠는가?"(61).

장애의 이야기는 종종 회고록의 측면과 선언문의 측면을 결

---

18. Lorde, *The Cancer Journals*, 59 (『아픈 몸을 이야기하기』 3장 주석 5 참조).

합시킨다. 어릴 때 소아마비를 앓았던 어빙 졸라는 그 전체가 장애인들을 위해 지어진, 네덜란드의 마을 햇 도프[Het Dorp](를 방문한 일에 대해 회고록을 썼다.[19] 당시 졸라는 이미 성공한 사회학자였고, 그가 안식년에 가까워져 있을 때 전문적인 경로를 통해 방문이 주선되었다. 그 마을에 도착해서 졸라는 장애가 있는 마을구성원의 한 사람으로 살기로 결정한다. 신화에서 영웅은 모험이 시작되는 지하 세계로 들어갈 때 종종 속세의 물건과 권력을 빼앗긴다. 졸라의 경우 그는 걸을 때 기대는 보조기 — 그의 전문적 지위의 상징 — 를 남겨두고 휠체어에 앉아서 햇 도프 마을 주민 중 한 사람이 된다. 그 후의 나날들에 대한 그의 글은 그가 자신의 정체성에 장애가 미치는 효과에 대해 부정했던 모든 것에 대한 점진적인 자기-발견이다.

햇 도프 마을은 장애인을 위한 기술적 편리함의 모범이지만, 졸라는 그 마을을 보면서 "정서적인 욕구는 빼앗겼거나 결코 인정된 적이 없는 것 같다"는 생각을 계속한다. 이러한 욕구에 대한 그의 인식은 그의 결론을 선언문으로 만든다. 그는 자신의 삶의 지난 이십 년간이 "내가 잃어버린 것들 — 섹시하게 행동할 권리, 화가 날 권리, 취약해질 권리, 가능성들을 가질 권리 — 을 되찾으려는 지속적 노력"(214)을 나타낸다는 것을 불편한 마음으로 깨닫는다. 이러한 권리들이 장애인에게 어떻게 부정되는지, 이러한

19. Irving Zola, *Missing Pieces: A Chronicle of Living With a Disability* (Philadelphia: Temple University Press, 1982).

부정을 정당화하기 위해 어떤 근거가 사용되는지, 그리고 어떠한 저항이 이러한 권리들을 복원시킬 수 있을지를 상세하게 기술한 후, 졸라는 선지자적인 목소리로 결론을 내린다. "우리가 덜 건강 제일주의적이고, 덜 자본주의적이고, 덜 위계적인 사회에서 산다면, 사람들을 배제하고 그들의 권리를 박탈하는 데 더 적은 시간을 보내고 모든 사람이 가진 잠재력을 포함하고 증가시킬 수 있는 방법을 찾는 데 더 많은 시간을 보내는 그런 사회에서 산다면, 내가 극복해야 할 것이 그토록 많지는 않았을 것이다"(235). 이 선언문은 질병이 단순히 개인적 고난이 아니라 사회적 문제라고 단언한다. 그것은 어떻게 사회가 질병에 수반되는 물질적 문제들을 증가시켰는지 증언하며 고통받는 자들의 연대에 기반하여 변화를 요청한다.[20]

세 번째 측면은 자기신화라고 부를 수 있는 것이다.[21] 자기신화의 널리 알려진 은유는 자신의 몸이 불타고 난 재 속에서 재창조되는 불사조다. 윌리엄 메이는 광대한 트라우마나 치명적인 질병에 뒤따르는 자아-재창조의 총체성을 기술하기 위해 불사조의 은유를 사용한다. 메이는 다음과 같이 말한다. "[질병을 살아낸] 사람은 단순히 여기에서는 새 장신구에 대해, 저기에서는 장

---

20. 선지자적 목소리로 장애의 이야기를 말하는 또 다른 예로는 다음을 볼 것. Barbara Webster, *All of a Piece : A Life with Multiple Sclerosis* (Baltimore : Johns Hopkins University Press, 1989).

21. 나는 이 용어를 폴 츠바이크(Paul Zwieg)의 『세 개의 여행 : 자기신화』(*Three Journeys : An Automythology*, New York : Basic Books, 1976)에서 가져왔다.

소 변동에 대해 말할 수 있는 것이 아니다. 환자가 그러한 사건들 이후에 소생한다면, 그 사람은 새롭게 재구성되어야 하고, 새로운 힘을 사용해야 하며, 새로운 존재를 규정하도록 돕는 형식들을 전유해야 한다."[22] 자기신화는 저자를 단지 생존했을 뿐만 아니라 새롭게 태어난 사람으로 만든다. 선언문처럼 자기신화도 사람들에게로 나아가지만 그 언어는 정치적이기보다는 개인적이다. 사회적 개혁이 아니라 개인적 변화가 강조되는데, 저자는 이 변화의 예증으로 제시된다. 자기신화의 작가는 본의 아니게 영웅이 될 수도 있지만 결코 자신도 모르게 영웅이 되지는 않는다.

올리버 색스의 『나는 침대에서 내 다리를 주웠다』는 캠벨의 탐구를 거의 시시각각으로 따르는 서사 구조를 가지고 있는 자기신화다. 색스는 하이킹을 하다가 산등성이에서 황소를 만나 도망치던 중 발을 헛디며 부상을 입는다. 그 황소는 갑자기 나타나서 색스 안에 온갖 공포를 불러일으키고는 갑자기 사라진다. 황소가 사라짐으로 인해 색스의 입문은 기묘하게도 자발적으로 이루어진 것이 된다. 즉 그의 부상의 근원은 객관적이면서 동시에 심리내적intrapsychic인 것이다.

그 후 색스는 여러 단계의 입원을 통해 추락한다. 수술 후에 자신의 다리가 더는 자기 것이 아닌 것처럼 여겨질 때, 그는 더 깊은 심리적 심연으로 추락한다. 그리고 그는 여러 단계의 재활을

---

22. William May, *The Patient's Ordeal*, 22 (『아픈 몸을 이야기하기』 3장 주석 22 참조).

거쳐 귀환한다. 이 단계 각각은 육체적일 뿐 아니라 도덕적인 난관을 제기한다. 각각의 단계에서 색스는 언제나 새로운 자원을 찾아야 한다. 그가 다시 걷도록 도와준 음악처럼, 자원들은 언제나 가까이 있지만 주목하지 않았던 무엇이다. 음악은 그가 특별히 좋아하거나 동경하던 것이 아니었다. 이 이야기가 주는 교훈의 일부는 일상적인 것들을, 사람이 필요로 하는 모든 자원을 이미 담고 있는 것으로 바라보는 태도를 배우는 것이다.

이러한 과정의 끝에서 색스는 새로운 정체성을 주장하는데, 여기에 자기신화의 가장 순수한 목소리가 있다. "나의 모험은 끝나고 있었다. 그러나 나는 중대한 어떤 일이 일어났고 그 흔적을 내게 남길 것이며 결정적으로 지금부터 나를 변화시킬 것이라는 점을 알고 있었다. 삶 전체, 우주 전체가 몇 주로 압축되었다. 운명적인 경험은 대부분의 사람에게 주어지는 것도 아니고 사람들이 욕망하는 것도 아니다. 그것은 이미 발생해서 나를 바꾸고 나에게 명령하는 것이다."[23] 색스는 캠벨이 말한 두 세계의 주인이 되었다. 그는 경험적 우주를 횡단했고 다른 사람들이 거의 경험하지 않았거나 경험하고 싶어 하지 않는 것으로 인해 고통받았으며 이제는 귀환한다. 자기신화의 인어는 중대한, 결정적으로, 우주, 운명과 같은 단어들로 가득하다.

다른 언어들이 같은 결말로 이끌 수도 있다. 브로야드는 그의

---

23. Sacks, *A Leg to Stand On*, 197 [색스, 『나는 침대에서 내 다리를 주웠다』] (『아픈 몸을 이야기하기』 5장 주석 12 참조).

탭댄스 수업과 춤의 언어로부터 자기신화를 창조한다. 브로야드
는 그를 자신의 운명 너머로 위치시킨 시련을 무뚝뚝하게 취급
한다. 그의 신화는 그의 가벼움이지만, 이 가벼움은 그를 외롭게
남겨둔다. 브로야드나 색스보다 포괄적인 자기신화이자 아마도
가장 잘 알려진 질병 이야기는 노먼 커즌스의 것이다.

커즌스의 첫 번째 베스트셀러는 『웃음의 치유력』이었다.[24]
1964년에 그가 소비에트연방에서의 외교 임무로부터 돌아왔을
때, 그는 결합조직에 급성 염증성질환으로 번지는 증상들을 보
이고 있었다. 진단은 불분명하고 논쟁적이었지만, 몸을 쇠약하
게 하는 효과는 명백했다. 커즌스는 움직이는 게 힘들어졌고 혹
이 나타났으며 "피부 아래에 있는 자갈과 같은 물질"(30)로 고통
받았고 마침내 그의 턱은 거의 열리지 않았다. 그는 그의 질환이
"점차 진행되며 치료 불가능하다"는 말을 들었다(45). 커즌스의
추락은 그가 마비에 대해 심각하게 생각할 때 완성된다.

---

24. Norman Cousins, *Anatomy of an Illness as Perceived by the Patient: Reflections on Healing and Regeneration* (New York: Bantam, 1981)[노먼 커즌스, 『웃음의 치유력』, 양억관·이선아 옮김, 스마트비즈니스, 2007]. 커즌스는 나중에 심장발작으로 고통받는데, 그는 이 경험을 『치유하는 심장』(*The Healing Heart*)이라는 책에 썼다(New York: Avon, 1983). 『치유하는 심장』은 『웃음의 치유력』의 자기신화에 기반하고 있으며, 처음에 나오는 심장발작 사건의 이야기는 관련된 모든 사람이 환자를 바로 그 노먼 커즌스로 알아보는 것에 달려 있다. 커즌스는 자신의 특별한 지위를 알고 있지만 결코 그 중요성이 자신의 치료에 전적으로 관여하게 하지 않는다. 영웅들이 자신이 영웅이 되도록 한 모든 것, 나머지 사람들이 알아내야 하고 모방하고자 하는 그런 특성들을 인식하는 일은 드물다.

커즌스 역할로 에드워드 애스너가 출연한 텔레비전용 영화로 인해 더욱 신화화된 그의 귀환 이야기는 회복 과정에서 커즌스 "자신의 전적인 참여"를 묘사하고 있다. 커즌스는 퇴원을 하고 근처의 호텔 방을 삼분의 일 가격으로 대여한다. 그는 아스코르브산을 다량으로 정맥에 주입시키는데 이것이 콜라겐의 분해에 영향을 미쳐서 류마티스성 관절염 환자들을 돕는다는 것을 책에서 읽었었다. 그는 자신의 친구이기도 한 의사와 치료를 위한 협력의 일환으로 이 모든 일을 한다. 그 의사 친구는 "그에게 가장 중요한 일은 환자가 삶의 의지를 극대화하도록, 그리고 질환과 싸우기 위해 몸과 마음의 모든 천연자원을 동원하도록 독려하는 것"이라고 믿었다. 그러므로 커즌스가 자기 의사의 것이라고 말하는 그 사명은, 간략히 말하자면, 그 자신의 철학이다.

그의 자기-치료의 마지막 부분은 유머다. 커즌스는 슬랩스틱 영화를 보고 유머집을 읽음으로써 자신의 살고자 하는 의지를 북돋고 자신의 몸이 자연적 자원을 동원하도록 했다. 유머에 의지하는 것은 커즌스가 잘 웃는 사람이라는 신화의 기반이 된다. 커즌스 자신의 설명은 보다 복잡하며, 이는 의학 문헌의 일반 독자로서의 그의 교양을 반영하지만, 자기신화는 다른 가능한 위약효과들을 억제한다. 커즌스는 웃음의 치료적 효과를 진지하게 다루는데, 이 효과는 "판결을 받아들이"라는 전문가들의 제안에 대한 그의 거부를 지지하는 동시에 그 거부에 의해 지지된다.

커즌스의 책에서 첫 번째 장의 마지막은 그의 기획을 보여 준다. 즉, 그는 정치언론가로서 자신이 발전시켰던 철학을 개인주의적 의학의 언어로 다시 써서, 그 자신의 회복에 관한 자기신화를 창조한다. 커즌스는 그 장을 "인간 존재는 자기가 설정한 한계 안에서 극단적으로 살아가는 경향이 있다"고 말한 윌리엄 제임스로 끝맺는다. 커즌스는 자신의 회복을 예로 들어 어떻게 누구든지 이러한 한계를 넘어서 나아갈 수 있는지를 보여 준다. 문제가 되는 것은 단지 의료가 아니라 "완전함과 재생성을 향한 인간의 몸과 마음의 자연적 충동"을 증대시키는 것이다. "그 자연적 충동을 보호하고 가꾸는 것은 인간 자유의 가장 훌륭한 실천을 나타내는 것일 수 있다"(48).

커즌스의 언어는 색스의 언어보다 더 조용할지 모르지만 그의 자기신화는 더 많은 것을 주장한다. 커즌스는 자기 자신을 치유하며, 이 치유는 완벽함, 재생성, 그리고 궁극적으로는 인간 자유의 가장 훌륭한 실천이라는 개념들의 환유가 된다. 커즌스는 그의 신화를 잠재적으로 포괄적인 것 ─ 누구라도 웃을 수 있으므로, 모두가 자기 자신의 자연적 자원을 가동시킬 수 있다 ─ 으로 제시하지만, 그의 이야기는 오직 그의 것이다. 자신의 치료를 호텔 방으로 옮겨서 자신의 질환을 연구하고 별난 치료법을 지지하는 의사들과 연대를 구축하며 이 모든 과정을 통하여 웃는 것을 계속하는 환자들은 거의 없다. 커즌스가 특히 호소력을 갖는 것은 그의 진심 어린 겸손함으로 인해 다른 사람들이 그의 특권을 간접적으로 즐길 수 있다는 점이다.

자기신화는 특정한 질병을 보편적인 갈등과 근심의 패러다임으로 전환시킨다. 스토리텔러의 몸은 소우주와 대우주 사이의 중심점이 되며, 인간의 잠재력 — 커즌스에게는 "자유"고 색스에게는 "운명" — 은 스토리텔러가 배웠던 교훈이 다른 사람들에 의해 받아들여지고 실천되는지의 여부에 달려있다.

소통하는 몸

탐구의 이야기에서 말해지는 것은 소통하는 몸이다. 그리고 더욱 중요한 것은, 탐구의 이야기가 소통하는 몸의 어떤 윤리적인 실천이라는 것이다.

탐구 이야기의 영웅은 우연성을 받아들인다. 탐구에서 얻은 역설은 건강을 피상적으로 통제하면 더 상위의 통제에 굴복하게 된다는 것이기 때문이다. 로드는 이 역설을 다음과 같이 표현한다. 죽음에 맞섬으로써만 그녀는 아무도 그녀에게 권력을 행사할 수 없는 사람이 된다.[25]

탐구는 우연성이 유일하게 실제적인 확실성이라는 것을 가르쳐준다. 로드가 이 교훈을 정치적 용어들로 표현한다면, 남편이 죽은 직후의 시간에 대해 글을 쓴 매들렌 랭글은 그것을 영적인 진실로 표현한다. 그녀는 어느 주교가 아내의 죽음에 대해 말한 것을 인용함으로써 그녀의 상황을 기술한다. "나는 바닥 저

---

25. Lorde, *The Cancer Journals*, 61.

끝까지 내려갔었다. 그 바닥은 단단하다."[26] 영적인 관점에서 보았을 때, 고통에서 중요한 것은 오직 바닥만이 단단하다는 것이다. 랭글은 남편의 질병에 대해 "우리는 위기에 열려 있어야만 했다"(181)고 적는다. 변화와 성장의 근원으로서의 위기에 대해 열려 있는 것과 우연성을 ─ 그것의 고통까지도 ─ 높게 평가하는 것은 소통하는 몸의 기반이다.

이러한 우연적인 몸의 욕망은 생산적이다. 그러나 이 욕망의 방향은 ─ 비추는 몸의 욕망과는 달리 ─ 타자에 대한 이항적 관계에 의해 조건 지어진다. 보살이라는 불교적 은유에서, 소통하는 몸은 모든 존재를 구제하기를 욕망한다. 사후의 질병 이야기들은 특히 보살과 같은 특성을 가지고 있다. 알솝이나 래드너, 혹은 브로야드와 같은 사람들은 왜 질병에 대해 글을 쓰는데 자신의 마지막 몇 달의 의식과 에너지를 썼을까? 이 사람들에게는 즐거움이나 우정과 같은 다른 선택지들이 있었지만, 그들은 글쓰기를 선택했다. 왜 로드는 유방절제술 직후에 그녀의 에너지를 글쓰기에 소비했을까? 같은 대답이지만, 다른 사람들에게 다다르는 것이 이항적 몸이 하는 일이다. 이항적 몸이 욕망하는 것은 자신의 이야기를 풀어냄으로써 다른 사람들의 마음을 움직이는 것, 그리고 아마도 변화를 만드는 것이다.

글쓰기는 자기 몸으로부터의 분리의 수단이 아니다. 탐구의

---

26. L'Engle, *Two-Part Invention*, 229, 181(『아픈 몸을 이야기하기』 3장 주석 35 참조).

이야기를 하는 사람들은 자신들의 몸에 대해 감각적으로 상세하게 글을 쓰는데 여기에는 통증과 상처도 포함된다. 그들은 자신들의 몸과 결합함으로써, 자신의 육체에서 슈바이처가 말한 "고통의 표식"을 느낄 수 있으며 다른 사람들의 육체에서 고통을 볼 수 있다. 몸과의 결합은 이항적 연관성의 기반인데, 이는 이항적 연관성과 욕망이 분리 불가능한 것과 마찬가지다.

타자를 위한 존재이기를 추구하는 것, 존재의 한 방식으로서 타자에게 닿고자 하는 것이 이 타자를 그 사람 자신의 우연성으로부터 구하는 것을 의미하지는 않는다. 이 타자에게 어떤 일이 일어날 것인지, 무엇이 그를 고통에 처하게 할 것인지는 자신의 자아에게 어떤 일이 일어날지만큼이나 우연적이다. 소통하는 몸은 그 대신에 다른 사람이 자신의 체현된 우연성을 이해하는 방식에 영향을 미치고자 한다. 캠벨의 용어로 말하자면, 소통하는 몸은 자신의 귀환으로부터 얻었던 은혜를 공유하고자 한다. 다른 사람들은 자신이 필연적으로 가게 될 여행을 위해 이 은혜가 필요하다.

또다시 동어반복을 하는 것으로만 설명할 수 있는 이 은혜는 몸이 소통하는 몸으로서의 자신을 성찰적으로 바라볼 수 있는 능력이다. 그것은 자기 자신과 결합되는 능력, 우연성에 대해 열려 있는 능력, 다른 사람들에게 이항적이 되는 능력, 그리고 타자들과의 관계에서 스스로 욕망하는 능력이다. 이 은혜의 본질은 그것이 반드시 공유되어야 한다는 것인데, 이는 자아를 공유하는 것을 의미한다. 이야기는 그것을 통하여 소통하는 몸이 현재의 자신이 된 과정을 회상해 낸다는 의미에서 하나의 매개체이며, 그 이야기를 통해 몸은 그 자신을 다른 사람들에게 제공한다. 자아에 대한 회상과 자기-헌상 self-offering은 분리 불가능하며, 이들 각각은 오직 타자의 보완체로서만 가능하다.

자아-이야기로서의 탐구

탐구의 이야기에서 중단은 도전으로 다시 틀 지어진다. 자아-이야기는 윌리엄 메이가 제기한 "나는 난국에 어떻게 대처했는가?"라는 질문에 전적으로 달려 있다. 탐구의 기원은 어떤 사람에게 지금까지의 자신 이상이 될 것을 요구하는 어떤 난국이며, 탐구의 목적은 그 난국을 이겨낸 사람이 되는 것이다. 이 난국은 처음에는 중단으로 보이지만 나중에는 시작으로 이해된다.

데보라 카헤인이 테리라고 부르는 한 여성은 거의 모든 탐구의 이야기에서 말해지는 것을 다음과 같이 표현한다. "나는 이런 방식으로 배우는 것을 절대로 선택하지 않았을 것이다. 하지만 나는 내게 일어난 변화를 좋아한다. 나는 그곳에 도달하기 위해 벼랑 끝으로 가야 했던 것 같다."[27] 질병을 일으켰던 것은 "벼랑 끝으로" 가는 것의 효과에 대해 부차적이다. 테리의 목적은 벼랑으로부터 돌아와 현재의 그녀, 변화를 겪은 사람이 되는 것이다. 질병은 그녀가 결코 선택하지 않았을 중단이었지만, 이제 그녀는

---

27. Kahane, *No Less a Woman*, 83(『아픈 몸을 이야기하기』 2장 주석 24 참조).

그것을 그녀가 좋아하는 변화의 대가로 받아들인다. 상실한 것들은 계속해서 애도될 것이지만, 강조점은 획득한 것들에 있다.

테리의 진술의 기반이 되는 "변화"는 인격character — 그녀가 누구인지 — 의 변화다. 인격은 이야기 속에서의 인격인 외적 인격persona을 좋은 인격을 갖는 자질과 결합시킨다. 자아-이야기는 단순히 인격상의 변화를 주장하는 것을 넘어서 이러한 변화를 보여 주어야 한다. 이야기의 성공 여부 — 타자와 자아 모두에게 미치는 영향 — 는 변화한 인격이 얼마나 설득력 있게 드러나는지에 크게 달려 있다. 독자들은 다양한 이유로 출판된 질병 이야기들을 고르지만, 그것들을 읽는 도덕적 목적은 **고통을 통한 인격의 변화**에 증인이 되는 것이다. 이러한 증언에서 독자는 두 가지의 도덕적 의무에 관련된다. 하나는 독자가 그러한 변화를 긍정하는 것으로, 이는 한 가지 종류의 도덕적 의무다. 동시에, 독자는 자기 자신의 변화를 위한 모델을 얻게 되는데, 이는 또 다른 도덕적 의무다.

가장 극단적인 변화는 완전히 다른 사람이 됐다는 자기신화적인 주장이다. 색스는 "결정적으로, 지금부터"[28] 자신이 변화했다고 주장한다. 이러한 변화의 본질은 그가 강조하는 의미에서 "영혼의 신경학"이라고 부르는 것을 발견할 준비가 되었다는 것이다. 그는 이제 그의 지적 멘토들을 넘어서서 자신의 길을 바라보며 "새로운 분야… 새롭고 진실된 사고방식"을 발견했다고 주장

---

28. Sacks, *A Leg to Stand On*, 219 [색스, 『나는 침대에서 내 다리를 주웠다』].

한다"(222).

이 마지막 문장은 약속의 기록을 구성한다. 이러한 약속의 구원에서, 색스의 저서 『나는 침대에서 내 다리를 주었다』는 홀로 성립하지 않으며, 아마도 홀로 성립할 수 없었을 것이다. 이 책의 독자 대부분은 색스가 어떤 사람이 되었는지를, 즉 로빈 윌리엄스가 연기했던 영화의 원작인 『깨어남』을 쓴 베스트셀러 작가임을 알고서 책을 읽을 것이다. 그러므로 『나는 침대에서 내 다리를 주었다』의 마지막에 나오는 약속의 기록은 충분히 지켜진 것으로 읽힌다. 자신의 새로운 자아와 새로운 신경학에 대한 색스의 과장법은 (그가 별로 알려지지 않은 사람이었다면 호응을 얻지 못했겠지만) 강력하다. 색스는 정말로 새로운 "영혼의 신경학"을 만들어 냈다. 그러나 그의 질병 이야기의 자기신화는 그가 주장하는 인격의 변화를 전적으로 신뢰할 수 있는 것으로 만드는 그의 다른 이야기들을 요구한다.

대부분의 이야기들은 그보다 덜 극적인 변화에 대해 말한다. 화자가 발견한 것은 완전히 새로운 사람이 아니라 "언제나의 내 모습"이다.[29] 이러한 자아는 새로 발견된 것이 아니라 자신의 기억에 새롭게 연결된 것이다. 과거는 현재의 관점에서 다시 해석되고 더 중요한 의미를 가진다. 이 현재는 다른 곳으로 이어질 예정이었던 과거와의 우연한 접목이 더는 아니다.

---

29. 이 표현을 내가 처음 사용한 것은 다음에서다. "The Rhetoric of Self-Change : Illness Experience as Narrative," *The Sociological Quarterly* 34, no. 1(1993) : 39~52.

오드리 로드는 다음과 같은 수사학적 질문을 던지면서 이처럼 새롭게 연결된 자아를 확립한다. "다호메이의 아마존들은 어떻게 느꼈을까?" 이 질문은 활을 더 잘 쏘기 위해 한쪽 유방을 잘라내는 입문식을 했던 아마존의 여전사들을 가리킨다.[30] 로드는 그녀의 새로운 정체성을 위하여 한쪽 유방을 가진 여전사라는 강력한 은유를 만들어 내는데, 이는 제3세계라는 위치와 레즈비언의 암시를 통해 완전해진다. 이 은유는 유방절제술 이후 그녀의 몸과 수술 이전의 흑인, 레즈비언, 페미니스트 자아를 결합시킨다. 그 은유의 힘은 유방절제술에 일종의 회고적인 필요성을 부여하는 것이다. 즉, 그녀는 이전의 그녀로부터 나아가서 완전해지기 위해 한쪽 유방을 잃어야 했다. 그러고서 그녀는 단지 불완전하게 완전해진다. 그녀의 은유는 셰퍼가 자아-이야기의 줄거리라고 부르는 것이 된다(이 책의 3장을 보라).

다호메이의 아마존 여전사들에 대한 로드의 수사학적 질문은 독자들에게 그녀의 자아-변화를 확신시키는데, 이 변화는 새로운 것이 아니라 회상을 재현하는 것이기 때문이다. 로드가 도달한 자아는 다른 누군가가 아니라 전부터 지속되어 온 그녀 자신이지만, 그녀는 온전한 지식과 그 정체성의 체현된 상처에 의해 힘을 길렀다. 다호메이의 아마존 여전사라는 은유는 로드의 변화의 현현顯現, epiphany이다. 그것은 그녀 인격의 변화를 표현하는데, 그 은유를 제시하는 것 — 그것을 말하는 것 — 이 그녀 인격의

---

30. Lorde, *The Cancer Journals*, 35 ; 45도 볼 것.

표현이기 때문이다.

자아-변화는 놀라울 정도로 젠더와 관련이 없어 보인다. 로버트 머피는 인구학적 특성으로 볼 때는 로드와 전혀 다르지만, 그의 이야기는 로드의 이야기와 유사하다. 머피는 유명한 인류학자이자 컬럼비아대학의 학과장이었을 때 증상들을 알아차렸는데, 이것은 결국 척추의 양성종양으로 진단되었다. 이 종양은 점점 자라서 결국에 그를 사지마비 환자로 만든다. 그의 질병 이야기는 그의 몸의 악화와 제한을 그의 마음의 팽창과 병치시킨다. 머피는 질병을 인류학적 현지 조사와 비교하는데, 그는 자신이 들어간 의료 세계가 연구를 하기 위해 여행했던 정글만큼이나 "낯설다"는 것을 발견한다.[31]

머피가 자신의 연구에서 발견한 은유는, 변화한 지금의 자신과 전부터 계속 존재해 온 자신을 결합한다. 책을 쓸 때 그는 거의 완전히 마비 상태가 되어서 의자에 묶인 채로 손가락만 컴퓨터의 키보드 위로 움직일 수 있을 뿐이었다. 그는 다음과 같이 적고 있다. "나의 서사는 페루의 아마존⋯의 주술사들이 신화를 이야기하는 것과 괴상하게도 닮아 있다⋯ 그들은 자신들의 몸이 전혀 움직이지 않도록 고정시킨 채로 신화를 말한다"(222). 머피의 변화의 신뢰성뿐 아니라 도덕성 역시 그의 과거와 현재 간의 이러한 은유적 결합에 있다. 여기에서 약속의 기록은 제공되지 않는다. 은유 그 자체가 그것이 약속하는 것을

31. Robert F. Murphy, *The Body Silent* (New York : Henry Holt, 1987), ix.

가져온다.

머피가 기술한 바에 따르면, 그는 소통하는 몸의 이념형에 들어맞지 않는다. 그는 자기 몸으로부터의 "철저한 분리"를 통해 자신의 신체적 악화를 다루고 있다고 말한다. 이 분리는 그가 "나의 몸에 대해 결코 자부심을 느끼지 않았고…대신에 나의 지적 능력을 구축했"(101)기 때문에 더 쉬웠다. 나는 머피가 자신을 묘사하는 것에 동의하지 않을 수 없다. 그러나 나는 그가 말할 때 자신의 몸과 결합되어 있다고 주장할 수 있다. 주술사의 메타포에서, 머피의 몸은 자신의 이야기의 주제일 뿐 아니라, 엄격히 말해서 이 이야기의 매개체이기도 하다. 주술사의 이야기가 어떻게 자신들의 몸을 고정시키는지에 어느 정도 달려있는 것처럼 머피의 이야기도 마찬가지다. 이전의 삶에서 머피는 그의 몸에 그다지 자부심을 갖지 않았을지 모른다. 그러나 그는 글을 쓰면서 대단히 은유적인, 그리고 심지어는 신화적인 무게를 몸에 부여한다.

머피의 이야기가 설득력이 있는 것은 그의 몸이 그 무게를 받치고 있기 때문인데, 이는 로드의 삶과 색스의 글쓰기가 몸을 통해 자신들의 주장을 지탱하고 있는 것과 마찬가지다. 질병의 스토리텔러로서 그들 각각은 난국에 대처하는 것 이상을 해냈다. 인격은 그 인격의 측정이 되는 글을 통해서 성찰적으로 나타난다.

자신이 언제나 어떤 모습이었는지, 진정으로 어땠는지를 깨달으면서, 그들 각각은 재-창조된 도덕적 자아가 되거나 되기를 준비한다. 이러한 모습의 인격에서, 기억은 수정되고 중단은 동화되며 목적이 달성된다. 영웅으로서의 스토리텔러는 암묵적으로 다음과 같이 주장한다. "나에게 무슨 일이 일어났든 혹은 일어날 것이든, 그 목적은 내가 결정하는 것으로 남는다."

자아-이야기의 세 가지 윤리

소통하는 몸은 이항적이기 때문에, 자아-이야기는 단지 자아-이야기인 것이 아니라 자아/타자-이야기가 된다. 그러한 이야기를 말하는 것에서, 목소리, 기억, 책임이라는 세 가지의 문제가 어우러진다. 목소리를 찾는 것은 기억에 대해 책임을 지는 문제가 된다. 다양한 탐구의 이야기들은 모두 이러한 목소리-기억-책임의 교차점을 표현한다. 그러므로 자아-이야기는 소통하는 몸의 윤리적 실천이 된다. 탐구의 세 가지 양식과 겹치는 세 가지의 윤리는 이야기하기에서의 책임의 다양성을 제시한다.

회상의 윤리는 회상하는 사람이 과거의 행동에 대한 기억을 공유할 때 실천된다. 한 사람의 과거를 다른 사람들에게 보여 주는 것은 그 사람이 했던 일들에 대해 책임을 질 것을 요구한다. 과거의 행동들이 비난받을 수는 있지만, 그것들과 절연할 수는 없다. 다른 어느 누구도 그 일들을 하지 않았고 그것들은 바뀔 수 없다. 이야기는 잘못했던 일이나 불완전하게 했던 일을 바로잡을 수 있는 도덕적 기회다.

오드리 로드가 인공유방을 착용하라는 말을 들었을 때, 그녀는 "그때는 너무 화가 나서 말을 할 수 없었다"고 한다.[32] 여기에서 중요한 단어는 '그때는'이다. 인간의 약함은 이와 같은 '그때는'이다. 분노했을 때나 교착되어 있을 때, 혹은 어떤 종류의 딜레마에 잡혀 있을 때, 목소리는 실패할 수 있다. 로드의 윤리적 행동은 그녀가 실패를 회상하고자 하고 다른 사람들에게 그 실패를 제시하면서 어떻게 했어야 했는지를 보여 주고자 한다는 점에 있다. 그녀가 그때는 실수했을 수 있다. 그러나 그녀는 자신의 회상된 이야기 속에서 더 분명하게 말하고 더 많은 사람들에게 말하기 위해 그녀의 분노를 사용한다. 그녀가 발견한 목소리는 기억에 대한 그녀의 책임을 충족시킨다.

연대와 헌신의 윤리가 표현되는 것은 다음과 같은 순간이다. 즉 스토리텔러가, 어떤 재능이나 기회를 이유로 하건, 다른 사람들에게는 주어지지 않은 말할 기회를 가진 고통의 동료로서 자신의 목소리를 다른 사람들에게 제공할 때, 즉 타인들을 대신하여 말하는 것이 아니라 그들과 함께 말할 때다. 졸라는 보조기를 벗음으로써 똑바로 걸을 수 있었으며, 이때 그는 휠체어에 갇힌 햇도프 마을의 주민들에게 연대를 표현한다. 어떤 면에서는 휠체어가 그의 몸에 더 잘 맞는다는 것을 그가 발견했을 때, 그는 "정상성"의 외양을 지탱하는 모든 것이 그 자신과 다른 장애가 있는 사람들을 희생시키는 것이라고 말하는 선지자적인 목소리를 낸다. 그러한 선지자적인 목소리를 표현한 선언문은 사람들을 결집

---

32. Lorde, *The Cancer Journals*, 59.

시키는 일종의 계기가 되는데, 유방암에 걸린 수많은 여성이 로드의 책을 이용하는 것은 그 예시다.

마지막으로, 탐구의 이야기는 영감의 윤리를 실천한다. 인간은 자신에게 영감을 주는 귀감의 예를 필요로 한다. 자기신화 작가의 영웅적인 지위는 사람들에게 영감을 주는데, 그것은 상처입음에 근원하고 있기 때문이다. 괴로움은 감춰지지 않는다. 색스는 수술 후 그가 얼마나 낙담했는지에 대해 말한다. 커즌스는 증상이 가장 심했을 때 그의 몸이 거의 완전히 불능상태였다는 것을 상세히 묘사한다. 그들의 이야기들은 불가능한 상황에서 가능한 것을 보여 주며, 그리하여 커즌스가 자유라고 말한 것을 가리킨다.

이 세 가지의 윤리 — 회상, 연대, 영감 — 는 서로 겹치는데, 이는 회고록, 선지자적 목소리, 자기신화가 어느 이야기에서나 겹치는 것과 마찬가지다. 탐구 이야기의 양식과 그 이야기들 각각의 윤리 둘 다 소통하는 몸의 측면들이다. 그것들은 우연적인 상황들이 요구할 때 소통하는 몸이 다양하게 차용하는 실천들이다.

탐구의 자아–이야기는 자기 자신을 발견하는 목소리에 대한 것이다. 간호사가 오드리 로드에게 인공유방을 착용하라고 말할 때, 로드는 잠시 말을 할 수 없는 상태가 된다. 이것으로부터 그녀는 침묵의 끔찍한 잠재력을 배운다. 심각하게 아프다는 문제는 목소리를 발견하는 문제가 된다. 로드는 다음과 같이 적고 있다. "빠르건 늦건, 내가 말을 했건 아니건, 나는 죽을 것이었다. 나의 침묵은 나를 지켜 주지 않았다. 당신의 침묵도 당신을 지켜 주지 않을 것이다."[33]

목소리는 기억의 회상 속에서 발견된다. 스토리텔러의 책임은 무슨 일이 있었는지에 대한 기억을 증언하는 것, 그리고 다른 사람들이 따를 수 있는 더 나은 예를 제공함으로써 이 기억을 올바르게 하는 것이다. 로드는 이 책임을 가장 특수주의적인particularistic 언어로 요약하는데, 그것은 그런 언어로만 요약될 수 있기 때문이다. 우리 각각은 우리 존재의 특수성으로부터만 증언할 수 있다. "내가 여성이기 때문에, 내가 흑인이기 때문에, 내가 레즈비언이기 때문에, 내가 나 자신이기 때문에, 나의 일을 하는 흑인 여성전사시인이 당신에게 다가가서 당신은 당신의 일을 하고 있는지 물을 것이다"(21). 이 난관을 받아들이는 것은 자아-이야기의 윤리적 실천이다.

탐구에서 증언으로

탐구의 서사가 아픈 사람들을 인식하는 방식은 다음과 같다. 아픈 사람들은 책임이 있는 도덕적 행위자이며 그들의 일차적 행위는 증언이라는 것이다. 탐구의 이야기들은 다른 이야기들이 희생시키는 도덕적 행위성을 복원하는 데 필수적이다.

아픈 사람들은 그들 자신에 의해, 그들을 돌보는 사람들에

---

33. 같은 책, 20.

의해, 그리고 우리 문화에 의해, 자기 이야기의 영웅으로 간주될 필요가 있다. 모더니즘은 의사를, 특히 외과의를 질병의 영웅으로 만들었다. 모더니즘의 이러한 구성에서 영웅주의는 인내가 아니라 행위doing다. 아픈 사람들의 수동적인 영웅주의는, 그들의 죽음이 부고란에서 보일 때, 침묵으로 칭송받는 금욕주의와 동일한 것이 된다. 탐구의 이야기가 말해지고 혼돈의 이야기가 존중될 때, 이 이야기들은 헤라클레스 같은 영웅으로부터 보살 같은 영웅으로의 전환, 힘의 영웅으로부터 고통을 통한 인내의 영웅으로의 전환을 요청한다. 이야기는 인내가 능동적으로 되어서 다른 사람들에게 다다르고 스스로의 윤리를 주장하도록 하는 수단이다.

영웅의 양식에서의 이러한 전환은 모더니티의 근본적인 전제에 도전한다. 모더니스트 영웅은 행위의 인간이며, 바우만이 관찰한 것처럼, 추상적 이상의 인간이다. 그러한 영웅에게 질병을 정복하는 것은 그 자체로 대의명분인데, 이 대의명분은 특정한 아픈 사람의 눈앞의 행복을 대체할 수도 있다.[34] 질병 이야기들의 상처 입은 영웅은 오직 자신이 경험한 것만을 이야기한다. 개인적 경험을 다른 사람에게 제공하는 것에 있어서, 질병 탐구의 영웅은 바우만이 말한 포스트모던적인 도덕적 인간에 가깝다. 그는 "다른 인간 존재의 삶이나 행복 또는 존엄함"을 향하고

---

34. 저스만의 『집중치료』에 대해 앞에서 논의한 것을 보라(『아픈 몸을 이야기하기』 2장 주석 10 참조). 저스만은 계속해서 의사를 모더니스트 영웅으로 특권화하지만, 그는 또한 이 영웅주의의 진정한 대가를 인식하고 있다.

있다.[35]

도덕적 인간이 되려는 스토리텔러는 폴 리쾨르가 선지자적인 증언에 대해 다음과 같이 쓴 것을 유념해야 한다. 선지자는 자신의 증언을 다른 어딘가로부터 받는다.[36] 자신의 질병 이야기를 원하는 방식대로 ─ 자기 "자신의" 목소리로 ─ 말할 수 있는 기회는 일종의 축복이다. 영웅이 여행하는 것은 축복을 요구한다고 캠벨은 언제나 분명하게 말한다. 자기 자신의 의지로 여행한다고 생각하는 영웅은 실패할 것이다.

개인의 목소리가 전적으로 자기 자신의 것일 수 있다는 오만에 빠지는 것은 탐구의 이야기가 직면할 수 있는 실패 중 하나에 불과하다. 자기신화는 저자가 질병을 극복했기 때문에 다른 사람들도 도망칠 수 있다고 건강한 사람들을 다시 안심시키는 이야기가 되기 쉽다. 이처럼 안전함을 가장하는 것에 대한 해결책은 혼돈의 이야기들이다. 그것들은 우리에게 어떤 상황은 극복될 수 없다는 것을 상기시켜 준다. 그보다 중요하게, 탐구의 이야기는 질병을 낭만화할 위험이 있다. 여기에서 해결책은 복원의 서사인데, 이 서사는 정상적인 사람이라면 건강해지고자 할 것이며 우리 대부분은 건강을 유지하기 위해 다른 사람들의 도움을 필요로 한다는 것을 상기시킨다.

---

35. 이 책의 4장을 볼 것. Bauman, *Mortality, Immortality*, 209 (『아픈 몸을 이야기하기』 1장 주석 25 참조).

36. Paul Ricoeur, *Essays on Biblical Interpretation* (Philadelphia : Fortress Press, 1980), 131.

탐구의 이야기가 갖는 위험은 불사조의 은유가 갖는 위험과 같다. 그것은 불에 타는 과정을 너무 깨끗한 것으로, 변형을 너무 완벽한 것으로 제시할 수 있으며, 자기 자신의 재로부터 빠져나오지 못한 사람들을 은연중에 비난할 수 있다. 많은 아픈 사람이 자신들의 경험을 묘사하기 위해 불사조를 적용하지만, 메이는 이 은유에 대하여 중요한 의구심을 다음과 같이 표현한다. 불사조는 그전의 생에 대해 아무것도 기억하지 못하지만, 어떤 트라우마의 피해자 — 여기에서 메이는 특히 화재의 피해자들에 대해 말하고 있다 — 는 기억한다.[37] 메이의 의구심에 힘을 더하는 것은 홀로코스트 증인들에 대해 쓴 로렌스 랭거다.

랭거는 아우슈비츠에 대한 샤를로트 델보의 회고록을 인용한다. 그녀는 "자신의 허물을 벗고서 '새롭고 빛나는' 껍질과 함께 나타나는 뱀의 이미지를 사용"한다.[38] 문제는 부활은 결코 완전하지 않다는 것이다. "그녀는 허물을 벗어도 뱀은 변화하지 않을 수 있고 오직 겉으로만 비슷한 결과가 그녀에게도 적용된다는 것을 알고 있다"(4).

궁극적으로, 그녀의 경험은 뱀의 은유를 사용하기에는, 그리고 아마 어떤 은유를 사용하더라도, 너무 복잡하다. 델보는 다음과 같이 말한다. "아우슈비츠의 기억을 덮고 있는 껍질은 단단하다. 그러나 가끔 그것은 파열되어서 그 내용을 다시 가져온다." 그

---

37. May, *The Patient's Ordeal*, 24.
38. Langer, *Holocaust Memories*, 3(『아픈 몸을 이야기하기』 일러두기 7번의 제사 출처 참조).

녀는 어떻게 아우슈비츠에 대한 그녀의 체현된 기억이 꿈에서 돌아와 그녀를 다시 점령하는지를 말한다. 그녀는 "차갑고 더럽고 초췌한 고통으로 찔린 것처럼" 느낀다. "그 고통은 정말로 참을 수가 없다. 그것은 내가 그곳에서 겪은 고통과 너무도 똑같다. 나는 그것을 육체적으로 다시 느낀다. 나는 그것을 나의 온몸을 통해 다시 느낀다"(6~7).

델보는 불사조의 은유를 뒤엎어서 그것이 너무 깨끗하고 너무 영웅적이라는 것을 보여 준다. 델보를 읽고 나서, 나는 불사조의 줄거리를 괴로움을 감추는 복원의 서사로 보게 되었다. 나 자신 역시 불사조가 아니다. 의료 검사들 중 하나가 "더 정밀한 검사"를 요구할 때마다 나의 첫 번째 암의 기억을 덮고 있는 껍질이 터져 나온다. 나의 경험이 델보의 경험과 같은 공포를 지니고 있다고 말하려는 것은 아니다. 그러나 갑자기 암을 앓는 고통이 형언할 수 없는 무게로 나를 압도한다. 그럴 때마다 나는 그 기억들이 얼마나 표면에 가까이 남아 있는지를 배운다.

로드와 머피가 보여 주듯이, 은유는 강력한 치유의 수단이 될 수 있다. 그러나 다른 사람들의 사아-이야기를 위한 줄거리로서 제공되는 일반화된 은유는 위험하다. 불사조는 자신의 재 속에 묻혀 있는 것을 애도하지 않는다. 뱀은 자신의 오래된 허물을 애도하지 않는다. 탐구로서 살아진 것이라고 해도, 인간의 질병은 언제나 애도로 되돌아온다. 질병의 은혜는 자기 자신뿐 아니라 다른 사람들을 위해서도 애도할 수 있는 능력을 얻는 것이다.

7장

증언

암을 앓고 있거나 회복 단계에 있는 사람들을 위한 학회에서 발표한 적이 있는데, 학회의 조직위원 중 한 사람이 개막식에서 어떤 질문을 제기했다. 그 질문은 우리 ─ 그 사람도 당시 치료를 받고 있었다 ─ 가 우리 자신을 어떻게 불러야 할지였다. 그는 진단을 받은 때부터 생존해 온 날짜를 세는 "생존자"라는 말을 제안했다. 나는 생존자라는 개념에 대해 아무 불만이 없다. 그러나 나의 첫 번째 선택은 "증인"이다.

생존은 생존하기를 지속하는 것 외에는 어떤 특정한 책임도 포함하지 않는다. 증인이 되는 것은 무슨 일이 있었는지를 말할 책임을 가정한다. 증인은 일반적으로 인지되지 않거나 억압되는 진실에 대해 증언을 제공한다. 질병 이야기를 하는 사람들은 증인이다. 그들은 질병을 도덕적 책임으로 전환시킨다.

탐구의 서사의 마지막에서 "은혜"를 상기시키는 것은 자기-의식적인 증언이다. 혼돈의 서사는 그것을 증언으로 들을 준비가 되어 있는 청자를 필요로 한다. 낸시는 자신이 겪는 겹겹의 중단들을 분노하여 말하는 일에 몰입한 나머지(이 책의 5장을 보라) 증인으로서의 그녀 자신을 듣지 못한다. 복원의 서사는 가장 덜 명백한 형태의 증언이다. 그러나 그것 역시 진실 ─ 살고자 하는 의지, 치료하고 치료받고자 하는 의지 ─ 을 말한다.

증언에 대한 포스트모던 친화성은 모더니티의 축적된 혼돈 이야기들에 대한 반응의 하나 ─ 종종 좌절된 반응 ─ 이며, 증언은 이러한 이야기들을 말한다.[1] 그러므로 증언은, 진실에 헌신하고 그 시대가 중요시하는 것의 한계를 돌파할 수 있음에도 불구하고, 그 자체로 그 시대의 또 다른 구성물이다. 더 많은 것이 말해질수록 우리는 침묵의 가장자리에 남아 있는 것들을 더 많이 의식하게 된다. 결코 말해질 수 없는 것들이 얼마나 많이 남아 있는지는 알 수 없다.

그러나 증언이 불완전하다는 것, 그리고 특정한 문화적 계기에서만 가능하다는 것을 인식한다고 해서 증언의 힘이 약해지지는 않는다. 윌리엄 제임스를 인용해서 말하자면, 어떤 분석도 결코 증언의 "혼돈을 해결"할 수 없다. 어떤 분석이든 언제나 분석 가능한 한도를 초과하여 남아있는 것을 응시하게 된다. 증언된 것이 실제로 실재하는 것으로 남게 되며, 결국 중요한 것은 그에 대한 의무들이다.

---

1. 좌절된 증언에 대한 많은 비판 중 하나는 "고장 난(dysfunctional) 서사"를 가리킨다. 다음을 볼 것. Charles Baxter, "No-Fault Fiction : Blame the Presidents," *Harper's*, November 1994, 13~15. 이러한 서사에서 책임은 부재한다. 악은 명명되지만 심판받지 않는다. "대신에 우리가 가지고 있는 것은 정확히 드라마도 아니고 치료도 아니다. 그것은 부인능력(deniability)이 통치하는, 이 둘 사이의 공간 — 우리 시대가 바로 그러하듯이 — 에 존재한다"(14). 이 책은 고장 난 서사에 대한 것이 아니지만, 내가 기술하는 증언들은 이러한 배경과 대조될 때 더욱 필요해진다. 포스트모던 시대의 영혼이 증언의 형태들 사이에서 경합한다고 말하는 것은 멜로드라마적이지만 틀린 말은 아닐 것이다. 포스트모던 시대의 영혼은, 억압된 진실을 말하는 증언들과 겉보기에는 그러한 진실을 말하지만 사실은 부인 — 그저 특정한 악에 대한 구체적인 부인이 아니라 부인의 문화 — 을 영속시키는 증언들 사이에서 경합한다. 질병 이야기들에서 "고장 난 서사"의 지배적인 형태는, 복원의 희망이 가버리고 난 후 계속해서 말해짐으로써 죽어가는 사람들과 그들 주변 사람들의 책임을 부인하는 복원의 서사들이다. 이에 대해서는 이 책의 4장을 보라.

포스트모던 증언

쇼사나 펠먼은 증언을 다음과 같이 기술한다. 증언은 "이해나 회상으로 자리 잡지 않은 일들, 지식으로 구성될 수도 없고 온전한 인식으로 동화될 수도 없는 행위들, 우리의 준거틀을 넘어서는 사건들, 이 모든 것에 의해 압도되어 온 조각조각의 기억들로 구성된다."[2] 이 문장에서 반복되는 쉼표들은 결코 완전히 말해질 수 없는 것을 뒤쫓고 있는 것처럼 보인다. 펠먼 자신의 언어도, 특히 내가 그것을 큰 소리로 읽을 때면, 압도된 것 같은 느낌을 준다. 증언은 그러한 효과가 있다. 그것은 압도될 때조차 압도한다.

펠먼의 묘사는 현대의 증언에서의 포스트모던적인 것을 떠올리게 한다. "진실"이 말해질 때조차 이제 우리는 불확실성을 발견한다. 증언에서조차 의식은 자기 자신의 경험에 대해 주권을 획득하고자 투쟁한다. 펠먼의 책은 증언에 대한 현재 학계의 관심을 보여 주는 하나의 예다. 아트 슈피겔만의 『쥐 I』, 『쥐 II』[3]

---

2. Shoshana Felman, "Education and Crisis," in Felman and Dori Laub, *Testimony: Crises of Witnessing in Literature, Psychoanalysis, and History* (New York: Routledge, 1992), 5. 펠먼과 라우브(Laub)는 증언에 대해 경전적인 정의를 내리고자 하지 않으며, 나는 그들의 현명한 전례를 따른다. 증언은 그 특정함(particulars) 속에 가장 잘 남아 있다. 그것의 다양한 형태들은, 수전 디지아모의 우아한 표현에서처럼, "눈송이와 같"다(개인적인 대화).

3. Art Spiegelman, *Maus: A Survivor's Tale. I. My Father Bleeds History and II. And Here My Troubles Began* (New York: Pantheon, 1986 and 1991)[아트 슈피겔만, 『쥐 I』, 『쥐 II』, 권희종·권희섭 옮김, 아름드리미디어, 1994].

같은 책들과 〈쉰들러 리스트〉 같은 영화들은 증언에 대한 대중 문화를 예증한다. 그러나 증언의 형태로서의 홀로코스트 자료의 급증은 자조 운동self-help movement과 이 운동이 추구하는 다양한 형태의 "회복"에 비하면 상대적으로 적어 보인다.

〈익명의 알코올중독자들 모임의 12단계 프로그램〉의 인식체계paradigm 유형에서, 회복은 상식적 활동으로서 증언이 가지는 대중적 이용 가능성에 기반하고 있다. 그리하여 이 운동의 여러 다른 측면들은 증언의 문화적 중요성을 강화한다. 출판된 질병 이야기들은 이러한 증언에 대한 관심의 물결을 타고 있다.

이러한 증언 각각은 더 큰 전체의 어떤 파편으로 제시된다. 개별적인 증인은 그 전체를 파악하는 척하지 않는다. 포스트모던 증언은 장-프랑수아 료따르가 "거대 서사"라고 부른 것 — 이전의 사회들과 삶들을 함께 유지했던 교회, 국가, 과학, 의학의 서사4 — 을 통해 말하지 않는다. 오히려 그것은 펠먼의 조각조각의 서사로 말한다. 이 조각조각은 "압도된" 의식이 다룰 수 있는 전부다. 거대 서사는 경험을, 펠먼의 용어로 말하자면, "온전한 인식"으로 동화시킬 능력이 있다고 주장하는 주권 의식의 작동이다. 이러한 주권은 현존하는 준거틀에 부합하는 경험들에 의존하고 있다.

한때 경험을 동화시킬 수 있었던 준거틀이 포스트모던 경계

---

4. Jean-François Lyotard, *The Postmodern Condition*, trans. Geoff Bennington and Brian Massumi (Minneapolis : University of Minnesota Press, 1984) [장-프랑수아 리오타르, 『포스트모던적 조건』, 이현복 옮김, 서광사, 1992].

너머로 끌려가 버릴 때, 의식은 그 주권을 잃는다. 포스트모던 시대에, 이제 사건들은 그 준거틀을 초과하여 발생하고, 그렇게 발생하는 것으로 인식된다. 이 초과는 적어도 두 가지 형태를 띤다. 너무 많은 사건들이 너무 빨리 일어나서 적절한 틀에 들어맞을 수가 없다. 그리고 어떤 사건들은 성찰적인 공간이 주어질 때조차 단순히 맞아떨어지지 않는다. 두 가지 형태의 초과가 함께 작용하기 때문에, 오래된 틀은 더 이상 새로운 경험들의 속도와 넓이를 담아낼 수 없다.

펠먼이 증언에서 발견하는 압도된 기억의 근원에는 압도된 몸이 있다. 오드리 로드는 인공유방을 착용하라는 간호사의 명령을 "나 자신의 몸을 규정하고 주장할 권리"에 대한 위협으로 받아들인다. 그녀의 몸 ─ 그것을 정의하고 주장하는 것의 의미 ─ 은 그녀의 증언에 있어 경합의 지점이다. 로드가 자신의 몸에 대해 글을 쓸 때, 그녀는 펠먼, 나, 또는 다른 누구나 공유하는, 동일한 표현상의 딜레마에 빠진다. "정의"나 심지어 "주장" 역시 너무 언어적이고 너무 인지적이다. 몸은 어떤 정의들이나 진술된 주장들의 초과다. 그것은 증언이 말할 수 있는 모든 언어를 초과한다. 펠먼이 "온전한 인식"이라고 부르는 것, 즉 경험에 대해 주권을 행사할 수 있는 의식이라는 관념은 불가능해 보인다. 몸은 언제나 "더"인데, 이는 욕망이 언제나 문제가 되는 이유다. 몸은 "더" 원한다. 왜냐면 몸은 "더"이기 때문이다.

아픈 사람들의 증언이 말해질 수 있는 것을 이미 초과한다면, 그들의 증언에 대해 무엇을 말할 수 있는가? 포스트-식민적인 체현된 자아는 증언의 한계를 허문다.

몸의 증언

교통법원에서 증인은 그곳, 현장에 있었다는 권한으로 발언한다. 여기에서 중요한 것은 목격seeing이다. 질병의 증인 역시 그곳에 있었다는 것으로부터 말하지만, 그 사람의 증언은 목격한 것이기보다는 존재한 것에 가깝다. 가브리엘 마르셀은 증인의 이러한 특질을 다음과 같이 표현한다. "우리는 우리가 소유하고 있는 확실성보다는 우리가 존재한다는 확실성에 관심이 있다." 이 확실성은 증언에서 실현된다. 마르셀은 다음과 같이 질문한다. "그러나 내가 살아 있는 증언이 아니라고 한다면, 어떻게 내가 확실성일 수 있는가?"[5]

살아 있는 증언으로서의 존재라는 마르셀의 관념은 질병 이야기가 제공하는 증인의 특성에 초점을 두고 있으며 더 나아가 질병 이야기가 어떻게 몸에 대한 이야기일 뿐 아니라 몸의 이야기이며 몸을 통한 이야기인지를 설명해 준다. 질병 이야기들이 제공하는 내용은 다양한 목적을 위해 가치가 있다. 화자가 자신의 삶 이야기를 재배치하게 해 주고, 후세 사람들에게 안내서가 되며, 아픈 경험이 어떤 것인지를 돌봄 제공자들이 이해하도록 해

---

5. Gabriel Marcel, *The Mystery of Being*, vol.2, *Faith and Reality*, trans. Rene Hague (Chicago : Henry Regnery, 1960), 144. 이 인용문들을 지적해 준 제이미 S. 스콧에게 감사를 표한다.

준다. 그러나 몸은 이 모든 내용을 초과하여 증언한다.

질병 이야기는 그 자체로 살아있는 증언인 몸에 의해 말해진다. 증인들의 존재 자체가 그들이 입증하는 것, 즉 증언이다. 다른 사람들은 그 이야기를 내용으로 가질 수 있다. 이 책 전체에 걸쳐, 내가 많은 이야기를 가지고서 다시 말하고 있는 것처럼 말이다. 그러나 오직 아픈 사람 자신만이 이야기일 수 있고, 모든 내용을 초과하는 그 존재 자체가 풍부한 증언이자 그 증언의 요구다.

앞 장에서 나는 만성통증에 시달리는 게일이라는 여성을 인용했다. 린다 가로가 기록한 게일의 진술은 가장 훌륭한 증언 중 하나면서 동시에 이 증언이 무엇인지에 대한 질문들을 제기한다. 게일은 "통증이 없는 사람들"을 "정상인들"로, "의료지배층"을 "흰 가운들"로 지칭한다.

그리고 통증 속에 있는 이 모든 사람들…아픔을 가지고 있는 이 모든 사람들과 고통을 겪는 이 모든 사람들. 우리는 다른 차원들에서 걷고 있다. 우리는 다른 경험들, 다른 지식들에 접근할 수 있다. 또한 세상에는 수많은 우리가 있다. 우리 모두가 그것이 정말로 무엇을 의미하는지 안다면, 그리고 우리 모두가 마치 그것이 정말로 중요한 것처럼 산다면 — 그것은 정말로 중요하다 — 무슨 일이 일어날 것인가. 우리는 정상인들과 흰 가운들 모두를 도울 수 있을 것이다. 그들이 그것을 가지지 못한 우리를 바라본다면, 우리는 그들이 삶의 소중한 순간들을 낭비하고 있다는 것을 알도록 도울 수 있을 것이다. 나는 오직 아픈 사람들만이 건강이 무엇인지 알고 있다고 확신한다. 그리고 그들은 건강을 잃음으로써 건강을 알고 있다.[6]

게일은 다른 지식을 주장한다. 그러나 그녀가 그러한 지식을 설명하도록 요청받는다면 그녀의 대답은 어떨 것인가? 어떤 전문가 집단이 그녀에게 그녀가 정확히 무엇을 가르쳐야 하는지를 묻는다면 어떨 것인가?

게일은 분명히 의료 공급에 대해 이런저런 이야기를 할 수 있을 것이다. 그러나 그녀의 진정한 증언, 그녀의 표현대로 하자면 "정말로 중요한" 증언은 그녀가 말할 수 있는 것이 아니라 그녀 자체이다. 게일에게 주어진 언어는 그녀의 존재를 지식의 측면에서 말하도록 강제한다. 그러나 그녀의 "지식"은 발화를 초과하는 것이다. 그녀의 지식은 그것이 정말로 중요한 것처럼 사는 것 ― 그것은 정말로 중요하다 ― 이고 삶의 소중한 순간들을 낭비하지 않는 것이다. 누구나 이런 것들을 알고 있지만, 게일은 통증과 함께한 세월을 통해 알고 있다.

게일은 정상인들과 흰 가운들이 그녀를 직시하기look를 원하는데, 반드시 하나의 동사를 골라야 하는 제한 속에서 그녀가 한 선택은 중요하다. 교통법원에서의 증언은 서면화된 증언 녹취

---

6. Garro, "Chronic Illness and the Construction of Narratives," 129 (『아픈 몸을 이야기하기』 6장 주석 9 참조).

록으로 충분할 것이다. 그러나 고통의 증인은 몸 전체로서 보여야 seen 하는데, 증인의 본질은 체현이기 때문이다. 게일의 지식과 그것이 만들 수 있는 차이는 그녀의 통증의 현장으로부터 나오는데, 이곳은 그 지식의 근원이다. 그녀의 증언은 그녀의 몸이며, 궁극적으로 그 몸은 또 다른 몸의 감각 전체를 통해서만 파악될 수 있다.

게일과 같은 증인은 그녀의 증언이 무엇인지 질문받을 수 없다. 질문을 하는 것은 증언되고자 하는 그녀의 요구에 있어 가장 사소한 측면이다. 게일의 증언을 받아들이는 사람들은 그녀를 받아들여야 하는데, 그녀 자체가 바로 증언이기 때문이다. 그러므로 증인은 다른 사람들을 증인으로 만든다. 증인이라는 말의 특질은 동심원의 바깥으로 향하는 움직임에 있다. 누군가가 다른 사람의 증언을 받아들인다면 그 사람은 증인이 되는 것이며, 이 과정은 계속해서 이어진다.

아트 슈피겔만의 『쥐 I』과 『쥐 II』는 이러한 동심원적 특질의 예를 보여 준다. 이 책의 부제목인 "어느 생존자의 이야기"가 가리키는 것은 양가적이다. 그것은 아트의 아버지이자 아우슈비츠 생존자인 블라덱 슈피겔만을 가리키는 것이기도 하고, 어머니의 자살과 홀로코스트에서 죽은 형과 비교당하던 어린 시절을 겪고 살아남은 아트 그 자신을 가리키기도 한다. 이 책들은 그의 아버지의 기억들로부터 살아남고자 하는 아트의 투쟁을 말하고 있다. 『쥐 I』과 『쥐 II』는 홀로코스트가 그 생존자들에게 미치는 효과만큼이나 그들의 아이들에게 미치는 효과에 대한 것이다. 그 책들이 다음 증인들 — 독자들 — 에게 미치는 영향은 열려 있다.

아트의 생존의 한 가지 메시지는 우리 중 누구도 타인의 증언에 대해 거리를 둔 구경꾼spectators일 수 없다는 것이다. 그는 아버지의 증언을 이끌어내서 그것을 기록하고 해석하여 궁극적으로 더 광범위한 독자들이 증언하도록 제시함으로써 아버지를 받아들이게 된다. 증언을 받아들일 의무는 포스트모던적이지만 포스트모더니즘만의 특징은 아니다. 포스트모더니즘의 특징은 무엇이 받아들여지는지를 증인이 확신할 수 없다는 데 있다. 아트는 자신의 아버지에 대하여 근본적으로 양가감정을 가지고 있다. 그가 아버지의 증언을 존중한다고 하더라도, 그는 아버지의 덜 멋진 행동들을 알고 있으며 이것들이 전쟁 트라우마의 결과로 용납될 수 있는지 질문한다. 그는 증언과 책임의 수준들을 분류하고자 하지만, 의식은 절대로 경험에 대해 주권을 행사할 수 없을 것이다. 확실한 것은 그 자신이 증언의 원으로부터 빠져나갈 수 없는 위치에 있다는 것이다. 증언은 다른 보고들과는 구별되는데, 단순히 증언을 접하는 사람들에게만 영향을 미치는 것이 아니기 때문이다. 증언은 다른 사람들을 그들이 목격한 것에 연루시킨다.

이러한 증언의 상호성은 하나의 소통하는 몸이 아니라 소통하는 몸들의 관계를 요구한다. 법정이라는 모델에 근거한 사고에 영향을 받아, 일반적인 화법에서 "증인"은 마치 증언하기가 독자적인 행동일 수 있는 것처럼 쓰인다. 증언하기는 언제나 관계를 함축한다. 나는 나 자신에게 늘 이야기를 하지만 나 혼자서 증언을 할 수는 없다. 이야기를 증언으로 만드는 것의 일부는 다른 사람에게 그 증언을 받아들이기를 요청하는 것이다. 증언은 증인이 소통하는 몸 ─ 우리 중 누구도 아직 되지 못한 ─ 이 될 것을 요청한다. 블라덱과 아트가, 각각 생존자와 예술가로서, 홀로코스트의 증언을 공유할 때 그들은 소통한다. 그리고 이것은 그들 서로가 소통하는 유일한 순간일 것이다.

증언에 있어서 소통하는 몸은 다른 사람들을 이항적 관계로 불러들인다. 행동으로서의 증언은, 비록 동어반복적이고 순환적인 방식이기는 하지만, 소통하는 몸을 규정한다. 게일은 소통하는 몸이기에 자신의 질병에 대한 증인이 되는 동시에 자신의 증언을 통해 소통하는 몸이 된다. 소통하는 몸은, 내가 2장에서 기술한 너무 느슨한 도표에서의 고립된 구획을 벗어나서 또 다른 몸을 요구한다. 지배하는 몸 역시 그것의 구획을 벗어나는데, 지배하는 몸이 되려면 타자의 복종이 필요하기 때문이다. 소통하는 몸은 교감하기 위해 타자를 필요로 한다.

게일의 경우와 같은 증언은 설명을 요구할 수 없는데, 심문이라는 형식이 그녀를 고립시키기 때문이다. 다른 사람들이 그녀의 "지식"을 분석적으로 설명하도록 그녀에게 요구하는 것은 이미 ─ 그녀의 지식의 기반인 ─ 그녀의 소통하는 몸을 파괴하는 것이다. 그것이 정말로 중요한 것처럼 사는 것 ─ 그것은 정말로 중요하다 ─ 은 다른 사람들과의 교감 속에서 사는 것이다. 이러한 교감이 어떠한 언어적 설명도 초과한다는 것은 조디 핼

편에 의해 다음과 같이 제시된 바 있다. 핼편은 공감의 돌봄을 "전前언어적인 공명을 통해 … 적절히 대응하는" 것으로 정의한다.[7] 게일에게 적절히 반응하는 유일한 방식은 "당신이 내게 할 말은 뭔가요?"가 아니라 "내가 당신과 함께할 수 있을까요?"다. 게일의 경우와 같은 증언을 받아들이는 유일한 방식은 함께하는 것이다.

질병 이야기들의 내용과 그 이야기들이 말하는 사건, 행동, 반응은 더 근본적인 증언, 즉 체현된 화자의 존재로의 열림이다. 질병 이야기는 존재들 간의 상호작용을 요구한다. 청자는 화자의 고통받는 몸이라는 증언을 받아들이기 위해 고통받을 수도 있는 몸으로서 존재해야 한다. 체현된 존재에 대한 이러한 가정은 문학적 해체의 실천과는 전혀 다르다. 문학적 해체는 저자의 존재를 부정하고 이야기를 "텍스트"로 다루는 것이다.[8]

그러나 질병 이야기들을 증언으로 이해하는 것은 그 이야기들을 해체적인 방식으로 사용하는 것이다. 그 이야기들은 도로시 스미스가 "지배의 관계"라고 부르는 것을 분해하는데, 이 지배의 관계는 아픈 사람들의 삶을 매개하는 행정적 텍스트

---

7. Jodi Halpern, "Empathy: Using Resonance Emotions in the Service of Curiosity," in Spiro et al., *Empathy and the Practice of Medicine*, 169 (『아픈 몸을 이야기하기』 서문 주석 3 참조).
8. 해체의 실천의 가장 유명한 예는 자끄 데리다이지만 내가 여기서 가리키는 경향은 롤랑 바르트에게서 근원한 것이다. "The Death of the Author," *Image-Music-Text*, trans. Stephen Heath (New York: Hill & Wang, 1983), 142~48.

들 — 의료차트, 재무표, 병원의 행정 절차 — 에 내재한다.[9] 스피박이 기술한 식민 텍스트와 마찬가지로(이 책의 1장을 보라), 이 행정적 텍스트들은 체현된 존재에 의존하면서 동시에 그것을 부정하는데, 질병 이야기의 증언은 이 체현된 존재를 주장한다. 아픈 사람의 몸은 의료 행정이 존재하는 이유지만, 과학적이고 전문적인 활동으로서의 의료는 몸을 질환의 매개체로만 인식한다. 많은 의료 전문인들이 환자들의 경험에 아무리 적절히 대응한다고 하더라도 체현의 경험은 공식적인 의료 담론을 빠져나간다.[10]

게일의 것과 같은 증언이 요청하는 변화는 의사들 사이에서 "서비스 공급"이나 증대된 "의사소통 기술"을 재조직하는 것이 아니다. 진짜 문제는 문화적 환경을 변화시켜 게일과 같은 사람들

---

9. 다음을 보라. Dorothy Smith, *The Conceptual Practices of Power* (Toronto : University of Toronto Press, 1990). 스미스의 이론들을 의료 환경에 적용한 예로는 다음을 보라. Timothy Diamond, *Making Gray Gold : Narratives of Nursing Home Care* (Chicago : University of Chicago Press, 1992).

10. 앞에서 인용한 헬펀은 의사다. 증인으로서의 의사에 대해서는 특히 다음을 볼 것. Rita Charon, "To Listen, To Recognize," *The Pharos of Alpha Omega Alpha* 49, no. 4(Fall 1986) : 10~13. 샤론은 존 버거의 『행운아』[김현우 옮김, 눈빛, 2004]에 묘사된 의사를 언급하는데, 그 의사는 단지 의료 차트가 아니라 사람들의 삶의 기록으로서의 환자들의 기록을 담당한다는 의미에서 자기 자신을 "서기"라고 부른다. 아서 클라인먼은 증인으로서의 의사에 대하여 방대하게 글을 썼다. 다음을 볼 것. *The Illness Narratives*, 168~69 [클라인먼, 『우리의 아픔엔 서사가 있다』](『아픈 몸을 이야기하기』 서문 주석 2 참조). 이 책에는 이동 진료를 하는 의사의 이야기가 나오는데, 이 이야기는 증언하기의 필요와 전문직에게 증언하기를 방해하는 것이 무엇인지에 대한 것이다.

이, 그들의 몸이 증언하고 있는 바로 그것으로 보이는 것이다. 그녀의 증언이 요구하는 것은 다른 몸들이 통증 속에 있는 그녀와 교감하는 것이다. 그녀는 자신의 통증을 통해서만 무엇이 정말로 중요한지를 배웠기 때문이다. 정상인들과 흰 가운들은 그녀와의 교감을 통해서만 무엇이 정말로 중요한지를 배울 수 있다. 그러한 교감 속에서 그들은 삶의 소중한 순간들을 낭비하는 것을 그만둘 수 있다. 이 교감은 생존의 언어 바깥에서 일어나며, 그렇기에 그 언어에 저항한다. 교감은 도구적이지도 않고 조건적이지도 않기 때문에 행정 체계에는 그것을 위한 공간이 없다.

소통하는 몸으로서 질병을 증언하는 것은 개인의 도덕적 선택일 수 있지만, 이러한 증언은 사회적 윤리를 함축한다.

고통의 교육학The Pedagogy of Suffering

증언은 그 자체로 완전하지만, 사회적 윤리로 변형되기 위해서는 논의가 필요하다. 앞에서 인용했던 게일의 증언은 아픈 사람들이 다른 사람들에게 진실을 제공한다는 것이다. "고통의 교육학"은 아픈 사람들이 사회에 가르침을 주어야 한다는 것을 기술하기 위해 내가 예전에 쓴 글에서 사용했던 표현이다.

고통을 교육학으로 인식함으로써, 아픈 사람들은 행위성을 되찾는다. 증언은 전문지식과 동등한 지위를 부여받는다. 고통의 교육학은 모더니스트 의학과 그것을 뒷받침하는 이론들(예를 들면, 환자 역할)을 대체하는 것이 아니다. 오히려 교통의 교육학을 통해, 아픈 사람들에게 응답하는 것이 요구하는 대로, 인식틀들 사이에서 유동할 수 있는 기회가 열리게 된다. 환자 역할은 모더니스트 의학을 비판하기 위한 피뢰침으로서 유용할 뿐 아니라 커다란 설명력을 갖는다. 복원의 이야기는 여전히 가장 빈번히 말해지는 질병 서사로 남아 있으며, 모더니스트 의학은 번성하고 있다. 모더니스트 의학에 대한 대부분의 불만은 의료를 더 많이 요구하는 것이다.

그러나 시대는 변한다. 모더니스트 의학은 고통을, 제거되어야 하는 것이 아니라면, "통제되어야" 할 퍼즐로 간주해 왔다. 일반적 질병 문화와 의료적 질병 문화 모두에서, 포스트모던 질병 문화는 고통을 인간 조건의 다루기 힘든 부분으로 받아들일 필요가 있다고 인정한다.[11] 내가 이해하기에 포스트모더니티는 준거틀들이 전경과 배경의 안과 밖으로 유동하는 시대다. 도널드 레빈은 사회이론이 "다성적"multivocal이어야 한다고 권고했다.[12]

---

11. 고통을 새롭게 개념화하려는 의사들의 요청은 다음을 포함한다. Kleinman, *The Illness Narratives* [클라인먼, 『우리의 아픔엔 서사가 있다』]; Cassell, *The Nature of Suffering and the Goals of Medicine*[카셀, 『고통받는 환자와 인간에게서 멀어진 의사를 위하여』] (『아픈 몸을 이야기하기』 4장 주석 24 참조); 이와 다른 관점으로는 다음을 보라. Timothy E. Quill, *Death and Dignity: Making Choices and Taking Charge* (New York: W. W. Norton, 1993). 이러한 목소리들은 논쟁적이라는 점을 주목하라. 나는 카셀이 강연한 학회에 참석했었다. 폐막 총회에서 어느 의사가 고통에 대한 카셀의 강조를 비웃으면서 그 자신은 "즐거움을 선호한다"고 말했다. 그 학회는 의사와 환자 간의 의사소통에 관한 것이었지만, 강연을 위해 초청된 환자는 없었다.

12. Donald N. Levine, *The Flight from Ambiguity* (Chicago: University of Chicago Press, 1985).

임상윤리와 돌봄의 개념 또한 다성적이어야 한다.

사회는 고통의 교육학을 필요로 한다. 모더니티의 가장 훌륭한 옹호자인 위르겐 하버마스는 그것의 어두운 면을 가장 분명하게 설명하기도 한다. 그에 따르면 모더니티의 어두운 면이란 인간 몸의 일상적인 공동의 생활세계가 이윤과 표결에 대한 요구로 추동되는 행정 체계에 의해서 식민화되는 과정이다.[13] 내가 옹호하고자 하는 포스트모더니티는 하버마스가 말하는 모더니티와 그다지 다르지 않다. 그가 변화를 요구하는 문제들을 인식하면서 모더니스트 기획의 지속적인 타당성을 중시한다면, 나는 지속성을 인식하면서 변화를 중시한다.

몸의 요구로부터 분리되어 있어서 고통을 고려하지 못하는 행정 체계에 대해 내가 제시하는 해법이 고통의 교육학이다. 몸의 취약함과 통증이 전경에서 지속될 때 새로운 사회 윤리가 요구된다.

당면한 과제는 이 윤리를 다성적 언어로 서술하는 것이다. 다성적 윤리는 상대주의를 의미하는 것이 아니다. 그것은 차이에 대한 인정을 제안하는데, 이는 하버마스의 작업에서 본래의 추동력인 것으로 보인다. 즉, 이는 합의에 도달하는 데 있어서 다중적 목소리를 인정하고 각각에 온전한 정당성을 부여할 필요가 있다는 것이다. 여기에서 합의는, 모든 이해집단 사이에서 최소한

---

13. Jürgen Habermas, *The Theory of Communicative Action*, vol. 2, *Lifeworld and System*, trans. Thomas McCarthy (Boston : Beacon Press, 1987) [위르겐 하버마스, 『의사소통행위이론 2』, 장춘익 옮김, 나남출판, 2006].

의 동의를 얻어내는 데 유용할 뿐 아니라, 동의를 구해야 하는 모든 사람의 가치를 존중한다는 의미에서 도덕적인 것이기도 하다.

새로운 다성적 임상윤리의 필요는 찰스 보스크가 유전질환 상담가인 의사들에 대해 수행한 연구에 나오는 아래 인용문에서 잘 드러난다. 보스크는 자신과 함께 일과 연구를 해온 의사 중 한 명에게 "그가 목격한 (의료 행위에서의) 모든 '사고들' 또는 '실수들'"에 어떻게 "대처했었는지"를 묻는다. 그 의사의 대답은 선의로 이루어졌을 전문적 행위가 어떻게 해서 뒤틀릴 수 있는지에 대한 하나의 예시로 모든 의대 수업 시간에 크게 낭독되어야 할 것이다.

> 보스크, 당신이 해야 할 일은 이렇습니다. 아침에 일어나면 당신의 차가 우주선인 척하세요. 다른 행성을 방문한다고 생각하세요. 스스로에게 이렇게 말하세요. "그 행성에서는 끔찍한 일들이 일어나지만, 내가 사는 행성에서 일어나는 것은 아니다. 그 일들은 내가 아침마다 우주선을 타고 가는 행성에서만 일어난다."[14]

로버트 저스만은 이와 동일한 입장을 보이는데, 그는 집중치료실에 대한 연구를 요약하면서 그곳의 직원이 "제한적 책무limited liability의 도덕적 우주에서 살고 있다"고 말한다.[15]

---

14. Bosk, *All God's Mistakes*, 171(『아픈 몸을 이야기하기』 4장 주석 7 참조).
15. Zussman, *Intensive Care*, 43(『아픈 몸을 이야기하기』 2장 주석 10 참조).

저스만은 적어도 어느 정도까지는 이러한 입장을 옹호한다. 그는 "의학의 비인간성"과 "인간으로서의 환자라는 지향의 상실"은 "가끔은 냉혹한 훈계의 실종"에 대하여 지불해야 하는 대가라고 정확히 지적한다(29). 책무의 제한은 적어도 두 가지 방식으로 작용한다. 마약상들과 자신들의 나쁜 습관성 중독이 현재 상황을 초래한 환자들도 여타의 사람들과 같은 돌봄을 받는다. 적어도 저스만의 관찰에서는 그렇다.[16]

보스크는 내가 "우주선의 윤리"라고 부를 표현을 제공해 주며, 여기에 더하여 저스만은 무관심조차 이득이 될 수 있다는 것을 상기시킨다. 임상윤리에서 필요한 것은 현재의 방향을 다른 것으로 대체하는 것이 아니라 다성성 안에서 그 방향을 전치하는 것이다. 이 다성성은 다양한 주장들 각각의 정당성을 인정하고, 이러한 주장들의 균형을 맞출 수 있는 방법을 찾아서, 각각의 주장이 서로를 인식하도록 한다. 다성적 의료의 세계에서는 비-의학적인 목소리들이 들릴 것이다. 의사들은 "다른 행성"을 창조하는 과정에서 자신들의 몫에 대해 책임을 질 것이고, 다른

---

16. 다른 사람들은 이와 다른 이야기를 한다. 데이비드 힐피커는 그의 병원 동료들의 편견과 이것이 어떻게 치료에 영향을 미치는지에 대한 수많은 일화를 제시할 뿐 아니라, 자기 자신의 질병에 대하여, 부분적으로라도, 책임이 있다고 생각되는 사람들에 대하여 힐피커 자신의 편견을 제거하는 것이 어렵다는 것을 대단히 정직하게 기술한다. 다음을 보라. Hilfiker, *Not All of Us Are Saints*, 특히 99~103, 162~63(『아픈 몸을 이야기하기』 2장 주석 22 참조). 에이즈의 치료에서의 의학의 도덕적 훈계에 대한 설명으로는 다음을 보라. Abraham Verghese, *My Own Country : A Doctor's Story of a Town and its People in the Age of AIDS* (New York : Simon and Schuster, 1994), 88, 131, 183, 206~7.

사람들은 의사들이 자기 선택대로 의료 세계를 창조하는 것이 아니라는 점을 인식할 것이다.

임상윤리의 실천은 행정적·기술적·문화적 변화에 의한 새로운 방향의 압력을 받아서 빠르게 변화하는 의료 행위를 전문적 지식, 행정적 합리화, 자본주의 체제의 소유적 개인주의라는 오래된 모더니스트 가정들과 조화를 이루게 하고자 분투한다. 이러한 모더니스트 가정들에 힘을 실어주는 것은 실제로 이득이 된다. 이것은 반어적인 의미가 결코 아니다. 내가 고환암에 걸렸을 때 그 질환이 수명을 거의 다하고 있었다는 점에서 나는 운이 좋았다. 내가 그 질환이 한창일 때 걸렸더라면 나를 성공적으로 치료했던 약이 아직 일반적으로 사용되고 있지 않았을 수도 있다.

모더니스트 가정에 따르는 이득은 실제적이지만, 우주선 윤리에 의해 야기되는 비극들 또한 똑같이 실제적이며, 의료에서 비극이 일어날 잠재적 가능성에 대한 대중의 인식은 높아지고 있다. "죽음의 방식을 택할 권리"choice-in-dying 운동은 생애 말기의 의료적 돌봄에 대한 사람들의 불신을 보여 주는 하나의 사회적 지표다. 또 다른 지표는 자궁절제술의 비율에서부터 유방에 삽입하는 인공 물질의 안전성 여부에 이르는 문제들에 대한 여성들의 불만족과 건강 활동주의health activism다.[17] 문

---

17. 이러한 운동에 대한 이야기 중 하나로는 Sharon Batt, *Patient No More: The Politics of Breast Cancer* (Charlottetown, P. E. I.: Ragweed Press, 1994)를 보라.

제는 임상윤리가 모더니티의 가정들에 기반하고 있는 한 그러한 불신과 불만에 대하여 적절한 대응을 할 수 없다는 것이다. 제한적 책무가 의료 행위를 지배하는 기본적인 원칙으로 있는 한, 임상윤리는 책무에 대한 제한 내에서의 변이형들을 상상하는 것으로 제한된다. 그것은 같은 카드들을 계속해서 섞는 것이다.

낸시 메어스는 다발성 경화증을 앓는 동안 상호적 기여의 관계에 대하여 숙고한 끝에 **폭넓은 책임**extensive responsibility이라는 근본적으로 다른 윤리를 제안한다. 메어스는 자선이 "결코 좋은 것이 아니"라고 말한다.[18] 좋은 사람이 되기 위해 자선을 하는 사람들은 자신들은 궁핍하지 않으며 궁핍한 사람들은 자신과 다른 사람들이라고 생각한다. 메어스보다 더 혹독하게 말하자면, "좋은" 사람들은 자기 자신들의 좋음에 대한 타자로서 궁핍한 사람들을 필요로 한다. 그러나 주인텍스트에 대한 스피박의 주장으로 돌아가 보면(이 책의 1장을 보라), 좋은 사람들은 자신들이 궁핍한 사람들을 필요로 한다는 사실을 인정하지 못한다. 그러므로, 자선은 지배가 된다. 좋은 사람들은 궁핍한 사람들이 자신들에게 의존하도록 만든다.

메어스가 상상하는 기여의 관계는 필요에 대한 상호인정에서 출발한다. 메어스의 반反직관적인 통찰은 모든 사람에게 넘침이 있고 또 모자람이 있다는 것이다. "그렇다. 당신의 넘침은 당신

---

18. Mairs, *Ordinary Time*, 163(『아픈 몸을 이야기하기』 3장 주석 8 참조).

이 채워 주고 싶은 마음이 드는, 다른 누군가의 모자람을 보완할 수 있다. 그러나 당신의 모자람 역시 그 사람에 의해 혹은 아마도 다른 누군가에 의해 비슷하게 채워지기 때문에, 그 상호교환을 틀 짓는 것은 지배가 아니라 상호성이다"(163). 메어스는 이 넘침이 "당신이 그다지 좋아하는 형태가 아닐 수도 있다"(163)는 것을 잘 알고 있다. 그녀의 다발성 경화증이나 그녀 남편의 암의 경우가 그러하다. 누군가의 넘침은 너무 자주 고통의 형태를 띤다. 그러나 고통을 넘침으로 인식하는 것은 지배가 아닌 상호성으로서의 자선의 한 축이다.

다른 한 축은 모든 사람에게 모자람이 있다는 메어스의 신념이다. 데이비드 힐피커가 왜 빈곤층을 위한 의료 행위를 시작했는지 — 그로 인해 수입, 안락함, 명망이 손실됨에도 불구하고 — 에 대한 그 자신의 설명은 메어스의 주장을 보완해 준다. 빈곤층을 위한 의료는 그 자신의 "부서짐"brokenness에 대한 해결책이다.[19] 자기 자신을 "부서진" 것으로 보는 것은 현대 북미 문화, 특히 전문직 문화의 경향에 반대된다. 메어스가 제안하는 방향의 재정립은 근본적인 것이다. 어떤 사람이 진심으로 자기 자신의 모자람을 믿는다면, 그 모자람을 채우는 것은 필요의 문제다. "자선"은 타인의 넘침에 의지함으로써 자기 자신의 필요를 충족시키는 방법이고, 이는 필요의 넘침이 된다.

---

19. Hilfiker, *Not All of Us Are Saints*, 188. 다음도 보라. Jean Vanier, *The Broken Body : Journey to Wholeness* (New York : Paulist Press, 1988). 바니에는 정신 장애가 있는 사람들을 위한 '라르쉬 공동체'의 설립자다.

다시 말하지만, 이러한 필요는 빈곤한 사람들이 원하는 넘침도 아니고 그들을 매력적으로 보이게 만드는 것도 아니다. 오히려 그 반대다. 메어스는 극빈자 사이에서 많은 시간을 보낸 후 빈곤의 효과에 대한 어떤 환상도 잃었고, 힐피커는 그의 환자 중 다수에 대한 자신의 연민의 결여와 끝없이 투쟁한다. 빈곤한 사람들의 필요를 채우는 것이 부서짐에 대한 치료약이 되는 것은 정확히 그들의 냉담함 때문이다.

메어스와 힐피커에게, 진정한 봉사는 좋은 사람이 되는 문제가 아니라 자기 자신의 모자람이 다른 사람의 필요의 넘침으로 인해서만 채워질 수 있다는 것을 인식하는 문제다. 이런 사고를 의료에 적용한다면, 사회 통제의 행위자로서 의사가 아픈 사람들에게 주어진 것으로 생각되는 특권들의 남용을 규제한다는 파슨즈의 생각은 뒤집힌다. 그 대신 나타나는 것은 시중을 들면서 자신이 시중을 받는다고 생각하는 시종으로서의 의사의 이미지다. 제자들의 발을 씻겨주는 예수는 적절한 이상이다. 우리가 시중을 드는 것은 시중을 받는 것이기도 하다는 역설은 메어스의 윤리의 핵심이다. 인간으로서 우리의 가장 심오한 욕구는 우리가 봉사를 함으로써 창조되는 관계에서만 채워질 수 있다.

사람들이 우리 각각이 타자에 의해서만 채워질 수 있는 무언가를 결여하고 있다고 믿을 수 있다면 — 우리가 소통하는 몸일 수 있다면 — 더 이상 공감은 누군가가 다른 사람을 "위해 가지는" 것으로 생각되지 않을 것이다. 대신에 공감은 어떤 사람이 다른 사람과 "함께하는" 것이다. 이 관계에서는 자기 자신을 타자에 의해서만 완전해지는 존재로 이해한다.[20] 그렇다면 아픈 사람은 더이상 환자 역할이 상상하는 대로, 생산적 노동으로 돌아갈 것이라는 약속의 전제 위에 돌봄을 받는 수동적인 환자가 아니다. 환자-역할이라는 개념은 돌봄을 생존의 언어 내에 위치시킨다. 이때 돌봄은 도구적이고 우연적인 것이 된다.

고통의 교육학이 의미하는 것은 고통을 겪는 사람이 (게일이 주장하는 것처럼) 가르칠 것이 있다는 것, 그리하여 (메이스가 인식하는 것처럼) 기여할 것이 있다는 것이다. 돌봄의 관계는 더 이상 비대칭적이지 않다. 실제의 도구적인 돌봄 노동은 비대칭적이라고 하더라도 말이다. 그러나 이 노동이 관계의 맥락에서 일어날 때 그 비대칭은 달리 보인다.

이러한 폭넓은 책임의 윤리는 조앤 트론토 같은 사람들의 반대에 직면할 것이다. 트론토는 그녀가 돌봄에 대한 "'도덕 제일주의' 관점"이라고 부르는 것을 비난한다.[21] 그녀는 "권력을 획득하고 그것을 폭력과 무력을 통해 보존하는" 정치적 현실에 대해 도덕적 가치의 우선성을 주장하는 넬 나딩스 같은 돌봄의 옹호자들을 비판한다. 트론토는 "도덕 제일주의" 입장이 다음의 주

---

20. 철학자인 에디트 슈타인은 다음과 같이 말한다. " '나'가 아니라 '우리'가 공감의 주체이다." Helle Mathiasen and Joseph S. Alpert, "Lessons in Empathy : Literature, Art, and Medicine" in Spiro et al., *Empathy and the Practice of Medicine*, 140에서 재인용. 슈타인의 관찰은 많은 저자 중에서도 마르틴 부버와 막스 셸러의 초기 저술을 반영하고 있다.

21. Joan Tronto, *Moral Boundaries : A Political Argument for an Ethic of Care* (New York : Routledge, 1993), 7.

장을 특징으로 한다고 말한다. 즉, "[사회에서] 도덕적 관점이 정해지고 난 후"에야 "생각이 올바른 개인들이 그 도덕적 원칙들에 정치적 삶이 어떻게 부합해야 하는지를 국가에 제안(해야) 한다"는 것이다(7).

트론토는 사회적 삶에서 돌봄의 중심적 위치에 찬성하지만, 돌봄의 도덕이 스스로를 "도덕 제일주의"의 용어로 규정하는 특정한 공동체들 바깥에서 어떤 실천적 가치를 지닐 수 있을지에 대해 강한 의문을 제기한다. 그녀의 질문은 명백히 영적인 신념에 기대고 있는 메어스나 힐피커와 같은 사람들의 주장에 대해 제기되기에 적절하다. 트론토는 그러한 돌봄의 이상이 "도덕적 관념(으로서) 거리, 불평등, 특권의 문제들을 해결할 수 있을 정도로 충분히 폭넓은"지(158) 묻는다.

시카고에 있는 요양원에서 간호조무사로 일하는 것에 대한 티모시 다이아몬드의 연구보고서에는 돌봄의 "도덕 제일주의" 이상의 실천적 현실에 대한 증언이 담겨 있다. 이곳에서의 돌봄 노동은 분명히 가장 임금이 낮고, 가장 요구가 많으며, 가장 비대칭적이고, 육체적으로 가장 힘이 든다. 그러나 다이아몬드는 진정한 돌봄의 관계를 발견한다. 그는 자신의 연구에 참여했던 간호조무사 중 한 명을 인용한다. 그녀는 그에게 자신이 어떻게 말 그대로 "더러운 일"을 하는지를 설명한다. "'시간이 좀 지나 이 사람들에게 익숙해지면 당신의 아기처럼 느껴질 거예요.' 그녀는 미소를 지으면서 말했다. '누구의 똥이 냄새가 나고 누구의 똥은 안 나는지 알게 될 거예요.'" 다이아몬드는 그녀가 한 말을 "관계들의 서사에서 틀 지어진" 것이라고 부른다. 그는 이러한 관계들이 "노동으로부터 구별되는 것이 아니라 노동이 성취되는 방식에 필수적인 것"이라고 말한다.[22]

이러한 "관계들의 서사"는 어떻게 일어나는가? 하나의 해석은 다이아몬드가 서술한 상황에서조차 소통하는 몸이 들릴 수 있다는 것이다. 그에 대한 대안적 해석은 이러한 조건 — 더 상급 시설인 집중치료실에 반하여 — 이야말로 우리가 소통하는 몸을 들을 수 있다고 기대해야 하는 바로 그 장소라는 것이다. 둘 중 어느 쪽의 설명에 의해서든, 돌봄에 대한 이상주의는 정당성을 갖는다. 간호조무사들은 바우만이 말한 포스트모던적인 도덕적 인간의 예를 보여 준다. 간호조무사보다 더 많은 자격을 갖춘 간호사들은 요양원을 관리하기만 한다. 그들은 차트를 기록하고 돌봄에 대해 국가가 요구하는 장부 — 식사와 목욕의 기록 같은 것 — 를 관리하는 "대의"를 지향한다(120). 간호조무사들이 지향하는 것은 환자들의 복지와 존엄성이다.

다이아몬드가 어느 동료 노동자에게 왜 임금을 더 많이 받는 직업을 얻지 않는지 물었을 때, "그녀의 등은 동그랗게 구부러지고 눈은 이글거렸다. '이게 내가 하는 일이에요.' 그녀는 자신이 씻기고 있던 사람의 얼굴을 흘낏 쳐다보면서 분개하여 말했다"(46). 그녀는 이게 자기라는 사람이라고 말할 수도 있었다. 자신의 몸을 다른 몸들을 돕는 데 바치는 사람 말이다.

---

22. Diamond, *Making Gray Gold*, 162.

다이아몬드가 말한 간호조무사의 예는 트론토가 "도덕 제일주의" 주장에 대해 가지는 의구심을 없애지 못한다. 간호조무사들이 하는 일은 그들의 노동 조건을 변화시키지 못할 것이다. 그들의 노동은 이 요양원들에 있는 거주자들의 질적으로 저하된 삶을 완화시킬 수 있을 뿐 변화시킬 수는 없다. 다이아몬드가 서술한 억압적인 환경은 그 안에서 일어나는 돌봄의 관계들에도 불구하고 지속될 것이다. 궁극적으로 도덕적 가치는 권력의 불평등에 주목하는 정치와 상호보완적이어야 한다. 그러나 요양원에서의 개선 ─ 간호조무사와 거주자 모두를 위한 진정한 변화 ─ 은 도덕적 시각이 바뀔 때만 일어날 수 있다. 다이아몬드의 문화기술지는 원치 않는 "타자들"을 최소 비용으로 관리하는 것에 우선적 가치를 두는 사회가 어떻게 요양원에 반영되고 있는지 보여 준다. 그는 관료적인 변화 ─ 예를 들면 생활조건에 대해 국가의 감시가 증대하는 것 ─ 가 거주자들과 그들을 돌보는 사람들의 삶을 향상시키지 않는다는 것을 드러낸다. 도덕적 방향의 재정립이 없는 정치적 변화는 관료주의를 추가할 뿐이다.

변화는 사람들 ─ 가족들, 납세자들, 유권자들 ─ 이 요양원에서의 상황에 대해 관심을 가질 때, 거주자들과 간호조무사들이 인간으로서 온전히 존중받을 때만 일어날 것이다. 고통의 교육학은 도덕적 지향의 전환과 그에 따른 정치적 우선순위의 전환을 성취하는 것을 목표로 하는, "도덕 제일주의"의 주장이다.

고통의 교육학으로부터 파생된 윤리에서 쟁점이 되는 것을 죄르지 루카치는 1909년에 지적한 바 있다. 당시 그는 창조적 활

동과 "삶에서의 윤리의 우선성" 사이의 알 수 없는 상호성에 대해
숙고하고 있었다.

> 아마도 윤리의 가장 위대한 삶의 가치는 그것이 특정한 종류의
> 교감이 존재할 수 있는 영역, 영원한 고독이 중단되는 영역이라
> 는 점일 것이다. 윤리적인 인간은 더 이상 모든 것의 시작과 끝이
> 아니다. 그의 기분은 더 이상 세상에서 일어나는 모든 것의 중요
> 성을 가늠하는 기준이 아니다. 윤리는 모든 인간에게 공동체의
> 감각을 부여한다.[23]

루카치에게 윤리의 추동력은 고독이다. 진단될 수도 없고 치료될
수도 없는 만성통증으로 고통받았던 게일은 고독을 알고 있다.
남편의 죽음을 겪고 심각한 장애와 마주했던 메어스 역시 고독
을 안다. 간호조무사들은 그들이 돌보는 거주자들의 고독에 직
면하며, 많은 경우 그들은 이민자로서, 유색 여성으로서, 경제적
으로 빈곤하고 직업적으로 주변적인 사람들로서 그들 자신의 삶
에서 고독을 알고 있다. 고통의 교육학은 교감을 추구하는 고독
의 토대로부터 가르침을 시작한다. 이러한 교감은 그들 사이의
관계로 인해 흙 묻은 거주자를 닦아줄 때 냄새가 나지 않는다고

---

23. György Lukács, *Soul and Form*, trans. Anna Bostok (London : Merlin
Press, 1974), 57 [게오르크 루카치, 『영혼과 형식』, 홍성광 옮김, 연암서가,
2021]. 다음에도 인용되었다. Bauman, *Mortality, Immortality*, 203(『아픈 몸
을 이야기하기』 1장 주석 25 참조).

말하는 간호조무사에 대한 보상이다.

루카치가 권유하는 윤리가 약속하는 것은 사람들이 지고 있는 짐을 덜어주리라는 것이다. 그가 상상하는 윤리적 인간은 "더 이상 모든 것의 시작과 끝이 아니"다. 모든 것의 시작과 끝이 되는 것 ─ 우주의 혼돈을 해결해야 하는 것 ─ 은 모더니티가 영웅들에게 지운 무게다. 의사들은 이 무게를 느낀다. 병원과 진료소는 의사의 기분이 "세상에서 일어나는 모든 것의 중요성을 가늠하는 기준"이라는 가정하에 운영되기 때문에 의사는 그 무게를 지탱해야 한다. 아픈 사람들을 영웅으로 상상하는 것의 위험은 그들에게 이와 같은 무게를 지우는 것이다. 기대로서의 불사조는 해방이 아니라 짐이 된다.

루카치가 권유하는 공동체는 그 무게를 나눠서 짊어진다. 도덕적 인간이 일단 자신의 부족함을 인식하면, 봉사는 필수적인 것이 될 뿐 아니라 더 쉬워진다. 다른 사람에게 봉사하는 것이 필요한 전부다. 데이비드 힐피커는 다음과 같이 말한다. "가난한 사람들과 일하는 우리 모두가 성인인 것은 아니다. 아마도 우리는 성인이 될 필요가 없을 것이다. 성인이 되는 것은 그 일의 선행조건이 아닐 것이다."[24] 이처럼 짐을 덜어내는 것이 권장되어 왔음에도 불구하고, 짐은 여전히 남아 있다. 책무를, 특히 제한적 책무를 책임으로 대체하는 것의 문제는 개인이 소진된다는 것이다. 힐피커는 그 자신이 결과적으로 소진되었으며(256) 자신의 "안전

---

24. Hilfiker, *Not All of Us Are Saints*, 188.

망"으로 인해 다른 곳으로 가서 쉴 수 있었다고 그 특유의 정직함으로 말한다. 간호조무사들은 그러한 선택지를 갖지 못한다.

간호조무사들과 데이비드 힐피커의 예는 아픈 몸이 도덕적 인간으로서 어떤 특권도 갖지 않는다는 것을 보여 준다. 다른 사람들도 건강한 상태로 소통하는 몸이 될 수 있다. 질병은 도덕적 인간이 될 필요를 가르칠 수 있는 한 가지 형태의 교육학일 뿐이다. 아픈 사람들, 그리고 그들을 돌보는 사람들 중 가장 지위가 낮은 사람들 — 간호조무사건 빈곤층을 위한 의료를 실천하는 사람이건 — 이 공통으로 가지고 있는 것은 일종의 절실한 필요성이다.

소통하는 몸은 필요성으로부터 나오는 선택이며, 고통의 교육학은 이러한 필요성을 기술한다. 자기 자신이 모든 것의 시작이자 끝이라는 환상이 더는 유지되지 않을 때 유일하게 남는 것은 교감에 마음을 여는 것이다. 많은 신앙 공동체들은 그러한 교감에 참여하는 누구나 그 결과로 모든 것의 시작이자 끝이 된다는 신기한 비법을 믿는다.

서사의 윤리

고통의 교육학은 질병 이야기의 증언 속에서 가르쳐지기 때문에, 그것이 지지하는 윤리의 종류는 서사의 윤리다. 그러한 윤리가 제기하는 질문은 이 책의 내용의 핵심이다. 삶은 이야기들로부터 어떤 영향을 받는가?

서사의 윤리narrative ethics는 윤리와 의료 분야에서 어느 정도

통용되는 용어다. 리타 샤론은 "서사의 윤리는 의료 윤리의 영역에 존재하는 모든 노력을 대신할 것을 약속하는 독립적 방법이 아니"라고 설득력 있게 주장한다.[25] 샤론이 의료 윤리라고 부르는 것은 "의료 분쟁에 보편적으로 적용 가능한 원칙들과 판결의 규칙들을 관리하는 기획"으로 시작했다(260). 그녀는 의료 윤리가 현재 이 범위를 넘어서서 잘 가고 있으며 "점차 개인이 처한 상황들의 의미를 탐색하는 것을 포함하게 되었다"(260)고 말한다. 그러나 그녀의 관심은 "의료 분쟁"을 해결하는 과정에서의 "윤리학자들의 실천"(그녀의 글의 부제)에 대한 것이다.

샤론은 서사에 대한 연구 ― 나는 이것을 서사적 민감화sensitization라고 부르고자 한다 ― 가 "의료 윤리의 신뢰성"을 향상시키는 데 어떻게 기여할 수 있는지를 제시한다. 그러한 연구는 다음의 원칙들을 통하여 돌봄 제공자들에게 도움이 될 것이다.

첫째, "환자의 삶의 서사적 일관성 ― 그것이 아무리 모호하더라도 ― 을 인식하는 것",

둘째, "환자 이야기의 복수의 화자들, 그 이야기가 말해지는 대상인 여러 청자들, 그 이야기를 이해할 책임이 있는 해석 공동체"를 식별하는 것,

---

25. Rita Charon, "Narrative Contributions to Medical Ethics : Recognition, Formulation, Interpretation, and Validation in the Practice of the Ethicist" in Edwin R. DuBose, Ron Hamel, and Lawrence J. O'Connell, eds., *A Matter of Principles : Ferment in U. S. Bioethics* (Valley Forge : Trinity International Press, 1994), 277.

셋째, "이야기의 다중적 재현, 화자와 청자 간의 갈등, 그리고 사건들 자체의 모호함 사이에 있는 모순들을 검토할 것",

넷째, 윤리적 논의에 참여하는 사람들 모두가 "개인이 겪는 특정한 사건들에 담긴 일관성, 울림, 그리고 고유한 의미"를 올바르게 이해하도록 도울 것(261) 등이다.[26]

샤론은 의사로서, 의사답게 "환자"에게 관심이 있다. 그녀에게 "서사적 기여"의 가치는 그것을 통해 의료 돌봄 제공자들이 치료 결정의 복합성을 더 잘 인식할 수 있는지에 달려 있다. 그와 같이, 서사는 결정적이지만 동시에 보조적인 역할을 한다. 의사들이 모든 의료적 대면에서 도덕적 차원을 인식하도록 함으로써(264), 서사는 어려운 의료 결정이 환자 각각의 삶의 구체성과 특수성에 기반하도록 돕는다.

확실히, 출판된 질병 이야기들을 읽는 것은 샤론이 상상하는 의료적 의사결정에 "서사적 기여"를 가져올 수 있다. 그러나 서사의 윤리가 독특한 활동이 되는 것은 임상의료적 조우를 넘어서는 영역에서다. 앞의 장들에서 나는 다음의 목적을 가지고 질병 이야기들을 해석했다. 나의 목적은 들리지 않았을 수도 있는 이야기들이나 임상적/윤리적 의미가 없는 "단지" 대화로 취급됐을 수도 있는 이야기들을 더 잘 들을 수 있도록 하는 것이었다. 이 이

---

26. 의료 실천에서 서사에 토대를 두는 것이 기여할 수 있는 바에 대한 보완적인 주장으로는 다음을 보라. Helle Mathiasen and Joseph S. Alpert, "Lessons in Empathy: Literature, Art, and Medicine," in Spiro et al., *Empathy and the Practice of Medicine*, 135~59.

야기들은 아픈 사람들이 환자로서 존재하지 않을 때 그들의 삶에서 도덕적 국면을 가능하게 한다.

서사의 윤리를 요구할 수 있는 어떤 독특한 영역이 있다면, 그것은 환자됨patienthood 바깥에 있는 질병이다. 임상 윤리는 환자에 대한 전문적이고 제도적인 의무들에 우선적으로 관심을 둔다. 그러나 만성질환과 퇴행성질환의 비율이 점점 증가하는 것과 더불어, 아픈 사람 중 점점 더 많은 사람이 환자가 아닌 상태로 점점 더 많은 시간을 보낸다. 내가 "회복사회"라고 부르는 것이 발달하는 것이다. 회복사회의 성원들에게 윤리적 물음은 의료 분쟁에 대한 판결이 아니라 아픈 동안에 어떻게 좋은 삶을 사는가이다. 이러한 "좋은 삶"의 주춧돌은 몸 안에서 사는 것, 특히 욕망에 관하여 내가 말했던 것과 동일한 결정들을 포함한다. 핵심적인 윤리적 질문은 아픈 사람이 자기 자신과 다른 사람들을 위하여 무엇을 원해야 하는지에 관한 것이다. 윤리적 질문으로서, 욕망은 책임이 된다. 자기 자신과 다른 사람들을 위해 무엇을 원하는 것이 좋은가?

의료 및 다른 전문 분야의 돌봄 제공자들은 이러한 서사의 윤리로부터 배제되기 어렵지만, 서사의 윤리가 그들의 핵심적인 전문 역량과 연관되는 것도 아니다. 전문가로서 그들의 관심은 샤론이 기술한 것, 즉 환자들이 적절한 치료의 도움을 받아 좋은 삶을 사는 것에 더 가깝다. 그러나 전문가-환자 관계가 두 인격체의 관계가 될 때, 의료는 또 다른 측면을 갖는다.

아서 클라인먼은 여러 번의 상실을 겪었었고 심하게 아프던 환자가 자신에게 했던 질문을 기술한다. "제게 필요한 용기를 주실 수 있나요?"[27] 그 질문은 의학적 정보나 치료에 대한 요청이 아니다. 클라인먼은 레비나스가 말하는 타인을 위한 존재라는 의미에서의 도덕적 관계로 그 자신이 부름을 받는 것을 듣는다. 그가 이 질문에 어떻게 대답을 하건 그의 의학적 전문 지식은 최소한만 관련된다. 그 질문을 한 여성은 클라인먼에게 인간으로서의 그가 인간으로서의 그녀를 위해 존재할 수 있는지를 묻고 있다. 그의 대답에서 윤리는 의료 분쟁 — 임상윤리를 위한 전형적 상황 — 이 아니라 심오한 도덕적 헌신이라는 가정과 연관된다.[28] 서사의 윤리는 질병이 요청하는 도덕적 헌신에 있어 사람들 — 아픈 사람이건 건강한 사람이건, 일반인이건 전문가이건 — 을 인도해 준다.

그러므로 나는 샤론이 매우 잘 묘사한, 윤리에 대한 서사적 기여의 중요성에는 그다지 관심을 두지 않는다. 나는 윤리학자들이 사례들의 "두터운 기술"thick description을 실천하는 것과 같은 서사의 윤리에 관심이 있는 것도 아니다.[29] 나의 관심은 아픈 사

---

27. Kleinman, *The Illness Narratives*, 39 [클라인먼, 『우리의 아픔엔 서사가 있다』]. 의사가 개인적 관계로 호명되어서 상대방이 그 관계에서 환자가 아니게 된 또 다른 예로는 146~149를 보라.

28. 샤론은 의사가 환자를 호명하는 것에 내재한 도덕적 헌신에 대해서도 역시 인식하고 있다. 그리하여 그녀는 "모든 의사-환자의 조우는 도덕적 차원과 연관된다"고 말한다(264). 다음도 보라. "To Listen, To Recognize."

29. 다음을 보라. Kathryn Montgomery Hunter and Steven H. Miles, "Commentary"와 Miles, "Overview," *Second Opinion* 15 (November 1990) : 60~67. 이 글들은 1990년부터 1993년까지 이어진 헌터와 마일스의 "사례 이야기" 시

람들의 도덕적 행위로서의 자아-이야기들과 그 이야기들에 응답하는 도덕적 행위로서의 돌봄에 있다. 서사의 윤리에서 말하는 윤리를 가장 잘 표현하는 것은 배리 호프마스터다. "한 이야기를 평가하는 결정적인 기준은 그 이야기가 어떤 종류의 사람을 형성하는가 하는 것인지도 모른다."[30]

호프마스터는 이러한 평가를 서사 윤리의 한계로 간주한다. 샤론과 마찬가지로 그는 서사의 윤리가 그 자체로 불완전하다고 본다. 그는 이 시험이 "개인이 선한 인간과 악한 인간, 혹은 도덕적인 인간과 비도덕적인 인간 사이의 차이를 이미 알고 있다고 전제한다"(1161)고 말하는데, 이는 타당한 주장이다. 이에 대한 나의 반응은 아마 보다 더 포스트모던적인 것일 텐데, 나는 사람은 이 차이들을 선험적으로든 혹은 심지어 회고적으로든[31] 결코 알 수 없으므로 서사의 윤리가 여타의 윤리적 질문들과 공유하지 않는 내재적 한계를 가지는 것은 아니라고 본다. 서사의 이점은 눈앞에 놓인 이러한 불확실성에 직면하는 것이다. 서사는 인간이 된다는 것은 무엇이 좋은 것이고 무엇이 고결한 것인지를 끊임없이 찾는 것 — 그러한 도덕적 질문의 과정이 검토된 삶이라고

리즈 편집의 시작을 알렸다.

30. Barry Hoffmaster, "The Forms and Limits of Medical Ethics," *Social Science and Medicine* 39, no.9 (1994) : 1161.

31. 선과 악, 도덕과 비도덕을 구별하는 것의 불가능성에 대한 하나의 포스트모던적 일화로는 다음을 볼 것. Blaise, *I Had a Father* (『아픈 몸을 이야기하기』 3장 주석 38). 이 경우에 문제는 블레이즈의 아버지의 도덕적 정체성과 어떻게 이 정체성이 블레이즈 자신의 도덕적 자아에 영향을 미치는지이다.

불리든 혹은 성찰적 점검이라고 불리든 — 이라는 점을 가르쳐준다.

　서사의 윤리의 도덕적 중요성은 이야기가 형성하는 종류의 인간에 대한 끊임없는 자아-성찰에 있다. 이러한 자아-성찰은 잘못된 자아가 만들어지고 있다면 그 자아-이야기를 변화시킬 것을 요구한다. 그러므로 누군가가 말하고 있거나 응답하고 있는 서사의 일반적 유형 — 복원, 혼돈, 탐구 — 을 인식하는 것은 중대한 시작이다.

　서사의 윤리는 그것 자신의 영역 내에서는 완전하다. 이 영역은 임상적 판결이 아니라 개인의 생성becoming이다. 서사의 윤리는 인간으로서의 자기 자신을 형성하는 것에 헌신하는 윤리다. 특정한 이야기들은 이 형성의 매개체이고, 형성 그 자체가 삶의 이야기다.

◇

이야기들과 **함께** 사고하는 것은 서사의 윤리의 토대다. 의사는 환자의 이야기를 진지하게 들을지도 모르지만, 환자가 말할 수 없는 진실을 듣기 위해서일 뿐이다. 교정된 이야기는 "사례"가 된다. 사례는 전문적인 검토의 대상이다. 사례들을 제시할 때 전문가들은 사람들의 이야기에 대하여 말한다. 이야기는 분석의 대상이며 전문가들은 자신들이 유일하게 이 분석을 수행할 자격이 있다고 믿는다.[32] 클라인먼이 "제게 필요한 용기를 주실 수 있나

---

32. 의사가 어떻게 환자의 이야기들을 다루어야 할지를 가르쳐 온 의학 교재들

요?"라는 환자의 질문을 전문가로서만 들었다면 그는 진단 가능한 우울증에 쓸 수 있는 약에 대하여 생각해 보는 것으로 반응했을 것이다. 그는 하나의 관계로의 열림을 놓쳤을 것이다.

이야기와 함께 사고하는 것은 이야기와 함께 행동하는 것이고, 이야기에 내재하는 인과성, 시간성, 서사적 긴장의 논리를 자신의 사고에 차용하는 것을 의미한다. 서사의 윤리는 더 이상 이야기 안에 머무를 수 없을 때조차 그 이야기와 함께 남아 있고자 한다. 그것의 목적은 공감으로, 이는 타자의 감정을 내면화하는 것이 아니라, 핼펀의 용어로 말하자면 타자와 "공명"하는 것이다.[33] 타자의 자아-이야기는 내 것이 되지 않지만, 나는 그 이야기와 충분히 공명하게 되어서 그 뉘앙스를 느끼고 플롯에서의 변화를 예측할 수 있게 된다.

그러나 우선적으로 질문해야 할 것은 어떻게 타자의 이야기와 함께 생각할 것인지가 아니라 어떻게 당신 자신의 이야기와 함

의 역사에 대해서는 다음을 보라. David Armstrong, "The Patient's View," *Social Science and Medicine* 18(1984) : 737~44. 임상의학의 시각은 1950년대 환자 이야기의 사회과학적 전유에 의해 보완되었다. 암스트롱은 "환자의 시각은 사회-의학적 인식의 산물"이라고 결론 내린다. 환자의 이야기들이 의료 기록으로 변형되는 장소인 검사실에서의 대화에 대한 자세한 분석으로는 다음을 보라. Waitzkin, *The Politics of Medical Encounters* (『아픈 몸을 이야기하기』 3장 주석 12 참조). 의료 사례들이 제시되는 방식과 어떻게 이것이 아픈 사람들의 행위성을 의료 기술의 행위성으로 전치시켜 환자에게 수동적인 목소리를 부여하는지에 대한 분석으로는 다음을 보라. Renée Anspach, "Notes on the Sociology of Medical Discourse : The Language of Case Presentation," *Journal of Health and Social Behavior* 29 (December 1988) : 357~75.

33. Halpern, "Empathy : Using Resonance Emotions in the Service of Curiosity."

께 생각할 것인지다. 또는, 서사의 윤리가 어떻게 아픈 사람들 스스로를 위한 성찰적 점검의 실천일 수 있는지를 질문해야 한다.

나는 캐나다 원주민들이 자신들의 이야기를 말하는 것, 그리고 구술 문화에서 산다는 것이 의미하는 바에 대해 말하는 것을 들었을 때, 그들이 이야기들을 반복하여 말하는 것에 깊은 인상을 받았다. 이야기들이 반복해서 말해질 때 중요한 것은 그 내용으로부터 무엇을 배우는지가 아니다. 이는 게일이 한 경험의 핵심이 수많은 분석적 요점들로 진술될 수 없는 것과 마찬가지다. 중요한 것은 그 이야기를 듣는 과정에서 청자가 무엇이 되는지이다. 반복은 생성의 매개체다. 전문직 문화에는 개인적 생성을 위한 공간이 거의 없다. 젊은 의사들은 자기 앞에 주어진 직업을 스스로의 도덕적 발전을 위한 궤도로 생각하도록 훈련받지 않는데, 이는 그들이 확장된 봉사의 개념에 대해 어려움을 겪는 이유 중 하나다.

전문가들은 이야기가 그것으로부터 어떤 메시지를 전달한다고 ─ "그 역사로부터 무엇을 배웠습니까?"에서처럼 ─ 생각한다. 전형적인 모더니스트로서 전문가들은 언제나 앞으로 나아가고 있으며, 다음 대상에 빨리 도착할수록 그것으로부터 더 나아간다. 아픈 사람들에게 위험한 것은 종종 그들이 어떻게 아파야 하는지를 전문가로부터 배운다는 것이다. 질병은 아픈 사람들에게 도덕적 문제로 제시되지 않는다. 진단을 받고 난 충격으로부터 충분히 무뎌지고 난 후 사람들은 다음과 같은 질문들을 받지 않는다. 이 경험 속에서 어떻게 되기를 소망하는가? 자신에 관해 어떤 이야기를 들려주고 싶은가? 질병에 관한 이야기에서 질병과 자기 자신을 어떻게 그려낼 것인가?

이야기와 함께 사고하는 것의 첫 번째 교훈은 다음과 같다. 이야기가 들려졌을 때, 다른 곳으로 떠나가지 않고 이야기 안에 계속 살면서, 그 안에서 **생성되고**, 생성되어 가는 인격에 대해 성찰하고, 점차적으로 이야기를 변형시켜야 한다. 중요한 것은 자기 자신의 이야기를 진정으로 듣는 것이다. 이는 다른 사람들의 이야기를 진정으로 듣는 것이 중요한 것과 마찬가지다.

이야기와 함께 사고하는 것은 또한 어떤 이야기를 서로 다른 경우에 말할 때 그것이 어떻게 사용되는지에 주목할 것을 요구한다. 같은 이야기가 몇 년, 수십 년에 걸쳐 서로 다른 상황에서 반복된다면, 사람들은 그것을 다르게 듣는다. 반복되는 동안에 그 이야기는 몸-자아의 삶의 서로 다른 상황들 사이에서 지속성을 제공한다.

그러나 어느 시점에서 지속성은 이해할 수 없는 차이로 대체된다. 마사 누스바움은 사무엘 베케트의 『이름 붙일 수 없는 자』를 인용하면서 다음과 같이 말한다. "결국에, 그는 자신이 다른 이야기를 살 수도 있다고, 그리고 언어가 그를 '내 이야기의 문턱, 내 이야기를 여는 문 앞'까지만 데려다주었다고 상상한다."[34] 이 야기가 가르쳐 주는 것은 언제나 또 다른 이야기가 있다는 것,

34. Martha Nussbaum, "Narrative Emotions : Beckett's Genealogy of Love," in Stanley Hauerwas and L. Gregory Jones, eds., *Why Narrative? Readings in Narrative Theology* (Grand Rapids, Michigan : Eerdmans, 1989), 247~48.

그리고 다른 이야기들이 언제나 가능했을 수 있었다는 것이다. 이 교훈의 한 가지 의미는 삶이 결정들 속에서 살아진다는 것이다. 각각의 결정은 이야기를 말하는 다른 방식을 부여한다. 이러한 결정들은 결과를 낳기 때문에 ─ 플롯은 어떤 시점에서는 자의에 의해 바뀔 수 없다 ─ 도덕적이다.

이야기와 함께 사고하는 것은 서사의 윤리가 사람들이 결정을 내릴 때 분명한 안내 지침이나 원칙을 제공하지 못한다는 것을 의미한다. 그 대신에, 서사의 윤리는 이야기가 특정한 방향으로 향하도록 승인해 준다. 의료노동자들은 이러한 승인을 필요로 한다. 집중치료실에 있는 의사들이 어떤 사례를 나에게 제시한다면, 나는 그들의 환자들이 누구인지, 현재의 질병이 이들의 삶의 양식에 어떻게 적응하는지, 의사들과 환자의 가족 모두는 그들의 삶의 양식이 어디로 향한다고 생각하는지에 관해서만 질문할 수 있을 것이다. 집중치료 상황에서 아픈 사람은 질환이나 약물이나 생명 유지 장치의 효과로 인해 종종 말이 없다. 그러나 환자에게 말을 걸 수 없음에도 불구하고 의료 직원들은 보통 환자의 이야기에 대해 잘 알고 있다. 나는 이 서사적 지식이 그들이 전문적 결정을 하는 데 도움이 되도록 승인을 제공하고자 한다.

가장 불운한 의료 결정 중 일부는 관계의 연속성과 이야기의 연속성이 무너진 상황에서 이루어진다. 스티븐 마일스는 서사의 윤리에 대한 그의 초기 저작에서 어느 고령의 요양원 거주자에 대하여 말한다. 그녀는 죽음이 목전에 다가오자 아는 사람이 아무도 없는 병원으로 후송되었다. 그녀의 소망을 알고 있던 요양원의 직원은 더 이상 결정을 할 수가 없었고, 그녀가 원하지 않았을 생명 유지 수단들이 설치되었다. 그녀의 삶에 대해 아무것도 알지 못했던 의사들은 그녀 삶의 정점으로서 의미가 있는 종류의 죽음을 실현하고자 노력할 수 없었다.[35]

그러나 아픈 사람들은 의료노동자들이 결정을 내릴 수 있도록 하기 위해 자신들의 이야기를 하는 것이 아니다. 자아-이야기는 어떤 도덕적 국면에 도달한 삶에 의미를 부여하기 위해 말해진다. 스튜어트 알솝은 그의 "일종의 회고록"의 거의 마지막에서 자신이 곧 60세가 된다고 쓰고 있다. 거의 30쪽의 간격을 두고 그는 "아마도 지금이 퇴장하기에 좋은 때인 것 같다"고 덧붙인다.[36] 알솝의 이야기와 함께 사고하기 위하여, 그리고 아마도 앞으로의 어떤 결정에서 그 이야기에 의해 인도를 받기 위하여, 서사의 윤리는 다음의 질문들을 던질 수 있다. 이 두 개의 진술을 연결하기 위하여 그 둘 사이에서 말해지는 것은 무엇인가? 그리고 후자가 전자에 대한 합리적인 추론으로서 뒤따르도록 하기 위해 알솝은 어떤 서사적 작업을 해야 하는가? 다른 사람들은 인생에서 60세가 새로운 단계의 시작이라고 생각할 수 있고 그 경우 질병을 다르게 해석할 것이다.

---

35. Steven H. Hiles, "The Case : A Story Lost and Found," *Second Opinion* 15(November 1990) : 55~59. 어떤 삶이 의미해 왔던 것의 정점으로서의 삶의 마지막에 대하여 특별히 세심하게 논의한 예로는 다음을 보라. Dworkin, *Life's Dominion*, 특히 199~217[드워킨, 『생명의 지배영역』] (『아픈 몸을 이야기하기』 3장 주석 3 참조).

36. Alsop, *Stay of Execution*, 259, 288(『아픈 몸을 이야기하기』 2장 주석 19 참조).

60세가 되는 것을 바라보는 것과 삶에서 퇴장하는 것을 받아들이는 것 사이에서, 알솝은 2차 세계대전 당시 젊은 장교로서의 자신의 경험으로부터 나온 일련의 일화들을 말한다. 그는 자신보다 많이 어린 영국 여성과 결혼을 했고 그가 글을 쓸 당시에도 그녀는 여전히 그의 행복한 아내였다. 그들은 폭격을 받는 동안 런던이 제공해 줄 수 있었던 최대한의 호화로운 신혼여행을 즐겼다. 그 기억은 폭격 때문에 더욱 신화적인 것으로 남는다. 알솝은 아내를 떠나 점령당한 프랑스에서의 낙하산 착륙에 참가하지만 이 작전은 실패한다. 그는 놀라운 행운의 연속 덕분에 포로로 잡히는 것을 모면한다. 이 이야기들은 60세가 되는 것과 퇴장하는 것을 연결하고 알솝의 질환과 임박한 죽음의 비일관성을 일관적으로 만들어줌으로써 윤리적 의사결정을 위한 방향을 확립한다.

알솝은 60세에 죽을 예정이 아니었다. 백혈병은 그의 삶에 비극적이고 좌절스럽게 부여되었다. 그의 전쟁 당시 일화들은 적어도 다음과 같은 방식으로 암의 비일관성에 대해 말한다. 알솝이 60세에 죽을 것이라면, 그는 특별한 60년을 보낸 것이 될 것이다. 그는 런던의 폭격이나 낙하산 습격 때 죽었을 수도 있다. 그가 일련의 우연들을 통해 이 일들을 살아냈다면 현재 그의 죽음에 특별히 정의롭지 않은 것은 없다. 왜냐하면 그의 혈액 순환에도 똑같이 우연한 사건들이 일어났기 때문이다. 알솝의 자아의 연속성은 운으로 인해 계속 살아남은 사람의 이야기로서 재확립된다. 그의 질환이 비극으로 남는다고 하더라도 그것은 받아들일 수 있는 정도의 올바름이다.

전쟁 당시의 이야기들은 또 다른 방식으로도 이 올바름을 강화한다. 이 이야기들은 아마도 알솝의 가족들 사이에서 반복하여 말해졌을 것이다. 그 이야기들은 알솝의 결혼에 핵심적인 신화이자 그것의 시금석이다. 나는 그 이야기들이 서로 다른 목적을 가진 서로 다른 순간들에 사용되었을 것이라고 상상해 본다. 때로는 주의 환기와 즐거움으로서, 다른 때는 알솝과 그의 아내에게 그들이 누구와 함께했었고 어떤 일을 지나 왔는지를 상기시키기 위해, 또 다른 때에는 아이들에게 그들의 가족이 어떤 사람인지를 가르치기 위해서 말이다.

이제 알솝은 그의 마지막 순간이 될지도 모르는 때에 오래된 이야기들을 하고 있다. 그 이야기들이 다시 말해진다는, 그 이야기들이 여전히 현재 상황에 맞는다는 단순한 사실이 그러한 상황들을 가족의 삶의 연속성 내에 위치시키고 슬프지만 받아들일 수 있는 올바름을 질병에 부여한다. 죽는 것은 오래된 지도와 목적지의 상실이 아니다. 익숙한 이야기들의 맥락에서, 죽는 것은 지도가 언제나 이끌었던 곳을 받아들이는 것이다.

알솝은 퇴장하는 것에 대해 언급을 한 후 뒤이어 그가 자신의 책 전체에 걸쳐 말하고 있는 윈스턴 처칠에 대한 많은 일화 중 가장 나중의 것을 이야기한다. 그는 마지막으로 의회에 참석했던 나이 든 처칠을 묘사한다. 처칠의 젊은 동료들이 당황하여 쉬쉬할 정도로, 그는 졸다가 책상에 엎어진다. 알솝은 유물이 된 영웅의 애처로운 초상화를 그리고서 그가 다른 여러 사람에게 이미

적용했던 구절을 덧붙인다. "그는 그 전에 죽었어야 했다."[37] 은유
로서의 처칠은 알솝이 스스로 거부한 줄거리가 된다. 깜빡 조는
것보다는 퇴장하는 것이 더 나은 것이다.

스튜어트 알솝이 자신이 누구이고 어떻게 살고 싶은지에 관
한 도덕적 선택을 할 수 있는 것은 "수용"이나 "부정" 혹은 다른
어떤 용어로 환원될 수 있는 "사례"가 아니다. 실로 서로서로를
중단시키는 이야기들의 복합체인 그의 이야기는 그러한 용어들
의 부족함을 보여 준다. 윤리라는 목적에서 볼 때 가장 중요한 것
은 알솝이 그 자신에게, 그리고 바라건대, 그의 가족에게도, 올바
름의 감각을 자신의 죽음에 부여하는 자아-이야기를 말한다는
것이다.

그의 이야기를 말하는 것은 그의 책임의 마지막 이행이다. 알
솝과의 관계로 들어가게 될 돌봄 제공자에게, 그 이야기는 알솝
이 감사할 수 있는 방식으로 그 이야기 내에서 행동할 수 있는 종
류의 인간이 되도록 그 사람을 초대한다. 클라인먼에게 주어졌던
질문의 견지에서 보자면, 알솝은 자신이 필요로 하는 용기를 발
견하는 방법을 스스로에게 말하고 그를 돌볼 힘을 발견할 수 있
는 곳을 다른 사람들에게 보여 준다. 그의 이야기는 그 자신, 그
의 가족, 돌봄 제공자들 사이에 다이아몬드가 말한 "관계들의 서
사"를 제공한다.

---

37. 같은 책, 290. 이 책의 앞에 언급된, 60세에 죽은 어떤 사람의 이야기는 p.
210을 보라.

서사의 윤리는 말하기와 듣기에서 일어난다. 자아-이야기를 문자 그대로 받아들인다면, 그러한 것은 없다. 자아-타자-이야기가 있을 뿐이다. 우리가 "우리의 것"이라고 부르는 이야기들은 이미 우리가 다른 사람들의 이야기로부터 모은 조각들이며, 우리는 그들의 "자아"-이야기들 속에서만 존재한다. 궁극적으로 서사의 윤리는 동료-인간으로서 우리가 얼마나 서로 관련이 있는지를 인식할 필요에 대한 것이다. 우리가 선과 도덕이라는 어떤 알수 없는 전망을 향해 더듬어 나아갈 때, 이야기들을 오려 와 붙이면서, 이야기들을 빌리고 빌려주면서 그 길을 따라 갈 때, 우리는 소통하는 몸이 된다.

회귀와 위험

소통하는 몸을 소개하면서 말했던 것처럼, 그것은 이념형일 뿐만 아니라 이상화된 유형이다. 소통하는 몸이라는 이상은 윤리적 행위를 위한 기준의 토대가 된다. 소통하는 몸이 되는 것은 삶이 지향해야 할 윤리적인 목적, 즉 텔로스telos다. 이 목적은 보살이나 예수가 되지 않는 이상 결코 완진히 획득될 수 없기 때문에, 소통하는 몸은 고정된 상태가 아니라 회귀적recursive 과정이다. 회귀는 "혼자 힘으로 상황을 개선하는 것"과 연관된다. 그러한 이미지가 중력에 저항하는 것일 때, 회귀의 과정이 일어난다.

소통하는 몸은 자기 자신을 회귀적으로 창조하는데, 이 몸은 다른 이들에게 자기 자신을 존재로 만들 수 있는 행위들을 선택하는 데 지침이 되는 하나의 이상이다. 가장 단순한 비유는 신념이다. 신의가 있으려면 신념이 있어야 하고, 신의는 신념의 질을 향상시킨다. 신념과 마찬가지로, 소통하는 몸은 언제나 불완전한 기획이다. 회귀적 과정은 끊임없이 고리 모양으로 움직이면서 결코 끝나지 않는다. 나는 모더니스트 용어인 "기획"을 사용하여 소통하는 몸을 지칭한다. 모더니스트 기획은 그것이 시작되기 전에 스스로의 결말을 상상한다. 모더니스트 기획의 목표는 완성인데, 모더니즘은 가능한 한 빨리 또 다른 기획으로 나아가고자 하기 때문이다. 포스트모더니티는 기획을 수행하는 활동 중에 그 기획의 본질을 발견하고자 한다.[38] 그러므로 소통하는 몸이 하고자 하는 것은 소통하는 몸이 되는 것이다.

기획의 본질은 포스트모던 시대에 변화하지만, 사람들은 기획을 포기해서는 안 된다.[39] 프레더릭 프랭크가 보다 완전히 인간이 되는 것이라고 말하는 "거대기획"the Project을 사람들이 상

---

38. 사회과학적 용어로 말하자면, 둘 사이의 차이는 연구 결과를 미리 보여줄 것을 요구하는 연구계획서와 조사의 과정에서 조사의 지표를 발견하고자 하는 연구의 차이와 같다. 이 차이는 더 이상 단순히 양적 연구 대 질적 연구의 차이가 아니다. 나는 그것이 모더니스트 대 포스트모더니티의 차이라고 생각한다. 모더니티는 자신이 미리 지표를 안다고 생각하고 예측되는 결론을 지지할 수 있는 자료만을 필요로 한다. 포스트모더니티는 지표를 발견하는 것을 결론으로 간주하고, 자신의 조사가 조사 과정을 통하여 이 지표를 만들어 냈다는 것을 받아들인다.

39. 기획에 대한 바우만의 논의는 나의 발언에 힘을 실어주지만, 여기에서 나는 바우만과 약간 다른 입장을 취한다. Bauman, *Mortality, Immortality,* 162~64.

실한다면, 그때 포스트모더니티는 도덕적 빈 공간이다. 프랭크는 다음과 같이 묻는다. "인간human으로 태어난 것의 의미가 인간존재Human가 되는 것일 수 있는가?"[40] 이 질문은 수사적이라고 부르기에는 너무 실천적이지만 대답을 하기에는 너무 광대하다. 기획으로서 그것은 회귀적이다. 이야기와 마찬가지로 그것은 살아질 수 있을 뿐이다. 프랭크가 인간존재가 되는 것이라고 부르는 것을 나는 소통하는 몸이라고 부른다.

질병 이야기는 지도와 목적지를 잃고서 잔해에서 시작한다. 그 이야기는 중단되는 것인 동시에 중단에 대한 것이다. 질병 이야기에서 서사의 붕괴로서 시작되는 것 ─ 질병에 의한 삶의 중단 ─ 은 또 다른 종류의 서사로 변형된다. 나는 나의 대고모 한 분이 어떤 대중음악 작품에 대해 언급했던 것을 기억한다. 그녀는 그 밴드가 박자를 틀리게 연주하고 있지만 매우 지속적으로 틀리게 연주해서 그들 자신의 박자가 되었다고 말했다. 시간이 사회적 기대라는 메트로놈으로 측정된다면, 심각한 질병을 앓고 있을 때의 삶은 박자가 맞지 않는다. 질병 이야기는 중단된 시간으로부터 그 자신의 시간을, 또는 비일관성으로부터 그 자신의 일관성을 창조한다.

내가 스튜어트 알솝과 오드리 로드에게로 돌아가는 한 가지 이유는 그들의 글이 조마조마하고 중단되는 특성을 갖기 때문이

---

40. Frederick Franck, *A Little Compendium On That Which Matters*, 7 (『아픈 몸을 이야기하기』 5장 주석 21 참조).

다. 알숍의 글에서 그러한 중단들은 매끄러워 보인다. 그의 책은 중단을 정점으로 변형시킨다. 로드는 그녀의 중단들에 더 거친 특성을 부여한다. 그녀는 질병의 불쾌한 즉각성을 보존하기를 원한다. 이들 둘 다는 각각의 방식으로 중단을 자신들이 말하고 싶은 것으로 되찾고 있다.

오직 소통하는 몸만이 중단을 되찾을 수 있는데, 그것만이 그 자신의 우연적인 취약성과 관계를 맺기 때문이다. 소통하는 몸은 이러한 우연성을 자신의 욕망의 조건으로 만들어서 이 취약성을 공유하는 다른 사람들에게 다가간다. 여기에서 다시 등장하는 것이 회귀다. 몸은 이야기의 토대가 되는데, 그 이야기를 하면서 몸은 자기 자신을 깨닫는다. 몸은 자아-성찰을 획득한다는, 그리고 자기 자신을 행위에서 실제화시킨다는 이중의 의미에서 그 자신을 "실현한다." "자기 자신을 실제화시키는" 것은 인격의 성취에 있어서 가장 중요한 것이다.

몸의 이야기는 인격을 요구하지만, 그 인격이 누구인지는 이야기하기 속에서만 창조될 수 있다. 소통하는 몸인 인격은 증언을 수반해야 한다. 증인은 증언의 매개체로서 목소리를 요구하고, 목소리는 증언 속에서 스스로의 책임을 발견한다. 증언되는 것은 기억, 특히 체현된 기억, 이제는 몸의 조직 위에 쓰여 있는 경험의 기억이다. 성 바울의 성적 체현에 대한 마음가짐은 잘 알려져 있지 않지만, 그는 증인의 체현을 열정적으로 표현했다. 바울은 "매 맞음과 갇힘과 난동과 수고로움과 자지 못함과 먹지 못함 가운데서도"(고린도후서 6:5) 그가 자신의 몸을 통하여 증언한다는 것을 알고 있다. 다른 사람들을 예수의 몸으로 인도하는 바울의 사도직은 그 자신의 몸이 고통을 겪도록 함으로써 가능해진다. 증인과 몸적 고통의 이러한 원형적인 친연성은 회피할 수 없는 것이다. 바울의 잘 알려지지 않은 메시지는 어떤 사람들은 이러한 친화성의 결합으로 부름을 받을 책임을 가진다는 것이다.

체현된 증인의 이 같은 목소리는 낸시 메어스의 글에서도 들린다. 그녀는 예전에 자기 저서 중 하나를 맡았던 한 편집자의 열정을 진정시켜야 했던 일에 대해 이야기한다. 왜 그녀의 책이 잘 팔리지 않을 것인지를 설명하면서, 메어스는 편집자에게 말한다. "여기에서 숨은 텍스트는 우리는 모두 죽을 것이고 그것은 괜찮은 일이라는 것이에요. 그건 독자들을 매료시킬 수 있는 메시지는 아니죠." 그러나 여느 진정한 증인과 마찬가지로, 그녀가 무엇을 쓰는지는 선택할 수 있는 것이 아니었다. "그때 나는 메시지 전달자의 죽음이라는 위험을 감수해야 했고 지금도 여전히 그러하다. 즉, 우리는 모두 죽을 것이다. 그리고 그것은 괜찮은 일이다."[41]

탐구의 이야기는 질병을 부름으로, 소명으로 받아들인다. 이 소명은 증언에 대한 책임을 포함하며, 증언은 위험을 함의한다. 메어스의 표현대로 하자면, 그것은 죽어가는 전달자의 죽음이다. 몸을 위험에 처하게 하는 것은 윤리를 함축하는데, 이러한 윤리는 생존의 언어 바깥에서 말한다는 점에서 가치 있다. 모더니티

---

41. Mairs, *Ordinary Time*, 217.

는 생존 이외의 다른 어떤 언어도 허락하지 않는다. 모더니스트 영웅은 존재의 다른 어떤 방식도 상상할 수 없으며, 이는 의사들이 비판에 직면할 때 종종 진정으로 당황하는 이유이다. 포스트모던 시대에 사람들은 죽음이 괜찮은 일이라는 다양한 메시지를 담은, 여러 메타-생존의 언어들을 요구한다. 임상윤리는 이러한 메시지들을 필요로 한다.

증인이라는 문제에 시인의 언어 감각을 불어넣었던 오드리로드는 그녀와 다른 여성들이 함께 "우리 모두가 믿는 세상에 맞는 언어를 검토했다"고 말한다.[42] 나중에 그녀는 "유방암을 둘러싸고 있는 침묵을 언어와 행동으로" 번역하는 것에 대해 쓴다 (61). 그녀가 믿는 세상을 실제로 만들기 위해서, 로드는 그 세상에 맞는 언어를 찾아야 한다.

로드는 질병 이야기를 하는 사람 모두가 깨닫는 도덕적 인간성의 특성을 가장 직접적으로 표현한다. 책의 시작 부분에 그녀는 질병의 기억에 자기 자신을 열면 "다시 질환에 나 자신을 열게 될지도 모른다"는 "공포"에 대해 말한다. 이러한 위험은 그녀가 글을 쓰기로 결정하는 데 영향을 미친다. 여기에 중단을 증언으로 전환시키는, 소통하는 몸의 목소리가 있다. "나는 내가 이미 그것을 지나서 살아왔다는 것을 나 자신에게 상기시켜야 했다. 나는 그 고통을 알았었고 그것으로부터 생존했다. 그것은 내가 목소리를 부여하고 사람들과 공유해서 그 고통이 헛된 것이 되지 않

---

42. Lorde, *The Cancer Journals*, 20(『아픈 몸을 이야기하기』 3장 주석 5 참조).

도록 남아 있을 뿐이다"(16).

　이 증언은 오드리 로드 특유의 것이다. 그러나 오드리 로드는 포스트모던 시대에 그녀 자신으로서 존재할 수 있었고, 이 시대는 오드리 로드 같은 사람들에 의해 형성된다. 그녀의 서사는 그녀 시대의 윤리가 된다.

8장

절반의 열림으로서의 상처

고통과 저항

이 책에서 명시되지 않았던 주제는 고통이다. 처음 장들에서는 어떻게 질병을 앓는 동안 겪는 몸의 고통이 이야기에 대한 필요를 만들어 내는지를 다루었다. 중간 장들에서는 이러한 고통을 이야기로 만드는 서사적 구조들을 기술했다. 이때 이야기들은 증언의 한 형태로 이해되었다. 구체적으로, 증언은 고통으로 시작되고, 고통은 자신이 말하는 증언을 들음으로써 자기 스스로를 이해하게 된다. 마지막으로, 서사에 기반을 둔 윤리적 실천이 제시되었다.

서사의 윤리의 중심에는 상처 입은 스토리텔러가 있다. 무엇이 윤리적인지는 이야기 속에서 발견되며, 이야기는 상처에 의지한다. 그러므로 나의 메타-이야기는 상처 그 자체, 고통으로 되돌아간다.

에릭 카셀과 아서 클라인먼은 최근 임상적 목적으로 고통에 관한 가장 완전한 정의들을 제공하였다. 카셀은 고통과 관련하여 세 가지를 지적한다. 첫째, 고통은 인간 전체와 연관되며, 그리하여 "마음과 몸이라는 역사적 이분법을 거부할 것을 요청한다." 클라인먼에 의하면 고통을 겪는 주체는 몸-자아이다.

둘째, 고통은 "심각한 고충의 상태가 … 사람의 온전함을 위협할" 때 일어난다. 이 고충은 즉각적일 수도 있고 임박한 것일 수도 있으며, 실제의 것일 수도 있고 인지된 것일 수도 있다. 카셀은 다음과 같이 말한다. "고통은 개인에게 임박한 파괴가 인지될 때 발생한다. 그것은 분열의 위협이 지나가거나 그 사람의 통합성이 어떤 다른 방식으로 복원될 때까지 계속된다."

셋째, 카셀은 여전히 정신과 몸이라는 전체로서의 인간을 강조하면서 "고통은 인간의 어떤 측면과도 연관되어 일어날 수 있다"고 주장한다.[1]

카셀이 말한 고통의 세 가지 조건에 네 번째와 다섯 번째를 더할 수 있다. 저항이 그 네 번째 조건이다. 클라인먼은 고통이 "경험의 살아진 흐름에 대한 (일상화된 혹은 갑작스러운) 저항 과정의 결과"라고 말한다. 고통을 겪기 위해서는, 사람은 위협을 인식해야 할 뿐 아니라 그 위협에 저항해야 한다. 위협에 대한 인식은 이미 약한 형태의 저항이다. 경험의 살아온 흐름이 붕괴되었기 때문이다. 그러나 저항에 대한 클라인먼의 강조는 카셀이 제시한 것보다 더 적극적인 저항에 대한 질문을 제기한다. 이야기를 하는 것은 저항의 한 형태다. 이야기에서 경험의 흐름은 숙고되고 되돌려진다. 자아-이야기를 통한 저항은 몸-자아를 재형성시킨다.

고통의 다섯 번째 조건은 그것의 사회적 본질이다. 앞의 네 가지는 모두 고통을 개인적인 것, 몸-자아 내에서 일어나는 것으로 묘사한다. 그러나 클라인먼은 여기에서 더 나아가 다음과 같이 주장한다. 고통은 "존재론적이고 보편적인 인간 조건이면서 **동**

---

1. Cassell, *The Nature of Suffering and the Goals of Medicine*, 33 [카셀, 『고통받는 환자와 인간에게서 멀어진 의사를 위하여』] (『아픈 몸을 이야기하기』 4장 주석 24 참조).

시에 특유의 국지적 세계들에서 커다란 문화적 정교화를 거친, 실천적이기에 고귀하기도 한 경험의 형태다."[2] 내가 이 책의 첫 장에서 쓴 것처럼, 사람들은 독특하게 개인적인 경험을 말하지만 그들이 혼자서 이 이야기들을 만든 것도 아니고 자기 자신에게만 그 이야기들을 하는 것도 아니다. 클라인먼이 말한 것처럼, 몸과 자아는 문화적으로 정교화된다.

모든 질병 이야기는 "존재론적이고 보편적인 인간 조건"으로서의 고통에서 공통의 뿌리를 공유한다. 이러한 고통의 공통성은 질환의 유형뿐 아니라 서로 다른 인종과 성별의 세계들을 가로지른다. 오드리 로드의 이야기는 로버트 머피의 이야기(이 책 6장의 "자아-이야기로서의 탐구" 절을 보라)와 은유적으로 평행한다. 그러나 이러한 평행적 은유를 정교화하는 줄거리들은 두 저자의 "특유의 국지적 세계들"의 차이를 반영한다. 이와 유사하게, 로드의 선지자적 분개와 알솝의 귀족적인 사임은 특유의 인격이라는 말로 설명되지 않는다. 특유의 인격이라는 용어는 또 다른 질문을 요구할 뿐이다. 그들의 이야기들은 그들 각각이 통과하는 세계들의 산물이다. 이 국지적 세계들은 또한 공동체가 자신들의 것이라고 인식하는 모든 이야기에 대한 해석의 행위를 통해 새롭게 형성된다. 특유의 국지적 세계들은 이야기들을 정교화하지만, 이야기들과 그것들의 해석 또한 국지적 세계들을 통합

---

2. Arthur Kleinman, "Pain and Resistance : The Delegitimation and Relegitimation of Local Worlds," in Good et. al, eds., *Pain as Human Experience*, 174(『아픈 몸을 이야기하기』 5장 주석 14 참조).

시킨다.

국지적 세계가 정교화하는 이야기는 글일 수도 있고 말일 수도 있다. 유방암 운동을 스스로 조직한 여성들은 오드리 로드의 책이 상호 인정의 지점이 된다는 것을 발견했다. 가족들은 가족 구성원의 질병과 죽음에 대한 구술 이야기를 정교화하면서 그들이 공유하고 있는 것을 인식한다. 이러한 정교화는 다른 사람들이 미래에 겪게 될 질병에 대한 모델 — 권유하는 것이든 경고하는 것이든 — 이 될 뿐 아니라 현재의 연대를 위한 강력한 자원이 된다. 그러므로 이야기들은 국지적 세계들에서 정교화되지만 그 세계들을 정교화하기도 한다.

고통의 이야기들은 두 가지 측면을 갖는다. 하나는 카셀의 강조점을 반영한 것으로, 분열의 위협을 표현한다. 혼돈의 서사는 이러한 위협에 의해 압도된다. 분열은 화자를 둘러싼 현실이 된다. 또 다른 측면은 저항에 대한 클라인먼의 강조를 반영한 것으로, 몸-자아의 새로운 통합을 추구한다. 탐구의 서사는 새로운 무언가를 준비하기 위해서는 오래된 온전함의 껍질을 벗겨내야 한다는 것을 인식한다. 탐구의 이야기는 고통으로부터 나타나는 것을 기다리는 것에 대한 자신감을 반영한다.

새로운 몸-자아를 창조하기 위한 자원은 특히 포스트모던 시대에 가까이 있는 것처럼 보인다. 이야기들이 쏟아져 나오는 것은 다양한 이야기들이 개인의 마음대로 이용될 수 있다는 것을 의미하는 것이기도 하다. 되찾기는 대중적으로 이용 가능한 자원이다. 시험들의 길은 여행일 수 있는데, 여행의 동기는 자아-정의^{定義}가 될 수 있기 때문이다.

그러므로 포스트모던 시대의 아픈 사람들은 분열의 위협과 재통합의 약속 둘 다와 함께 살아간다. 몸-자아의 전경이 위협에 의해 지배받을 때 그것은 파괴되지만, 파괴는 생성의 과정이 될 수 있다. 파괴된 것은 다시 만들어질 수 있다.

파괴된 자아 : 체현된 신경증

질병은 마음과 몸의 온전함을 언제나 위협해 왔지만, 포스트모던 시대에 이 위협은 내가 체현된 신경증embodied paranoia이라고 부르는 특정한 형태를 취한다.[3] 체현된 신경증에 대한 가장 명료한 표현은 안락사에 대한 공공 토론회에서 종종 들리는 말이다. "나는 기계 위에서 죽고 싶지 않아요." 포스트모던 시대에 사람들은 폭풍우나 질환 같은 자연적 위협뿐만 아니라 범죄나 전쟁 같은 사회적 위협으로부터 자신의 몸이 공격당할 것을 두려워한다. 사람들은 또한 표면적으로는 그들을 돕기 위해 고안된 제도들에 의해 위협받는다.

의료의 피해자가 되는 것은 질병 이야기에서 반복적으로 나타나는 주제다. 때로는 의사 개인의 무능력이 문제가 되지만, 그보다 종종 의사는 몸을 "사례"로 만들어서 식민화하는 관료적

---

3. Arthur W. Frank, "Cyberpunk Bodies and Postmodern Times," *Studies in Symbolic Interaction* 13(1992) : 39~50.

행정 체계를 대표하는 것으로 이해된다. 낯선 사람들이 자신들에 대한 결정을 내릴 때 사람들은 피해자가 되었다고 느낀다.[4] 환자 역할은 더 이상 정상적 의무들로부터 벗어나는 것으로 생각되지 않는다. 대신에 그것은 확장된 제도적 식민화에 대한 취약함이 된다.

나는 이러한 식민화의 공포에 수반되는 내적 갈등을 가리키기 위해 체현된 신경증이라는 용어를 사용한다. 여기에서 관련되는 것은 자신의 몸에 대한 단순한 걱정보다 더 복잡하다. 심지어 전쟁과 범죄조차 "자연적인" 위협인데, 이는 그것들이 해를 끼치도록 되어 있고 그것들에 대한 공포는 자연적이라는 의미에서다. 사람들을 돕기 위해 고안된 제도를 두려워하는 것은 자연적이지 않다. 이 공포는 그것을 두려워해야 하는 것인지 혹은 두려워할 권리가 있는 것인지에 대하여 스스로 의심을 한다는 점에서 성찰적 신경증이다. 이러한 성찰적 신경증의 내적 갈등은 고문과 의료 사이의 문제적인 유비에서 명백히 나타난다.

내가 회복사회의 다른 성원들과 했던 가장 심도 깊은 ─ 심지어 나를 사로잡은 ─ 논의 중 일부는 화학 요법이 고문의 한 형태인지를 식별하려는 시도들이었다. 가장 "객관적인" 견지에서 두 가지 상황이 다르다는 것을 우리는 알고 있다. 그리고 우리는 단지 우리들 자신의 기억과 공포를 의미화하고 싶은 것이지, 고문

---

4. 이러한 신경증의 정당성을 확증하는 연구로는 다음을 보라. Dubler and Nimmons, *Ethics on Call* (『아픈 몸을 이야기하기』 4장 주석 6 참조).

피해자들의 한층 더 큰 고통을 전유하고자 하는 것이 아니다. 그러나 화학 요법은 일레인 스캐리가 고문을 "세계의 파괴"[5]라고 정의한 것에 충격적일 정도로 쉽게 들어맞는다. 화학 요법을 받는 동안 나를 사로잡았던 깨달음은 내가 가지고 있다고 생각했던 강함이 얼마나 쉽게 약함으로 환원될 수 있는지였다. 내 몸은 악화되는 반면에 나의 마음은 이 치료가 나를 치유할 것이라는 약속에 매달리고자 했다. 나는 파괴되었다. 몸-자아로서의 나의 온전함, 나의 통합성은 분열되었다.

"내가 암에 걸릴 거라고는 한 번도 생각해 본 적이 없었다." 마샤는 자신의 이야기에서 이렇게 말한다. "나는 유방절제술 이전이나 이후에 한 번도 아파 본 적이 없었다…화학 요법은 달랐다. 화학 요법은 지옥이었다. 화학 요법은 치료를 하는 것이 아니라 질병을 만들어 냈다. 나는 그것을 증오했다. 나는 화학 요법을 받을 때마다 울었고 그것을 전혀 신뢰하지 않았다. 나는 정말로 약하다고 느꼈다."[6] 여기에서 들리는 목소리는 일종의 고문을 겪은 사람이다. 화학 요법에서 마샤의 몸은, 스캐리의 용어로 하자면 "(그녀가 겪는) 괴로움의 행위자"[7]가 되었다. 치료를 받으면서 그녀의 몸은 "적이 되었다"(48). 의사들은 화학 요법이 마샤를 치유

---

5. Scarry, *The Body in Pain*(『아픈 몸을 이야기하기』 5장 주석 8 참조). 특히 수잔 디지아코모와의 논의는 고문에 대한 나의 생각을 형성했다. 내가 전에 썼던 논문은 그 유사점에 대해 다루고 있다. "The Rhetoric of Self-Change"(『아픈 몸을 이야기하기』 6장 주석 29 참조).

6. Kahane, *No Less a Woman*, 122(『아픈 몸을 이야기하기』 2장 주석 24 참조).

7. Scarry, *The Body in Pain*, 47.

할 것이라고 믿었고 마샤는 믿지 않았다. 스케리는 고문에 대해 다음과 같이 말한다. "그 사람의 몸은 (그 믿음을) 확증하기 위해 사용된다. 그러나 그 몸은 그 자신이 아니라 다른 사람에게 속하게 된다"(149). 그러나 화학 요법을 받는 사람들은 또한 자신들이 **돌봄을 받고** 있다고 믿는다. 혹은 그들은 그렇게 믿어야 한다고 믿거나, 스스로는 그 믿음을 포기했지만 그 치료가 돌봄이라고 주장하는 다른 사람들을 여전히 마주한다. 돌봄이라는 마음의 메시지와 고통이라는 몸의 메시지 간의 충돌로 인해 자아는 파괴된다.

화학 요법이 의학적 치료를 고문에 비교할 수 있는 유일한 경우는 아니다. 저스만이 관찰한 집중치료실의 레지던트들은 자신들의 일이 고문이라고 말한다. 그들은 자신들의 일이 요구한다고 그들이 믿는 것에 의해 고문당한다고 느낀다.[8] 저스만, 클라스, 퀼은 모두 자신들의 일의 암울한 현실을 중화하려는 의사들의 노력을 보여 주는 일반적인 의학적 블랙유머로서 "치치"[9] 이야기에 대해 말하고 있다.[10] 그 "농담"의 핵심은 최대한 기괴하게 말

---

8. Zussman, *Intensive Care*, 109~15 (『아픈 몸을 이야기하기』 2장, 주석 10 참조).

9. * 치치(cheechee 또는 chee-chee)는 유럽인과 아시아인 사이에서 태어난 혼혈인, 혹은 그들의 영어 악센트를 경멸의 의미를 담아 지칭하는 단어다. 그러나 이 이야기에서 치치는 특별한 어떤 것도 지칭하지 않으며, 차라리 죽음을 택할 만큼의 큰 공포를 일으키는 미지의 어떤 것이다. 알 수 없는 것이기 때문에 공포를 일으킨다는 점에서, 원래의 사전적 의미가 가지고 있는, 이방인에 대한 혐오라는 의미에 기반한다고도 볼 수 있다.

10. 같은 책, 111 ; Perri Klass, *A Not Entirely Benign Procedure* (New York : Signet, 1988), 240~41 ; Quill, *Death and Dignity*, 57~58 (『아픈 몸을 이야기하

하는 것이다. 기본 플롯에는 야만인들에게 사로잡힌 두세 명의 탐험가가 나온다. 첫 번째 탐험가에게 죽음과 치치 둘 중 하나의 선택이 주어진다. 치치가 무엇인지 몰랐던 그는 그것을 택하고 끔찍하게 고문을 당하다 죽는다. 두 번째 탐험가에게 같은 선택이 주어지자 그는 죽음을 선택한다. 족장은 그의 결정에 당황하다 다음과 같이 말한다. "좋아. 하지만 먼저 치치를 조금 하지."

자신의 몸을 "제한적 책무"의 의료 세계에 양도하는 것은 무서운 일이다. 치치는 실제로 일어난다. 치치의 공포는 복잡하고 혼란스럽다. 고도 기술의 의료 세계는 복원의 이야기를 지속시키는 희망의 지속적인 근원으로 남아 있기 때문이다.[11] 마샤는 몇 년 후, 여전히 화학 요법을 그다지 신뢰하지 않지만, 살아서 그녀의 이야기를 한다. 고도 기술의 의료는 실제의 희망들을 제공하며, "기계 위에서 죽는 것"에 대한 저항 자체는 그 기계가 제공할 수도 있는 것을 원함으로써 저항을 받는다. 클라인먼이 고통의 핵심에 위치시킨 저항은 다른 저항들 내에서 일어나며 다른 저항들에 대항하는 저항이다.

체현된 신경증은 무엇을 가장 두려워해야 할지 알지 못하는 것, 그리고 바로 이 불확실성에 대하여 죄책감을 느끼는 것이다. 환자는 고문을 가하는 사람들 대부분이 진심으로 돕고자 노력

기』 7장, 주석 11 참조).

11. 의료에 대한 모든 종류의 분노가 표현되었던 지지모임 만남의 마지막에 주최자들이 내게 말한 바로는, 가장 많은 참석자가 온 모임은 어떤 새로운 치료법을 약속해 줄지도 모르는 의사들의 강연을 듣는 것이었다고 한다.

하고 있다는 것을 잘 알고 있다. 환자는 그들을 미워할 수도 없고, 그들의 노력이 요구하는 것처럼 보이는 정도의 감사를 표할수도 없다. 맥스 러너는 자신의 화학 요법을 담당했던 의사들에게 양가감정이 담긴 감사를 했다는 이유로 의대생인 자신의 아들에게 가벼운 질책을 당했다고 말한다. 러너는 아들이 말하는것을 이해하면서도 자신의 양가적인 감정을 유지한다. "하지만나의 진행성 거대세포 림프종을 치료하기 위해 아드리아마이신과 사이톡산을 가져오는 사람들이 멍이 덜 드는 [약의] 혼합물을생각해 냈으면 좋겠다"고 그는 말한다.[12]

러너가 느끼는 양가감정의 또 다른 근원은 화학 요법에서 의료가 그의 치유를 전유한다는 데 있다. 러너의 치유는 그의 이야기이고, 그는 그것을 되찾기를 원한다. "우리는 치유의 이유 중 어느 정도가 화학물질 덕분이고 어느 정도가 … (암, 어느 정도는의사들, 심지어 화학 요법과 싸워 온) 환자 덕분인지 알지 못한다"(57). 러너의 체현된 신경증은 의료에 대한 공포가 아니지만,자신의 의사들과 싸울 필요에 대해 그가 숙고하는 것은 의미심장한 저항을 보여 준다. 그가 어떻게 싸웠는지는 구체적으로 나와 있지 않다. 나는 러너가 싸움을 계속해야 할 필요가 있었을것이라고 말하고 싶다. 자신의 목소리를 확실하게 가지고 있는사람일지라도, 자신의 목소리가 전유되는 것을 감지하고 그러한

---

12. Lerner, *Wrestling With the Angel*, 56 (『아픈 몸을 이야기하기』 6장, 주석 11 참조).

전유에 저항해야 한다고 느낀다. 다른 포스트-식민적 자아들이 듣는 의료적 서사들은 자신들의 이야기를 하는 것이 기업, 관료 체제, 여러 종류의 산업복합체의 이해 관심을 반영한다고 주장한다. 의료는 건강관리산업이 되었다.

그러나 포스트-식민적 자아가 다른 어딘가로부터 온 서사에서 자신이 말해지는 것을 더는 원치 않는다고 해도, 이 자아가 당장 사용할 수 있는 대체 서사가 있는 것도 아니다. 포스트모던 시대에, 식민화하는 서사에 종속되는 것으로부터 완전히 벗어날 수는 없다. 이러한 종속은 킨이 말한, 이야기가 쏟아져 나오는 상황이 갖는 억압적인 측면이다(이 책의 3장을 보라).

몸-자아에게 질환과 치료가 일어날 때, 이 몸-자아는 체현된 신경증과 포스트-식민적 회의주의의 조합으로 인해 이미 상당히 파괴된 상태다. 카셀이 말한 고통의 주요 조건의 견지에서 보자면, 포스트모던 시대는 체현된 자아를 온전함이 다중적으로 위협받는 영속적 상황에 위치시킨다. 질환은 사회적 문제들 ― 범죄, 빈곤, 약물중독, 인플레이션 ― 에 대한 대중매체의 은유로서 매우 효과적이다. 질환의 은유는 몸에 대한 내적 위협과 외적 위협 간의 직관적 연관성을 이용하기 때문이다. 체현된 신경증은 내적 위협과 외적 위협 사이의 경계가 흐려진다는 것을 보여 준다. 그러므로 모든 것이 잠재적으로 위협적이다.

질병이 발생할 때, 질환은 고통을 심화시키는 환유적인 과부하를 가져온다. 질환은 그 자체로 충분히 실제적이다. 빙산의 끝은 여전히 실제 얼음이다. 그리고 질환은 더 커다란 전체로서의 외적 위협을 상징하는 한 부분이다. 이 위협들 중 일부 — "치치"의 공포처럼 — 는 질환과 연관되어 있고, 피해자가 되는 것에 대한 다른 종류의 공포들은 서로 필연적 관련이 없음에도 불구하고 상기된다. 질환에 의해 야기되는 상실은 한 인간의 온전함이 그 사람의 자아가 믿고 싶어 했던 것보다 언제나 더 상상적이었다는 광범위한 공포를 만들어 낸다.

이러한 복합적인 공포들에서 자아는 진정으로 파괴되지만, 동일한 파괴의 과정은 서로 다른 반응을 이끌어낼 수 있다. 어떤 일이 일어날지를 통제할 수 없다고 하더라도 이러한 사건들은 여전히 다른 방식들로 살아질 수 있다. 폴 리쾨르는 "우리의 삶의 저자author가 되지 않으면서 우리 자신의 이야기의 서술자narrator가 되는 것"[13]에 대해 말하는 것으로 일종의 해결책을 시사한다. 리쾨르의 성경 해석학의 맥락에서, 그가 가리킨 것은 저자[신]의 권위authorship를 충실히 받아들이는 것으로 보인다. 포스트모던 시대에 자기 자신의 삶의 서술자가 되는 것은 그 삶에서 일어나는 사건들보다 더 많은 것에 대하여 책임을 지는 것을 함축한다. 사건들은 우연적이지만, 우연한 사건들을 묶어서 도덕적 필연성을 가지는 삶으로 만들어 내는 이야기가 말해질 수 있다.

---

13. Ricoeur, "Life : A Story in Search of a Narrator," 131 (『아픈 몸을 이야기하기』 3장, 주석 20 참조).

몸-자아의 재형성

고통이 타자에 대한 열림이 될 때, 재형성이 시작된다. 에마뉘엘 레비나스는 아마도 고통에 대한 가장 어두운 전망을 제시하는데, 나는 이것을 일항적 자아-폐쇄self-enclosure라고 부른다. 통증은 "그 자신을 의식에서 고립시키거나 의식의 나머지를 흡수하기" 때문에, 고통은 말 그대로 막다른 길이다. 그것은 "'아무짝에도' 쓸모없는… 원초적 무감각함"이다.[14] 그럼에도 불구하고 이 깊숙함은 새로운 충동을 위한 선결 조건으로 보인다. 레비나스는 이러한 재형성을 다음과 같이 기술한다.

> 고통이라는 악 ─ 극도의 수동성, 무력함, 포기, 그리고 고독 ─ 은 또한 가정할 수 없는 것, 그리하여 절반의 열림이라는 가능성, 그리고 보다 정확하게는, 불평, 울음, 신음, 혹은 한숨이 있는 모든곳에 도움, 치유적인 도움, 그 사람의 타자성과 외재성이 구원을 약속하는 다른 에고로부터의 도움에 대한 원초적 요청이 있다는 가능성이 아닌가? … 본질적으로 의미가 없고 출구가 없도록 운명 지어진 완전한 고통에 있어, 그것을 넘어서는 것이 상호적 인간에게서 구체적인 모습을 갖는다. (158)

---

14. Emmanuel Levinas, "Useless Suffering," trans. Richard A. Cohen, *The Provocation of Levinas : Rethinking the Other*, ed. Robert Bernasconi and David Wood (London : Routledge, 1988), 158.

레비나스가 상호적 인간inter-human이라고 부르는 지향은 특정한 역사적 계기, "이름 없는 고통의 세기말"에 가능해진다(159). 레비나스는 "두 번의 세계대전, 좌파와 우파의 전체주의, 히틀러주의와 스탈린주의, 히로시마, 강제노동수용소, 아우슈비츠와 캄보디아의 대량학살"(162)을 열거한다. 그리고 그가 글을 써 나갈수록 목록은 계속된다. "정당화될 수 없는" 고통에 의해 의식이 압도되는 이러한 역사적 순간에, 고통의 의미는 둘로 갈라진다.

한쪽 편에는 레비나스가 위의 인용에서 "가정할 수 없는 것"이라고 말하는 고통이 있다. 나는 이것을 개인이 그 자신의 것이라고 가정할 수 없는 고통이라는 의미로 받아들인다. 그 사람은 자신의 고통에 어떤 의미도 부여할 수 없고, 다른 누구도 그 사람을 위해 이 고통을 가정할 수 없다. 이러한 "타자 안의 고통"은 "용서할 수 없는"(159) 것으로서만 증언될 수 있다. 이러한 고통은 "나에게 간청을 하고 나를 부르며" 나에게서 "고통을 위한 고통"을 끌어낸다. 이렇게 하여 두 번째 차원의 고통, 즉 "타자의 정당화될 수 없는 고통으로 인한 내 안의 정당한 고통"이 시작된다. 이 단순한 고통은 "의미를 가질" 수 있다. 이 의미는 "타자에 대한 주목"이며, 레비나스는 이를 "최고의 윤리적 원칙의 지점까지 이르는 인간 주체성의 바로 그 결속"(159)이라고 부른다.

이러한 가장 깊은 도덕적 어둠으로부터 새로운 빛 ― 오래된 윤리의 새로운 빛이라고 하더라도 ― 이 반짝이기 시작한다. 고통은 타자에 대한 "절반의 열림의 가능성"이 된다. 내가 레비나스를 이해하기로는, 이러한 열림은 이름 없는 고통에 의미를 부여하지 않지만 그 고통이 쓸모없는 채로 남아 있는 것 또한 아니다. 그 의미와 정당한 고통은 증인에 의해 경험된다. 원래의 "가정할 수 없는" 고통은 증인을 이러한 윤리적 감정들로 불러내는 데 쓸모가 있지만, 레비나스는 그 고통이 완화된다고 믿기에는 너무 현실적인 것 같다.

레비나스의 주장은 혼돈의 서사와 탐구의 서사 사이의 더 강한 연관성을 암시한다. 혼돈의 서사는 가정할 수 없는 것, 이름 없는 고통이다. 혼돈의 고통은 반-서사이자 비-자아-이야기이기 때문에 말해질 수 없고, 그러므로 "쓸모가 없다." 탐구의 서사는 정당한 고통이다. 레비나스는 이를 "고통에 대한 나 자신의 모험"(159)이라고 부른다. 그러나 그 모험 혹은 여행은 물론 나 자신의 것이 아니다. 여행은 영웅 자신의 것으로 시작되지만, 그 여행을 통해 영웅이 배우는 것은 자신이 다른 사람으로 인해 고통받는다는 것이다. 은혜는 상호적-인간에 대한 전망이다. 귀환한 영웅은 이러한 "최고의 윤리적 원칙"을 체현한다. 보살과 부처는 둘 다 귀환하며, 그들의 귀환은 세상에 대한 그들의 사랑의 척도이다.

대부분의 영웅들은 다른 사람들의 고통에 대한 인식 — 레비나스가 말하는 것 — 이 아니라 영웅들 자신의 고통에 대한 인식에 의해 탐구로의 부름을 받는다. 그 여행은 그들 자신의 고통이 다른 사람들의 고통에 가닿는 동시에 다른 사람들의 고통이 그들 자신의 고통에 와닿는다는 것을 배우는 과정이다. 고통이 자아와 타자가 연관되어 있음을 보여 주는 부름과 응답이 될 때,

"상호적 인간"이 열린다.

내가 이 책을 쓰면서 겪은 갈등 중 하나는 질병 이외의 다른 유형의 고통, 특히 홀로코스트의 고통을 포함시킬 것인지의 여부였다. 질병 이외의 이러한 고통에 대해 논의하는 것은 필연적으로 비교 또는 비유를 함축한다. 레비나스가 말하는 고통, 무력함과 포기, 또는 울음, 신음, 한숨의 정도를 비교하는 것은 가능하지 않다. 아픈 사람들과 레비나스가 열거하는 이름 없는 고통들을 비교하는 것이든 혹은 아픈 사람들 간에 비교하는 것이든, 고통을 비교하는 것은 가능하지 않다.

고통은 어떤 사람의 고통이든 환원 불가능하다는 바로 그 이유로 쓸모가 없어진다. 고통은 현재의 상태 그것일 뿐이기 때문에 어떤 의미도 가질 수 없다. 환원 불가능한 고통은 결코 비교될 수 없다. 그러나 이 지점에서 그 주장은 원점으로 돌아온다. 고통이 비교 불가능하다는 것이 이해된다면, 같은 이야기 안에서 서로 다른 고통들에 대하여 말하는 것은 비교를 하는 것이 아니기 때문에 가능하다. 비교를 넘어서서, "존재론적이고 보편적인" 고통은 서로 다른 형태들로 말해질 것을 요구한다. 비교가 불가능하다면 환유 또한 과도한 것이 된다. 각각의 고통은 더 커다란 전체의 일부분이다. 각각의 고통받는 개인은 다른 고통들에 대한 증인으로서 그 전체를 향해 부름을 받는다.

나는 또한 내가 질병과 이름 없는 고통들을 한 자리에서 논의하기를 주저하는 것이 부분적으로는 나 자신의 체현된 신경증의 한 측면이라는 것을 깨달았다. 나는 질병은 언제나 돌봄을 받는 것이거나 최소한 돌봄을 받아야 하는 것이고, 그래서 아픔을 가하도록 인간에 의해 의도된 고통과 질병을 비교하는 것은 가능하지 않다고 생각한다. 그러나 몸-자아는 모든 고통들 속에서 파괴된다. 고통은 의식에서 스스로를 고립시키고 나머지 의식을 흡수하는 통증이다. 그렇다면 진정한 차이는 병원에서 일어나는 고통과 강제수용소에서 일어나는 고통 사이에 있는 것이 아니다. 관심을 받아 울 수 있는 고통과 자신의 쓸모없음 속에 남겨지는 고통 사이에 차이가 있는 것이다. 다시 한번 그 주장은 원점으로 돌아온다. 분명히 여러 고통들 중 질병은 훨씬 자주 응답을 받는 고통이다. 강제수용소에서 들리는 울음은 억압된다.

레비나스가 주는 가장 중요한 교훈은 고통에 의해 타자가 되어 말하는 모든 이들에게서, 아마도 그 증언의 행위 속에서 어떤 이름 없는 고통이 열린다는 것이다. 고통받는 사람은 언제나 환원되고 고립되는 타자이다. 고통의 이야기를 말하는 것은 상호적 인간에 대한 어떤 관계를 주장하는 것이다. 모든 증언은 이름 없는 고통이라는 절반의 열림에 대한 응답이다.

나는 레비나스가 열림은 단지 "절반의 열림"이라고 한정한 것을 높이 평가한다. 고통에서 의미를 발견하는 탐구는 오직 자기 자신만이 할 수 있다. 다른 사람들에게 이 탐구를 지시하는 것은 오만이다. 레비나스는 우리에게 쓸모없고 이름 없으며 닿지 못한 채로 남아 있는 고통을 기억할 것을 요구한다. 이 고통은 쓸모없지만, 다른 사람들을 부른다는 점에서는 쓸모없지 않다. 비극은 그러한 고통이 자신의 부름에 대한 응답을 결코 듣지 못할 것이라는 점이다. 혼돈의 이야기는 자신의 자아-폐쇄 속에서 일항적으로 남는다. 탐구의 이야기 — 이 고통은 자신에게 무엇이 고통을 주는지를 가정하는 언어를 발견했다 — 조차 응답을 소리쳐 부른다.

질병 이야기에 대한 요청은 내가 3장에서 기술했던 것 이상을 의미한다. 3장에서 나는 무슨 일이 일어나고 있는지를 사람들에게 말해야 하는 실천적인 필요성과 새로운 지도와 목적지를 발견해야 하는 존재론적 필요성에 대해 논의하였다. 레비나스는 세 번째 단계의 부름, 즉 상호적-인간으로의 열림을 들을 것을 우리에게 요구한다. 고통을 겪는 타자는 이제 말을 하지만 자기 자신이 말하는 것을 들을 수 없다. 자기 자신을 들을 수 있다는 것은 이미 쓸모없는 고통에서 어떤 의미를 발견한 것이기 때문이다. 말을 하는 자기 자신을 들을 수 없는 그러한 발화는 도움을 요청하는 채로 남아 있다. [그러한 요청을 통해] 목소리가 없는 사람들에게 목소리가 주어진다.

나는 또한 이 책의 앞부분에서 자신의 고통에 이름을 붙여서 그것을 쓸모 있게 만들고 그것을 자신과 다른 사람들에 대한 열림으로 만들었던 니체가 탐구 이야기의 부모라고 말했었다. 나는 이제 니체보다 훨씬 앞선 조상은 천사와 씨름을 해서 엉덩이에 상처를 입고 축복을 받을 때까지 인내했던 성경의 가부장 야곱이라는 점을 덧붙이고 싶다(『창세기』 32:24~30). 야곱의 이야기는 고통을 쓸모없음의 바깥으로 가져오는 모든 질병 이야기의 요소들을 담고 있다.

첫째, 자아는 **몸**의 사용을 통해 형성된다. 야곱은 그의 몸 전체로 씨름을 하고서 몸에 상처를 입는다. 그는 절뚝거리면서 그곳을 떠나는데, 이는 그가 신과 조우하여 그 조우로부터 이스라엘이라는 새로운 이름을 받는 은혜에 대한 낙인이다. 그 은혜는 상처와 함께 주어진다. 그러므로 자아는 몸을 통해 발견되는 몸-자아다.

둘째, 몸-자아는 또한 영적인 존재다. 야곱의 이야기는 그 이야기의 독자들이 신이라고 부를 수밖에 없는 존재에 대해 저항하는 것의 복합성에 대한 것이다. 신은 야곱이 씨름하는 대상의 불가사의를 상징하며, 이 불가사의는 이야기의 결말까지 이름 붙여지지 않는다. 자신이 누구와 씨름을 했는지, 누가 자기를 공격했는지를 야곱이 처음에 알았는지는 분명하지 않다.[15] 나중에 신으로 알려진 대상에 대한 야곱의 충동은 저항으로서 의문스럽게 표현된다. 야곱은 성스러운 존재와 경합한다. 경합의 대상은 모호하게 남는다. 야곱은 천사로부터의 축복과 씨름을 하는가? 아니면 천사가 축복에 대한 야곱의 요청과 씨름을 하는가? 혹은, 야곱은 상처 입기 위해 씨름을 하는가? 왜냐하면 그 상처는 그가 자신의 형제의 것이었던 축복을 훔쳤

---

15. 이 문제를 제기하는 야곱의 이야기에 대한 요약으로는 다음을 보라. Reynolds Price, "A Single Meaning : Notes on the Origins and Life of Narrative," *A Common Room : Essays 1954-1987* (New York : Atheneum, 1989), 259~62. 야곱의 이야기에 대해 내가 전에 언급했던 것으로는 다음을 보라. *At the Will of the Body*, 80~82 (『아픈 몸을 이야기하기』 1장, 주석 12 참조).

던 이후로 계속 저항해 온 삶의 영적 측면으로 마침내 그를 열어주기 때문이다.

셋째, 상처 입고 영적인 몸-자아는 내재의 계기에 존재한다. 신과 함께하는 것이 저항, 경합, 상처의 과정이라고 하더라도, 인간은 혼자가 아니다. 그의 체현된 저항 속에서 그리고 그의 상처를 통하여, 야곱은 그가 성스러운 땅에 있었다는 것을 알게 된다. 그는 "브니엘이라고 불리는 곳"을 떠나는데, 이것은 "신의 얼굴"이라는 뜻이다. 신의 얼굴은 그곳에서 자명한 것이 아니었다. 야곱은 그곳에 잠을 자러 갔다가 크게 곤경에 처해서 그의 삶에서 종종 그랬던 것처럼 그곳에서 도망친다. 그 땅의 성스러움은 그 땅을 신성화하는 씨름에서 창조된다.

나중에 고통에 대한 글에서 레비나스는 신정론에 대한 질문을 제기한다. 어떻게 정의롭고 강력한 신이 그러한 고통을 허락할 수 있는가? 그는 다음과 같이 대답한다. "아우슈비츠 이후에 아우슈비츠에서 부재했던 신을 버리는 것은…이스라엘의 소멸과 유대교가 담지하는 성경의 윤리적 메시지의 망각을 목표로 했던, 국가사회주의의 범죄 기획을 종식하는 것에 상당할 것이다."[16] 브니엘은 야곱으로서는 신이 부재한다고 생각했을 수도 있는 곳이다. 그는 자신의 상처 입음 속에서 신이 존재한다는 것을 배운다. 브니엘에서 야곱은 이스라엘로 다시 이름을 부여받

---

16. Levinas, "Useless Suffering," 163.

는다.

마지막으로, 영적인 몸-자아는 지속적인 **책임**을 가정한다. 야곱은 이스라엘이 되기 위해서 브니엘을 떠난다. 포스트모던적인 야곱은 절차로서의 신성화를 회귀적으로 기술한다. 저항은 결코 한 번에 이루어지는 것이 아니다. 자아는 자신이 지금 서 있는 땅을 성스러운 것으로 재발견하기 위해 계속해서 씨름해야 하고 계속해서 상처 입어야 한다. 존재하는 것은 신과 씨름하는 것이다.

질병 이야기는 자신에게 일어났던 일을 지속적인 책임으로 받아들인다. 올리버 색스가 변화될 것을 주장하는 것은 변화의 과정에 계속하여 전념하는 것을 의미한다. 오드리 로드는 현대의 보살이다. 그녀는 침묵하고 있는 사람들이 모두 말할 수 있을 때까지 계속해서 글쓰기에 헌신한다. 색스와 로드의 탐구의 이야기는 그들 자신의 혼돈의 순간들에 대한 응답이다. 탐구의 서사는 혼돈의 서사와 분리되어 존재하는 것이 아니라 혼돈의 서사에 대한 증언을 담지한다. 복원의 서사가 책임을 갖지 않는 것역시 아니다. 이름 없는 고통으로부터 나오는, 도움에 대한 요청은 레비나스에게는 "무엇이 도움이 되는지, 어디에서부터 원시적이고 환원 불가능하고 윤리적이고 인류학적인 의료의 범주가 나오는지를 향한 원초적인 열림"(158)으로 들린다.[17] 치유는 삶이고

---

17. "의학적인 것의 범주"는 또한 레비나스가 앞에서의 긴 인용에서 설명한 것이다. 레비나스가 의미하는 것은 "그 사람의 타자성과 외재성이 구원을 약속하는 다른 에고"에게로 향하는, "도움에 대한, 치유적인 도움에 대한 원초적 요청"이다. 그러므로 레비나스는, 적어도 추상적인 원칙으로서는, 윌리엄 오슬

삶은 근본적인 탐구다.

질병으로부터 귀환한 스토리텔러는, 게일이 말하듯이 아픈 사람들만이 "건강이 무엇인지 알" 수 있는 것은 아니라는 점을 다른 이들에게 가르칠 책임을 진다.[18] 색스, 로드, 게일 모두 그들의 이야기를 저항 없이 받아들이지 않았다. 그러나 그들의 저항은 변화한다. 처음에 그들은 그들의 몸에 강제로 주어진 질환, 트라우마, 또는 만성통증이라는 부름에 저항한다. 그들의 이야기가 발전함에 따라, 그리고 그 이야기 속에서 그들이 성장함에 따라, 그들은 고통이 그들의 몸–자아에 부과한 침묵에 저항한다. 마지막에 그들의 저항은 목소리를 발견한다. 그들은 고통을 쓸모 있는 것으로 만든다. 그들은 저항의 상처에서 힘을 획득한다. 그것은 말할 수 있고 심지어 치유할 수 있는 힘이다.

러가 1932년에 젊은 의사들에게 했던 이래로 종종 반복되어 온, "태연함"을 실천해야 한다는 충고를 지지한다.(다음 글에서 인용하였으며, 이 글에서 논의가 더 전개되고 있다. Richard L. Landau, " ⋯ And the Least of These is Empathy," in Spiro et al., *Empathy and the Practice of Medicine*, 103~9 [『아픈 몸을 이야기하기』 서문, 주석 3 참조). 여기에서 실천적인 문제는 타자를 위해 존재할 것을 전제하는 레비나스의 윤리적 맥락을 현대 의학이 이해하는지 여부다. 자신의 외재성이 고통받는 사람에게는 구원의 약속인 사람 — 아마도 의사 — 은 또한 자신이 고통받는 자를 위해 존재한다고 규성해야 한다. 이것은 앞에서 시종으로서의 의사로 기술된 태도(이 책의 7장, "고통의 교육학" 절을 볼 것)이다. 태연함은 시종의 품격일 수 있지만 그것은 또한 주인의 참을 수 없는 오만함이다.

18. Garro, "Chronic Illness and the Construction of Narratives," 129 (『아픈 몸을 이야기하기』 5장, 주석 14).

회복사회의 일원이자 의사로서 글을 쓰는 레이첼 나오미 레멘은 레비나스를 보완해 주는 목소리다. 레멘은 상처 입은 치유자에 대해 기술한다. "나의 상처가 당신 안의 치유자를 불러일으킨다. 당신의 상처가 내 안의 치유자를 불러일으킨다. 나의 상처가 나로 하여금 길을 잃었다는 환영에 사로잡혀 있는 상처를 가진 당신을 발견하도록 한다."[19] 상처는 안쪽과 바깥쪽 모두를 향해 열리기 때문에 이야기를 위한 자원이다. 상처는 타자의 고통의 이야기를 듣기 위해 안쪽으로 열리고, 자기 자신의 이야기를 하기 위해 바깥쪽으로 열린다. 듣기와 말하기는 치유의 단계들이다. 치유자와 스토리텔러는 하나다. 치유는 몸을 낫게 하지는 않을 수 있다. 그러나 치유는 카셀이 고통과 동일시하는, 몸-자아의 온전함의 상실을 바로잡는다. 고통받는 사람이 자기 자신의 이야기이기도 한 타인의 이야기를 들을 때, 그리고 고통받는 사람의 이야기가 귀 기울여 들릴listened to 뿐 아니라 듣는 사람 자신의 이야기인 것처럼(듣는 사람의 이야기이기도 하다) 자연스럽게 들릴heard 때, 그 사람은 완전해진다. 길을 잃었다는 환영은 극복된다.

이 장에서 나는 너무 많은 말을 했지만 동시에 너무 적은 내

---

19. Michael Lerner, *Choices in Healing: Integrating the Best of Conventional and Complementary Approaches to Cancer* (Cambridge: MIT Press, 1994), 124에서 인용. 유사한 내용이 다음에서도 나타난다. Rachel Naomi Remen, *On Healing* (Bolinas, Calif.: The Institute for the Study of Health and Illness, 1993), 쪽수 번호가 없음.

용을 말했다. 서사의 윤리에서는, 어떤 이야기의 요점이 분명하지 않다면, 그것을 설명하는 대신에 또 다른 이야기를 말해야 한다. 저항을 받아온 이야기 속에 자리한다는 것의 의미가 여전히 불분명하다면, 마지막 이야기를 들려주고자 한다. 데니스 케이는 벌목꾼으로 그리고 화물 운반인으로 브리티시컬럼비아 해안에서 일하다가 루게릭병으로도 알려진 근위축성측색경화증에 걸렸다. 그는 의사들이 예측한 것보다 오래 살았고 그 시간 동안 자신과 같은 질병에 걸린 사람들을 위해 선두적인 대변인이 되었다.

케이는 그의 삶과 질병에 대한 이야기의 말미에, 휠체어에서 거의 움직일 수 없는 상태로, 갑판 위에 앉아 아래쪽의 청어 떼를 바라보는 자신을 묘사한다. 바다의 모든 생물들 ─ 갈매기와 제비갈매기, 독수리, 왜가리, 심지어 암컷 범고래와 두 마리의 새끼 범고래 ─ 이 물고기를 먹으러 온다.

바다 근처에서 삶의 대부분을 보낸 사람에게조차, 그것은 영감을 주는 광경이었다. 그 정점에서 전체의 장면은 광란과 탐욕과 대혼란으로 가득한 모습에서 조화와 균형 어린 모습으로 변했다. 그것은 모든 창조물이 제자리에서 보편적인 박동에 박자를 맞추는 봄 그 자체였다. 수면 아래의 보이지 않는 대학살조차 완벽한 어떤 것의 일부처럼 보였고, 나는 그 완벽함의 일부를 느꼈다. 바다가 살아 있었고 공기가 살아 있었다. 그리고 감상적으로 들리겠지만 나는 지난 몇 년 중의 그 어느 때보다 더 살아 있다

고 느꼈다.[20]

이 묘사는 또 다른 은유이자 실제로 하나의 줄거리다. 청어와 그것을 먹는 동물들의 대혼란에 대한 이야기에서, 케이는 하나의 이야기를 하는 동시에 자기 자신의 이야기를 발견한다.

바다에서의 대학살은 케이의 몸에서도 일어난다. 몇 문단 뒤에 그는 이것을 "말 그대로 무너지기 시작하는 것"이라고 말한다. 그러나 데니스 케이의 기품은 그 자신의 죽음 속에서 보편적인 박동을 듣는 데 있다. 그는 자기 자신이 파괴되는 순간에조차 완전히 살아 있다. 불교에서 말하는, 그의 개인적 에고인 "작은 마음"이 "큰 마음"으로 녹아들기 때문이다. 그는 조만간 죽을 것이다. 그는 자신의 죽음이 청어가 떼를 이루고 먹히는 것과 동일한 봄철의 한 부분이라는 것을 깨닫는다. 낸시 메어스처럼, 그는 우리 모두가 죽을 것이고 그것은 괜찮은 일이라는 것을 알고 있다.

케이는 단지 갑판에 앉아 있기만 하는 것이 아니다. 또는, 아마도 그는 이전에 자신이 했던 일 때문에 갑판에서 보이는 것을 이해할 수 있을 것이다. 그는 〈루게릭병에 대해 알기 모임〉ALS Awareness이라는 지지와 옹호의 단체를 만들었다. 이 단체에서 케이는 서로의 이야기를 이해할 수 있는 해석 공동체를 조직하였다. 그의 이야기가 바로 이러한 공동체의 형성이다. 이 공동체

---

20. Dennis Kaye, *Laugh, I Thought I'd Die: My Life with ALS* (Toronto : Viking, 1993), 260. 개인적인 대화에 대해서도 깊이 감사한다.

는 지리적인 의미에서 국지적이지는 않을지라도 해석을 공유하고 있다는 의미에서는 국지적이다. 그 공동체는 이야기 속에서 그리고 그것을 넘어서서 그의 이야기를 정교화한다. 이 정교화에서 공동체는 무엇을 공동으로 가지고 있는지를 인식하고 성장해 간다. 다른 곳에서처럼 여기에서도, 증언은 동심원으로 성장한다.

데니스 케이의 이야기는 베스트셀러가 되지 않았다. 메어스는 그 이야기의 숨은 텍스트는 팔리기엔 틀린 것이라고 그에게 말할 수 있을 것이다. 대부분의 귀환한 영웅들처럼, 그는 다른 사람들이 그의 상처 입음을 원하지 않는다는 것을 알게 된다. 사람들은 그들 자신의 상처를 상기시키는 무언가를 원하지 않는다. 그러나 자신이 상처 입었다는 것을 알고 있는 사람들, 회복사회의 일원들에게 케이의 이야기는 치유하는 열림이다. 보편적인 박동의 완전함에 참여한다는 깨달음 속에서, 그는 자신의 삶에 다시 마법을 건다. 그의 이야기를 듣는 사람들에게, 모든 삶에 그는 다시 마법을 건다.

상처 입은 스토리텔러는 도덕적 증인으로, 마법이 풀린 세상에 다시 마법을 건다. 이 스토리텔러들의 목소리에서 윌리엄 제임스가 말한 실제로 실재하는 것은 똑똑히 말하고 있다. 우리는 상식의 세계에 빚지고 있는 의무들을 상기하게 된다. 포스트모던 시대는 커다란 혼란일 수 있지만 빈 공간은 아니다. 질병 이야기는 완전함을 짧게나마 엿보는 경험을 제공해 준다.

사라질 위기에 처한 스토리텔링

> 만약에 시인들이 왕다운 자질에 관한 상상적 개념을 노래하지 않았다
> 면, 왕들은 왕답게 행동할 어떤 동기도 갖지 못했을 것이다.
>
> — 노스럽 프라이, 『세속의 성경』

> 그렇게나 많은 환자들에게서 거듭거듭 다시 배웠던 것임에도, 그녀의 가
> 르침을 온전히 내 것으로 만드는 데는 오랜 시간이 걸렸다. 그것은 용감
> 함에 대한 가르침이었다. 딱 잡힌 중심, 흔들림 없는 자아, 뿜어져 나오는
> 용기에 관한 것이었다.
>
> — 빅토리아 스위트,
> 『신의 호텔: 의사, 병원, 그리고 의학의 중심부로의 순례』

위에 인용한 노스럽 프라이의 경구에서 왕을 환자로 대체하
면 『아픈 몸을 이야기하기』를 잘 요약한 문장이 된다.[1] 질병은
신체를 압도하기도 한다. 그런데 어떻게 환자들은 이야기로 들은
질병에 관한 상상적 개념에 따라 행동하려는 의지를 갖는 것일
까? 이 책은 질병에 관한 갖가지 상상을 다루며, 환자 자신이 될

---

1. Northrop Frye, *The Secular Scripture: A Story of the Structure of Romance*
(Cambridge, MA: Harvard University Press, 1976), 178.

수 있다고 여기는 모습에 그러한 상상이 어떻게 영향을 끼치는지를 이야기한다. 즉, 이 책은 우리가 들은 이야기들이 어떻게 우리가 자신에 관하여 말하는 이야기를 형성하는지에 관한 것이다. 또한 이 책은 사람들이 바꿀 수 없는 이야기 속에 깊이 감추고 있는 감정, 다르게 살아가기 위한 기획의 일환으로서 새로운 이야기를 하려는 노력에 관한 것이다. 상처 입은 스토리텔러는 질병에 관해 기존의 개념과는 다른 창의적인 개념을 내놓고자 하므로, 궁극적으로 이 책은 증인과 증언에 관한 이야기다.

후기에 어떤 이야기를 할지 정하는 일은 쉽지 않았다. 나는 『아픈 몸을 이야기하기』 이후로 나온 질병 서사 연구[2]나 질병을 겪는 경험에 어떻게 문화가 어떤 영향을 끼치는지를 다루는 연구[3], 또는 급속도로 성장하고 있는 이야기 치료 분야[4]나 아픈 사

---

2. 여기에는 다음과 같은 것들이 포함된다. David Biro, *The Language of Pain : Finding Words, Compassion, and Relief* (New York : Norton, 2010) ; Howard Brody, *Stories of Sickness*, 2nd ed. (New York : Oxford, 2003) ; Kathlyn Conway, *Illness and the Limits of Expression* (Ann Arbor : University of Michigan Press, 2007) ; 그리고 Ann Jurecic, *Illness as Narrative* (Pittsburgh, PA : University of Pittsburgh Press, 2012). 비로는 내가 쓴 옴니버스식 리뷰 "Metaphors of Pain," *Literature and Medicine* 29, no. 1 (2011) : 182~96에서 언급했다. 콘웨이는 다음의 글에서 검토했다. *Health* 13, no. 2 (2009) : 266~68. 주레식은 다음 글에서 검토했다. *Journal of Medical Humanities* 34 (2013) : 77~79.

3. David B. Morris, *Illness and Culture in the Postmodern Age* (Berkeley : University of California Press, 1998).

4. Rita Charon, *Narrative Medicine : Honoring the Stories of Illness* (New York : Oxford, 2006). Rita Charon and Martha Montello, eds., *Stories Matter : The Role of Narrative in Medical Ethics* (New York : Routledge, 2002).

람들의 이야기 모음집5 등은 살펴보지 않기로 했다. 질병과 관련하여 인터넷에서 확산되고 있는 복잡한 사안이나, 미디어가 어떻게 질병에 관한 생각을 형성하는지를 논하려면 아예 새로운 책을 써야 한다는 사실을 깨달은 탓이다. 『아픈 몸을 이야기하기』가 쓰인 후, 도시에서 달리기, 걷기, 자전거 타기 같은 대규모 자선 행사가 열리고 기업 후원이 그러한 행사들에 침투하는 일이 잦아지면서, 질병이 서술되는 방식도 크게 영향을 받고 있다.6 또한 나는 이 후기에서 질병 이야기를 전달하는 미디어로서 그래픽 노블이 지닌 매혹적이면서 독특한 기능에 관해서도 논하지 않는다.7 그리고 매우 아쉽지만, 이 책 『아픈 몸을 이야기하기』에 나

5. 한 예로 다음의 책에 내가 쓴 장이 있다. Sayantani DasGupta and Marsha Hurst, eds., *Stories of Illness and Healing: Women Write Their Bodies* (Kent, Oh: Kent State University Press, 2007). 『아픈 몸을 이야기하기』가 다루는 범위를 넘어서는 정신 질환 이야기에 대해서는 내가 서문 중 하나를 쓴 다음의 책을 보라. Alec Grant, Fran Biley, and Hannah Walker, eds., *Our Encounters with Madness* (Ross-on-Wye, Uk: PCCS Books, 2011).

6. 나는 도시의 질병 자선 축제를 기계라 생각하는데, 이 기계는 사람들이 선호하는 서사, 그중에서도 특히 복원의 서사를 만들어 낸다. 이 기계는 행사 참여자들에게 가치를 아주 효율적으로 주입한다. 문제는 생성되는 서사가 무엇인지가 아니라 그 밖의 다른 서사가 어떻게 완전히 배제되는가 하는 것이다. 다음을 보라. Samantha King, *Pink Ribbons, Inc.: Breast Cancer and the Politics of Philanthropy* (Minneapolis: University of Minnesota Press, 2006). 이 문제에 관한 논의에 대해서는 다음을 보라. Arthur W. Frank, "Support, Advocacy, and the Selves of People with Cancer," 166~78, 그리고 "Survivorship: In Every Expression a Crack," 195~209, in *Malignant: Medical Ethicists Confront Cancer*, ed. Rebecca Dresser (New York: Oxford, 2012).

7. 내가 볼 때 이 분야에서 가장 중요한 작업은 『아픈 몸을 이야기하기』가 막 출간되려던 시점에 나왔다. Joyce Brabner and Harvey Pekar, *Our Cancer Year*,

온 여러 아이디어와 개념을 활용한 연구들, 그중에서도 가장 주목할 만한 앤드루 스파이크스와 브렛 스미스가 쓴 척수 손상 이후 남성의 삶에 관한 광범위한 저술도 언급하지 않을 것이다.[8]

이 후기는 철학자이자 문화 비평가인 발터 벤야민이 영감을 준 스토리텔링을 잠시 묵상하는 것으로 시작하여, 묵상하는 것으로 끝날 것이다. 그리고 각 절에서는 첫째로 『아픈 몸을 이야기하기』에서 기술했던 세 가지 서사 유형, 즉 복원의 서사와 혼돈의 서사, 탐구의 서사를 보완하는 세 가지 서사 양식을 살펴볼 것이다. 둘째로 나는 이 책에서 찾아보기 힘든 주제인 희망과 용기에 대해서도 언급할 것이다. 이 후기의 도입부에 인용한 빅토리아 스위트의 문구는 질병 이야기에서 희망과 용기라는 요소가 얼마나 심각하게 누락되어 있는지를 보여 준다. 상처 입은 스토

---

illustrated by Frank Stack (New York : Four Walls Eight Windows, 1994). 내가 가장 좋아하는 작품 − 내게 중요한 기억을 떠올리게 하는 것 − 은 다음의 것이다. Miriam Engelberg, *Cancer Made Me a Shallower Person : A Memoir in Comics* (New York : HarperCollins, 2006) [미리엄 엥겔버그, 『암이란다. 이런 젠장…』, 이종인 옮김, 고려원북스, 2012]. 다음의 글도 참고하라. Hilary Chute, untitled omnibus review, *Literature and Medicine* 26, no. 2 (2007) : 413~29.

8. 여러 편의 글과 장이 있는데 그중에서 다음을 보라. Brett Smith and Andrew Sparkes, "Exploring Multiple Responses to a Chaos Narrative," *Health* 15, no. 1 (January 2011) : 38~53. 그리고 다음의 것도 있다. Andrew Sparkes, Victor Pérez-Samaniego, and Brett Smith, "Social Comparison Processes, Narrative Mapping and Their Shaping of the Cancer Experience : A Case Study of an Elite Athlete," *Health* 16, no. 5 (September 2012) : 467~88. 이상 두 편의 글은 이 프로젝트의 참고 문헌 일부를 포함한다.

리텔러는 자신도 용기를 잃지 않고, 다른 사람들에게도 용기를 주기 위해 이야기를 한다.

스토리텔링과 경험

발터 벤야민(1892~1940)의 1936년 에세이 「스토리텔러」에는 도발적인 주장이 나온다. "스토리텔링의 예술은 종말을 향해 가는 중이다. 이야기를 제대로 할 줄 아는 사람은 점점 더 적어진다. 이야기를 듣고 싶은 마음을 내보일 때면 주위에서 어색해하는 경우가 갈수록 더 많아진다. 우리에게서 절대로 떼어낼 수 없을 것만 같았던, 우리가 지닌 것 가운데 가장 안전했던 능력을 빼앗겨 버린 것이다. 그것은 바로 경험을 공유하는 능력이다."9 질병에 대한 이야기가 도처에 널린 오늘날의 상황은 벤야민의 예상이 틀렸음을 보여 준다. 사람들은 인쇄물이나 전자 미디어로, 또는 직접 만나서 경험을 공유하는 일을 멈추지 않는다. 그러나 벤야민의 주장을 성급하게 일축해서는 안 된다. 벤야민의 주장에서 여전히 유효한 부분은 어떤 이야기가 전해지는가 하는 것이다. 그리고 어떻게 말하는 것이 이야기를 "제대로" 말하는 것일

9. Walter Benjamin, "The Storyteller," in *Walter Benjamin : Selected Writings*, vol. 3, 1935~1938, ed. Howard Eiland and Michael W. Jennings (Cambridge, MA : Harvard University Press, 2002), 143~66 (인용된 부분은 143에 있다) [발터 벤야민, 「이야기꾼 : 니콜라이 레스코프의 작품에 대한 고찰」, 『서사·기억·비평의 자리』, 최성만 옮김, 길, 2012].

까? 벤야민이 하는 말의 요점은 스토리텔링의 기술에 관한 것이 아니다. 그는 사람들의 "경험을 공유하는 능력"이 어떻게 모더니티의 충격 — 충격shock은 과밀한 인구와 빠른 속도가 특징인 도시 생활의 새로운 조건을 기술하기 위해 벤야민이 즐겨 쓰는 단어이다 — 에 영향을 받는지를 이해하려 했다. 모더니티의 충격은 사람들이 경험을 조리 있게 기억해 내는 능력에 영향을 주는데, 이러한 능력은 서사를 위한 필수 조건이다. 질병은 충격이며, 몸에 가해지는 충격들과 더불어 치료 후 삶을 재정리하는 데서 오는 충격들을 모두 포함한다. 이러한 충격은 사람들이 사리에 맞게 이야기하는 것을 어렵게 만든다.

우리에게는 일관된 경험 대신 정보의 조각들만이 있다. 벤야민은 현대의 병원에 관하여 "스토리텔링에 도움이 되는 일은 거의 일어나지 않고, 거의 대부분의 일은 정보 전달에 도움이 되는 것들이다."(147~48)라고 예견했다. 병원은 사소한 정보를 끝없이 교환한다. 이 정보들은 기껏해야 질병에 관한 논리 정연한 의학 서사로 통합될 뿐이다.[10] 그러나 이 서사는 질병의 가능한 원인이나 예상되는 진행을 기술적으로 설명하는 것에 불과하다.[11] 기

---

10. 의사들은 끊임없이 이야기를 한다. 다음을 보라. Kathryn Montgomery Hunter, *Doctors' Stories : The Narrative Structure of Medical Knowledge* (Princeton, NJ : Princeton University Press, 1991). 하지만 몽고메리는 "의학 서사는 환자의 이야기라고는 거의 생각할 수 없으며 환자의 경험을 설명하는 데도 거의 쓸모가 없다."라고 말한다.

11. "기술적 설명"(technical accounts)이라는 아이디어는 다음에서 나왔다. Charles Tilly, *Why? What Happens When People Give Reasons... and Why*

술적 설명은 지각이 없는 세포나 분자, 화합물 등의 상호작용을 다룰 뿐, 환자가 역경에 직면했을 때 어떻게 행동해야 하는지를 보여 주는 인물상 같은 것은 다루지 않는다. 기술적인 설명은 질병의 여러 가지 충격을 극복하는 데 도움이 될 만한 경험을 거의 제공하지 못하며, 질병에 거의 아무런 의미도 부여하지 못한다. 이러한 기술적 설명이 과다해지면 경험을 의미있게 만들어주는 스토리텔링이 저해된다. 벤야민은 "오늘날에는 미리 설명되지 않은 사건은 일어나지 않기"(147) 때문에 스토리텔링이 위협을 받고 있다고 쓰면서 이러한 위기를 시사했다.

『아픈 몸을 이야기하기』의 개념 언어 내에서 복원의 서사는 이미 "설명이 충분히 된" 경우에 발화되는 이야기로서, "정보를 더하기" 위해 이루어진다. 복원의 이야기가 다른 형태의 스토리텔링으로 보완되지 않을 경우 어떤 한계를 갖는지에 관해서는 벤야민이 나보다 앞서서 비판했다. 제도적 권위가 갖는 무시하기 어려운 영향력과 회복에 대한 기대감에 의존하는 복원의 이야기는 다른 형태의 스토리텔링을 밀어낸다. 복원의 이야기는 그것이 지닌 기계적 정확성과 영웅주의 없이는 존재할 수 없으며, 벤야민이 "경험의 전달 가능성은 점점 감소하고 있다"(145)고 이야기한 슬프지만 심오한 진실을 아주 잘 보여 준다.

스토리텔링이 사라지고 있다는 벤야민의 두려움은 『아픈 몸

(Princeton University Press, 2006). 기술적 설명이 경험적 서사와 어떻게 다른지에 관한 논의는 다음을 보라. Arthur W. Frank, *Letting Stories Breathe* (Chicago : University of Chicago Press, 2010), 169, 주석 32.

을 이야기하기』 구석구석에 스며들어 있다. 이 책의 극적인 긴장은 질병에 걸리고 치료를 받는 과정에서 겪는 이중의 충격이 경험을 압도할 것이라는 두려움과 관련이 있다. 경험이 앞뒤가 맞지 않을 때 스토리텔링은 실패한다. 이 실패는 환자 주변의 다른 사람들이 질병에 관한 비-복원적 이야기에 저항할 때 더욱 심화된다. 환자들이 가까스로 자기 경험, 특히 혼돈에 가까운 순간들에 관해 일관성 있게 이야기할 때, 의료 종사자와 가족, 친구들은 그 이야기가 자신들이 건강이라고 알고 있는 관념에 아주 심각한 손상을 준다고 생각하곤 한다. 레이놀즈 프라이스는 특히 병에 걸리기 전의 환자에 대해서만 이야기하고 싶어 하는 환자의 가족과 친구들의 욕망에 대해 언급한다. 프라이스는 가족과 친구들의 보살핌이 "때때로 당신이 가야 할 길에 걸림돌이 된다"고 아픈 사람들에게 충고한다.[12]

벤야민은 이야기가 무엇인지를 정의하려는 시도를 삼가면서도 "모든 진정한 이야기의 핵심적 특징"은 "무언가 도움이 되는 것"을 담고 있다는 것이라고 말한다(145). 그는 "어떤 이야기에서든 스토리텔러는 자신의 독자들에게 조언을 해주는 사람이다"(145)라고 한다. 질병 서사가 직접적인 조언을 하는 경우는 거의 없지만, 벤야민이 서술한 것처럼 "조언은 질문에 대한 답이라기보다는 지금 전개 중인 이야기를 지속하게 만드는 제안에 가

---

12. Reynolds Price, *A Whole New Life : An Illness and a Healing* (New York : Atheneum, 1994), 183.

갑다."(145~46) 삶은 항상 "전개 중인" 이야기다. 조언은 그러한 이야기를 전개해 나갈 방안을 제안할 뿐이다.

벤야민은 비관적일 수밖에 없었던 시기에 「스토리텔러」를 썼다. 나치가 발흥하자 그는 독일에서 망명하여 파리에 살고 있었다. 그는 몇 년 후, 영국으로 가는 통행 허가를 받으려는 와중에 사망하게 된다. 대부분의 상처 입은 스토리텔러들처럼 벤야민은 희망과 절망 사이의 풀리지 않는 긴장을 보여 준다. 「스토리텔러」에는 경험에 대한 벤야민의 비관이 나타나 있는데, 이는 니콜라이 레스코프(1831~1895)의 단편 소설에 보내는 찬사인 이 비평문의 골자와는 대조를 이룬다. 벤야민은 레스코프를 저평가된 대가라고 생각했다. 이 위대한 스토리텔러의 예시는 스토리텔링의 소멸에 대한 논의에서 균형추 역할을 한다.

나는 이 후기의 마지막 부분에서 벤야민이 했던 통찰로 돌아갈 것이다. 이 글의 이어지는 두 부분에서는 벤야민이 영감을 준 질문들을 과제로 삼는다. 자신이 말하려고 하는 경험에 확신이 없을 때, 사람들은 과연 어떻게 이야기를 할까? 또한 스토리텔러는 어떻게 비관주의에 저항하며, 희망을 지속시키는 것일까?

경험 공유하기 : 서사의 세 가지 양식

『아픈 몸을 이야기하기』의 핵심적인 장인 4, 5, 6장에서는 서사의 세 가지 유형을 기술한다. 나는 그 세 가지 유형을 복원의 서사, 혼돈의 서사, 탐구의 서사라고 부른다. 이 책의 본론은 "다른 유형이 제안될 수 있고 제안되어야 한다"(176쪽)고 분명히 말하고 있으며, 나는 "정치적/환경적 서사"(176쪽 주석 3)를 한 예로 제시하고 있다. 나는 이야기하기가 어려울 때 취하는 방법인 세 가지의 다른 서사 양식, 즉 정상적인 삶 서사life-as-normal narratives, 빌린 이야기borrowed stories, 그리고 부서진 서사broken narratives에 관하여 기술하고자 한다. 각각의 서사 양식은 경험을 공유할 때 겪는 특유의 문제에 창의적으로 대응한다.

정상적인 삶 서사

질병 경험을 공유하지 않기를 선택한 인상 깊은 사례는 의사 에이브러햄 버기즈의 소설 『눈물의 아이들』에 잘 나와 있다.[13] 이 이야기에서 질병을 말하지 않는 행동은 남편과 아내로 구성된 의사 팀이 운영하는 에티오피아의 어느 작은 병원에서 일어난다. 환자는 의사 부부 중 한 사람인 고쉬다. 고쉬의 양아들인 매리온은 그가 수혈받는 장면을 보게 된다. 매리온은 병원에서 일하며 의학을 공부할 계획이었고, 고쉬는 그러한 매리온에게 자신의 병을 진단해달라고 부탁한다. 불행하게도 매리온은 고쉬가 백혈병에 걸렸다는 사실을 확인하게 된다.

고쉬는 그가 살고 싶은 삶이 어떤 종류의 삶인지, 그러한 삶을 위해 얼마만큼의 대가를 지불할 것인지 치열하게 고민한다.

---

13. Abraham Verghese, *Cutting for Stone* (New York : Vintage, 2010) [에이브러햄 버기즈, 『눈물의 아이들 1·2』, 윤정숙 옮김, 문학동네, 2013].

소설이 전개되면서 고쉬는 직업적으로나 정치적으로나 위험한 행동을 취한다. 이렇게 위험을 감수하는 행위는 고쉬가 의사로서, 그리고 도덕 관념을 지닌 개인으로서의 감각을 보존하는 데 필수 불가결한 것이다. 고쉬는 서서히 진행 중인 백혈병과 함께 살아가기 위해 특별한 서사 방식, 즉 비밀을 택한다. 그는 암에 걸렸다는 사실을 비밀로 하고, 매리온에게도 비밀을 지켜달라고 부탁한다. 매리온은 그 이유를 이해할 수 없었고, 나 역시도 『아픈 몸을 이야기하기』를 쓰던 당시에는 어째서 사람들이 심각한 질병에 걸렸다는 사실을 밝히지 않기로 결정하는 것인지, 그 이유를 완전히 이해하지는 못했다. 고쉬는 다음과 같이 설명한다.

"최근 2년 동안 너는 내가 병에 걸렸다는 사실을 몰랐어, 그렇지? 만약 알았다면 우리 관계가 변했을 거야. 그렇게 생각하지 않니?" 그는 웃으며 내 머리를 쓰다듬었다. "내 인생에서 가장 큰 기쁨을 준 게 뭔지 아니? 우리의 방갈로, 그것의 평범함, 그곳에서 깨어나면 이어지는 내 일상, 알마즈가 부엌에서 달그락거리는 소리, 그리고 내가 하는 일이었어. 내 수업, 학생들에게 둘러싸인 나. 너와 쉬바[매리온의 쌍둥이 형제]와 마주 앉아 저녁 식사를 하고, 그런 다음 아내와 함께 잠자리에 드는 일 말이다." 그는 거기서 멈추고는 헤마[아내]를 생각하는 것처럼 오래 침묵했다. "남은 나날을 그렇게 보내고 싶어. 모두가 평범하게 지내는 이 상태를 끝내고 싶지 않아. 내가 무슨 말을 하는지 알지? 병을 알리면 이 모든 걸 되돌릴 수 없게 되는 거야." 그가 미소 지었다. "사태가 더 심각해지면 네 엄마에게 말할 거다. 약속하마."

그는 나를 뚫어져라 바라보았다. "비밀을 지켜줄 거지? 부탁이다. 네가 나를 위해서 해줄 수 있는 일이란다. 괜찮다면 내게 선물을 주렴. 가능한 한 많은 날들을 평범하게 보낼 수 있도록 해주는 것 말이야." (423)

이 정상적인 삶 서사는 질병 경험을 공유하기를 거부하는 서사다. 그러나 이는 다른 경험들을 보존하기 위한 것이다. 고쉬가 말하듯, 일단 병을 알리면 관계는 변할 수밖에 없다. 정상성을 지키는 일은 질병에 대한 이야기를 원천 봉쇄한다. 그러나 이는 혼돈의 서사와 같은 의미에서의 반-서사는 아니다. 혼돈의 서사에서는 현재가 끊임없이 공격해 오며 시간의 진전을 방해한다. 정상적인 삶 서사에서 이야기는 계속해서 전개되지만, 질병은 배제되거나 보이지 않게 축소된다. 그래서 정상적인 삶 서사는 유보된 서사narrative on abeyance라고 할 때 더 잘 설명되는 듯하다. 여기서 질병 이야기는 말해지기를 기다리고는 있지만 아직 당장 말할 때는 아닌 이야기다. 잠시 동안이나마 정상성은 좋은 이야기로서, 현재의 순간을 기리게 해 준다.

자신의 삶을 정상적인 것으로 보여 주는 데 있어서 고쉬는 대부분의 사람들에게는 비현실적인 정도로 많은 자원을 보유하고 있다. 비밀을 성공적으로 유지하게 해줄 자원 말이다. 대부분의 사람들은 비밀리에 진료를 예약하거나 약물 치료를 하거나 증상을 관리할 수가 없기 때문이다. 대부분의 경우에는 가족과 그 밖의 사람들도 병에 대해 당연히 알지만, 암묵적 혹은 명시적 동의 하에 질병이 일상생활과 대화에 모습을 드러내지 않는 것뿐이다. 여기서 질병은 부정되지는 않지만 가능한 한 오랫동안 배경인 채로 있게 된다.

버기즈 소설의 중요 인물인 고쉬는 정상적인 삶 서사의 이론적인 근거를 설득력 있게 제시하지만, 질병과 함께 살아가는 새로운 방법은 결국 발견하지 못한다. 『아픈 몸을 이야기하기』를 쓸 때 나는 의도적으로 정상적인 삶 서사를 배제했다. 나는 이 서사가 다른 것으로 대체될 수 있고 대체되어야만 하는, 경험의 비-공유라고 이해했다. 1990년대에는 사람들이 전에는 할 수 없었던 표현을 할 수 있게 해 주는 서사의 자원이 되는 이야기들이 회자되고 있었기 때문이다. 나 자신이 되는 일이 곧 나의 이야기를 하는 방법을 배우는 진취적인 행동이라면, 그러한 이야기하기를 배우는 일을 방해하는 것은 무엇이든 의심스럽다.

또한 정상적인 삶 서사는 고통을 증언해야 할 개인적이고 관계적이며 공동체적인 책임이라는 『아픈 몸을 이야기하기』의 중심 주제와도 상반된다. 증언하기는 한 사람이 경험에 대한 진실을 말할 의지와 다른 사람이 그 이야기를 듣고 다시 전달할 의지를 필요로 한다. 정상적인 삶 서사는 고통을 증언하는 동심원을 넓히는 데 아무런 기여도 하지 않는다. 그것이 환자 개인과 그 가족들을 위해서는 현명한 선택일지라도, 오드리 로드가 반대했던 것처럼 침묵을 영속화할 위험이 있다.

내가 정상적인 삶 서사를 생략한 이유가 오로지 정상적인 삶 서사가 하지 않는 어떤 것 때문만은 아니다. 정상적인 삶 서사가 의사소통을 왜곡하고 향후에 문제를 야기할 위험이 있기 때문에 생략한 것이다. 정상적인 삶 서사를 택한 사람들 중에서도 고쉬는, 이러한 방식으로 질병과 함께 살아가겠다고 선택한 소수를 대표하는 것일지도 모르겠다. 정상적인 삶 서사의 위험성은 환자 주변의 건강한 사람들이 자신들의 삶을 정상적인 것으로 여기면서, 은근히(혹은 대놓고) 환자들로 하여금 불안에 순응하도록 강요하는 데에 있다. 좋은 예시로, 마이라 블루본드-랭너의 문화기술지에서 낭포성 섬유증을 앓고 있는 아이의 부모는 아픈 자녀가 정상적인 유년기를 보내고 있는 "그냥 평범한" 아이라고 반복해서 주장한다.[14] 아이가 가능한 한 정상적인 삶을 살게 해 주고 싶은 부모의 욕망을 존중할 필요는 있다. 그러나 진지하고 냉철하게 물어야 할 질문은, 정상성을 주장하는 데 치러야 할 비용이 얼마인가 하는 것이다. 예컨대 한 어머니는 자기 자녀를 "대체로 평범한 아이와 같다"(44)고 설명한다. 그러나 앞서 그 어머니는 "저는 남편이 많이 힘들어한다는 걸 알지만, 그이는 이 일에 대해 말하지 않아요. 네. 저희는 이 일에 대해 얘기하지 않습니다. 남편은 그저 마음속에다 담아둘 뿐이에요."(42)라고 말했다. 블루본드-랭너는 거의 대부분의 가족이 "정상"을 주장하는 것과는 대조되는 한 아버지의 증언을 전한다. "제 딸이 어떤 일을 겪고 있

---

14. Myra Bluebond-Langner, *In the Shadow of Illness : Parents and Siblings of the Chronically Ill Child* (Princeton, NJ : Princeton University Press, 1996).

는지 저희는 몰라요. 제 딸은 정상적이라는 게 어떤 느낌인지 모릅니다"(106).

마지막으로, 정상적인 삶 서사는 질병에 관하여 이야기해야만 할 때가 오면 결국 문제를 일으킨다. 정상성이 더 이상 지속할 수 없는 연극이 되어 버리고, 슬픔처럼 꼭 말해야만 할 것을 말하지 못하게 막는 날이 오는 것이다. 고쉬는 말해야만 할 때가 오면 모두에게 말하겠다는 매리온과의 약속을 지킬 수 있을 것이다. 그러나 또다시 말하지만 고쉬와 그의 가족은 의료 전문가이기에 그가 암에 걸렸다고 털어 놓을 때 이용할 수 있는 서사의 자원이 비정상적으로 풍부하다. 죽음과 고통은 그들이 매일 다루는 일인 것이다. 대다수 사람들에게, 질병에 대해 말하는 방법을 개발하지 못하게 막는 의사소통 실천이란 질병이 더 악화되었을 때 그들이 말해야 할 것을 말하는 능력을 갖추지 못하게 될 것임을 의미한다. 질병에 대해 이야기하는 데에는 연습이 필요하다.

정상적인 삶 서사에 대한 나의 의구심은 여전하지만, 그럼에도 고쉬가 마리온에게 간청한 것은 어떤 진실을 보여 준다. 1990년대 이래로 나는 많은 사람들이 불치병에 걸린 상태로, 이른바 만성적으로 위독한 상태로도 좋은 삶을 누리며 잘 살아가는 것을 보았다. 이렇게 삶이 연장된 범위 내에서 정상성을 주장하는 것은, 정말로 삶이 정상적으로 유지되는 한 진실이다. 누가 정상성을 주장하며 누구의 삶에 대해 정상성을 주장하는지가 여전히 문제지만, 이러한 주장은 질병과 함께 잘 살아가고자 하는 욕망을 보여 주기도 한다. 나는 침묵을 존중하는 법을 배우기는 했지만, 침묵을 지속시키는 것이 무엇이며, 침묵의 대가가 무엇이 될 수 있을지에 대한 내 의구심은 사라지지 않았다.

빌린 이야기

모든 이야기는 다른 이야기를 차용하지만, 어떤 스토리텔러들은 이야기를 통째로 빌려 와서 말하거나, 얼핏 봤을 때 전부 빌려온 이야기인 것처럼 보인다. 이런 스토리텔러들은 자신이 경험하고 있는 것을 표현할 서사의 자원을 갖고 있지 못하므로 자신이 재구성하기 좋을 만큼 유연한 이야기를 차용하는 것이다. 인류학자인 셰릴 매팅리는 만성 질환을 앓고 있는 아동을 대상으로 한 장기 연구에서 대중 매체에 나오는 이야기, 특히 디즈니 영화에 등장하는 캐릭터와 자신을 동일시하는 아동이 많다는 사실을 발견했다. "미디어가 만들어 낸 꿈은 심각한 질병이나 장애로 인한, 깨어 있는 상태의 악몽에서 벗어나게 해 주는 문화적 자원이 될 수 있다"고 매팅리는 말한다.[15] 아이들은 영화 속 이야기를 자신의 이야기로 만든다. 하지만 아이들은 그 이야기를 자신의 삶에 맞게끔 고쳐서 이야기한다.

매팅리는 윌리라는 한 소년에 대해 기술한다. 윌리는 집에 난

---

15. Cheryl Mattingly, *The Paradox of Hope: Journey through a Cultural Borderland* (Berkeley: University of California Press, 2010), 180.

화재로 입은 화상 때문에 재건 수술을 견디며 유년기 초반을 보낸 아이였다. 흉터의 영향을 최소화하려고 병원에서는 윌리에게 치료용으로 제작된 마스크를 낮이고 밤이고 쓰고 있도록 지도했다. 윌리는 마스크를 싫어했고 윌리의 가족은 윌리가 의료 방침을 따르게 하려고 애썼다. 그런데 "의료용 마스크를 착용함으로써 윌리는 자신을 슈퍼히어로들과 동일시하기 시작했다. 윌리가 맨 처음 마스크와 슈퍼히어로를 연관 지은 것은 수년간 윌리의 마스크를 만들어주던 작업치료사가 영감을 준 덕분이었다. '마스크를 쓰니 꼭 배트맨 같구나' 하고 치료사는 웃으며 윌리에게 말했다"(181). 이 재미있는 일은 매팅리가 말하는 "치유 드라마"의 단순하지만 좋은 사례로, 의료진이 임상적 작업에 활기를 불어 넣을 수 있는 상상의 이야기를 제시하는 순간이거나, 아이가 질병과 치료라는 "깨어 있는 동안에 꾸는 악몽에 대항하기" 위해 빌려온 이야기에 임상적인 만남을 적응시켜 나갈 열쇠를 얻는 순간이다.

윌리는 〈토이 스토리〉에 나온 슈퍼히어로 버즈 라이트이어에게 가장 오랫동안 자신을 동일시했다. 버즈는 얼굴을 덮는 헬멧이 포함된 유니폼을 입는 우주 영웅이다. 특히 버즈는 지구의 공기에 독성이 있다고 믿기 때문에 헬멧을 벗지 않는다. 언제나 헬멧을 쓰고 있는 버즈처럼, 윌리는 '유독한' 지구의 공기로부터 스스로를 보호하기 위해 마스크를 계속 착용하도록 지시받았다(181). 윌리의 버즈 이야기는 현실감을 높여주는 실제 사물들이 뒷받침해 준다. 윌리는 단지 마스크만을 버즈의 헬멧과 동일시한 것이 아니고, 버즈의 액션 피규어와 〈토이 스토리〉 컴퓨터 게임, 버즈 라이트이어 코스튬으로 둘러싸여 있었다. "버즈는 서서히 집안 전체에 스며들었다."(181)고 매팅리는 쓴다.

병원에서는, 빌린 이야기가 윌리와 소통하기 위한 매체로서 갖는 가치를 알고 있는 의료진이 이 이야기를 공동 구성한다. 매팅리는 다음과 같은 한 장면을 묘사한다. "윌리와 윌리의 어머니인 사샤가 대기실에 앉아 있으면, 윌리를 잘 아는 의사가 복도를 씩씩하게 지나가며 '무한한 공간 저 너머로!'라고 웃으며 외친다. 이것은 '버즈 언어'의 정수이기에 윌리와 사샤는 함께 웃는다."(182) 이 사건은 또 다른 짤막한 치유의 드라마다. 의사는 따로 시간을 들이지 않고도 윌리와 윌리의 가족에게 이해받고 있으며 보살핌받고 있다는 느낌을 준다. 또한 매팅리가 가장 중요한 것이라고 말하는, 희망이 없어 보이는 상황에서 다시금 희망을 상상하는 일이 된다. 엄밀하게 따지자면 상황은 절망적이다. 희망이라는 주제는 이 후기 뒷부분에서 다시 언급하겠다.

매팅리는 윌리가 단순히 버즈 라이트이어와 자신을 동일시하고 〈토이 스토리〉의 굿즈를 손에 넣는 것은 아님을 보여 준다. 윌리는 버즈 이야기를 치료 과정의 어려움에 대처하는 데 필요한 자원으로서 창의적으로 활용한다. 〈토이 스토리〉에서 사악한 소년 시드는 버즈를 수술하겠다고 위협하지만, 버즈는 이 끔찍한 운명에서 벗어날 수 있었다. 그러나 윌리의 인생에 그러한 탈출구는 없었다. 〈토이 스토리〉의 줄거리는 윌리-버즈 버전으로 리메이크되어서, 버즈는 정기적으로 병원, 즉 수술용 마스크를 쓴 어른들이 윌리의 얼굴에 어떻게 칼질을 할 것인지 의논하는 곳에 가야 했을 뿐만 아니라, 그러한 수술은 실제로도 이루어졌다"(183). 매팅리는 대량 생산된 제품이 그것을 사용하는 사람들에 의해 어떻게 "토착화"되는지에 관한 아르준 아파두라이의 관찰을 참고한다(181). 윌리는 버즈의 이야기를 자신의 상황에 맞게 수정하고 자신의 삶을 버즈의 은유를 통해 표현함으로써 버즈 라이트이어라는 문화적 자원을 토착화한다. 빌린 이야기를 토착화하는 것은 공동으로 구성하는 스토리텔링의 여러 형태 중하나다.

매팅리는 의료 종사자가 어린이의 토착화된 이야기를 어떻게 인식하며, 그것을 어떻게 치유 드라마에 활용하거나 활용하는데 실패하는지에 대해 훨씬 더 많이 논의한다. 빌린 이야기는 복원의 서사나 탐구의 서사보다 유연하며, 공동 구성을 통해 끊임없이 재발명되는 자원이다. 윌리에게 "버즈 언어"로 말을 거는 의사의 예처럼, 빌린 이야기는 사람들이 이야기를 함께 구성해가는 상호작용의 가능성을 확대한다. 빌린 이야기는 아픈 어린이와 그 가족들, 의료 종사자들이 진지한 의사소통 놀이에 참여할 수있게 해 주는, 매팅리가 "창조적 공간"이라고 부르는 것을 공유할 가능성을 만들어 낸다(185). 수십 년 전에 엘리엇 미슐러가 썼던 용어로 말하자면, 빌린 이야기의 창조적 공간 안에서는 의학의 목소리가 생활세계의 목소리로 표현될 수 있고, 생활세계의 목소

리에 익숙한 사람들은 의학 발화자들의 목소리를 들을 수 있게 된다.[16]

성인은 어린이들보다 더 다양하고 교묘하게 이야기를 빌리지만, 성인이 어린이보다 이야기를 훨씬 적게 빌리는지는 알 수 없다. 노스럽 프라이의 구절로 돌아가면, 설령 왕이라 해도 시인으로부터 왕다움에 대한 상상력을 얻어야만 한다. 오늘날 대부분 사람들에게 시인이란 대중매체의 이야기 창작자들이다. 오직 어린이들만이 만화와 만화 속 캐릭터를 토착화한다고 생각하고 싶은 유혹을 느낄 때면, 나는 여명이 얼마 남지 않은 한 저명한 동료 연구자를 만나러 갔던 일을 떠올린다. 그와 그의 아내가 병실로 가져온 물건들 중에는 만화 캐릭터의 액션 피규어가 있었다. 내가 그것에 대해 언급하자 그들은 웃으면서 자기들에게는 액션 피규어가 중요하다고 말했다. 그 이유가 무엇인지도 듣고 싶었지만 대화가 다른 곳으로 흘렀다. 우리는 액션 피규어라는 자원 없이도 상호작용을 위한 창조적 공간을 찾을 수 있었지만, 그 자원은 배경에 머물며 자신이 필요해질지도 모르는 때를 기다리고 있었다.

나는 대다수 사람들의 이야기가 완전한 의미에서의 서사, 즉 인식 가능한 일관된 줄거리, 줄거리 속에서 구별되는 역할을 가진 캐릭터 유형, 극적인 긴장, 예측이 가능하게끔 변함없는 감정

---

16. Elliot Mishler, *The Discourse of Medicine : Dialectics of Medical Interviews* (Norwood, NJ : Ablex, 1984).

적 어조, 예상 가능하거나 바람직한 결말을 갖춘 완전한 서사인 경우는 거의 없다고 생각한다. 사람들이 리믹스하는 이야기들은 개인적인 표현이나 대화적 상호작용을 위한 자원으로서 개조된, 빌린 이야기의 조각들이다. 버즈 라이트이어의 소품들은 어른의 용어로 말하자면 사람들이 관계를 맺기가 어려울 때 서로 공감할 수 있는 공통의 공간으로 진입하는 입구를 제공하는 대화의 단편들이다. 사람들의 이야기는 그들 간의 관계가 변화하는 패턴에서 생겨난다.

부서진 서사

질병과 스토리텔링에 대해 말할 때면, 신체적 혹은 정신적인 능력 때문에 『아픈 몸을 이야기하기』에 실린 것과 같은 이야기를 하기가 어렵거나 불가능한 사람들을 어떻게 이야기에 포함시킬 수 있는지에 관한 질문을 받을 때가 있다. 건강 심리학자 라스-크리스터 하이덴은 다양한 협업자들과 함께, 이야기를 할 수 없는 것처럼 보이는 사람들이 얼마나 많은 이야기를 하는지에 관한 우리 인식의 폭을 넓혀주었다.[17]

말하는 사람의 몸이 어딘가 고장 나서, 말하기 능력이나 기

---

17. Lars-Christer Hydén and Jens Brockmeiner, eds., *Health, Illness, and Culture : Broken Narratives* (New York : Routledge, 2008). 하이덴의 많은 글 중에서도 특히 다음을 보라. Hydén and Elenor Antelius, "Communicative Disability and Stories : Towards an Embodied Conception of Narratives," *Health* 15, no. 6 (2011) : 588~603 ; Hydén, "Narrative Collaboration and Scaffolding in Dementia," *Journal of Aging Studies* 25 (2011) : 339~47.

억력처럼 스토리텔링에 필수적인 능력이 결여되면 서사는 부서진다. 그러한 무능력에 직면할 때 느끼는 스토리텔링의 어려움은 우리로 하여금 몸이 단지 질병 이야기의 소재이기만 한 것은 아님을 상기시킨다. 몸은 이야기를 들려주고, 이야기는 젊거나 늙은 몸, 건강하거나 아픈 몸처럼, 다른 몸이 되는 방법에 관한 상상을 구현한다. 『아픈 몸을 이야기하기』는 이야기의 중요성을 강조하며, 이야기를 들으려면 "발화된 말 속에서 몸의 이야기를 들어야 한다"(94쪽)고 말한다. "질병 이야기를 하는 사람들은 단지 자신의 몸을 기술하는 데서 그치지 않는다"고 나는 쓴다. "그들의 몸은 그들의 이야기에 특정한 모양과 방향성을 부여한다"(94쪽).

부서진 서사를 전달하려면 다른 누군가의 협업이 필요하다. 이러한 공동 작업 방식의 스토리텔링은 부서진 서사에만 필요한 것은 아니다. 모든 스토리텔링이 스토리텔러의 몸 이상의 것을 포함하기 때문이다. 『아픈 몸을 이야기하기』는 스토리텔링이 "이항적인 몸들"로 하여금 타자의 몸을, "내가 그 몸과 연관되어 있듯이 그 몸도 나와 연관되어 있다"(108쪽, 강조는 원문)고 인식하게 해 주는 내개체라고 주장한다. 그러나 이 책에 실린 대부분의 실제 이야기에서 이항적 관계에 있는 "타자"란 일반화된 타자이지 특정한 누군가가 아니다. 이야기는 협업을 통해 공동 구성한 것으로서 제시되지는 않는다.

하이덴은 치매나 뇌 손상을 앓고 있는 한 참가자의 몸 상태에 다른 참가자들이 계속해서 협조해야 하는 상황에서 구술로 공동 구성한 스토리텔링의 녹취문을 제공한다. 공동 구성되는 이야기 대부분은 그들이 공유하고 있는 기억에 초점을 맞추는 경우가 많다. 능숙한 배우자이거나 의료 종사자인 한쪽 파트너는 짧게 분절된 말로 대답할 수 있는 질문과 신호를 차례로 던짐으로써 환자가 이야기를 할 수 있도록 이끈다. 한쪽 파트너, 예를 들어 건강한 상태의 배우자나 의료 종사자가 짧은 문장으로 답할 수 있는 일련의 질문이나 신호를 줌으로써 환자가 이야기를 이어갈 수 있게 이끈다. 건강한 사람은 환자의 입에서 나오는 말의 조각들을 이어 붙여서 알아들을 수 있는 이야기로 만든다. 여기서 증언 행위는 이야기의 내용을 증언하는 것이 아니며, 이야기의 핵심은 질병 그 자체가 아니다. 그보다는 이야기를 공동 구성하는 행위를 통해 신체적으로 매우 불편한 사람이 지속적으로 이야기할 수 있는 능력이 있음을 증언하는 것이다.

하이덴은 철학자이자 생명윤리학자인 힐데 린데만의 말을 빌려, 정신 능력이 제한되어 인격적 존재로 인정받기 어려운 사람들의 도덕적 인격moral personhood을 계속해서 지지하는 일이 부서진 서사에서 아주 중요한 일이라는 것을 보여 준다.[18] 하이덴과 엘리너 안텔리우스는 린데만이 중증 장애를 가진 여동생 카를라와 함께 보낸 어린 시절 이야기를 요약하면서 다음과 같이 쓴

18. Hilde Lindemann Nelson, "What Child Is This?," *Hastings Center Report* 32 (2002): 29~38와 Hilde Lindemann Nelson, *Damaged Identities, Narrative Repair* (Ithaca, NY: Cornell University Press, 2001).

다. "[카를라는] 다른 사람들이 카를라에 대해서 했던 이야기를 통해 한 사람이 되었고, 카를라의 인격과 정체성은 이 스토리텔링 활동을 통해 살아나고 존재했다."[19] 배우자 중 한 사람이 치매를 앓고 있는 부부를 관찰한 하이덴은, 건강한 배우자가 치매 배우자와 함께하는 공동 스토리텔링 작업을 "그 부부가 오랫동안 쌓아온 관계에 뿌리를 둔 상호 의무"를 보여 주는 "매우 윤리적인 활동"[20]이라고 설명한다. 『아픈 몸을 이야기하기』의 관점에서 보면, 한 배우자는 다른 배우자의 인격이 인지 장애로 인해 위협받을 때, 그의 도덕적 인격이 계속 유지되고 있음을 증언할 기회를 만들어 낸다.

부서진 서사에서는 공동 구성한 이야기의 내용이 서사의 양식보다는 덜 중요하다. 이야기하기가 매우 어려운 상황을 무릅쓰고 이야기하는 행위는 "부서진" 사람의 스토리텔링 능력을 입증한다. 가능하다면 환자 스스로 말할 수 있도록 한다. 상태가 극단적으로 나쁜 경우에는 린데만이 카를라와 함께한 가족 생활을 묘사한 것처럼, 환자는 다른 사람들이 환자에 대해 전달하는 내용을 통해서만 이야기 속에 참여할 수 있다.

하이덴과 린데만은 모두 도덕적 인격이 취약하다는 인식에서 출발한다.[21] 도덕적 인격의 경계는 비단 취약한 사람들에 대

---

19. Hydén and Antelius, "Communicative Disability and Storyies," 599.
20. Hydén, "Narrative Collaboration and Scaffoldings in Dementia," 346. 강조는 원문.
21. 장애를 가진 사람의 취약한 도덕적 인격과, 장애를 가진 사람들이 스스로

한 이야기 속에서만 인정받거나 시험받는 것이 아니다. 이러한 경계는 취약한 사람들이 스토리텔링에 참여할 때도 시험대에 오른다. 그들의 참여에는 위험이 따른다. 도덕적 인격을 구현하기 위한 스토리텔링에는 협업이 필요하고, 어느 부분에 협업이 필요한지는 서사에서 "부서진" 것이 무엇인지를 반영한다. 하이덴이 협업적 스토리텔링 분석에서 보여 주듯이, 어느 부분이 망가졌는지는 이야기 수선 작업의 수준을 결정한다.

부서진 서사가 전달되는 상황은 『아픈 몸을 이야기하기』에서 말하는 혼돈의 서사와 비슷해 보이지만, 두 서사는 확연히 다른 것이다. 혼돈의 서사를 말하는 사람은 자기 자신이 혼자라고 상상하며, 어떠한 협력자도 없다는 것이 혼돈 서사의 조건 중 하나다. 부서진 서사는 스토리텔링을 가능하게 해 주는 협업을 전제한다. 게다가 혼돈의 서사와 부서진 서사는 서로 다른 시간성과 관련되어 있다. 혼돈의 서사는 끊임없는 현재 시제로 특징지어지며, "그러고 나면"이 반복적으로 나타나 과거를 지우고 공격함으로써 어떠한 미래도 없는, 영원한 현재만을 허용하는 것이다. 하이덴이 전하는, 협업을 통해 구성한 이야기들은 두 배우자가 모두 뛰어난 스토리텔러였던 과거를 떠올리게 한다. 협업적 스

말할 수 없을 때 그들의 이야기를 말할 필요성에 관해서는 마이클 베루베의 분석적 회고록을 보라. Michael Bérubé, *Life as We Know It: A Father, a Family, and an Exceptional Child* (New York: Pantheon, 1996). 나는 『너그러움의 부활: 질병, 의학, 그리고 살아가는 법』(*The Renewal of Generosity: Illness, Medicine, and How to Live* [Chicago: University of Chicago Press, 2004])에서 베루베를 언급한다.

토리텔링은 배우자가 혹 말을 할 수 없는 장애를 가졌더라도 도덕적 인격으로서는 계속 존재하고 있는 현재를 뒷받침해 준다. 가까운 미래에 두 배우자 중 한 사람에 관한 이야기가 전달됨으로써 그의 인격과 정체성이 유지될 것이며, 그러한 미래는 지금도 준비되고 있다. 부서진 서사들은 스토리텔링의 영도degree zero를 보여 준다. 왜냐하면 진정한 이야기는 이야기하는 행위에 있기 때문이다.

윤리, 희망, 용기

『아픈 몸을 이야기하기』가 보여 주는 윤리 개념의 중심에는 소통하는 몸이 있다. 이 책에서 서술하는 다른 유형의 몸(훈육된 몸, 모방하는 몸, 지배하는 몸)과는 달리 소통하는 몸은 쉽게 관찰할 수 있고 문화적으로 전형적인 삶의 방식에 관한 설명, 즉 단순한 이념형이 아니다. 소통하는 몸은 문화적인 이상을 제안한다. "소통하는 몸이 되는 것은 삶이 지향해야 할 윤리적인 목적, 즉 텔로스telos다"(321쪽). 이 문장 앞에는 철학자 배리 호프마스터를 인용한 다음 구절이 나온다. "한 이야기를 평가하는 결정적인 기준은 그 이야기가 어떤 종류의 사람을 형성하는가 하는 것인지도 모른다"(311쪽). 나는 이 문제를 상처 입은 스토리텔러가 스스로에게 물어볼 수 있는 두 가지 비수사학적인 질문으로 간추려 보았다. "자신에 관해 어떤 이야기를 들려주고 싶은가? 질병에 관한 이야기에서 질병과 자기 자신을 어떻게 그려낼 것인

가?"(314~315쪽)[22]

　미래에 대한 희망이 없는 사람은 이러한 질문을 진지하게 다룰 수 없다. 희망은 자신의 삶에 미래의 이야기가 있을 것이라는 충분한 확신에서 시작된다. 그러므로 기적을 바라는 것이 아닌 대부분의 희망에는 이야기를 전개시킬 수 있는 자신의 능력을 믿는 일이 필요하다. 희망이란 그러한 최소한의 조건을 넘어, 삶이 그래도 가치가 있으며 어쩌면 가장 값진 것일 수도 있다고 믿는 것을 의미한다. 희망이 있는 사람은 나름의 좋은 삶을 사는 상상을 한다. 이 삶은 그가 원하던 삶이기 때문에 좋은 것이 아니다. 오히려 좋은 삶이란 그 자신이 선택한 적도 없고 거부할 수도 없는 조건 속에서 사는 삶이지만, 그러한 삶 속에서도 가치를 발견하는 것을 의미한다.

　질병 지원 단체들은 희망에 대해 이야기하기를 좋아한다. 하지만 나는 이 책에서 희망이라는 단어에 저항했다. 이 책의 색인에도 희망에 관한 항목은 없다. 내가 들은 희망에 대한 이야기는 복원의 서사가 가진 가장 문제적인 측면을 반영하는 경우가 아주 많은 듯했다. 희망은 특정한 의학적 결과를 향한 구체적인 희망으로, 몸 상태와 상관없이 그저 삶을 지속하는 것일 수도 있고, 특정한 기능 혹은 능력을 회복하는 것이거나, 예전의 건강을 완전히 회복하는 것일 수도 있다. 나는 그러한 이야기가 여러 가

---

22. 이야기를 통해 사람들이 어떻게 형성되는지는 다음 책의 핵심 주제다. Frank, *Letting Stories Breathe*.

지 가능한 결과의 범위 내에서 가망을 찾아내는 사람들의 능력을 제한한다고 보았다. 최악의 경우, 증상의 호전이나 치료에 대한 구체적인 희망사항이 달성되지 않으면 아예 실패한 것으로 간주하기도 했다.

한 가지 대안은 내가 자동사적 희망intransitive hope이라 부르는 것, 즉 특정한 대상이나 목표가 없는 희망의 관점에서 생각하는 것이다. 자동사적 희망은 미래를 열어 둔다. 셰릴 매팅리는 불치병에 걸린 아이의 부모가 갖는 희망의 형태에 관해 설명한다. 그는 이 부모들에게 "암울한 임상적 예후에도 불구하고 치유에 대한 희망을 가질 수 있는 일종의 유연성이 분명 필요하다"고 말한다. "'치유' 그 자체는 정해진 결과가 아니라 질병의 치료 과정에서 새롭게 상상되는 것이기 때문"이다.[23] 이런 의미에서의 치유는 의학적 치료와는 전혀 다른, 가능한 상태들의 범위를 나타낸다. 이 부모들은 계속해서 완치를 희망하기는 하지만, 불확정적인 형태의 치유에 대한 희망도 함께 키워 나간다.

매팅리가 말하는 역설적 희망은 조너선 리어가 급진적 희망이라고 부르는 것과 유사하다.[24] 리어는 크로족the Crow의 전통적인 삶이 사라져 가던 시기에 크로족 추장인 플렌티 쿠(1848~1932)가 보여 준 삶에서 급진적 희망을 발견한다. 크로족의 전통적인 삶의 상실은 질병에 대한 도발적인 비유를 제공하지만, 내가 『아

---

23. Mattingly, *Paradox of Hope*, 142. 강조는 추가됨.

24. Jonathan Lear, *Radical Hope: Ethics in the Face of Cultural Devastation* (Cambridge, MA: Harvard University Press, 2006).

픈 몸을 이야기하기』에서 살펴보는 홀로코스트의 비유에서처럼 한 형태의 경험이 다른 형태의 경험을 마구 가져다 쓰는 것처럼 보이지 않게 하려면 아주 예민한 감각이 필요하다. 서로 다른 고통을 똑같은 것으로 취급할 수는 없지만, 적절한 비교는 너무나 유용하기 때문에 포기하기가 쉽지 않은 것이다.

한 가지 결정적인 차이점은 크로족이 공동체적 상실을 겪었고, 부족 전체가 기존 삶의 방식을 잃었다는 것이다. 이와는 달리 아픈 사람들은 개별적으로 병에 걸리고 주변 사람들은 계속해서 건강하게 살아간다.[25] 이후에는 아픈 사람들도 비슷한 상실을 공유하고 삶의 새로운 가능성을 상상하며 서로를 지지하는 사람들로 구성된 공동체를 찾게 될 수 있다. 그러나 이 질병 공동체들은 스스로를 만들어가야 한다. 크로족 공동체와는 달리, 질병 공동체는 기존의 지리나 역사에 뿌리를 내리고 있지 않다. 또한 전통적인 크로족 사회에서 공동체적 정체성이 삶의 모든 측면

---

25. 그렇지 않을 때도 있다. 현대에는 에이즈로 인해 전체가 황폐화된 지역 사회의 예가 있다. 저널리스트인 스테파니 놀런은 넬슨 만델라의 아내이자 그 자신도 저명한 정치인인 그라사 마셸을 인용하여 에이즈의 영향에 대해 설명한다. "우리는 에이즈가 사회 구조를 파괴한다고 말하지만 이 말이 무엇을 의미하는지 충분히 깊게 생각하지 않는다. 그것은 다른 사회가 될 것이다. … 우리는 남겨진 공간을 모두 채울 수가 없다." *28 : Stories of AIDS in Africa* (London : Portobello Books, 2007), 355. 개인의 고통과 공동체의 고통 사이의 복잡한 관계에 대해서는 다음을 보라. Arthur Kleinman, Veena Das, and Margaret Lock, eds., *Social Suffering* (Berkeley : University of California Press, 1997) [아서 클라인만·비나 다스 외, 『사회적 고통 : 인간의 고통에 대한 사회학적, 의학적, 문화인류학적 접근』, 안종설 옮김, 그린비, 2002].

에 영향을 미쳤던 것과 달리, 질병 공동체의 일원이라는 사실은 개개인의 정체성 전체를 아우르지는 않는다. 이러한 차이는 중요하다. 그러나 이를 염두에 두면서, 개인적 질병을 리어가 문화적 황폐화라고 부르는 것에 비유하는 일은 유용할 수 있다.

리어는 크로족의 전통적 삶이 이웃 부족들, 특히 시우족The Sioux과의 전쟁에 근간을 두고 있었다고 자세히 설명한다. 전사가 죽임을 당하는 경우가 있었던 것은 맞지만, 적을 죽이는 행위를 통해 전사가 명예를 얻는 것은 아니었다. 사실 명예는 무공을 세는counting coups 의례를 통해 자신의 우월함을 과시함으로써 얻는 것이었다. 리어는 이 의례 형태의 전투를 설명하는 플렌티 쿠의 말을 인용한다. "무공을 세려면 전사는 무장하고 싸우는 적을 공격하기 전에 무공 막대기coup-stick나 말채찍, 또는 활로 때리거나, 적이 아직 살아 있을 때 무기를 뺏어야 한다."[26] 무공을 세는 관습에는 여러 복잡한 절차가 있지만 중요한 것은 "전투가 단지 생존을 위한 것이 아니라 인정recognition을 위한 것"이며 "적은 상대방이 자신을 쓰러뜨리기 전에 상대방이 승리자임을 안다"(16)는 점이라고 리어는 쓴다. 전사의 비유는 보살핌의 관계에는 잘 맞지 않지만, 아픈 사람들 역시 인정받고자 하기 때문에 리어의 인정과 생존의 구분은 관련성이 있다. 『아픈 몸을 이야기하기』는 (생물학적 존재로서의) 단순한 생존과 인정의 차이에 관한 긴 설명이라고 할 수 있다. 나는 인정이란 스스로가 의미 있는 삶을 산

---

26. Lear, *Radical Hope*, 15.

다고 인정하는 것과 다른 사람들에게 인정받는 것 모두를 의미한다고 생각한다. 증언하기는 순수한 인정이다.[27]

크로족의 공동체적인 생활 방식에 깊이 뿌리내리고 있는 무공 세기 의례는, 어떻게 살아갈 것인가에 관한 이상에 실체를 부여했다. "이 전통이 특정한 미덕이나 탁월함에는 부합하지 않는 것일 수도 있다. 그러나 그들은 훌륭하고 행복한 삶을 영위할 수 있는 성품과 신체 능력을 가진 사람이 덕 있는 사람이라는 데 동의한다"(63)고 리어는 쓴다. 그러나 이제 크로족이 그런 삶을 살 수 있는 가능성은 사라졌다.

플렌티 쿠의 개인적인 딜레마이자 그가 크로족을 이끌어 가는 데 필요했던 공동체의 딜레마는 이것이었다. "만일 당면한 역사적인 상황이 용감함에 관한 [전통적인] 이해에 기반한 삶의 방식을 더는 가능하지 않게 만든다면?"(63) 이 같은 문제는 모든 상처 입은 스토리텔러들이 공유하는 것이다. 매팅리가 연구한 부모들의 경우, 아이의 질병이라는 현실은 예전에 그들이 알던 부모 되기를 더는 가능하지 않게 만든다. 그들은 아이의 고통을 치료

---

27. 전사의 인정에 관한 리어의 예시는 지배에 기반한 헤겔적 인식의 장면을 보여 준다. 무공 세기의 마지막에 이르면 전사들 간의 관계가 헤겔의 주인과 노예의 관계와 유사해진다. 내가 인정(recognition) 개념을 사용하는 방식은 악셀 호네트가 개발한 동정심과 양육의 모델에 가깝다. Axel Honneth, *Reification: A New Look at an Old Idea* (New York: Oxford, 2008). 이 책에는 각각 호네트의 인정 개념 사용을 복잡화하는 주디스 버틀러, 레이먼드 게스, 조너선 리어의 주석이 포함되어 있다. 제기된 문제들 중 하나만 다루기 위해, 나는 인정에 관하여 호네트가 제시한 존재론적 이해가 아닌 리어의 윤리적인 이해를 따른다.

하는 일에 무력감을 느낄 때가 많고, 더는 아이의 미래를 예측할수 없다. 브렛 스미스와 앤드루 스파크스가 연구한 척추 손상을입은 남성의 경우, 그들이 정의한 대로 운동선수나 한 집안의 가장, 남편, 아버지로서 남성이 되는 것은 이제 가능하지 않다.[28] 하이덴이 연구한, 배우자가 치매에 걸린 사람들의 경우에도 그들이전에 배우자였던 방식은 더는 가능하지 않다.

플렌티 쿠는 그럼에도 불구하고 덕 있고 탁월하다고 할 만한크로족이 되는 새로운 방법을 발견해야만 한다. 아픈 아이의 부모들은 부모가 되는 새로운 방법을 찾아야만 하고, 척수 손상을 입은 남자들은 남자가 되는 새로운 방법을 찾아야 하며, 치매환자의 배우자들은 상대방과 관계를 유지하고 자신이 사랑하는사람의 도덕적 인격을 유지할 새로운 방법을 찾아내야 한다. "우리는 그것과 어떻게 함께 살아야 하는가?"(9)라는 리어의 질문은 이 모든 삶들에 공통된 문제다. 산다는 것은 단순히 생존하거나 대응하거나 적응하는 것을 의미하지는 않는다. 아리스토텔레스의 말을 빌리자면 산다는 것은 번성하는 것, 즉 미덕과 탁월함을 표현하는 새로운 실천을 발견하는 것이다. 아리스토텔레스의말이 너무 무겁고 지나치게 까다롭고 도덕적인 것처럼 들릴 수는있지만, 이 말은 인간의 중대한 욕구를 표현한다. 이 점에 대해서는 나중에 다시 이야기할 것이다. 당면한 문제는 어떻게 개인적으로 상처 입었거나 문화적으로 황폐화된 사람들이 미리 결정

---

28. 위의 8번 주석을 참고하라.

되어 있는 결과를 바라는 것이 아닌, 새롭고 실행 가능한 형태의 희망을 발견할 수 있는가다.

플렌티 쿠는 아주 서사적인 문제에 직면한다. 모든 개인적이거나 공동체적인 해결은 실행 가능한 미래 계획을 이야기하는 데서 시작한다. 그러나 크로족의 문제를 만들어 낸 조건인 식민화와 근대성을 직면한 충격은 크로족의 스토리텔링 능력에 영향을 끼친다. 스토리텔링 능력은 『아픈 몸을 이야기하기』에서 아주 중요한 문제다. 리어는 상처 입은 사람들이 이야기를 하려고 할 때 직면하는 이 문제에 또 다른 차원을 추가한다. "누가 이야기를 전달하느냐가 문제라고 생각하는 한, 우리는 크로족이 겪은 참상을 이해하지 못한다. 문제는 누가 서사를 둘러싸고 경쟁하는가 하는 것보다 훨씬 뿌리 깊다. 문제는 크로족이 서사를 구성하는 데 사용할 개념을 잃어 버렸다는 것이다. 이것은 단지 어떤 관점에서 기술되느냐의 문제가 아니라, 진정한 상실이다. 이것은 관점의 진정한 상실인 것이다"(32). 『아픈 몸을 이야기하기』를 쓰던 당시에 내 최고의 관심사는 복원의 서사를 통해 말하는 의학의 목소리와, 혼돈의 서사 혹은 탐구의 서사에서 스스로를 주장하는 생활세계의 목소리 중에서 어느 목소리가 이야기를 하느냐였다. 그 문제도 실제로 존재하는 것이기는 하지만 주된 문제는 아닐 수 있다. 스토리텔링은 관점을 취해야 하며, 모든 서사는 특정한 관점에서 시작한다. 훌륭하고 진실되게 보여 주는 능력은 그것이 어떤 관점을 취하든, 스토리텔러의 구체적인 물질세계와 그 물질세계가 몸이 무엇을 할 수 있게 하고 사람은 무엇이 될 수 있게 하는지에 근거를 둔다.

관점의 근거가 되는 세계와 몸은, 실현 가능성들과 충족 가능성들의 집합체다. 몸의 가능성에는 특정한 세계가 필요하며, 기대는 특정 행동을 가능하게 만드는 조건하에서만 실현될 수 있다. 따라서 여기에 상처 입은 스토리텔러의 딜레마가 있다.[29] 관점을 유지하기 위해서는 세계와 몸이 모두 충분히 안정되어야 하지만, 세계와 몸은 변화에 취약한 물질적 현실에 의존하고 있는 것이다. 크로족에게 그러한 변화는 아메리카 정착지의 식민지적 팽창이었다. 무공 세기의 물질적 가능성을 제공하던 세계는 사라졌다. 아픈 사람들에게 질병은 세계와 그 세계의 가능성을 바꾸는 것이다. 몸에게 가능했던 것이 더는 가능하지 않고, 삶에서 기대하던 것이 더는 기대할 수 없는 것이 된다. 관점의 실행 가능성은 사라진다.

리어가 들려주는 또 다른 이야기는, 크로족의 관점이었던 것이 사라진 일에 대해 플렌티 쿠가 어떻게 반응하는가에 관한 것이다. 여기에서 중요한 것은 리어가 상처 입은 스토리텔러가 직면

---

29. 하지만 모든 상처 입은 스토리텔러가 그런 것은 아니다. 정상이라는 것이 어떤 느낌인지를 모르는 아이라고 그 아버지가 설명했던, 낭포성 섬유증을 앓는 아이는 관점이 항상 질병의 영향을 받는 사람들의 예를 보여 준다. 그 아이는 다른 아이들과 비교할 때 상실감을 느낄 수도 있고 느끼지 못할 수도 있지만, 이전의 안정된 관점을 잃지는 않았다. 블루본드-랭너의 연구에서 또 다른 부모는 자기 딸에 대해 "낭포성 섬유증은 그 애의 일부예요. 그 애가 그걸 포기하려고 할지 모르겠네요."라고 말한다. Bluebond-Langner, *In the Shadow of Illness*, 38. 장애를 가진 사람들도 자신의 정체성에 관하여 비슷한 진술을 한다.

하는 서사와 희망의 문제에 관한 이해를 어떻게 확장하는가이다. 상처 입은 스토리텔러는 자신의 관점이 근거를 두고 있었던 몸을 통해 행동하거나 느낄 가능성을 잃어 버렸다. 스토리텔링의 문제는 누가 이야기를 하느냐의 문제를 훨씬 넘어선다. 근본적인 문제는 사람들이 자신의 예전 서사가 의존하고 있던 관점을 잃어버린 후에 어떻게 이야기를 할 수 있는가 하는 것이다. 관점 없이는 어떠한 이야기도 할 수 없고, 생활세계는 아무런 목소리도 낼 수 없게 된다.

한 사람의 삶을 조직하고 삶에 의미를 부여하던 것이 상실된 후에도, 급진적인 희망은 그 사람이 계속해서 살아갈 수 있게 해 준다. 리어는 희망을 용기와 연관 짓는다. 용기는 무겁게 느껴질 수 있는 또 다른 단어이지만 필요한 단어라고 생각한다. 급진적 희망은 특정한 미덕이나 탁월함을 열망할 수 있었던 세계를 상실한 후에도 살아갈 용기다. 용기는 덕망 높고 탁월한 사람이 되는 새로운 방법을 찾을 수 있다고 믿는 것이다. 바로 여기에서, 크로족 이야기와 질병의 유비가 유용하다는 것이 확실해진다. 아픈 사람들은 용기 있음을 일상적으로 칭찬받는다. 그러한 칭찬은 형식적일 때가 많고, 어떤 환자들은 선택의 여지가 없었다고 대답하기도 한다. 리어는 왜 그런 칭찬이 마땅한 것인지 이해하도록 도와준다. 크로족에게도 선택의 여지는 없었다.

용기는 선택일 필요가 없는 것과 마찬가지로 앞을 내다보는 영웅적 행위여야 할 필요도 없다. 이 후기의 두 번째 인용구에서 내과 의사인 빅토리아 스위트는 미스 토드Miss Tod라는 한 환자가 지닌 용기를 발견한다.[30] 토드는 서른다섯 살이고 뇌종양을 앓고 있는데, 오른쪽 눈에 종양이 자라고 있다. 스위트는 "외과의가 눈을 제거하고 암세포 위에 있던 눈꺼풀을 완전히 꿰맸지만 암은 여전히 커지고 있다"고 말한다(30). 스위트는 내과의로서 자신이 토드를 위해 무엇을 할 수 있을지 궁금해 한다. 스위트는 토드에게 물어보고, 그녀에게 중요한 것이 새 안경과 더 나은 식사라는 것을 알게 된다. 여기에 스위트가 말하는 토드의 용기가 있다. "토드는 자신의 끔찍한 불운에 대해 아무 말도 하지 않았다. 토드는 조용하고 감정 표현이 없다. 어떻게든 자신의 운명을 받아들였고, 그녀에게 중요한 것은 작은 일들, 작고 일상적인 일들이었다"(30). 토드는 병원에 입원해서도 가능한 한 정상에 가까운 삶을 살아가고 있다는 서사를 마음에 들어 한다. 토드의 용기는 단순히 존재한다는 것, 살기 위해 인내하는 것이야말로 스위트도 인정하는 삶의 모범이라는 것을 보여 준다.

리어는 용기의 다섯 가지 기준을 제시한다. 이 다섯 가지 기준은 희망의 바탕인 용기를 유지하기 위해 환자들이 하는 실천의 특징을 파악할 수 있게 해 준다. 각각의 기준을 논하기 전에 구체적인 삶의 예가 하나 더 필요하다. 만약 리어의 기준을 구체적인 삶을 참조하지 않고 추상적으로 이야기한다면, 그 기준들

---

30. Victoria Sweet, *God's Hotel: A Doctor, a Hospital, and a Pilgrimage to the Heart of Medicine* (New York: Riverhead Books, 2012), 31 [빅토리아 스위트, 『신의 호텔: 영혼과 심장이 있는 병원, 라구나 혼다 이야기』, 김성훈 옮김, 미래엔, 2014].

은 미덕이나 탁월함에 대한 추상적인 논의들과 마찬가지로 실천하기가 너무 어려운 것처럼 보일 수 있다. 나는 이 자질들이 평범한 삶 속에 있는 것을 보여줌으로써 미덕과 탁월함에 관한 언어를 되찾고자 한다. 용기와 같은 단어가 포함된 어휘로 삶을 상상할 수 없다면, 우리에게 남는 것은 삶의 드라마에서 어떤 질병도 허용하지 않는 단어들뿐이다. 미덕이나 탁월함 같은 열망의 대상이 되는 단어들 없이는 삶은 그저 순응하는 수동적인 것으로 축소되어 버린다. 아픈 사람은 보살핌에 순응한다. 그는 받아들일 뿐이고, 다른 이들이 행위하는 것이다. 당연하게도 이것이 대부분의 의료 종사자가 질병을 보는 방식이다. 의료 종사자가 행위하고 환자들은 받아들이는 것이다. 『아픈 몸을 이야기하기』는 건설적인 행동이 불가능해 보일 때 아픈 사람들이 행위할 수 있는 능력에 관한 책이다. 토드는 인내를 통해 행위한다. 그가 처한 조건 아래에서, 가장 단순한 행위인 인내는 용기를 필요로 한다.

아픈 사람들의 삶을 증언함으로써 배울 수 있는 것은 개개인의 환경에 따라 덕망 있고 탁월해지는 방법을 발견해 내는 인간의 능력이다. 내가 몇 년간 반복해서 살펴본 예는 필즈 여사Mrs. Fields인데, 그녀는 사회학자 개러스 윌리엄스가 인터뷰하여 서술한 인물이다.[31] 필즈 여사는 리어가 제안한 용기의 기준의 모범적

---

31. Gareth Williams, "Chronic Illness and the Pursuit of Virtue in Everyday Life," in *Worlds of illness : Biographical and Cultural Perspectives on Health and Disease*, ed. Alan Radley (London : Routledge, 1993), 92~108. 나는 다음 글에서 필즈 여사에 대해 썼다. Arthur W. Frank, "Enacting Illness Sto-

사례로서, 어떻게 이 기준들이 실제로 일상에 존재하는지를 보여 준다.

필즈 여사는 62세의 무직 상태인 과부이며 잉글랜드 북부의 저소득자용 주택에 살고 있다. 윌리엄스가 인터뷰하던 당시에 필즈 여사는 약 8년째 류마티스 관절염을 앓고 있었다. 윌리엄스는 필즈 여사가 "혼돈의 시기를 늦추는 대응 전략"에 힘을 쓴다고 설명할 수도 있지만, "더 심오한 것을 추구"하는 데 노력을 기울인다고 할 때 더 잘 이해된다고 말한다(96). 윌리엄스는 이를 "미덕의 추구"라고 부르며 미덕의 추구가 "그녀 자신과 사회의 상호 연결"을 위한 세 가지 실천을 포함한다고 설명한다(96). 구체적으로 말하자면 필즈 여사는 남에게 의존하지 않으려 하고, 자신과 집을 청결하게 유지하려 하며, 빚을 지지 않으려고 한다.

필즈 여사는 성인인 두 아들이 모두 가까이에서 살고 있음에도 오직 응급 상황에만 도움을 요청함으로써 자신의 독립성을 드러낸다. 그녀는 윌리엄스에게 "걔들은 자기들 삶이 있잖아요. 저도 가능한 한 혼자서 어떻게든 해 보려고요."라고 말한다(96). 필즈 여사가 실천하는 독립성은 그녀의 목욕 의자에 드러난다. 그녀는 목욕을 하고 싶을 때 보건소에 전화해서 도움을 요청하기가 "조금 창피해서" 물리치료사의 조언을 받아 목욕 의자를 구입했다. "저 의자로 저는 독립을 얻었어요. 제가 원할 때면 누

---

ries: When, What, and Why?," in *Stories and Their Limits: Narrative Approaches to Bioethics*, ed. Hilde Lindemann Nelson (New York: Routledge, 1997), 31~49.

구에게 부탁할 필요 없이 의자에 올라앉아 목욕을 할 수 있거든
요"(97).

필즈 여사의 두 번째 미덕인 청결은 예전에 필즈 여사의 이웃
이었던 지역 간호사에 관한 이야기에 나타난다. 그 간호사는 필
즈 여사를 방문하는 간호사는 아니었지만 필즈 여사의 집에 왔
었고, 화장실을 사용해도 될지 물었다. 필즈 여사는 윌리엄스에
게 말한다. "그때 제 머릿속에 든 첫 번째 생각은, '이 여자는 간호
사고 간호사들은 특별하니까, 만약 내가 불결했다면 이 여자가
우리 집 화장실에 가려고 하지는 않았을 거야.'였어요. 뭔가 성취
했다는 생각이 드는 거 있잖아요. 별일 아닌 것처럼 들릴 수 있다
는 건 저도 알아요. 그런데 그렇지가 않아요. 그건 중요한 것이었
어요"(98). 윌리엄스가 말하듯이 "미덕은 자신의 집을 질서 있게
유지하는 것을 의미한다"(99).

필즈 여사가 추구하는 세 번째 미덕은 빚이 생기지 않도록 재
정을 관리하는 일과 관련이 있다. 윌리엄스는 "빚을 진다는 것은
불결하거나 단정하지 못한 것과 마찬가지로 그녀가 부주의하거
나 자제력을 잃었다는 의미로 받아들여질 수 있었다"(101)고 말
한다. 필즈 여사는 청구서들에 대해 걱정하는데, 특히 청구서들
이 모두 한꺼번에 도착할 때 그렇다. "그건 마치 산 같았고 저는
그 산의 맨 아래에 있었어요. 하나는 지불할 수 있었지만 세 개
의 청구서가 여전히 남아 있었죠"(101). 하지만 목욕 의자로 돌아
가 보면, 필즈 여사는 독립을 위해 기꺼이 돈을 쓰려고 한다. 사
회 복지 서비스에서 목욕 의자를 제공한다 해도 필즈 여사는 자

기 것을 구입하는 쪽을 택한다. "이제 이건 제 거예요. 누구도 와서 문을 두드리며 '목욕 의자 다 썼어?' 하고 묻지 않죠. 제 것이고, 제가 원할 때 언제든 앉아서 사용할 수 있어요"(101).

윌리엄스는 "우리가 필즈 여사의 미덕 추구에서 볼 수 있는 것은 여사가 인정받고 싶은 대로 자기 자신에 대한 이야기를 실행하려는 시도"(103)라고 결론짓는다. 그 이야기를 만드는 일에는 가장 일상적인 활동이 관련된다. 필즈 여사의 목욕 의자는 그녀가 실행하는 이야기의 핵심적인 상징인 것이다. 필즈 여사는 자신의 덕행에 대해서 타인의 확인을 구한다. 자신의 집 화장실을 사용하겠다고 했던 지역 간호사는, 필즈 여사에게는 크로족의 무공 세기와도 같은 것이었다. 간호사가 화장실을 쓰게 해달라고 요청하면, 그것은 인정이 되어 필즈 여사에게 명예를 가져다준다. 나는 리어가 말한 용기의 특성들이 일상생활에서 갖는 의미를 생각할 때면 필즈 여사가 떠오른다.

리어의 용기의 첫 번째 기준은 "자신이 정말 수치스러웠던 일에 대한 인식을 전환하고, 다른 사람들에게 가르침을 준다는 것"[32]이다. 질병은 대부분 수치심을 동반한다. 극단적인 예로 윌리는 마스크를 쓰고, 그 아래에 얼굴을 숨기고서 살아간다. 필즈 여사는 수많은 문화적 단서들을 근거로, 독립성을 잃는 것은 수치스러운 것이라고 생각한다. 그러나 필즈 여사는 아리스토텔레스적인 방식으로, 무리해서 독립적인 생활을 하는 대신 윌리엄스

---

32. Lear, *Radical Hope*, 145.

가 "질병의 치료를 위해 보건 서비스(영국 국민보건서비스)에 부끄러움 없이 의지"한다고 말한 방식으로 생활의 방침을 바꾸었는데, 이는 "아마도 질병이라는 것이 필즈 여사가 아무리 애를 써 봤자 혼자서는 통제할 수 없는 것이었기 때문일 것이다."[33]

리어가 제시한 첫 번째 기준에서 뒷부분, 즉 다른 사람들을 가르친다는 것은 어쩌면 필즈 여사가 느끼기에게는 건방진 소리처럼 들릴지도 모르겠으나, 필즈 여사는 윌리엄스와의 인터뷰를 통해서 정말로 다른 사람들에게 가르침을 준다. 다른 사람들에게 가르침을 주는 일은 출판물로 나와 있는 질병 회고록에서 더욱 두드러진다. 그중에서도 아나톨 브로야드와 오드리 로드는 자신들의 책에서 핵심이 되는 부분들을 강연으로 먼저 선보였다. 레이놀즈 프라이스는 수치스러운 것, 특히 근육마비 때문에 수동으로 장을 비워야만 하는 것에 관해 아주 상세하게 말함으로써 부끄러움을 증언의 행위로 바꾼다. 그는 장애를 가진 사람들에게 구체적인 조언을 하는 것으로 회고록을 끝맺는다.[34] 구술로서 이 책에 인용된 많은 이들과 마찬가지로 필즈 여사는 결코 질병 회고록을 쓰지는 않을 것이고 공식적으로 남을 가르치지도 않을 것이다. 그래도 필즈 여사는 윌리엄스에게 깨달음을 주고 있으며 윌리엄스를 통해서 우리 모두에게

33. Willams, "Chronic IllIness and the Pursuit of Virtue in Everyday Life," 97.
34. Reynolds Price, *A Whole New Life : An Illness and a Healing* (New York : Atheneum, 1994). 프라이스의 방광과 장 문제에 관해서는 pp. 103~4 을 보라. 그의 명쾌한 조언은 pp. 182~86에 나온다.

깨달음을 준다.

리어의 용기의 두 번째 기준은 "훌륭한 것을 목표로 삼을 수 있는 이상"을 갖는 것이다.[35] 고상한 느낌의 아리스토텔레스적 용어인 **훌륭함**fine은 우리가 필즈 여사의 목욕 의자를 떠올릴 때 일상적인 현실로 다가온다. "훌륭한 것"은 도움을 요청하는 일로 독립성을 떨어뜨리지 않으면서 청결을 유지하는 것이다. **훌륭함**이란 자신의 목욕 의자를 구입할 돈을 저축했고, 그리하여 누구도 목욕 의자를 가져가지 못하게 한 것을 의미한다. 플렌티 쿠와 필즈 여사는 모두 자신들의 변화한 환경에 맞추어 **훌륭**하다고 할 만한 것이 무엇인지를 조정한다. 이는 역사적인 변화와 신체적 악화가 **훌륭함**의 기존 개념을 유지할 수 없도록, 즉 달성할 수 없는 것으로 만들기 때문이다. 용기란 목표를 재조정하되 그것이 어떤 **훌륭함**이든 도달할 수 있는 것이라면 계속해서 추구하는 것이다.

리어의 용기의 세 번째 기준은 "올바른 판단력을 개발하고, 지식을 근거로 해서 어떻게 행동할지를 결정하는 것"(145)이다. 판단력과 지식은 모두 환경이나 관계와 상관이 있다. 필즈 여사는 다른 사람들의 판단에 대해 열린 자세로 대화하는 인물이다. 그녀는 집에 오는 방문 간호사들로부터 배운다. 목욕 의자 사용법처럼 간호사들이 직접적으로 가르쳐 주는 것에서도 배우고, 화장실을 사용해도 될지 묻는 지역 간호사처럼 암묵적으로 내비치는

---

35. Lear, *Radical Hope*, 145.

것에서도 배워서 자신의 지식을 다듬는 것이다. 필즈 여사는 분명 자신만의 가치를 가지고 있다. 특히, 그녀가 최고의 미덕으로 여기는 독립 개념이 그렇다. 필즈 여사는 다른 사람들에게서 배움으로써 올바른 판단력을 키우고, 변화하는 상황에서 명확한 결정을 내리는 방법을 개선해 나간다.

넷째, 용기는 위험을 기꺼이 감수하는 것과 관련된다. 리어에게 "커다란 위험"이란 "자신의 전략이 결국에는 먹히지 않게 되는 것"(146)을 말한다. 정상적인 삶을 지키기 위해 고쉬가 취했던 기만적인 침묵의 전략은 위험하다. 그가 암에 걸렸다는 것을 알게 될 경우, 남편이 말해 주지 않았다는 사실 때문에 아내는 크게 상처받을 수 있다. 위험에 직면했을 때의 행동 능력인 용기를 가장 분명하게 보여 주는 이야기는, 선택한 대안에 불확실한 이득과 명백한 손실이 모두 따라오는 경우의 윤리 자문에서 찾을 수 있다.[36] 그러한 이야기 중 하나로, 생명윤리학자 퍼트리샤 마셜은 자신이 페이스Faith[믿음]라고 부르는 환자와의 상담에 대해 서술한다. 페이스는 스물여덟 살이

---

36. Patricia A. Marshall, "A Contextual Approach to Ethics Consultation," in *Bioethics in Social Context*, ed. Barry Hoffmaster (Philadelphia, PA : Temple University Press, 2001), 137~52. 유사한 이야기로는 다음을 보라. Richard M. Zaner, *Troubled Voices : Stories of Ethics and Illness* (Cleveland, OH : Pilgrim Press, 1993). 의사가 임상 실천에서 자신이 겪는 위험에 대해 성찰한 것과 관련해서는 다음을 보라. David Hilfiker, *Not All of Us Are Saints : A Doctor's Journey with the Poor* (New York : Hill and Wang, 1994). 힐피커는 리어가 가난한 사람들을 위해 하는 일이 정말로 좋은 것인지 끊임없이 질문한다.

고 낭포성 섬유증을 앓고 있다. 그는 이미 폐 이식과 심장 이식 수술을 받았다. 건강은 급속도로 악화되고 있다. 페이스는 다른 병원의 외과 팀으로부터 세 번째 이식 수술을 제안받는다. 그 외과 팀의 수술은 실험적이고, 의사들의 동기도 미심쩍다. 의사들은 정말로 페이스를 치료할 수 있다고 믿는 것일까, 아니면 페이스의 병을 통해 수술을 시험해 보려는 것일까? "제가 어느 것을 선택해야 할까요?"라고 페이스는 마셜에게 묻는다. "남은 생을 이렇게 살아야 할까요? 아니면 수술을 또 해 보고 무슨 일이 일어나는지 볼까요? 제게 선택의 여지가 있을까요?"(146) 수술하지 않고 지금처럼 산다면 페이스에게는 남은 삶이 얼마간은 있다. 그러나 세 번째 이식 수술을 선택하는 경우 아직 충분한 체력이 있을 때 수술을 받아야 할 것이고, 당연히 수술 도중에 죽을 수도 있다.

페이스의 상황은 극단적인 예처럼 보일지도 모르지만 질병에는 이러한 위험한 선택들이 넘쳐난다. 질병은 전략, 즉 치료 전략과 서사 전략을 필요로 한다. 그러한 전략들 각각은 예상 가능하거나 불가능한 이유들로 인해 틀린 것으로 드러날 수도 있다. 페이스는 선택하는 것 말고는 아무런 선택지도 가지고 있지 않지만, 그러한 선택은 용기를 필요로 한다.

리어의 다섯 번째, 즉 마지막 기준은 용기가 "소망을 실현하고자 하는 단순한 낙관주의"와는 상관없다는 것이다.[37] 이 기

---

37. Lear, *Radical Hope*, 146.

준은 『아픈 몸을 이야기하기』를 쓸 때 희망을 언급하지 않으려던 나의 태도와 관련이 있다. 환자와 그들의 상담사에게서 들은 희망 담론은 소망이 실현되기만을 바라는 단순한 낙관주의의 한 형태인 듯했다. 매팅리의 "희망의 역설"과 리어의 급진적 희망은 모두 예전 삶에서 핵심적인 희망이었던 것의 상실, 즉 매팅리의 부모 연구에서는 자녀의 생명 상실, 크로족의 경우 전사의 미덕을 실천하고 명예를 얻을 수 있었던 세계의 상실이라는 현실적인 문제를 다루고 있다. 급진적인 희망은 이러한 환경에 직면해서도 만약 특정한 덕목을 조정하고 고수한다면 리어가 "새로운 형태의 좋은 삶"이라고 부르는 것을 다시 만들어낼 수 있다고 믿는 것이다(146). 희망이 급진적이거나 역설적인 것은, 현재로서는 그러한 새로운 형태의 삶을 상상할 수가 없다는 점 때문이다. 희망은 미래에 대한 구체적인 상상이 없는 상태에서 미래를 믿고, 그 미래를 현실로 만들기 위해 행동하는 것이다.

리어는 플렌티 쿠의 이름인 알락스치야후쉬Alaxchíiahush가 "많은 성취"Many Achievements(147)라고 번역된다는 것을 언급하며 용기에 관한 논의를 끝맺는다. 알락스치야후쉬라는 이름의 독특한 특징은 이 이름이 여러 의미로 해석될 수 있다는 점이다. "무엇이 성취인지는 경험에 따라 재해석할 수 있는 여지가 있다 ⋯ 성취의 본질은 모호하게 남아 있다"(147). 마찬가지로 해석에 열려 있는 것은 원래는 꿈이었던 신비한 이야기로, 플렌티 쿠의 인생 전반에 걸쳐 의미를 부여하는 이야기다. 이 이야기에서 플렌티 쿠는 박새chickadee의 모습으로 등장한다.[38] 리어는 다음과 같이 설명한다. "많은 성취…는 자신이 대단한 일들을 이룰 것임을 알지만 성취의 본질은 모호하게 남겨 둔다. 역설적이게도 그의 중요한 성취 중 하나는 대단한 성취coup를 버리고 떠나는 것이었다. 그러므로 박새의 미덕도 본질적으로는 수수께끼다. 박새는 다른 이들의 지혜에서 배우는 능력을 가지고 있지만 이 지혜가 무엇인지는 의도적으로 불분명하게 남겨 둔다. 박새가 스스로 알아내도록 남겨 두는 것이다"(147).

리어가 플렌티 쿠의 이름이 지닌 수수께끼와 박새의 지혜에 대해 말한 것처럼, 이야기는 중요한 문제를 "의도적으로 불분명하게" 남겨두면서도 말이 되게끔 만드는 독특한 능력을 가지고 있다.[39] 수수께끼와 의도적인 명확성의 결여를 안고서 살아가는 일에는 잘못된 해석을 하고 그 잘못된 해석에 따라 잘못된 행동을 할 위험이 따르기 때문에 용기가 필요하다. 하지만 문화 또는 개인 차원의 파괴 상황에서 명확성 대신 수수께끼를 남겨 두는 것은 환경 변화에 맞추어 미덕을 조정할 수 있는 유연성을 제공

---

38. 박새 꿈에 대해서는 다음을 참조하라. Lear, *Radical Hope*, 70~72 ; 박새는 플렌티 쿠 자신과 크로족을 모두 다양하게 상징한다. 박새 이야기, 즉 꿈 그 자체나 꿈꾸는 일에 관한 이야기는 모두 내가 '동반자 이야기'라고 부르는 것의 예시이며, 이 이야기는 플렌티 쿠의 좋은 동반자다. 다음을 보라. Frank, *Letting Stories Breathe*. 토템 동물과의 동일시가 중요한 오늘날의 비-원주민 질병 회고록의 사례로는 다음을 참고하라. Inga Clendinnen, *Tiger's Eye : A Memoir* (New York : Scribner, 2000).

39. 해석의 여지를 남겨 두는 이야기의 기능적 유용성과 관련해서는 Frank, *Letting Stories Breathe*, 특히 133~34을 보라.

한다. 수수께끼는 비극적인 상실의 상황에서 희망을 위한 빈 공간을 열어준다.

중환자 아이를 둔 부모들은 자기 자식의 삶을 넘어서는 성취를 상상하는 능력을 발휘한다. 매팅리는 "내 아이만의 문제가 아닙니다. 이 질병으로 고통받는 모든 아픈 아이들을 위해 우리가 무언가를 해야만 합니다."[40]라고 한 어느 부모의 말을 전한다. 이 사람들은 "질병에 점령당한 역사 속에서도"(9) 주체적인 삶을 산다. 그들은 "개인적인 것들과 상호적인 것들, 구조적인 것들 사이의 연결을 본다"(219). 또한 그들은 관대하다. 부모들은 "우리가 무언가를 해야만 한다"는 생각으로 미래의 행동을 하지만, 여기에서 "무언가"는 열린 결말로 남아 있다. 그 무언가는 부모들의 삶이 전개됨에 따라 드러날 것이다. 부모들의 급진적인 희망은 엄청난 상실감에서 나온 것으로, 그들이 무언가를 할 수 있다는 희망이다. 바로 이것이 이 부모들의 삶이 위대한 이유다.

용기란 소망 실현의 기쁨도 절망도 없이 그저 주어진 대로, 삶의 예기치 않은 결말을 받아들일 수 있는 능력이다.[41] 모든 상처 입은 스토리텔러들이 이 문제에 직면한다. 그들의 스토리텔링은 그들이 하는 이야기의 중요성을 공감하는 사람들의 공동체를 만드는 급진적인 희망의 행위다. 그들의 이야기는 이 공동체 전체에 확산되는 자원이 되어, 예상치 못한 방식으로 회자되며

---

40. Mattingly, *Paradox of Hope*, 218~19. 이처럼 폭넓은 도덕적 이상을 표현하는 환자들의 다양한 사례를 보려면 Frank, *Renewal of Generosity*를 참고하라.

41. Lear, *Radical Hope*, 152.

다양한 상황에서 희망을 강화한다.

이야기의 그물

　질병 이야기와 그 밖의 다른 고통의 이야기들이 가진 수수께끼는 발터 벤야민의 두 가지 통찰을 빌려 설명할 수 있다. 첫째, 스토리텔러는 "자신의 권위를 죽음에서 빌려 왔다."[42] 벤야민은 죽음이 대중의 인식에서 점점 더 멀어짐에 따라 이러한 권위가 약해졌다고 본다. 그가 말하기를 "죽음은 한때 개인의 삶에서 가장 모범적인 공적 과정이었다"(151). 많은 질병 이야기가 죽음을 다시금 대중의 눈앞에 보이게 만든다. 쓰는 행위는 죽음을 다시 한번 "좋은 본보기"로 만든다. 대부분의 질병 이야기는 그들의 권위를 직접적 혹은 암묵적으로 죽음에서 빌려오며, 그것도 아주 정직하게 그렇게 한다. 아나톨 브로야드의 책이 그랬던 것처럼 정말 많은 회고록들이 유작으로 출판되어야 했다.

　벤야민의 두 번째 통찰은 첫 번째 것과 상호 보완적인 것으로 보이며, 첫 번째 것보다는 조금 덜 단순하다. "'다음에 올 이야기는 무엇인가?'라고 질문할 수 없는 이야기는 없다"(155 ; 154 참조)고 그는 쓴다. 그러므로 죽음에 관한 이야기 역시 저자의 죽음을 넘어서 계속된다. 그 이야기는 다른 이야기들 속에서 계속되고, 벤야민이 말한 "모든 이야기가 결국 함께 만들어 가는 그

---

42. Benjamin, "The Storyteller," 151.

물"(154)을 형성한다. 이 그물망의 형태는 구체적으로 설명할 수 있는 것 이상이다. 그것의 실재는 경험적 서술보다는 믿음의 차원에 더 많이 존재하지만, 이야기가 충분히 전개되면 믿음과 경험 사이에 있던 명백한 대립은 점점 무의미해진다.[43]

20년 넘게 질병 이야기를 듣거나 읽고 나니 어떤 이야기를 접해도 내게는 전체 이야기가 만드는 그물의 한 부분처럼 느껴진다. 어떤 이야기도 홀로 존재하지는 않는 것이다. 각각의 이야기는 개인의 경험에서 나온 고유한 실타래를 엮어낸다. 그러나 모든 분노와 열망, 절망의 표현과 용기 있는 행동은 모두 전에 이야기된 것이기 때문에, 모든 이야기는 이전 이야기의 울림을 담고 있다.[44] 죽음이 거의 눈앞에 닥쳤을 때의 급진적인 희망은 그러한 이야기 그물의 일부가 되는 것인데, 이는 이 그물이 다른 사람들에게는 희망을 줄 수 있기 때문이다.

벤야민이 "진정한 이야기"라고 부르는 것이 얼마간의 조언을 제공하는 것이라면, 내가 질병 이야기의 그물망에서 주는 마지막

---

43. 믿음과 경험주의의 대립을 해체한 가장 뛰어난 연구는 윌리엄 제임스의 『종교체험의 여러 모습들』(William James, *The Varieties of Religious Experience*, in William James, *Writings 1902-1910* (New York : Library of America, 1987) [윌리엄 제임스, 『종교체험의 여러 모습들 : 인간의 본성에 관한 연구』, 김성민·정지련 옮김, 대한기독교서회, 1998])이다. 제임스는 경험적 믿음 같은 문구를 마치 모순이 아닌 것처럼 이야기한다.

44. 나는 성경의 다양한 낱말과 비유가 이후 영어의 역사를 통해 어떻게 공명하는지에 관한 노스럽 프라이의 설명에서 이 공명의 용법을 가져왔다. Frye, *The Great Code : The Bible as Literature* (Toronto : Academic Press Canada, 1982), 217. 다음을 참고하라. Frank, *Letting Stories Breathe*, 37, 202.

조언은 벤야민이 동화에 대해 쓴 다음 구절이다. "가장 현명한 것은… 재치cunning와 쾌활함high spirits으로 신화적 세계의 폭력에 맞서는 것이다"(157). 지난 몇 년간 나의 가장 든든한 동반자였던 스토리텔러들이 바로 그러한 일을 하는 사람들이다. 어떤 이들은 동료애를 느낄 수 있는 부드러운 안내자의 목소리로 글을 쓰고, 어떤 이들은 주의를 집중시키는 증인의 거친 목소리로 말한다. 어떤 목소리로 말하든 각자는 자신의 쾌활함을 유지한다. 각자는 정신을 약화시키려 드는 덫을 피하는 책략가다. 오드리 로드는 자신의 몸을 어떻게 규정하고 다른 사람들과 관계를 맺는데 어떻게 사용할지 처방해 주겠다는 의사의 진료실에서 도망친다. 내가 아나톨 브로야드의 책을 여러 번 읽으면서 그랬던 것처럼, 브로야드는 "[그의] 눈에서 환희의 눈물이 흐르고 [그의] 목덜미에 털이 곤두서게 만든" 책을 읽음으로써 병실에 갇힌 지옥 같은 상태에서 벗어난다.[45] 어떻게 하면 재치 있게 대처할 수 있을지를 이해하기 위해 나는 매팅리가 보여 준 아이들을 생각한다. 아이들은 악몽 같은 병원을 상상의 공간으로 바꾸기 위해 대중 매체에 나온 이야기들을 토착화한다. 나는 필즈 여사도 생각한다. 그녀에게 자신만의 목욕 의자를 갖는 일은 재치의 한 형태이

45. 로드의 이야기는 『아픈 몸을 이야기하기』 250~251쪽에 간략하게 소개되어 있다. 더 자세한 논의는 다음을 참고하라. Arthur W. Frank, "Tricksters and Truth Tellers : Narrating Illness in an Age of Authenticity and Appropriation," *Literature and Medicine* 28, no. 2 (2009) : 185~99. 브로야드는 다음에서 인용했다. *Intoxicated by My Illness* (New York : Clarkson Potter, 1992), 11.

며 방문 간호사의 화장실 사용 요청은 그녀의 영혼을 지탱해 주었다.

벤야민은 "이야기는 에너지를 보존하고 집중하며 심지어 오랜 시간이 지난 후에도 에너지를 발산할 수 있다"[46]고 통찰력 있게 썼다. 『아픈 몸을 이야기하기』는 계속해서 자신의 에너지를 발산하는 이야기들을 보존하는 데 목적이 있다. 이 이야기들은 급진적인 희망을 준다.

---

46. Benjamin, "The Storyteller," 148.

이 「옮긴이 후기」는 최은경이라는 자아로서의 내가 대표로 쓰게 되었지만, 책 『아픈 몸을 이야기하기』는 공역자 윤자형 선생님과의 협업으로 이루어졌다. 윤자형 선생님은 새로 추가된 「2013년 영어판 서문」과 「2013년 영어판 후기」의 번역을 해 주셨다. 이미 출간된 번역서에 추가된 부분을 번역한다는 것은 여러 의미에서 까다로운 일일 텐데도 작업을 맡아서 섬세하면서도 명료한 문체로 이 책에 생기를 더해 주신 윤자형 선생님께 마음 깊이 감사드린다.

한국어 1판 출간 및 영어 2판 출간으로부터 십여 년이 지났지만, 지금 다시 이 책을 보면서 생로병사의 길을 걷는 우리 모두에게 여전히 중요한 논점들과 질문들이 담겨 있다고 느낀다. 저마다 소우주인 독자들이 자기 자신에게, 그리고 다른 소우주들과의 왕래에 있어 필요하고 중요한 의미를 이 책에서 찾기를 바란다.

저자는 한국어 1판이 출간될 때도 「2013년 한국어판 지은이 서문」을 따로 작성해 주셨는데, 이 한국어 수정증보판의 독자들을 위하여 다시금 「2024년 한국어판 지은이 서문」을 써 주셨다. 저자의 관심과 노고에 감사드리며, 이 두 개의 서문이 이 책에 대한 해제이자 지침으로서 독자들에게 도움이 되리라고 생각한다.

내가 작업한 한국어 1판에서의 오기, 오역, 어색한 표현 등을 최대한 바로 잡고자 했으나 어떤 이유로든 남아 있을 부족함에 대해서는 책임의 무거움을 다시금 체감할 뿐이다. 이 책의 출간을 지원해주시고 격려해주신 도서출판 갈무리의 조정환 대표님과 활동가 여러분, 그리고 제작을 위해 땀 흘리신 노동자분들께 감사드린다.

2024년 6월
옮긴이를 대표하여
최은경

:: 인명 찾아보기